Estudos Aplicados de Direito Empresarial

Estudos Aplicados de Direito Empresarial

TRIBUTÁRIO

2021

Coordenação:
Marcelo Fonseca Vicentini

ALMEDINA

ESTUDOS APLICADOS DE DIREITO EMPRESARIAL
TRIBUTÁRIO
© Almedina, 2021

COORDENAÇÃO: Marcelo Fonseca Venturin
AUTORES: Amanda Krummenauer Pahim de Souza, Carolina Evangelista Silva Coimbra, Gabriella Fernanda Nunes Braga, Karla Alves de Carvalho, Otávio Batista de Carvalho Júnior, Paulo Antonio Balduino Filho, Pedro Cavalcanti Amarante, Renato Sguerri Fernandes, Samara Azevedo Fagundes e Vanderlei de Souza Júnior

DIRETOR ALMEDINA BRASIL: Rodrigo Mentz
EDITORA JURÍDICA: Manuella Santos de Castro
EDITOR DE DESENVOLVIMENTO: Aurélio Cesar Nogueira
ASSISTENTES EDITORIAIS: Isabela Leite e Larissa Nogueira

DIAGRAMAÇÃO: Almedina
DESIGN DE CAPA: FBA

ISBN: 9786556274096
Dezembro, 2021

Dados Internacionais de Catalogação na Publicação (CIP)
(Câmara Brasileira do Livro, SP, Brasil)

Estudos aplicados de direito empresarial : tributário / coordenação Marcelo Fonseca Venturini. -- São Paulo : Almedina, 2021.
Vários autores.

Bibliografia.
ISBN 978-65-5627-409-6

1. Direito empresarial - Brasil 2. Direito tributário - Brasil 3. Empresas - Tributação 4. Tributos - Leis e legislação I. Venturini, Marcelo Fonseca.

21-89038 34:338.93:336.2(81)

Índices para catálogo sistemático:

1. Brasil : Direito empresarial e tributário 34:338.93:336.2(81)

Cibele Maria Dias - Bibliotecária - CRB-8/9427

Este livro segue as regras do novo Acordo Ortográfico da Língua Portuguesa (1990).

EDITORA: Almedina Brasil
Rua José Maria Lisboa, 860, Conj.131 e 132, Jardim Paulista | 01423-001 São Paulo | Brasil
editora@almedina.com.br
www.almedina.com.br

APRESENTAÇÃO

Acima de tudo sê fiel a ti mesmo,
Disso se segue, como a noite ao dia,
Que não podes ser falso com ninguém.
Hamlet – W. Shakespeare

Com 22 anos de história no mercado jurídico, o Insper Direito reitera o seu legado pela excelente produção científica de seus alunos e professores. Trabalhos científicos de grande aplicação prática-profissional e já reconhecidos pelo mercado.

Na nova coleção "Estudos Aplicados de Direito Empresarial", que tive a honra de ser um dos idealizadores e coordenador em conjunto com o Prof. Dr. André Antunes Soares de Camargo, apresenta os seus novos volumes com ênfase em direito empresarial, direito dos contratos, societário e mercados financeiro e de capitais.

A publicação desta nova coleção comprova a excelência acadêmica dos discentes-autores e de seus respectivos professores orientadores.

Cabe aqui o nosso sempre agradecimento à Editora Almedina Brasil, que rapidamente abraçou a ideia desta coleção e vêm brindando os alunos e orientadores com suas publicações por anos seguidos, hoje, a coleção já conta com centenas de artigos e obras monográficas que são referências em seus segmentos.

A coleção "Estudos Aplicados de Direito Empresarial" foi originalmente pensada para ocorrer em uma edição por ano, sempre próximo ao encerramento do ano letivo. Projetamos o lançamento fiéis a qualidade que pauta nossas atividades e a própria Editora Almedina, referência jurídica em toda a comunidade lusófona.

O leitor terá a oportunidade de conferir as mais diversas abordagens para temas novos, ou com novas leituras de questões já existentes, sempre fiel a qualidade e rigor científico para o enfrentamento de questões concretas e complexas. Como uma escola de negócios, os textos que aqui são apresentados trazem luz para as mais variadas dificuldades do dia-a-dia do jurídico empresarial estratégico.

A coleção sempre traz ao público artigos altamente qualificados de nossas alunas e alunos e cada um dos volumes desta nova edição apresenta mais cinco novos artigos (com exceção de direito tributário que excepcionalmente conta com dez artigos), marca realmente expressiva para uma publicação tão jovem no cenário jurídico nacional.

Foram desenvolvidos os seguintes trabalhos que convido todas e todos a sua leitura e aprendizagem.

Direito Empresarial – "O uso da jurimetria pelos departamentos jurídicos: criação de indicadores financeiros e de eficiência operacional" do autor Erik Telles Maeda; "O consentimento informado como autorizador para o tratamento de dados sensíveis de saúde obtidos por meio de dispositivos eletrônicos cotidianos " do autor Felipe Vanderlinde Schiavon; "A intergeracionalidade como prática de responsabilidade social corporativa das empresas do setor de telecomunicações" da autora Gabriela Brocadello Junqueira; "Uma análise dos arranjos jurídicos para avaliação da existência e eficácia de programas de compliance" da autora Gabriela Revoredo Pereira da Costa; e, "Trabalho em plataformas digitais: análise do regime jurídico atual e perspectivas futuras" da autora Tatiane Neves Alves.

Direito dos Contratos – temáticas sempre relevantes e que impactam todo o sistema jurídico e seus aplicações, temos igualmente cinco excelentes artigos, composto por "Os contratos de afiliadas no setor de telecomunicação e os contratos de franquia" da autora Alexandra Cappellazzo de Oliveira Lima; "Uma breve análise sobre o papel da limitação de responsabilidade em contratos empresariais de computação em nuvem" do aluno André Julius Pellicano Granado; "Linguagem contratual: a simplicidade eficaz como ferramenta de segurança jurídica" do autor Antonio Alves de Oliveira Neto; "Uso da inteligência artificial: uma análise de seus possíveis reflexos jurídicos e a possibilidade de criação de contratos por instrumento autônomo" do autor Bruno Veridiano Geraldini; e, "A cláusula de exclusividade nos contratos de distribuição" da autora Karina Magalhães Soares

Direito dos Mercados Financeiro e de Capitais – programa mais tradicional do Insper, consta com os seguintes artigos, "Constituição de ônus e gravames sobre ativos financeiros" da autora Ana Paula de Oliveira Missias; "Responsabilidade civil ambiental das instituições intermediárias de ofertas públicas de valores mobiliários" do autor Henrique Takeda Kamoi; "Smart contracts e derivativos" da autora Larissa Marques Lima; "Responsabilização dos administradores: uma análise econômica e jurídica da aplicação dos deveres fiduciários" do autor Luiz Ferrua Neto; e, "Desafios jurídicos do sistema financeiro aberto (open banking)" do autor Kaike Augusto Machado.

Direito Societário – produziu os seguintes artigos: "Reflexões acerca de instrumentos híbridos" do autor Lucas Manzoli de Almeida; "O direito de voto das ações gravadas com usufruto" do autor Luiz Fernando Lockmann e Souza; "Alienação fiduciária de ações em garantia e suas consequências sobre direitos do acionista fiduciante" do autor Pedro Moura de Almeida; "Transformação de associações em sociedades" da autora Verena Reverdy Lemos; e, "Convenção extraprocessual em sociedades limitadas: uma tentativa de racionalização do processo societário" do autor Vinicius Cavarzani.

Direito Tributário – finalmente o programa de direito tributário produziu os seguintes artigos: "O parcelamento do débito tributário e a possibilidade de liberação da garantia prestada em execução fiscal" da autora Amanda Krummenauer Pahim de Souza; "Natureza jurídica dos aportes extraordinários patronais em plano de previdência privada aberta, à luz da jurisprudência do conselho administrativo de recursos fiscais – CARF" da autora Carolina Evangelista Silva Coimbra; "Aspectos tributários envolvendo a importação de bens e serviços por entidades do terceiro setor" da autora Gabriella Fernanda Nunes Braga; "A eficácia da restrição sobre a compensação antes do trânsito em julgado nos casos com exame repetitivo" da autora Karla Alves de Carvalho; "A tributação das Fintechs: estudo sobre as controvérsias tributárias aplicáveis às instituições de pagamento" do autor Otávio Batista de Carvalho Júnior; "Provas: impactos do novo Código de Processo Civil no processo administrativo tributário" do autor Paulo Antonio Balduino Filho; "A aplicação da teoria dos sistemas na resolução de demandas jurídicas-tributárias sobre o ágio" do autor Pedro Cavalcanti Amarante; "Imposto sobre a renda da pessoa jurídica: aplicabilidade do benefício fiscal da depreciação integral previsto no artigo 6º da medida provisória nº 2.159-70/01 para bens classificados como ativo biológico, especialmente cana-de-açúcar e eucalipto" do autor Renato Sguerri Fernandes; "Tributação dos rendimentos auferidos no exterior em sociedades, fundos de investimento e trusts por residentes fiscais no Brasil" da autora Samara Azevedo Fagundes; e, "Consequências jurídicas da não realização do fato gerador presumido do ICMS-ST e do direito ao indébito tributário correspondente" autoria de Vanderlei de Souza Júnior.

Deixo aqui o meu muito obrigado à todas e todos que colaboraram para a produção de mais uma coleção Insper Almedina e Coleção Estudos Aplicados de Direito Empresarial.

Boa leitura a todos!

Prof. Dr. Rodrigo Fernandes Rebouças

PREFÁCIO

Com imensa honra e alegria, na qualidade de professor orientador das turmas de especialização (LL.M) em direito tributário do Insper – Instituto de Pesquisa e Ensino, fui convidado a apresentar os trabalhos que compõem o presente volume da Coleção "Estudos Aplicados de Direito Empresarial – Tributário".

Não há recompensa maior à um orientador de monografias que receber trabalhos de qualidade e, posteriormente, aplaudir seus autores quando são habilitados a publicar suas obras, especialmente por meio de tão prestigiosa Editora.

Tais trabalhos são ora apresentados neste volume como resultado, mais uma vez, de parceria de quase 10 anos entre o Insper e a Editora Almedina que já resultou na edição e publicação de mais de 100 obras elaborados por professores, estudantes e alumni do Insper, contribuindo em muito com o compartilhamento de relevante conhecimento jurídico.

O trabalho que abre o presente volume, titulado "O Parcelamento do Débito Tributário e a Possibilidade de Liberação da Garantia Prestada em Execução Fiscal", é de autoria de **Amanda Krummenauer Pahim de Souza** que esclarece que a pesquisa tem por escopo geral delimitar os limites legais impostos ao Contribuinte e à Fazenda Pública e suscita o seguinte questionamento: seria legítima a liberação parcial ou integral dos valores bloqueados em execução fiscal, considerando a legislação vigente e a justiça fiscal? E segue com a análise sobre a possibilidade de substituição de garantias, bem como a necessidade de garantia em parcelamentos, passando pela análise de diversos princípios constitucionais.

Na sequência, **Carolina Evangelista Silva Coimbra** discorre sobre a "Natureza Jurídica dos Aportes Extraordinários Patronais em Plano de Previdência Privada Aberta, à Luz da Jurisprudência do Conselho Administrativo de Recursos Fiscais – CARF" e esclarece que nos últimos anos vem se multiplicando no âmbito corporativo brasileiro, especialmente em companhias abertas, o número de as empresas que se interessam pela criação de programas de previdência complementar em benefício de seus empregados e dirigentes, com o objetivo atrair e reter talentos, vez que os planos de previdência funcionam como instrumento de política de recursos humanos. Após discorrer sobre as atuais controvérsias acerca da natureza jurídica esclarece que irá analisar os principais questionamentos do Fisco quanto à regularidade dos planos instituídos pelas empresas, notadamente quanto aos aportes extraordinários feitos nesses planos, à luz da jurisprudência administrativa do CARF.

Gabriella Fernanda Nunes Braga escreveu sobre "Aspectos Tributários Envolvendo a Importação de Bens e Serviços por Entidades do Terceiro Setor" e após discorrer sobre a importância e desafios do terceiro setor informa o leitor que o trabalho tem o objetivo de servir de guia para o dia-a-dia das entidades do Terceiro Setor, especialmente aquelas envolvidas em operações de comércio exterior (a exemplo de museus, que muitas vezes precisam importar as obras que serão exibidas em determinada coleção), de forma a esclarecer os principais aspectos tributários envolvendo o exercício de suas atividades – especialmente em suas relações com terceiros – e, ao menos, mitigar os impactos da complexidade do sistema tributário sobre elas.

O artigo seguinte, escrito por **Karla Alves de Carvalho** versa sobre "A Eficácia da Restrição sobre a Compensação antes do Trânsito em Julgado nos Casos com Exame Repetitivo" e observa que a Lei Complementar 104/01 criou o artigo 170-A com o pretexto de dar segurança jurídica ao processo de compensação, restringindo esta, quando objeto de contestação judicial pelo sujeito passivo, antes do trânsito em julgado da respectiva decisão judicial. Assim, coloca a autora que o contribuinte com maior apetite ao risco ou que se encontra em situação tal que prefere optar pela não judicialização se encontrará em vantagem em relação àquele que pleiteia sub judice. Por seu turno, nosso ordenamento tem caminhado na direção da celeridade, por meio de diversos instrumentos, em especial os precedentes repetitivos. Assim, a autora buscará sopesar a norma contida no art. 170-A do CTN com os princípios da celeridade e da efetividade que norteiam o ordenamento jurídico vigente.

Depois **Otávio Batista de Carvalho** Júnior escreve sobre "A Tributação das Fintechs: Estudo sobre as Controvérsias Tributárias Aplicáveis às Instituições de Pagamento" e relata que a grande revolução perpetrada pelas Fintechs foi o desenvolvimento de um novo modelo de negócio para os serviços financeiros do mercado bancário de varejo (antes dominado por poucas grandes instituições financeiras), focado na redução de custos e na experiência do cliente, utilizando como principal ferramenta a digitalização da economia. Relata ainda que apesar desta mudança já ser um processo em curso, o ordenamento jurídico brasileiro ainda não está preparado para nova realidade do seu sistema financeiro, pois o direito, apesar de ser um fenômeno social, não acompanha as transformações sociais com a mesma velocidade. Assim, dada a inexistência de regime jurídico tributário específico aplicável as Fintechs, o trabalho se propõe a reduzir tal lacuna, apresentando o panorama tributário incidente sobre este novo mercado, e os principais desafios que tais empresas enfrentam.

Na sequência o autor **Paulo Antonio Balduino Filho** traz artigo sobre "Provas: Impactos do Novo Código de Processo Civil no Processo Administrativo Tributário". Escreve o autor que a produção de provas no âmbito administrativo (desde o lançamento tributário até o processo tributário administrativo, e os seus reflexos no processo tributário judicial), quando não encerrada a discussão no âmbito administrativo e levada ao crivo Poder Judiciário, adquiriu um novo olhar com a publicação do atual Código de Processo Civil (CPC). Por outro lado, diante de sua aplicação subsidiária ao "processo tributário", ainda não deixa de pairar na processualística a incerteza dos limites das inovações trazidas para a sua aplicação no "processo tributário". Após discorrer sobre uma série de pontos (ou dúvidas), o autor traz a questão a ser aprofundada: a produção de provas no processo presente no atual Código de Processo Civil, com destaca em sua distribuição de forma diversa à costumeira com busca na efetividade do lançamento e, em realidade, da própria cobrança tributária, poderia ser aplicada ao processo tributário?

Pedro Cavalcanti Amarante discorreu sobre "A Aplicação da Teoria dos Sistemas na Resolução de Demandas Jurídicas-Tributárias sobre o Ágio". O autor esclarece que a teoria que estuda a comunicação entre dois ou mais sistemas, é denominada como teoria dos sistemas comunicacionais, e complementa que essa teoria é, inegavelmente, uma importante ferramenta para a resolução de demandas, notadamente aquelas que são tributárias, em razão das constantes comunicações entre os sistemas jurídico-tributário e o contábil. Prossegue em seu raciocínio que dentre os conceitos essencialmente contábeis que são valorados pelo direito, especificamente pelo direito tributário, encontra-se o ágio gerado por expectativa de rentabilidade futura, contabilmente denominado de "goodwill. Após expor certas minucias o autor confirma que irá analisar se há, de fato, dois conceitos de ágio, um para o sistema contábil e outro para o jurídico-tributário. Se esses conceitos são divergentes. Se há uma antinomia entre eles. Se os dois sistemas apresentados, de fato, se comunicaram por meio deste código (ágio), se sim, a partir de que momento.

O artigo seguinte, do autor **Renato Sguerri Fernandes**, traz análise sobre "Imposto sobre a Renda da Pessoa Jurídica: Aplicabilidade do Benefício Fiscal da Depreciação Integral Previsto no Artigo 6º da Medida Provisória nº 2.159-70/01 para Bens classificados como Ativo Biológico, especialmente Cana-de-Açúcar e Eucalipto". No artigo o autor esclarece que o aproveitamento de benefícios fiscais pode representar vantagens àqueles que atuam em um mercado competitivo, ainda mais quando estamos tratando do IRPJ, uma vez que tal tributo incide sobre o patrimônio do contribuinte. Por outro lado, a Receita Federal já se manifestou pela impossibilidade de utilização do referido benefício para lavouras canavieiras e de eucalipto, bem como há julgados do CARF que debateram o tema. Assin o artigo buscou responder as questões (i) a extensão da classificação de "ativo permanente imobilizado", (ii) o conceito de ativo biológico, (iii) as diferenças e afinidades entre depreciação e exaustão, (iv) a possibilidade de os ativos biológicos objeto de estudo estarem vinculados, tecnicamente, à depreciação e não exaustão para fins de aplicação da norma estudada, (v) a técnica contábil-tributária do legislador quando da elaboração da norma, (vi) a forma de interpretação da norma, devendo-se ou não utilizar as determinações do art. 111 do Código Tributário Nacional (CTN), (vii) a possibilidade de aplicação de uma interpretação sistemática à questão, observando como o ordenamento jurídico-tributário se contextualiza quando se direciona a contribuintes que atuem no setor rural e, por fim, (viii) a jurisprudência do CARF em relação ao tema.

Na sequência temos artigo escrito por **Samara Azevedo Fagundes** que tratou da "Tributação dos Rendimentos Auferidos no Exterior em Sociedades, Fundos de Investimento e Trusts por Residentes Fiscais No Brasil". A autora esclarece que o objeto do trabalho é a análise da tributação da renda auferida por meio de estruturas de investimento e planejamento patrimonial localizadas no exterior, como sociedades e fundos de investimento offshore e, especialmente, do trust, que é um instituto da common law amplamente utilizado nas jurisdições desse sistema e que mesmo sem ter previsão em nosso ordenamento jurídico é utilizado por muitos residentes fiscais no Brasil, por meio de instituições brasileiras que trabalham com a gestão de grandes riquezas, como bancos e escritórios advocatícios especializados, e que já possuem a expertise para estruturação deste produto no exterior.

Fechando o livro de Estudos Aplicados, temos artigo escrito por **Vanderlei de Souza Júnior**, que escreveu sobre "Consequências jurídicas da não realização do fato gerador presumido do ICMS-ST e do direito ao indébito tributário correspondente". O autor observa que ano após ano, ocorreu crescente aumento do rol de produtos cuja circulação passou a se sujeitar à substituição tributária do ICMS, como forma de concentração da tributação nas etapas de produção, importação, ou mesmo de comércio atacadista, elos estes responsáveis pela antecipação do pagamento do imposto, partindo-se de presunção da ocorrência dos respectivos fatos geradores. No entanto, a eficácia do método de tributação eleito não pode justificar abusos cometidos pela máquina estatal durante a tarefa de arrecadação de recursos para seu financiamento, ou ao estimular determinado comportamento do contribuinte, razão pela qual o Poder Constituinte fixou diretrizes com o intuito de garantir a liberdade. Nesse contexto, o trabalho desenvolvido buscou expor a mecânica sobre a qual se sustenta a substituição tributária do ICMS, e, na sequência, adentrar as consequências jurídicas decorrentes da não realização do fato gerador presumido, cujo imposto foi antecipado.

Aproveito essa oportunidade para parabenizar todos os autores pelo profundo conhecimento jurídico e excelência na elaboração dos trabalhos que compõem esse compendio.

Assim, esperando que os leitores apreciem essa excelente obra, convido-os à leitura atenta e, certamente, enriquecedora, dos trabalhos que à compõe.

Marcelo Fonseca Vicentini
Professor Orientador dos LL.M em Direito Tributário do Insper – Instituto de Ensino e Pesquisa

SUMÁRIO

O PARCELAMENTO DO DÉBITO TRIBUTÁRIO E A POSSIBILIDADE DE LIBERAÇÃO DA GARANTIA PRESTADA EM EXECUÇÃO FISCAL

AMANDA KRUMMENAUER PAHIM DE SOUZA

Introdução

A Lei nº 6.830 de 22 de setembro de 1980 (Lei das Execuções Fiscais – LEF) trata da cobrança judicial da Dívida Ativa da Fazenda Pública e dá outras providências. Consta deste diploma legal que o executado, após citado, deverá pagar a dívida ou garantir a execução, opção que viabilizará a oposição de embargos à execução. O artigo 9º do da LEF prevê que a garantia da execução importa no valor da dívida, dos juros, multa de mora e outros encargos indicados na Certidão da Dívida Ativa (CDA).

Não raras vezes, entretanto, quando no curso da execução fiscal, há penhora de valores mediante bloqueio *online*, o executado opta por aderir a programas de parcelamento, que têm o condão de suspender a exigibilidade do crédito tributário, no moldes do art. 151, VI, do Código Tributário Nacional (CTN).

A jurisprudência pátria filia-se ao posicionamento de que a adesão a programa de parcelamento tributário, após a garantia prestada em execução fiscal – nesse caso, mediante penhora *online*–, não torna possível a liberação dos valores bloqueados em juízo.

Tal entendimento traz à tona amplo debate jurídico quanto ao alcance das garantias constitucionais do contribuinte, cuja inobservância constitui afronta à ordem constitucional em vigor, bem como a possibilidade de flexibilização da norma positivada, a fim de evitar a inversão da lógica de consistência que levaria o contribuinte ao cenário de regularidade fiscal.

Neste contexto, a pesquisa tem por escopo geral delinear os limites legais impostos ao contribuinte e à Fazenda Pública. Para tanto, o estudo encontra-se delimitado à seguinte análise: inicialmente, discorre-se acerca da garantia prestada em execução fiscal e sua (im)possibilidade de substituição, uma vez demonstrada a necessidade. A segunda seção aborda o parcelamento do débito tributário relacionando-o à hipótese de suspensão da exigibilidade do crédito tributário e à execução fiscal.

Após, passa-se a discorrer sobre a necessidade de mudança de paradigma no que diz respeito à possibilidade de liberação dos valores depositados judicialmente, apreciados um a um os princípios constitucionais tributários e sua eficácia em detrimento do interesse público.

Suscita-se, portanto, o seguinte questionamento: seria legítima a liberação parcial ou integral dos valores bloqueados em execução fiscal, considerando a legislação vigente e a justiça fiscal?

A pesquisa realiza-se através do método lógico-dedutivo, o qual permitirá através de uma breve exposição bibliográfica a elucidação da temática abordada, mediante levantamento da literatura jurídica pertinente, tomando por base os preceitos abarcados pela Constituição Federal. Por derradeiro, expõem-se as considerações finais.

1. A garantia prestada em execução fiscal

O crédito tributário vencido e não pago deve ser devidamente constituído pelo lançamento e inscrito em dívida ativa. Após, nos termos do artigo 784, IX, do Código de Processo Civil ("CPC"), poderá ser executado judicialmente, dando ensejo à propositura da respectiva execução fiscal pela Fazenda Pública.

A defesa do executado se dá por meio da oposição de embargos à execução, que exige como requisito para seu manejo a garantia do juízo. Seguindo o conceito doutrinário estabelecido por Paulo de Barros Carvalho, "por garantias devemos entender os meios jurídicos assecuratórios que cercam o direito subjetivo do Estado de receber a prestação do tributo"[1].

No CTN, o art. 183 dispõe que as garantias ao crédito tributário, elencadas no capítulo VI, compõem rol exemplificativo e não exclui outras hipóteses que sejam expressamente previstas em Lei.

O art. 9º da LEF relaciona o rol de bens passíveis de garantir a execução. São eles: (i) dinheiro; (ii) fiança bancária ou seguro garantia; (iii) bem móveis ou imóveis em seu nome ou oferecido por terceiros, observadas as restrições legais.[2]

Já a Lei Complementar nº 118, de 9 de fevereiro de 2005 incluiu no ordenamento jurídico a possibilidade de (iv) a indisponibilidade de bens e direitos ter também o condão de garantia, concretizando o disposto no art. 185-A do CTN.[3]

[1] CARVALHO, Paulo de Barros. **Curso de Direito Tributário.** 23. ed. São Paulo: Saraiva, 2011, p. 645.

[2] Art. 9º. Em garantia da execução, pelo valor da dívida, juros e multa de mora e encargos indicados na Certidão de Dívida Ativa, o executado poderá: I – efetuar depósito em dinheiro, à ordem do Juízo em estabelecimento oficial de crédito, que assegure atualização monetária; II – oferecer fiança bancária ou seguro garantia; III – nomear bens à penhora, observada a ordem do artigo 11; ou IV – indicar à penhora bens oferecidos por terceiros e aceitos pela Fazenda Pública.

[3] Art. 185-A. Na hipótese de o devedor tributário, devidamente citado, não pagar nem apresentar bens à penhora no prazo legal e não forem encontrados bens penhoráveis, o juiz determinará a indisponibilidade de seus bens e direitos, comunicando a decisão, preferencialmente por meio eletrônico, aos órgãos e entidades que promovem registros de transferência de bens, especialmente ao

Apesar do rol de possibilidades com vistas a permitir ao contribuinte a garantia do juízo e o consequente exercício do direito de defesa, a postura adotada pela Fazenda Pública impõe certa dificuldade quando se trata de bens diversos do dinheiro.

Isso decorre da interpretação que se dá ao art. 11 da LEF[4], que elenca a ordem da penhora ou arresto de bens, cumulado com o art. 847 do CPC[5], de aplicação subsidiária, que prevê que ao credor é defeso recusar o oferecimento de bens do devedor, desde que com o devido fundamento.

Anderson Soares Madeira ensina que "apesar da ordem desses artigos não ser rígida, devendo o juiz observar as circunstâncias materiais de cada caso, a vontade que deve prevalecer é a do exequente/credor e não a do executado/devedor"[6].

Não obstante essa consideração inicial acerca da exigência legal da prestação da garantia em sede de execução fiscal e o rol de opções que o executado detém, importa relatar que, além da dificuldade de prestar garantias diversas do dinheiro, ainda há que se dizer que, uma vez prestada a garantia, na hipótese de o executado objetivar sua substituição, esta geralmente é recusada sob os argumentos de que aquela em dinheiro tem

registro público de imóveis e às autoridades supervisoras do mercado bancário e do mercado de capitais, a fim de que, no âmbito de suas atribuições, façam cumprir a ordem judicial.

4 Art. 11. A penhora ou arresto de bens obedecerá à seguinte ordem: I – dinheiro; II – título da dívida pública, bem como título de crédito, que tenham cotação em bolsa; III – pedras e metais preciosos; IV – imóveis; V – navios e aeronaves; VI – veículos; VII – móveis ou semoventes; e VIII – direitos e ações.

5 Art. 847. O executado pode, no prazo de 10 (dez) dias contado da intimação da penhora, requerer a substituição do bem penhorado, desde que comprove que lhe será menos onerosa e não trará prejuízo ao exequente. (...) §4º O juiz intimará o exequente para manifestar-se sobre o requerimento de substituição do bem penhorado.

6 MADEIRA, Anderson Soares. **Lei de Execução Fiscal.** 2. ed. Rio de Janeiro: Freitas Bastos. 2013.

preferência em relação às demais e de que necessária anuência expressa da Fazenda Pública – o que nunca ocorre.

1.1. A (im)possibilidade de substituição da garantia

O cenário em que o executado objetiva substituir a garantia da execução fiscal é tenebroso quando ocorre bloqueio judicial inesperado.

Diante dessa situação, é comum que o pedido de substituição seja formulado. Esse pedido geralmente se funda no art. 15 da LEF[7], que traz permissivo para que, em qualquer fase do processo, o executado possa substituir a penhora por depósito em dinheiro ou fiança bancária.

Apesar de o referido dispositivo equiparar dinheiro a fiança, a jurisprudência percorreu sentido inverso e foi solidificada no sentido de que essa interpretação não é possível, salvo poucas exceções, pois prevalece justamente a hierarquia da garantia prestada em dinheiro e o princípio da satisfação do credor.[8]

[7] Art. 15 – Em qualquer fase do processo, será deferida pelo Juiz: I – ao executado, a substituição da penhora por depósito em dinheiro, fiança bancária ou seguro garantia.

[8] PROCESSUAL CIVIL. EMBARGOS DE DIVERGÊNCIA. EXECUÇÃO FISCAL. SUBSTITUIÇÃO DA PENHORA DE DINHEIRO POR FIANÇA BANCÁRIA. INTELIGÊNCIA DOS ARTS. 9º, §§ 3º, e 4º, e 15, I, DA LEI 6.830/80. [...] 2. O legislador estabeleceu a possibilidade de garantia da Execução Fiscal por quatro modos distintos: a) depósito em dinheiro, b) oferecimento de fiança bancária, c) nomeação de bens próprios à penhora, e d) indicação de bens de terceiros, aceitos pela Fazenda Pública. 3. O processo executivo pode ser garantido por diversas formas, mas isso não autoriza a conclusão de que os bens que as representam sejam equivalentes entre si. 4. Por esse motivo, a legislação determina que somente o depósito em dinheiro "faz cessar a responsabilidade pela atualização monetária e juros de mora" (art. 9º, § 4º, da lei 6.830/80) e, no montante integral, viabiliza a suspensão da exigibilidade do crédito tributário (art. 151, II, do CTN). 5. Nota-se, portanto, que, por falta de amparo legal, a fiança bancária, conquanto instrumento legítimo a garantir o juízo, não possui especificamente os mesmos efeitos jurídicos do depósito em dinheiro. 6. O FATO DE

Segundo Anderson Soares Madeira "toda substituição de bem penhorado tem, de antemão, uma razão de interesse público para tal e que, em regra e neste caso, não compete ao juiz julgá-la"[9]. E mais:

> A substituição pelo devedor possui outra conotação, uma vez que o poder de substituição conferido ao devedor pelo inciso I do art. 15 da lei em questão é bastante restrito, e só pode ser exercido de forma a melhorar a liquidez da garantia em prol da exe-

O ART. 15, I, DA LEF PREVER A POSSIBILIDADE DE SUBSTITUIÇÃO DA PENHORA POR DEPÓSITO OU FIANÇA BANCÁRIA SIGNIFICA APENAS QUE O BEM CONSTRITO É PASSÍVEL DE SUBSTITUIÇÃO POR UM OU POR OUTRO. NÃO SE PODE, A PARTIR DA REDAÇÃO DO MENCIONADO DISPOSITIVO LEGAL, AFIRMAR GENERICAMENTE QUE O DINHEIRO E A FIANÇA BANCÁRIA APRESENTAM O MESMO STATUS. 7. Considere-se, ainda, que: a) o art. 5º da Lei de Introdução ao Código Civil estabelece padrão de hermenêutica ("o juiz atenderá aos fins sociais a que ela se dirige"); b) o processo de Execução tem por finalidade primordial a satisfação do credor; c) no caso das receitas fiscais, possuam elas natureza tributária ou não-tributária, é de conhecimento público que representam obrigações pecuniárias, isto é, a serem quitadas em dinheiro; e d) as sucessivas reformas feitas no Código de Processo Civil (de que são exemplos as promovidas pelas leis 11.232/05 e 11.382/06) objetivam prestigiar justamente a eficiência na entrega da tutela jurisdicional, a qual deve ser prestada, tanto quanto possível, preferencialmente em espécie. 8. EM CONCLUSÃO, VERIFICA-SE QUE, REGRA GERAL, QUANDO O JUÍZO ESTIVER GARANTIDO POR MEIO DE DEPÓSITO EM DINHEIRO, OU OCORRER PENHORA SOBRE ELE, INEXISTE DIREITO SUBJETIVO DE OBTER, SEM ANUÊNCIA DA FAZENDA PÚBLICA, A SUA SUBSTITUIÇÃO PORFIANÇA BANCÁRIA. 9. De modo a conciliar o dissídio entre a Primeira e a Segunda Turmas, admite- se, em caráter excepcional, a substituição de um (dinheiro) por outro (fiança bancária), mas somente quando estiver comprovada de forma irrefutável, perante a autoridade judicial, a necessidade de aplicação do princípio da menor onerosidade (art. 620 do CPC), situação inexistente nos autos. 10. Embargos de Divergência não providos (STJ. ERESP 1.077.039/RJ. Primeira Seção. Min. Rel. Acórdão Herman Benjamin. DJe 12.04.2011).

[9] MADEIRA, Anderson Soares. **Lei de Execução Fiscal.** 2. ed. Rio de Janeiro: Freitas Bastos. 2013.

quente, não sendo possível aplicação do referido dispositivo com vistas a substituir uma garantia privilegiada por expressa disposição legal.[10]

Esse assunto, apesar de consolidado, ressurgiu com a entrada em vigor da Lei nº 13.105, de 16 de março de 2015, que alterou o CPC. O art. 838, §1º, introduziu novidade ao prever que "é prioritária a penhora em dinheiro, podendo o juiz, nas demais hipóteses, alterar a ordem prevista no caput de acordo com as circunstâncias do caso concreto".

Ou seja, a garantia prestada em dinheiro continua sendo prioritária, mas a interpretação que se adota é que a substituição deste pela carta de fiança ou seguro garantia poderá ocorrer desde que seja demonstrada tal necessidade.

A jurisprudência atual ainda engatinha nesse sentido. Apesar da novidade imposta pela alteração do CPC, ainda adota-se como premissa que o pedido de substituição de penhora em dinheiro somente ocorrerá se a Fazenda Pública, enquanto exequente, concordar. É o que se tem visto.

> A partir do dispositivo em análise [art. 185-A da LC 118/08], surgiu também a discussão relativa à penhora online no âmbito do executivo fiscal, subordinada, contudo, ao esgotamento das demais diligências possíveis com fins à localização de bens do devedor. Adverte-se não se tratar de uma nova modalidade de penhora, mas de uma autorização legal para que o magistrado determine a indisponibilidade de bens e comunique sua decisão fazendo uso da tecnologia da informação, de forma a possibilitar a realização de uma penhora futura, com o objetivo de tornar mais célere e eficaz a prestação jurisdicional. Cumpre destacar, ainda, que, com base no art. 4º,

[10] Id., Ibid.

> §4º, da LEF, o STJ corroborou a tese de que a sistemática do art. 185-A do CTN é aplicável apenas à execução fiscal da dívida ativa tributária. Não obstante, com o advento da Lei 11.382, de 06 de dezembro de 2006, passou-se a extrair também do CPC, conforme redação conferida a seus arts. 655 e 655-A, a possibilidade do manejo da penhora online, agora admitida em qualquer feito executivo, inclusive nas execuções fiscais, independentemente da natureza do crédito exequendo, ante a aplicação subsidiária do CPC à execução fiscal (art. 1º da LEF). Além disso, consolidou-se o entendimento de que tais dispositivos permitiriam o manejo da penhora online como primeira medida executiva, independentemente, portanto, da anterior adoção de outras diligências, tal como consignado pela Corte Especial do STJ, em julga- mento sob a sistemática do art. 543-C do CPC[11].

Para o caso posto sob análise, pois, importa aquela realizada ante a efetivação de penhora *online*. Será exclusivamente sob essa ótica que se dará o desenvolvimento do presente estudo.

2. O parcelamento do débito tributário

A fim de ilustrar de forma prática o estudo proposto, o parcelamento do débito tributário será abordado tão somente sob a perspectiva da União e não analisará qualquer opção de parcelamento que foi ou que venha a ser instituida por ente federativo diverso.

Tendo em mente a delimitação desse objeto, esclarece-se que há duas modalidades de programas de parcelamento: o parcelamento convencional, instituido pela Lei nº 10.522, de 19 de julho de 2002, e os especiais, aqui tratados sem maiores distinções, exceto naquilo que for didático mencionar.

[11] Ferreira Filho, Marcílio da Silva; Lima, Rodrigo Medeiros de (coord.). **Execução Fiscal: Teoria, prática e atuação fazendária**. 1. ed. Belo Horizonte: Fórum, 2015.

Primeiro, como bem aponta Christine Mendonça, "não vamos encontrar no texto do direito positivo uma prescrição da definição de parcelamento tributário. Cabe à Ciência do Direito descrever tal fenômeno, tendo por base unicamente as unidades do sistema do direito positivo"[12].

Pois bem. Sobre o programa de parcelamento convencional, trata-se da possibilidade de o contribuinte quitar suas obrigações em até sessenta parcelas mensais, observando-se as imposições e restrições contidas na Lei nº 10.522/2002 e alterações posteriores[13].

A formalização do parcelamento depende da prestação de garantia real ou fidejussória, idônea e suficiente ao pagamento do débito[14], que deve ser mantida até a conclusão do parcelamento, independentemente do valor da dívida, nos exatos termos da Portaria Conjunta PGFN/RFB nº 15, de 15 de dezembro de 2009[15].

[12] Mendonça, Christine. O regime jurídico do programa de recuperação fiscal – REFIS: parcelamento stricto sensu. *In:* Vergueiro, Guilherme Von Mülller Lessa (coord.). **Refis, aspectos jurídicos relevantes**. São Paulo: Edipro, 2001, p. 90.

[13] A Lei nº 10.522/2002 foi alterada pela Medida Provisória nº 449 de 3 de dezembro de 2008 que, por sua vez, foi convertida na Lei nº 11.941 de 27 de maio de 2009.

[14] Vide exceções do dispositivo citado acima: "(...) exceto quando se tratar de microempresas e empresas de pequeno porte optantes pela inscrição no Sistema Integrado de Pagamento de Impostos e Contribuições das Microempresas e das Empresas de Pequeno Porte – Simples, de que trata a Lei nº 9.317, de 5 de dezembro de 1996".

[15] Art. 33. O pedido de parcelamento no âmbito da PGFN fica condicionado à apresentação de garantia real ou fidejussória, quando o valor da dívida consolidada for superior àquele fixado em Portaria do Ministro de Estado da Fazenda. § 1º Tratando-se de débitos em execução fiscal, com penhora ou arresto de bens efetivados nos autos, ou com outra garantia, nos termos do art. 9ºda Lei nº 6.830, de 22 de setembro de 1980, a concessão do parcelamento fica condicionada à manutenção da garantia prestada, observados os requisitos de suficiência

Já os parcelamentos especiais "são aqueles que trazem regras excepcionais àquelas previstas para o parcelamento convencional, ou seja, seu propósito seria tratar de situações que fogem da normalidade institucional". Além disso, "costuma ser fixado limite de prazo para adesão e restrição quanto aos débitos que podem ser objeto do parcelamento, conforme seus períodos de vencimento e/ou outro requisito que limite a inclusão de determinado débito no parcelamento"[16].

O objetivo por parte do ente público, ao instituí-lo, é influenciar positivamente o pagamento do débito principal pelo contribuinte que, regularizando "suas pendências fiscais por meio de benefícios, como por exemplo, a redução de juros e multas e a concessão de prazos prolongados de parcelamento"[17], incrementará os cofres públicos.

Em tese, os parcelamentos especiais são exceção. Todavia, nos últimos 18 anos foram criados aproximadamente 40 programas de parcelamento[18].

e idoneidade, independentemente do valor do débito. § 2º A manutenção da garantia a que se refere o parágrafo anterior será exigida ainda que o valor do débito seja inferior ao limite previsto no caput.

[16] BRASIL. Ministério da Fazenda. **Estudo sobre Impactos dos Parcelamentos Especiais.** Brasília: Ministério da Fazenda, 2017. 13 p. Disponível em: <http://idg.receita.fazenda.gov.br/dados/20171229- estudo-parcelamentos-especiais.pdf>. Acesso em: 28 ago. 2018.

[17] MIRANDA, Gabriel Pereira Machado de. **O papel dos parcelamentos especiais para o fortalecimentodaeconomia**.Disponívelem: <https://www.migalhas.com.br/dePeso/16,MI277815,31047- O+papel+dos+parcelamentos+especiais+para+o+fortalecimento+da+economia>. Acesso em: 28 ago. 2018.

[18] BRASIL. Ministério da Fazenda. **Estudo sobre Impactos dos Parcelamentos Especiais.** Brasília: Ministério da Fazenda, 2017. 13 p. Disponível em: <http://idg.receita.fazenda.gov.br/dados/20171229- estudo-parcelamentos-especiais.pdf>. Acesso em: 28 ago. 2018.

Excluindo-se dessa análise os programas setoriais[19], os parcelamentos considerados mais expressivos e que produzem efeitos relevantes até os dias atuais encontram-se exemplificados a seguir:

TABELA 1
PROGRAMAS ESPECIAIS DE PARCELAMENTO

IDENTIFICAÇÃO	BASE LEGAL
"Refis da Crise"	Medida Provisória nº 449, de 3 de dezembro de 2008 e Lei nº 11.941, 27 de maio de 2009
Primeira reabertura do prazo de adesão ao "Refis da Crise"	Lei nº 12.865, de 9 de outubro de 2013
Segunda reabertura do prazo de adesão ao "Refis da Crise"	Lei nº 12.973, de 13 de maio de 2014
Terceira reabertura do prazo de adesão ao "Refis da Crise"	Lei nº 12.996, de 18 de junho de 2014
Quarta reabertura do prazo de adesão ao "Refis da Crise"	Lei nº 13.043, de 13 de novembro de 2014
Programa de Regularização Tributária (PRT)	Medida Provisória nº 766, de 4 de janeiro de2017
Programa Especial de Regularização Tributária (PERT)	Medida Provisória nº 783 e Lei nº 13.496,de 24 de outubro de 2017

Fonte: Brasil, Ministério da Fazenda[20].

[19] Cita-se como exemplo: Parcelamento do PIS e da Cofins das Instituições Financeiras; Parcel; amento de débitos do IRPJ e da CSLL decorrentes da Tributação sobre Bases Universais (TBU); Profut – Programa de Modernização da Gestão e de Responsabilidade Fiscal do Futebol Brasileiro; Programa de Regularização Rural (PRR); e Programa de Regularização de Débitos Previdenciários dos Estados e Municípios (PREM); etc.

[20] BRASIL. Ministério da Fazenda. **Estudo sobre Impactos dos Parcelamentos Especiais.** Brasília: Ministério da Fazenda, 2017. 13 p. Disponível em: <http://idg.receita.fazenda.gov.br/dados/20171229- estudo-parcelamentos-especiais.pdf>. Acesso em: 28 ago. 2018.

Esses parcelamentos, por serem excepcionais, demandam tratamento específico, mas todos tem em comum o fato de que contam com expressivas reduções nos valores das multas e dos juros e dos encargos legais cobrados quando da inscrição do débito em Dívida Ativa da União, prazos para pagamento extremante longos e possibilidade de quitação da dívida com créditos de prejuízos fiscais e de base de cálculo negativa da Contribuição Social Sobre o Lucro Líquido (CSLL)[21].

2.1. A suspensão da exigibilidade do crédito tributário em razão de parcelamento

Com o parcelamento, há a ocorrência de fenômeno jurídico que suspende a exigibilidade do crédito tributário, nos termos do art. 151, VI, do CTN.

A partir de então, a Fazenda Pública fica impedida de promover os atos executivos que efetivem seu direito ao recebimento do crédito tributário[22], pois

> (...) há a paralisação da incidência das normas primárias sancionadoras. Constituem-se os eventos ocorridos até ali e são estabelecidas outras datas para o cumprimento do débito tributário consolidado. Assim, a partir da concessão dessas medidas não há que se falar em exigibilidade do crédito tributário[23].

Antes da concessão do parcelamento,

> (...) o contribuinte poderia estar em descumprimento de um dever (estabelecido na regra-matriz de incidência tributária), no

[21] Id., ibid.

[22] MENDONÇA, Christine. O regime jurídico do programa de recuperação fiscal – REFIS: parcelamento stricto sensu. *In:* VERGUEIRO, Guilherme Von Mülller Lessa (coord.). **Refis, aspectos jurídicos relevantes**. São Paulo: Edipro, 2001, p. 100.

[23] Id., ibid., p. 100.

entanto a própria pessoa política – titular da competência tributária – achou por bem instituir novos prazos de pagamento, retirando o contribuinte daquele estado de descumprimento. Por isso, ela renunciou da exigibilidade de que era detentora até o momento da concessão da medida[24].

Em continuação, "certo que, caso haja descumprimento pelo contribuinte do dever de pagar o débito em parcelas nas datas fixadas pelas normas sancionadoras (...) nascerá mais uma vez para a Administração o direito de exigi-las (executá-las)"[25]. Nesses casos, portanto, o crédito tributário inadimplido, que em um primeiro momento seria exequível, fica com exigibilidade suspensa. Reestabelece-se a possibilidade de execução apenas na hipótese em que houver novo descumprimento,

dessa vez quanto às obrigações que decorrem do parcelamento.

2.2. A adesão a programa de parcelamento e a execução fiscal

Conforme se pode verificar a partir do contexto acima, o parcelamento do débito tributário tem o condão de suspender a exigibilidade do crédito tributário. A lógica leva a crer que, ainda que tenha sido ajuizada execução fiscal, em não havendo nenhuma excepcionalidade legal prevista, a suspensão do débito também seria capaz de suspender o curso do feito executivo.

Pois bem, o assunto demanda análise acurada, ainda que atualmente seja bem consolidado na jurisprudência.

Entende-se, em geral, que quando o contribuinte se vincula a programa de parcelamento antes da distribuição de execução fiscal, salvo por equívoco procedimental, não há que se falar em seu ajuizamento.

[24] Id., ibid., p. 100.
[25] Id., ibid., p. 100.

Há também a hipótese em que, ajuizada ação fiscal, ainda que tenha havido citação, o contribuinte adere a programa de parcelamento antes de prestar garantia nos autos do processo judicial.

Nesses casos, a execução ficará suspensa até se conclua o parcelamento. Não haverá prosseguimento dos atos que visem a executar o contribuinte.

Situação diversa é aquela em que o contribuinte já executado, em momento posterior à realização de penhora *online*, parcela este mesmo débito.[26] Nesses casos, o contribuinte detém valores depositados em juízo e, portanto, para si indisponíveis, ao passo em que contraiu obrigações decorrentes do parcelamento instituído pela administração pública.

Compreende-se que este não seria um problema se nessas circunstâncias houvesse a possibilidade de levantamento dos valores que garantem o juízo. Porém, essa pretensão não tem sido viabilizada pelo judiciário.

2.2.1. A impossibilidade de levantamento de valores

Tecnicamente, o parcelamento tem o condão de suspender a execução fiscal e não de extingui-la. Esse é um dos fundamentos para que se permita a manutenção da garantia do juízo para eventual sub-rogação em caso de exclusão do contribuinte do programa de parcelamento. Uma vez que assim o seja, deverá haver imediato prosseguimento do feito executivo desde o ponto em que se encontrava quando da adesão ao parcelamento.

Daí porque o rigor de não se desconstituir a garantia dada ao juízo: objetiva-se evitar que a Fazenda Pública se empenhe novamente para encontrar bens do devedor ao mesmo tempo

[26] Vale dizer que, apesar de os parcelamentos geralmente implicarem em confissão do débito, por vezes trazem condições vantajosas que, quando ponderadas pelo contribuinte, desestimulam a manutenção da discussão judicial.

em que se objetiva garantir que, na hipótese, haverá recebimento desse crédito pela administração pública.

O Ministro Silvio Beneti, do STJ, ao votar o AREsp nº 1.266.318, se manifestou em situação semelhante tendo por afirmar que a resistência do contribuinte ao pagamento do débito tributário, mesmo que num primeiro momento, já que desaguou em execução fiscal, justifica a manutenção da garantia, "tanto que a Fazenda teve de ajuizar e trilhar o muitas vezes tormentoso procedimento de chegar à concretização da penhora"[27].

Ou seja, o sacrifício imposto ao contribuinte decorre da presunção de sua inadimplência, e nesse caso, suas garantias são subsumidas em detrimento da segurança ao credor.

Esse cenário, somado ao "alto percentual de exclusão dos contribuintes nestes parcelamentos especiais e o baixo índice de liquidação"[28], certamente justifica o interesse do legislador, que pode prever a prestação e/ou manutenção de garantia do débito parcelado; e do judiciário, que consolidou entendimento no sentido de manter os valores depositados em juízo até que haja quitação integral deste débito.

A RFB aborda essa perspectiva citando o estudo realizado por Frederico Igor Leite Faber e João Paulo Ramos Fachada

[27] BRASIL. Superior Tribunal de Justiça. **Acórdão em Recurso Especial nº 1.266.318.** 1ª Turma. Relator: Ministro Napoleão Nunes Maia Filho. 14 dez. 2017. Disponível em: <https://stj.jusbrasil.com.br/jurisprudencia/533894252/recurso-especial-resp-1266318-rn-2011- 0166398-3/relatorio-e-voto-533894255?ref=juris-tabs>. Acesso em: 28 ago. 2018.

[28] BRASIL. Ministério da Fazenda. **Estudo sobre Impactos dos Parcelamentos Especiais.** Brasília: Ministério da Fazenda, 2017. 13 p. Disponível em: <http://idg.receita.fazenda.gov.br/dados/20171229- estudo-parcelamentos-especiais.pdf>. Acesso em: 28 ago. 2018.
Ressalva-se que a RFB não faz distinção entre inadimplemento real e outros aspectos relacionados às repletas dificuldades formais com que o contribuinte se depara e que implicam, ao final, em sua exclusão do programa de parcelamento.

Martins da Silva[29] para concluir que os parcelamentos de natureza tributária influenciam a decisão dos agentes econômicos e a regularidade da arrecadação induzida não se mantém e que isso ocorre em razão da expectativa de abertura de novo parcelamento.[30]

Sob essa ótica, presume-se que inevitavelmente o cenário será de inadimplência, o que justifica a postura protecionista do judiciário em favor da Fazenda Pública enquanto credora. Essa mesma compreensão, portanto, norteia as decisões proferidas pelo STJ. Para o Tribunal, a adesão a programa de parcelamento tributário não afasta a constrição de valores bloqueados. O entendimento, via de regra, é no sentido de que, tendo havido depósito ou penhora na execução fiscal, o parcelamento administrativo ocorrido *a posteriori* não tem o condão de viabilizar sua liberação.

Tais fundamentos parecem ser suficientes à manutenção de valores constritos. Todavia, o cenário em que o contribuinte suporta duplo ônus financeiro não é o mais adequado, seja sob viés eminentemente econômico, seja do ponto de vista das regras e princípios que norteiam o sistema tributário brasileiro.

3. Da necessária de mudança de paradigma sobre a possibilidade de liberação de valores depositados judicialmente

A figura do parcelamento tributário, *contrario sensu*, aparece não como favor fiscal, mas como estímulo à regularidade tributária e incremento da arrecadação. Ao ser implementado, impõe os requisitos para que o contribuinte se vincule e, uma vez atendidos estes requisitos, não há impedimentos quanto à sua adesão.

Nesse sentido, permitir que o contribuinte executado parcele seus débitos e, em paralelo, impor a manutenção de valores

[29] Id., ibid.

[30] Id., ibid.

indisponíveis para garantir o mesmo pagamento, na eventualidade de este se tornar inadimplente, é dar as condições para que seu cenário de irregularidade fiscal se perpetue.

Isso porque, certamente, a indisponibilidade de bens prejudicará o contribuinte, que já está em situação que exige recuperabilidade. Não há dúvida de que há perda de oportunidade de investimento do valor que fica vinculado à execução fiscal, o que impossibilita o desenvolvimento de outras atividades ou aprimorar aquelas já existentes, investir em maquinário ou mão-de-obra, pagar credores, enfim, utilizar os valores que estão garantindo a execução para incremento de sua atividade.

Como bem salientou o Ministro do STJ Napoleão Nunes Maia Filho ao votar a questão nos autos do REsp nº 1.266.318[31]:

> (...) fere a lógica do razoável permitir o parcelamento, mas negar ao executado a possibilidade de levantar dinheiro bloqueado ou penhorado, (...) privando a empresa, mormente as menores, de valer-se desses recursos para honrar seus compromissos e até mesmo o parcelamento efetuado.

Nesse sentido, não há dúvida de que há contribuintes com condutas subversivas e que devem ser rechaçadas, mas o cenário posto, por mais que não seja óbvio em uma primeira análise, vai de encontro à verdadeira função dos parcelamentos administrativos, que é a de possibilitar melhores resultados arrecadatórios para o Estado, sem deixar de considerar que deve contribuir para a restabelecimento do contribuinte, dando condições factíveis para que se regularize, o que inevitavelmente engloba a

[31] BRASIL. Superior Tribunal de Justiça. **Acórdão em Recurso Especial nº 1.266.318.** 1ª Turma. Relator:MinistroNapoleãoNunesMaiaFilho.14dez.2017. Disponívelem: <https://stj.jusbrasil.com.br/jurisprudencia/533894252/recurso-especial-resp-1266318-rn-2011- 0166398-3/relatorio-e-voto-533894255?ref=juris-tabs>. Acesso em: 28 ago. 2018.

possibilidade de continuidade do exercício de sua atividade econômica, bem como a desnecessidade de permanecer com valores constritos.

Sob essa ótica, inclusive, a tendência é de que haja desequilíbrio concorrencial relevante. Mesmo porque, "aquele que prestou a garantia permanecer com o seu patrimônio constrito, mesmo tendo aderido ao parcelamento, ver-se-á em posição desvantajosa para competir com outro"[32].

Tende a haver, portanto, enorme custo de oportunidade e pontencial de rentabilidade perdido por parte do contribuinte[33]. Mas não é só, e nem poderia ser.

Embora as questões de direito tributário terem alcance social, por corresponderem à arrecadação do estado e viabilizarem a execução das atividades estatais, é evidente que o contribuinte, enquanto indíviduo, se vê diante de violação a diversas garantias constitucionais.

O privilégio que se dá ao crédito tributário é compreensível. No entanto, a análise do assunto não pode decorrer de uma visão parcial da questão, mas demanda perspectiva global.

E não se defende o viés econômico em detrimento de critérios jurídicos, senão a própria consecução do Estado comprometido com a noção de justiça fiscal.

A lição de Heleno Taveira Torres[34] demonstra justamente essa ideia:

32 Id., ibid.

33 MIRANDA, Gabriel Pereira Machado de. **O papel dos parcelamentos especiais para o fortalecimentodaeconomia**.Disponívelem: <https://www.migalhas.com.br/dePeso/16,MI277815,31047- O+papel+dos+parcelamentos+especiais+para+o+fortalecimento+da+economia>. Acesso em: 28 ago. 2018.

34 TORRES, Heleno Taveira. A justiça dos tributos. *In:* DERZI, Mizabel Abreu Machado; MELO, João Paulo Fanucchi de Almeida (coord.). **Justiça Fiscal.** Belo Horizonte: Del Rey, 2016.

Com o Estado Constitucional, abandonada a noção de 'sistema tributário' como conjunto aleatório de tributos, o 'sistema tributário' passa a representar uma organização coerente de princípios e regras em torno do conceito de tributo, a surpreender o fenômeno tributário por uma metodologia puramente jurídica, sem interferências econômicas e a constituir uma legitimidade do tributo baseada em critérios de justiça e segundo fundamentos constitucionais. Esta foi, sem dúvida, o mais significativo avanço em favor do princípio de segurança jurídica material no direito tributário. Ao mesmo tempo, todas aquelas classificações acima referidas perderiam força explicativa ou vinculantes, para dar lugar às teorias constitucionais do tributo.

Por todo o exposto, faz-se tecer breves comentários acerca dos princípios constitucionais tributários, cediço que a violação a tais preceitos constitui trangressão à ordem constitucional vigente[35].

3.1. Os princípios constitucionais tributários

A organização constitucional abarca normas tributárias e impõe interação e coerência entre todo o ordenamento jurídico, sendo a Constituição Federal o ápice de todas as disposições normativas.

Assim, não podem as normas de direito tributário se contrapor ao texto constitucional. Deve haver estrutura sistêmica que possibilite, às questões fiscais, vinculação a critérios constitucionalmente adequados.

Em se tratando das normas constitucionais, há diferentes hierarquias, uma vez que determinadas regras são elevadas ao status de princípios, superiores às regras e que as condicionam à sua interpretação.

[35] COSTA, Helena Regina. **Praticabilidade e justiça tributária.** São Paulo: Malheiros, 2007.

Paulo de Barros Carvalho[36] ensina:

> (...) princípios são normas jurídicas carregadas de forte conotação aciológica. É o nome que se dá a regras do direito positivo que introduzem valores relevantes para o sistema, influindo vigorosamente sobre a orientação de setores da ordem jurídica.

Conforme bem complementa Américo Masset Lacombe[37], tais valores devem ser observados pelo legislador, ao confeccionar a norma, mas também por todos aqueles que valoram fatos, a exemplo do juiz e do jurista, mediante a interpretação do que chama de fatos antecedentes e consequentes normativos.

Celso Antônio Bandeira de Melo[38] também leciona:

> O princípio é um mandamento nuclear de um sistema, verdadeiro alicerce dele, disposição fundamental que se irradia sobre diferentes normas compondo-lhes o espírito e servindo de critério para a sua exata compreensão e inteligência, exatamente para definir a lógica e racionalidade do sistema normativo, no que lhe confere a tônica de lhe dá sentido harmônico.

Nesse contexto, "diante de uma Constituição principiológica como a nossa, a interpretação de qualquer regra, seja ela constitucional ou legal, estará condicionada pelos princípios"[39].

[36] CARVALHO, Paulo de Barros. Obrigação Tributária. *In:* MAIA, J. Motta. **Comentários ao Código Tributário Nacional**. v. 3. São Paulo: José Bushatsky, 1977.

[37] LACOMBE, Américo Masset. **Princípios Constitucionais Tributários.** 1. ed. São Paulo: Malheiros, 1996.

[38] MELLO, Celso Antônio Bandeira de. **Curso de Direito Administrativo**. 17. ed. São Paulo: Malheiros, 2004, p .451.

[39] LACOMBE, Américo Masset. **Princípios Constitucionais Tributários.** 1. ed. São Paulo: Malheiros, 1996, p. 15.

Em âmbito tributário, são tais principios que devem nortear a atuação do estado, servindo de baliza ao equilíbrio entre a ação estatal e a proteção ao contribuinte .

3.1.1. Segurança jurídica

Apesar do princípio da segurança jurídica não constar de forma expressa na Constituição Federal, sua existência se consolida a partir do art. 5º, XXXVI, da CF.

Em âmbito federal, a Lei nº 9.784, de 29 de janeiro de 1999, que trata do Processo Administrativo, expressamente menciona a segurança jurídica como princípio, quando preconiza, em seu artigo 2º, que "a administração Pública obedecerá, dentre outros, aos princípios da legalidade, finalidade, motivação, razoabilidade, proporcionalidade, moralidade, ampla defesa, contraditório, segurança jurídica, interesse público e eficiência".

Heleno Taveira Torres[40] afirma:

> No Estado Democrático de Direito a segurança jurídica está incorporada ao ordenamento jurídico como uma garantia constitucional, não apenas como decorrente da estrutura sistêmcica ou da certeza do direito (segurança jurídica formal), mas como meio de efetividade dos direitos e liberdades fundamentais (segurança jurídica material). Mostra-se relevante enquanto decorrência da efetividade do sistema jurídico de valores interagentes, de evitação do arbítrio e justificativa para a construção das normas hígidas de excessiva indeterminação, na sua insuficiência para abarcar o processo jurídico da sociedade.

No cenário posto sob análise, no qual se busca analisar a possibilidade de levantamento de valores que garantem a exe-

[40] TORRES, Heleno Taveira. Prefácio. *In:* SOUZA, Pedro Guilherme Gonçalves de; DANTAS, Rodrigo Numeriano Dubourcq (coord.). **Obrigação Tributária e Segurança Jurídica**. São Paulo: Quartier Latin, 2016.

cução fiscal quando há adesão à parcelamento, certamente se identifica a expectativa legítima do contribuinte de se ver livre de outros ônus que não aqueles decorrentes da obrigação então assumida.

Quando tal não ocorre, eis a manifestação da violação ao princípio constitucional da segurança jurídica, que constitui importante baliza para a parametrização do exercício do estado na administração e fiscalização tributária.

Esse viés do princípio da segurança jurídica, definido na visão de Heleno Torres como mandamento de proteção da confiança legítima *stricto sensu*[41], resulta da legalidade, da impessoalidade, da eficiência e da moralidade administrativa, expressamente previstas no texto constitucional[42].

Na visão do autor, a importância de tal princípio é essencial pois "ter direito a um sistema diferenciado e coerente de normas é ter a garantia de equilíbrio, confiança, estabilidade e certeza do direito vigente e aplicável de modo eficiente"[43]. Em sentido análogo, na visão de Roque Antônio Carrazza, a confiança legítima consistiria em uma dimensão da boa-fé objetiva, aplicável ao direito público como mecanismo de preservação da confiança e do agir conforme práticas de boa conduta como garantia da certeza da efetividade do direito subjetivo[44].

No caso posto em tela, todavia, não há dúvida de que o cenário é juridicamente inseguro, uma vez que determina indesejado ônus aos contribuintes e a ele impõe dificuldade em transmutar direitos e garantias previstos no plano constitucional em realidade social.

[41] Torres, Heleno Taveira. **Direito constitucional tributário e segurança jurídica**. 2ª Ed. São Paulo: RT. 2012, pp. 215-223.

[42] Artigos 5º, inciso II; 37; e 150, inciso I, da Constituição Federal de 1988

[43] Id., ibid., p. 228-229

[44] Carrazza, Roque Antônio. **Curso de direito constitucional tributário.** 25. ed. São Paulo: Malheiros, 2009, pp. 452-454.

3.1.2. O princípio da menor onerosidade

A permanência dos valores vinculados à execução fiscal acarreta, para o contribuinte, efeito análogo ao do pagamento à vista, tendo em vista a indisponibilidade de valores.

O princípio da menor onerosidade para o executado encontra guarida no art. 620, do CPC, ao preceituar que "quando por vários meios o credor puder promover a execução, o juiz mandará que se faça pelo modo menos gravoso para o devedor".

Assim, mesmo que a execução fiscal seja iniciada para satisfazer direito do credor, não se pode impor ao devedor a satisfação desse direito a qualquer custo, devendo existir sempre equilíbrio e cuidado social para não causar ao executado situação mais gravosa.

Nesse cenário, o que dizer de situação em que, ante a adesão ao parcelamento, o devedor mantém valores depositados em garantia nos autos de determinada execução fiscal?

Há quem entenda que o art. 620 do CPC não seria aplicável ao Direito Tributário ante a dicção do art. 11 da LEF, em razão de sua aplicação meramente subsidiária.

Não se vislumbra, sob a ótica do princípio da menor onerosidade, razão para que se perpetue a rigidez com que, via de regra, se impõe a manutenção da garantia ofertada nos autos da execução fiscal.

3.1.3. O princípio da boa-fé

O princípio da boa-fé, embora não esteja expresso na Constituição, nela está respaldado e, em que pese à sujeição da administração pública ao princípio da estrita legalidade, também há sujeição a todo o ordenamento jurídico e, por consequência, aos princípios gerais do direito.[45]

[45] RUBINSTEIN, Flávio. **Boa-fé objetiva no Direito Financeiro e no Direito Tributário Brasileiros.** 2008. 214 f. Dissertação (Mestrado em Direito Eco-

Como afirmou Flavio Rubinstein, deve-se reconhecer que o princípio da boa-fé objetiva não vigora apenas entre os particulares, nas relações de direito privado. Trata-se, em verdade, de diretriz que se coloca como base do tráfego jurídico, norteando todas as relações em que estiver presente uma especial vinculação jurídica, inclusive aquelas de direito público[46].

Por sua didática, prossegue-se mencionando o que Flávio Rubinstein afirma:

> As normas diretrizes do direito público, de fato, ressaltam a face dupla que inegavelmente o marca, porquanto ao lado das normas que protegem a coletividade – assegurando que os interesses maiores do Estado recebam tutela – colocam-se direitos conferidos ao cidadão em face da Administração, limitando a atuação estatal.
>
> Nesse diapasão, consoante nota Régis Fernandes de Oliveira, o ordenamento jurídico deve preservar a harmonia da coexistência entre os direitos dos cidadãos e prerrogativas estatais, em benefício da manutenção dos direitos e da pacificação social.
>
> Em tal contexto, o princípio da boa-fé objetiva ocupa papel de notável relevância, considerando-se que a presença dos valores de lealdade, honestidade e moralidade é especialmente necessária no universo das relações entre as Administrações públicas e entre estas e os administrados.

Por compactuar com essa interpretação sistemática é que se afirma que, tendo por base o princípio da boa-fé, de relevante acerto a máxima de que deve ser presumida, inclusive nas relações para com a Administração Pública.

nômico e Financeiro) – Faculdade de Direito da Universidade de São Paulo, São Paulo, 2008.

[46] Id., Ibid.

Nesse sentido veja-se a lição de Gabriel de Jesus Tedesco Wedy[47]:

> Os atos jurídicos praticados pelo fisco podem gerar, para os contribuintes, reais expectativas quanto a sua validade e às suas consequências. Essas expectativas por serem legítimas e geradas pelo próprio Estado devem ser protegidas pelo direito por uma questão de justiça fiscal. Não há dúvida de que o ato praticado pelo fisco e correspondido pelo contribuinte, por meio de uma expectativa real e justa, deva ser protegido e tutelado pelo direito.

Nesse cenário, quando analisada a questão posta em estudo, evidentemente que a segurança que se objetiva seja resguardada ao credor parte do pressuposto de que o parcelamento, não só pode, mas será inadimplido por parte do contribuinte.

Essa cautela, muito embora sob a ótica da Fazenda Pública por vezes pareça necessária, presume *status* de inadimplência do contribuinte, que vai de encontra ao que se presume em termos de confiança envolvendo o ente fiscal e o contribuinte.

Não há dúvida de que, para aplicação do princípio da boa-fé, somente a relação de causa e efeito que demonstre ou prove a necessária quebra de confiança por parte do contribuinte, considerando a nova obrigação por ele assumida decorrente do parcelmaneot, deve merecer a imposição de medidas mais restritivas.

3.1.4. O princípio da isonomia ou igualdade

O princípio da isonomida ou da igualdade nada mais é que a vedação imposta pelo texto constitucional ao tratamento desi-

[47] WEDI, Gabriel de Jesus Tedesco. **O Princípio da Boa-fé Objetiva no Direito Tributário.** Disponível em: <http://www.egov.ufsc.br/portal/sites/default/files/anexos/30480-31881-1-PB.pdf>. Acesso em: 28 ago. 2018.

gual entre contribuintes equivalentes. Conforme leciona Eduardo Sabbag[48]:

> (...) chamado por alguns doutrinadores de princípio da proibição dos privilégios odiosos, o princípio da isonomia tributária é postulado vazio, recebendo o conteúdo de outros valores, como liberdade e justiça. Nesse passo, o princípio merece devoção, haja vista a recente trajetória política delineada no país, no bojo do regime militar, quando se pôde verificar inúmeras desigualdades tributárias ou favoritismos desarrazoados, v.g., a concessão de isenção de impostos para deputados, militares ou juízes. Tais desigualdades se traduziam em atitudes discriminatórias de concessão de privilégios ou "liberalidades" a destinatários predeterminados, conforme o cargo ou ofício que se exerciam. Hodiernamente, cabe ao Poder Judiciário, em cada caso, verificar se a lei se mostra dissonante do princípio da isonomia, valendo-se da razoabilidade.

Nessa toada, não só o legislador deve observar a inserção de normas no mundo jurídico que não cause desigualdades entre aqueles que se encontram sob a mesma situação, mas as decisões judiciais também devem observar o princípio da isonomia.

A manutenção da garantia nos autos da execução fiscal, pois, viola frontalmente o princípio da igualdade, uma vez que faz com que o contribuinte que sofreu execução fiscal e depois tenha ingressado no programa de parcelamento se veja diante de situação diversa daquele que não sofreu a execução.

Nessa senda, veja-se o que consta do voto do Min. Napoleão Nunes Maia Filho, do STJ, ao julgar o AREsp nº 1.266.318:

[48] SABBAG, Eduardo de Moraes. **Direito Tributário** – Elementos do Direito, v. 3, 12. ed. São Paulo: Revista dos Tribunais, 2010, p. 35.

> Esses dois contribuintes, nessa hipótese, são igualmente devedores, nota peculiar que os equipara e os torna merecedores do mesmo tratamento perante a Administração; ora, se aquele outro que prestou a garantia permanecer com o seu patrimônio constrito, mesmo tendo aderido ao parcelamento, ver-se-á em posição desvantajosa para competir com outro. A desequiparação entre esses dois contribuintes dá-se por uma circunstância absolutamente fortuita, e a fortuidade, como se sabe, serve para surpreender e espantar, mas não serve para criar discriminações, que só são legítimas se tiverem por suporte uma circunstância permanente e razoável[49].

Vê-se, portanto, que apesar de os contribuintes estarem inicialmente em cenário de igualdade para com a administração pública, a situação em que são colocados é totalmente diferente uma da outra.

Um suporta ônus muito mais pesado quando comparado àquele que, não contemplado por execução fiscal, adere ao programa de parcelamento sem outras constrições patrimoniais. Esse cenário indubitavelmente confronta com o disposto no art. 150, II da CF.

Assim, ao parcelar seus débitos, o contribuinte que não responde à execução fiscal terá vantagens econômicas em relação àquele que, por fortuidade, respondeu ação executória e teve valores constritos.

[49] BRASIL. Superior Tribunal de Justiça. **Acórdão em Recurso Especial nº 1.266.318.** 1ª Turma. Relator:MinistroNapoleãoNunesMaiaFilho.14dez.2017. Disponívelem: <https://stj.jusbrasil.com.br/jurisprudencia/533894252/recurso-especial-resp-1266318-rn-2011-0166398-3/relatorio-e-voto-533894255?ref=juris-tabs>. Acesso em: 28 ago. 2018.

3.1.5. O princípio da razoabilidade

A noção de razoabiliade é subjetiva e não há possibilidade de demarcação conceitual. Todavia, de forma bem sucedida Celso Antônio Bandeira de Melo trilhou esse caminho. Para ele[50]:

> Enuncia-se com este princípio que a Administração, ao atuar no exercício da discrição, terá de obedecer a critérios aceitáveis do ponto de vista racional, em sintonia com o senso normal das pessoas equilibradas e respeitosas das finalidade que presidam a outorga da competência exercida.
>
> Vale dizer: pretende-se colocar em clao que não serão apenas inconvenientes, mas ilegítimas – e portanto, jurisdicionalmente invalidáveis –, as condutas desarrazoadas, bizarras, incoerentes ou praticadas em desconsideração às situações e circunstâncias que seriam atendidas por quem tivesse atributos normais de prudência, sensatez e disposição de acatamento às finalidades da lei atributiva da discrição manejada (...),

Corroborando com essa didática, Valeschka e Silva Braga[51] assim afirma:

> O Direito Publico deve regular, equilibradamente, essa relação, de forma que as imposições administrativas não ultrapassem os limites dos direitos constitucionalmente previstos em favor dos indivíduos (...);

É nessa linha de raciocínio que não se verifica por razoável impor ao contribuinte restrições desproporcionais àquelas

[50] MELLO, Celso Antônio Bandeira de. **Elementos de Direito Administrativo.** São Paulo: Revista dos Tribunais, 1986.

[51] BRAGA, Valeschka e Silva. **Princípios da Proporcionalidade e da Razoabilidade.** Curitiba: Juruá, 2009.

necessárias para consecução do objeto almejado, qual seja, o pagamento do crédito tributário.

Se a relação entre contribuinte e Estado deve ser permeada de forma calibrada, não há razão de ser que justifique a manutenção integral da garantia nos autos da execução fiscal para que, somente ao ser finalizado o pagamento do parcelamento, haja possibilidade de sua liberação.

Nesse sentido, Alexandre Magno Fernandes teceu interessante reflexão sobre a proporcionalidade ou razoabilidade do ato administrativo[52]:

> O princípio da proporcionalidade, que se identifica com a razoabilidade, tem três elementos ou subprincípios: a) adequação: o ato administrativo deve ser efetivamente capaz de atingir os objetivos pretendidos; b) necessidade: o ato administrativo utilizado deve ser, de todos os meios existentes, o menos restritivo aos direitos individuais; c) proporcionalidade em sentido estrito: deve haver uma proporção adequada entre os meios utilizados e os fins desejados. Proíbe não só o excesso (exagerada utilização de meios em relação ao objetivo almejado), mas também a insuficiência de proteção (os meios utilizados estão aquém do necessário para alcançar a finalidade do ato).

Por todo o exposto, é inegável a necessidade de satisfação do débito fiscal em atendimento ao interesse público, no entanto, também é inolvidável o respeito aos parâmetros de razoabilidade, que deverá balizar a tomada de decisões na hipótese de aparente conflito entre interesse público e garantias do contribuinte.

[52] MOREIRA, Alexandre Magno Fernandes. **Princípio da proporcionalidade ou da razoabilidade.** Disponível em: <https://lfg.jusbrasil.com.br/noticias/2532448/principio-da-proporcionalidade-ou-da- razoabilidade>. Acesso em: 28 ago. 2018.

4. Requisitos legais que justificam a flexibilização da atual impossibilidade de levantamento de valores que garantem a execução fiscal

Ultrapassadas as questões relacionadas às garantias e princípios constitucionais, ainda há que se falar que os dispositivos legais aplicáveis à espécie não vedam a possibilidade de levantamento dos valores que garantem a execução fiscal.

4.1. CDA – Requisitos

Estabelece o art. 3º da LEF que "a Dívida Ativa regularmente inscrita goza da presunção de certeza e liquidez".

O art. 783 do CPC[53], de aplicação subsidiária à espécie, estabelece que "a execução para cobrança de crédito fundar-se-á sempre em título de obrigação certa, líquida e exigível".

O art. 803, I, também do CPC[54] prevê que "é nula a execução se o título executivo extrajudicial não corresponder a obrigação, certa, líquida e exigível".

Ou seja, tão logo ocorra a formalização de parcelamento entre contribuinte e Fazenda Pública, constitui-se fato superveniente que inviabiliza o prosseguimento da execução. Passa a falta à CDA os requisitos que a constituem como título executivo fiscal.

O art. 493 do CPC trata dessa interpretação. *In verbis*:

> (...) se, depois da propositura da ação, algum fato constitutivo, modificativo ou extintivo do direito influir no julgamento do mérito, caberá ao juiz tomá-lo em consideração, de ofício ou a requerimento da parte, no momento de proferir a decisão.

[53] Art. 783. A execução para cobrança de crédito fundar-se-á sempre em título de obrigação certa, líquida e exigível

[54] Art. 803. É nula a execução se: I – o título executivo extrajudicial não corresponder a obrigação certa, líquida e exigível; [...]

Tem-se indubitavelmente, portanto, a existência de fato modificativo que torna o título antes exequível agora carente dos elementos que justifiquem a continuidade do processo de execução.

Cândido Rangel Dinamarco ensina[55]:

> (...) é exigível quando não houver qualquer impedimento jurídico para que o devedor satisfaça a pretensão do credor – ou seja, são exigíveis as obrigações já vencidas e não sujeitas a qualquer condição e não o são aquelas sujeitas a alguma condição ou termo.

Assim, diante da adesão ao parcelamento, se a CDA não atende aos requisitos da certeza, liquidez e exigibilidade, não há razão de ser para o prosseguimento da execução fiscal.

4.2. Substituição da garantia

Quando há parcelamento de débitos fiscais e, concomitantemente, execução fiscal em curso com garantia prestada em dinheiro, uma alternativa é, na hipótese de não se conseguir levantar valores, tentar substituir essa garantia.

No entanto, uma vez que houve penhora *online*, dificilmente haverá êxito no pedido de substituição, em que pese a permissibilidade legal elencada no art. 15, da LEF.

Essa dificuldade se dá em razão dos critérios de liquidez e da ordem de preferência legalmente estabelecida, bem como da necessidade de a Fazenda Pública expressar concordância.

No entanto, o art. 835, §2º, do CPC dispõe que "para fins de substituição da penhora, equiparam-se a dinheiro a fiança bancária e o seguro garantia judicial, desde que em valor não inferior ao do débito constante da inicial, acrescido de trinta por

[55] DINAMARCO, Cândido Rangel. LOPES, Bruno Vasconcelos Carrilho. **Teoria geral do novo processo civil.** São Paulo: Malheiros, 2016, p. 138.

cento" e o art. 838, §1º, do mesmo diploma legal prevê que, "é prioritária a penhora em dinheiro, podendo o juiz, nas demais hipóteses, alterar a ordem prevista no caput de acordo com as circunstâncias do caso concreto".

Significa dizer que, apesar de não se questionar a ordem de preferência e liquidez, caberá ao Juízo verificar as circunstâncias do caso concreto. Daí porque se entende que seria possível tal substituição (desde que se comprove que a substituição se faz extremamente necessária dentro daquela realidade).

Assim, em sendo prestada carta de fiança ou seguro garantia, poderia haver liberação dos valores constritos até o final do parcelamento, quando essa garantia deixaria de ser exigida, uma vez que, a princípio, o levantamento da garantia somente será possível quando concretizado o pagamento integral do parcelamento pelo contribuinte.

4.3. Art. 314 do CPC e urgência

O art. 314, do CPC[56], prevê que durante a suspensão do processo "é vedado praticar qualquer ato processual, podendo o juiz, todavia, determinar a realização de atos urgentes a fim de evitar dano irreparável, salvo no caso de arguição de impedimento e de suspeição".

Em se tratando da adesão a parcelamento, há argumentos que levantam a impossibilidade legal de que assim o seja em razão dessa vedação à prática de atos processuais durante a suspensão do processo, salvo na hipótese em que se busque evitar dano irreparável.

Evidentemente, em se tratando somente de tal argumento, mediante a demonstração do risco de dano não haveria o que

[56] Art. 314. Durante a suspensão é vedado praticar qualquer ato processual, podendo o juiz, todavia, determinar a realização de atos urgentes a fim de evitar dano irreparável, salvo no caso de arguição de impedimento e de suspeição.

inviabilizasse a prática de ato em razão da adesão a parcelamento.

No entanto, mesmo que superado esse aspecto, em se tratando do direito material, a manutenção da garantia por proteção e segurança do credor e por preservação dos princípios da efetividade e economia processual é a medida que tem sido imposta.

5. A possibilidade de utilização de depósitos judiciais pelos entes federativos

Há 20 anos a União Federal editou a Lei nº 9.703 de 17 de novembro de 1998 que dispõe sobre os depósitos judiciais e extrajudiciais de tributos e contribuições federais, a qual foi alterada posteriormente pela Lei nº 12.058, de 13 de outubro de 2009 e, sobretudo, pela Lei nº 12.099, de 27 de novembro de 2009.

Essa última, por sua vez, além da alteração acima, dispõe sobre a transferência de depósitos judiciais e extrajudiciais de tributos e contribuições federais para a Caixa Econômica Federal.

Esses diplomas legais chegaram a ser questionados perante o Supremo Tribunal Federal (STF), mas foram reputadas compatíveis com a ordem constitucional[57].

[57] Cf. ADI-MC nº 1.933/DF (Relator(a): Min. NELSON JOBIM, Tribunal Pleno, julgado em 30/05/2001, DJ 31-05-2002 PP-00041 EMENT VOL-02071-01 PP-00113 RTJ VOL-00183-01 PP-00100) e ADI nº 1.933/DF (Relator(a): Min. EROS GRAU, Tribunal Pleno, julgado em 14/04/2010, DJe-164 DIVULG 02-09-2010 PUBLIC 03- 09-2010 EMENT VOL-02413-02 PP-00274 RT v. 100, n. 904, 2011, p. 141-148); ADI-MC nº 2.214/MS (Relator(a): Min. MAURÍCIO CORRÊA, Tribunal Pleno, julgado em 06/02/2002, DJ 19-04-2002 PP-00045 EMENT VOL-02065-02 PP00385); ADI nº 3.458/GO (Relator(a): Min. EROS GRAU, Tribunal Pleno, julgado em 21/02/2008, DJe-088 DIVULG 15-05-2008 PUBLIC 16-05-2008 EMENT VOL02319-02 PP-00350 RTJ VOL-00205-02 PP-00665 LEXSTF v. 30, n. 354, 2008, p. 87- 109); ADI nº 2.909/RS (Relator(a): Min. AYRES BRITTO, Tribunal Pleno, julgado em 12/05/2010, DJe-105 DIVULG 10-06-2010 PUBLIC 11-06-2010 EMENT VOL-02405- 02 PP-00282);

Assim, os valores que garantem o juízo não ficam necessariamente vinculados a conta judicial à disposição do juízo, mas são transferidos integralmente à conta única da União[58] e utilizados em seu orçamento para fazer frente às necessidades estatais.[59]

Convém esclarecer que essa previsão legal de transferência dos recursos do depósito à conta única da União não se aplica aos processos em que o poder público não é parte, ou seja, apenas é possível nas hipóteses em que, acaso se sagre vencedora, será a destinatária de tais valores.

Tendo em mente que as críticas à essa possibilidade, via de regra, são encaradas como mera indignação político-econômica e circunstancial[60], ressalta-se que o presente estudo se atém ao objeto ora delimitado, que aborda tão-somente as circunstâncias do parcelamento *versus* a manutenção da garantia em execução fiscal. Igualmente, não se presente responder se poderá haver desequilibro financeiro, se haverá desestabilização nas contas públicas ou se há certeza de devolução de tais valores,

ADI nº 2.855/MT (Relator(a): Min. MARCO AURÉLIO, Tribunal Pleno, julgado em 12/05/2010, DJe- 173 DIVULG 16-09-2010 PUBLIC 17-09-2010 EMENT VOL-02415-02 PP-00209 RTJ VOL-00218-01 PP-00122); ADI nº 3.125/ AM (Relator(a): Min. AYRES BRITTO, Tribunal Pleno, julgado em 12/05/2010, DJe110 DIVULG 17-06-2010 PUBLIC 18-06-2010 EMENT VOL-02406-01 PP-00178)

[58] Aborda-se apenas a legislação federal em razão da delimitação do objeto.

[59] É o que dispõem os §§ 2º, 4º e 5º do art. 1º da Lei 9.703/98 no âmbito da União Federal para os depósitos judiciais e extrajudiciais de tributos e contribuições federais. O § 1º do art. 1º e o art. 2º desta lei estendem o procedimento para os débitos inscritos em dívida ativa da União e paras as contribuições previdenciárias a cargo do INSS. A mesma sistemática é aplicável também à totalidade dos créditos tributários e não-tributários federais, da administração direta e indireta, por força do art. 3º da Lei 12.099/09.

[60] BATISTA JÚNIOR, Onofre Alves; SALDANHA, Daniel Cabaleiro; MAGALHÃES, Tarcísio Diniz. A problemática do uso de depósitos judiciais e extrajudiciais pelo poder público. **Rev. Fac. Direito UFMG**, Belo Horizonte, n. 69, pp. 501 – 550, jul./dez. 2016.

até porque, ao menos no que se refere ao objeto delimitado, as indagações citadas nunca foram, ao menos diretamente, a problemática que

inviabilizaria eventual possibilidade de levantamento de valores pelo contribuinte.

Enfim, a abordagem dessa questão apenas ventila em breves linhas, com o intuito de reflexão, sobre o cenário em que o contribuinte se vê com valores constritos ao passo em que à União é permitida sua utilização. Identifica-se, portanto, in compatibilidade desse instituto com os preceitos constitucionais vigentes no ordenamento jurídico quando diante dessa situação em específico.

Tal não decorre do fato de haver processo em curso sem definição de resultado e sem trânsito em julgado, mas especificamente do fato de este ter aderido a programa de parcelamento.

E é nesse sentido em que se verifica grave dicotomia. Se, por um lado, haverá reforço nas contas públicas, por outro, não há dúvida de que tais valores pertencem ao contribuinte, pelo menos até que ocorra fato superveniente capaz de mudar essa condição.

6. Da atualização do débito *versus* atualização dos valores depositados judicialmente

Ainda há que se falar que na esfera federal, consoante estabelecido na Lei nº 9.703, de 17 de novembro de 1998, a atualização de valores depositados em juízo é realizada pela Caixa Econômica Federal ("CEF"), que responde pela sua remuneração com base na Selic, a mesma aplicada aos débitos tributários federais em face da remissão feita pelo do art. 1º, §3º, I, do da Lei nº 9.703/1998 ao §4º do art. 39 da Lei nº 9.250, de 26 de dezembro de 1995[61].

[61] Art. 39 (...) § 4º A partir de 1º de janeiro de 1996, a compensação ou restituição será acrescida de juros equivalentes à taxa referencial do Sistema Especial

Entretanto, o débito tributário, quando já iniciado o contencioso, compõe-se basicamente de principal, juros e multa. E o depósito judicial, embora leve em conta o somatório desses três elementos, não individualiza tais valores.

Assim, a atualização do depósito é feita pela CEF, obrigatoriamente, a partir do valor total depositado. Essa metodologia, aliás, tem por pressuposto que o depósito judicial fica à disposição do Tesouro Nacional, que remunera seus títulos pela Selic.

Sucede que na atualização de um crédito tributário se calcula a Selic acumulada desde a data de seu vencimento, aplicando-a sobre o principal, mas não sobre o total do débito como no caso de depósito judicial. Essa sistemática, com o tempo, gera uma distorção entre o valor depositado e o valor do débito, fazendo com que primeiro seja cada vez maior que o segundo.

Assim, a demora da Fazenda em encerrar o parcelamento e a permanência de valores depositados em juízo gera gigante distorção. Por uma questão de aritmética, quase sempre haverá excesso de execução.

Conclusões

Segundo Robert Alexy, o conflito entre regras apenas se resolve, no campo da validade, através de cláusula de exceção ou da sua exclusão, e a colisão de princípios se resolve na dimensão do peso, tendo em vista serem valorados, prevalecendo, no caso concreto, aquele ao qual for atribuída maior polpa.

Assim, se de um lado está-se diante de normativa cuja interpretação impõe ao contribuinte a opção de aderir a programa de parcelamento e, independentemente disso, a garantia outrora prestada em execução fiscal ficará vinculada a esse autos pro-

de Liquidação e de Custódia – SELIC para títulos federais, acumulada mensalmente, calculados a partir da data do pagamento indevido ou a maior até o mês anterior ao da compensação ou restituição e de 1% relativamente ao mês em que estiver sendo efetuada.

cessuais, por outro, sob a ótica dos princípios constitucionais anteriormente elencados não só há evidente desequilíbrio como verdadeira necessidade de revisitaão desse tema.

Se de um lado a cautela de proteger o crédito do estado e, com isso, o supremo interesse público, de outro não se dimensiona o custo imposto ao contribuinte.

Evidentemente que as regras impõem obrigações absolutas que devem ser por todos observadas. No entanto, estas devem ser adaptadas aos valores fundamentalmente estruturantes do ordenamento jurídico.

O que se identifica é que há hipóteses de parcelamento em que não se exige a prestação de garantia, seja administrativa ou judicial, de modo que, nessas situações, a simples adesão a programa de parcelamento seria fato juridicamente relevante a ponto de possibilitar a liberação de garantia depositada nos autos de determinada execução fiscal.

E não se ignora a possibilidade ventilada pela RFB no sentindo de que a abertura de tantos programas de parcelamento pode ter efeito colateral e incentivar o cenário de inadimplência tributária no País.

Todavia, a gestão das políticas públicas que visem incrementar a arrecadação e, especialmente, o "favor" concedido ao contribuinte não podem ser vistos como fatores que justifiquem a perpetuação do cenário de evidente favorecimento à Fazenda Pública.

Se por um lado existem todas as questões relacionadas a supremacia do interesse público e a proteção ao credor, além de se considerar celeridade processual; de outro não pode ficar a cargo do contribuinte ceder suas garantias constitucionais para sustentar tal dinâmica.

Caberia sim, ao setor público, ao instituir determinado programa, estabelecer as bases em que será feito de maneira a privilegiar tais garantias.

Já para os parcelamentos que demandam a exigência de prestação ou manutenção de garantia, tendo por fundamento o princípio da legalidade, não se pode afirmar que a possibilidade de levantamento de valores depositados nos autos da execução fiscal é medida que se impõe.

Todavia, haveria necessidade de gestão dinâmica por parte da administração pública e mesmo do próprio judiciário para que, na medida em que determinado parcelamento for avançando em termos de amortização do débito tributário, haja a possibilidade de levantamento parcial de valores.

Essa alternativa, acredita-se, resolve de maneira equânime os interesses de cada um dos polos da ação, sem deixar de observar todos os princípios e regras que norteiam não só o parcelamento, mas o próprio processamento da execução fiscal.

Por analogia, vale mencionar a decisão proferida pela Primeira Turma do Tribunal Regional Federal da 3ª Região ("TRF3") que, ao julgar agravo de instrumento[62], entendeu por deferir a determinado contribuinte a possibilidade de levantamento de penhora de bem estritamente relacionado ao seu processo produtivo. A finalidade, neste caso concreto, foi não inviabilizar o desenvolvimento da atividade empresarial da executada e o próprio parcelamento a que aderiu.

Corroborando com o acima exposto, outro julgado exarado pela Segunda Turma do TRF5 foi no sentido de liberar o valor

[62] DIREITO PROCESSUAL CIVIL. EXECUÇÃO FISCAL. AGRAVO DE INSTRUMENTO. PENHORA DE MÁQUINAS. PARCELAMENTO DO DÉBITO. LEVANTAMENTO DA CONSTRIÇÃO.
POSSIBILIDADE. 1. A fim de não inviabilizar o desenvolvimento da atividade empresarial da executada e, por via de consequência, o próprio parcelamento em curso, é possível o levantamento de penhora de bem estritamente relacionado ao processo produtivo. Precedentes. 2. Agravo de instrumento a que se nega provimento. (TRF-3 – AI: 000204241.2016.4.03.0000, Relator: Desembargador Federal WILSON ZAUHY, Data de Julgamento: 10/05/2016, PRIMEIRA TURMA, Data de Publicação: 19/05/2016).

penhorado na proporção em que realizado o pagamento das prestações mensais do parcelamento.

In casu, entendeu-se que, desde que mantido o *status* de adimplente do contribuinte, poderá haver liberação proporcional dos valores bloqueados via execução fiscal, por não se mostrar razoável a manutenção da garantia, posto que "além de risco ao cumprimento do próprio parcelamento", há "dupla oneração", sendo que a manutenção da garantia integral se ampara apenas "em probabilidades futuras e incertas de um possível inadimplemento do parcelamento"[63], em linha justamente com o que se propõe.

[63] Processo Civil e Execução Fiscal. Agravo de instrumento, com pedido de liminar, contra decisão que, em execução fiscal, deferiu, parcialmente, o pedido de liberação de valores bloqueados através do sistema Bacenjud, determinando a liberação, por ora, de 30% (trinta por cento) do valor penhorado. A agravante alega: a) que aderiu a parcelamento do débito tributário; e, b) a ilegalidade da penhora, nos termos do inc. IV, do art. 649, do Código de Processo Civil, c/c o inc. X, do art. 7º, da Constituição, por se tratar de verba proveniente de salário e verbas rescisórias. Não obstante o Superior 13 Tribunal de Justiça entenda que a adesão ao parcelamento suspende a exigibilidade do crédito tributário, nos termos do art. 151, inc. VI, do Código Tributário Nacional, não tem, porém, o condão de desconstituir a garantia dada em juízo (REsp 1.240.273/RN, min. Eliana Calmon, julgado em 03 de setembro de 2013). Essa turma tem entendido que a adesão ao parcelamento importa em confissão de débito pelo contribuinte, não se mostrando razoável a manutenção do bloqueio de ativos financeiros do agravante, o que representa, além de risco ao cumprimento do próprio parcelamento, uma dupla oneração, amparado em probabilidades futuras e incertas de um possível inadimplemento do parcelamento. Entretanto, a agravante não traz provas nos autos de que está adimplente com o parcelamento, apresentando, apenas, o recibo de pedido de parcelamento da Lei 10.522, f. 31, e as primeiras parcelas pagas em outubro de 2015, f. 33-39. A decisão atacada mostra-se razoável ao liberar 30% do valor bloqueado e permitir que, após o pagamento de mais parcelas, poderá o credor solicitar a liberação de outra parte da penhora, desde que mantenha a adimplência, f. 40. Agravo de instrumento improvido. (TRF-5 - AG: 00000127620164050000 PE, Relator: Desembargador Federal Vladimir Carvalho, Data de Julgamento: 08/03/2016, Segunda Turma, Data de Publicação: Diário da Justiça Eletrônico TRF5 (DJE) - 11/03/2016 - Página 24)

Em dezembro de 2017 foi a vez da Primeira Turma do STJ, que em decisão inédita e isolada – salvo melhor juízo –, ao julgar o Resp nº 1.266.318 – RN, pautada em parâmetros de razoabilidade, proferiu decisão em que afirmou a possibilidade de liberação progressiva dos bens constritos, na proporção em que realizada a quitação de parcelas de débito tributário objeto de execução fiscal[64], exigindo como premissa, todavia, que haja paridade entre valores e que os bens constritos comportem a divisão proposta[65]. Vale dizer que quando da garantia prestada por meio de dinheiro – depósito ou penhora – tais requisitos são verificados.

[64] "(...) 3. Não se pode descurar, porém, que, a teor do art. 659 do CPC do Buzaid (CPC/1973), reproduzido pelo art. 832 do Código Fux (CPC/2015), é admissível o bloqueio de ativos financeiros, por meio do Convênio BACENJUD, de depósitos em dinheiro, existentes em contas correntes do Executado, até o limite da execução, para garantia desta. Ou seja, não há razoabilidade, nem senso comum de equidade na orientação que aceita restrições superiores às necessidades de satisfação do crédito tributário. O excesso de garantia é algo que não tem o abono do Direito e tampouco do mais raso senso comum de Justiça.
4. Deveras, é preciso atentar que a execução deve se processar de forma calibrada, a fim de se alcançar a finalidade do processo de execução, ou seja, a satisfação do crédito, com o mínimo de sacrifício do devedor, que não pode ser condenado ao desespero ou à quebra para cumprir a sua obrigação fiscal.
5. Atente contra à lógica do razoável, que o Professor Luís Recasens Siches refinou com tanto esmero, e que preside à atividade judicial de interpretação de aplicação das regras jurídicas, afirmar que podem ser liberados da constrição judicial os bens que servem de garantia à moratória individual. Essa liberação poderá ser feita na proporção do resgate da dívida fiscal, mas somente quando o patrimônio constricto comporta a sua cômoda divisão. (...)" (STJ. AREsp nº 1.266.318. 1ª Turma. Rel. Min. Napoleão Nunes Maia Filho. DJe 14.12.2017)

[65] "(...) 6. Logo, constatado o gradual pagamento das parcelas em decorrência da celebração de acordo de parcelamento, deve-se assegurar ao devedor a liberação proporcional dos valores constrictos, no intuito de manter a equivalência entre o débito tributário e a garantia da execução. Ao reverso, impedir a liberação proporcional dos valores bloqueados causaria inescusável ônus ao devedor, notadamente nas hipóteses de parcelamento de longo prazo. (...)" (STJ. AREsp nº 1.266.318. 1ª Turma. Rel. Min. Napoleão Nunes Maia Filho. DJe 14.12.2017)

Esses julgados enunciam a reabertura da discussão sobre tal possibilidade e talvez sejam o presságio de uma justiça mais sensível às agruras dos contribuintes.

Referências

BATISTA JÚNIOR, Onofre Alves; SALDANHA, Daniel Cabaleiro; MAGALHÃES, Tarcísio Diniz. A problemática do uso de depósitos judiciais e extrajudiciais pelo poder público. **Rev. Fac. Direito UFMG**, Belo Horizonte, n. 69, pp. 501 - 550, jul./dez. 2016.

BRAGA, Valeschka e Silva. **Princípios da Proporcionalidade e da Razoabilidade.** Curitiba: Juruá, 2009.

BRASIL. Ministério da Fazenda. **Estudo sobre Impactos dos Parcelamentos Especiais.**Brasília:MinistériodaFazenda,2017.13p.Disponívelem: <http://idg.receita.fazenda.gov.br/dados/20171229-estudo-parcelamentos- especiais.pdf>. Acesso em: 28 ago. 2018.

CARVALHO, Paulo de Barros. **Curso de Direito Tributário.** 23. ed. São Paulo: Saraiva, 2011.

CARVALHO, Paulo de Barros. Obrigação Tributária. In: MAIA, J. Motta. **Comentários ao Código Tributário Nacional**. v. 3. São Paulo: José Bushatsky, 1977.

COSTA, Helena Regina. **Praticabilidade e justiça tributária.** São Paulo: Malheiros, 2007.

DINAMARCO, Cândido Rangel. LOPES, Bruno Vasconcelos Carrilho. **Teoria geral do novo processo civil.** São Paulo: Malheiros, 2016

FERREIRA FILHO, Marcílio da Silva; LIMA, Rodrigo Medeiros de (coord.). **Execução Fiscal: Teoria, prática e atuação fazendária**. 1. ed. Belo Horizonte: Fórum, 2015.

LACOMBE, Américo Masset. **Princípios Constitucionais Tributários.** 1. ed. São Paulo: Malheiros, 1996.

MADEIRA, Anderson Soares. **Lei de Execução Fiscal.** 2. ed. Rio de Janeiro: Freitas Bastos. 2013.

MELLO, Celso Antônio Bandeira de. **Curso de Direito Administrativo**. 17. ed. São Paulo: Malheiros, 2004.

MELLO, Celso Antônio Bandeira de. **Elementos de Direito Administrativo.** São Paulo: Revista dos Tribunais, 1986.

MENDONÇA, Christine. O regime jurídico do programa de recuperação fiscal – REFIS: parcelamento stricto sensu. In: VERGUEIRO, Guilherme Von Müller Lessa (coord.). **Refis, aspectos jurídicos relevantes.** São Paulo: Edipro, 2001.

MIRANDA, Gabriel Pereira Machado de. **O papel dos parcelamentos especiais para ofortalecimentodaeconomia.**Disponívelem: <https://www.migalhas.com.br/dePeso/16,MI277815,31047- O+papel+dos+parcelamentos+especiais+para+o+fortalecimento+da+economia>. Acesso em: 28 ago. 2018.

MOREIRA, Alexandre Magno Fernandes. **Princípio da proporcionalidade ou da razoabilidade.** Disponível em: <https://lfg.jusbrasil.com.br/noticias/2532448/principio- da-proporcionalidade-ou-da-razoabilidade>. Acesso em: 28 ago. 2018.

RUBINSTEIN, Flávio. **Boa-fé objetiva no Direito Financeiro e no Direito Tributário Brasileiros**. 2008. 214 f. Dissertação (Mestrado em Direito Econômico e Financeiro) – Faculdade de Direito da Universidade de São Paulo, São Paulo, 2008.

SABBAG, Eduardo de Moraes. **Direito Tributário** – Elementos do Direito, v. 3, 12. ed. São Paulo: Revista dos Tribunais, 2010.

TORRES, Heleno Taveira. A justiça dos tributos. In: DERZI, Mizabel Abreu Machado; MELO, João Paulo Fanucchi de Almeida (coord.). **Justiça Fiscal.** Belo Horizonte: Del Rey, 2016.

TORRES, Heleno Taveira. Prefácio. *In:* SOUZA, Pedro Guilherme Gonçalves de; DANTAS, Rodrigo Numeriano Dubourcq (coord.). **Obrigação Tributária e Segurança Jurídica**. São Paulo: Quartier Latin, 2016.

WEDI, Gabriel de Jesus Tedesco. **O Princípio da Boa-fé Objetiva no Direito Tributário.**Disponívelem: <http://www.egov.ufsc.br/portal/sites/default/files/anexos/30480-31881-1-PB.pdf>. Acesso em: 28 ago. 2018.

Legislação e jurisprudência

BRASIL. Constituição (1988). **Constituição da República Federativa do Brasil de 1988. Palácio do Planalto Presidência da República, Brasília,** DF, 05 out. 1988 Disponível em: <http://www.planalto.gov.br/ccivil_03/constituicao/constituicao.htm> Acesso em: 28 ago. 2018.

BRASIL. Lei nº 13.105 de 16 de março de 2015. Código de Processo Civil. **Palácio do Planalto Presidência da República, Brasília**, DF, 16 mar. 2015. Disponível em: <http://www.planalto.gov.br/ccivil_03/leis/l6830.htm> Acesso em: 28 ago. 2018.

BRASIL. Lei nº 6.830 de 22 de setembro de 1980. Dispõe sobre a cobrança judicial da Dívida Ativa da Fazenda Pública, e dá outras providências. **Palácio do Planalto Presidência da República, Brasília**, DF, 22 set. 1980. Disponível em: <http://www.planalto.gov.br/ccivil_03/leis/l6830.htm> Acesso em: 28 ago. 2018.

BRASIL. Lei nº 5.172 de 25 de outubro de 1966. Dispõe sobre o Sistema Tributário Nacional e institui normas gerais de direito tributário aplicáveis à União, Estados e Municípios. **Palácio do Planalto Presidência da República, Brasília**, DF, 25 out. 1966. Disponível em: <http://www.planalto.gov.br/ccivil_03/leis/l5172.htm> Acesso em: 28 ago. 2018.

BRASIL. Superior Tribunal de Justiça. **Acórdão em Recurso Especial nº 1.266.318.** 1ª Turma. Relator: Ministro Napoleão Nunes Maia Filho. 14 dez. 2017. Disponível em: <https://stj.jusbrasil.com.br/jurisprudencia/533894252/recurso-especial-resp- 1266318-rn-2011-0166398-3/relatorio-e-voto-533894255?ref=juris-tabs>. Acesso em: 28 ago. 2018.

BRASIL. Superior Tribunal de Justiça. **Embargos de Divergência em Recurso Especial n° 1.077.039/RJ.** 1ª Seção. Relator: Ministro Herman Benjamin.12 abr. 2011. Disponível em: <https://stj.jusbrasil.com.br/jurisprudencia/19125971/embargos- de-divergencia-em-recurso-especial-eresp-1077039-rj-2009-0127439-6-stj/relatorio- e-voto-19125973?ref=juris-tabs>. Acesso em: 28 ago. 2018.

BRASIL. Tribunal Regional Federal da 3ª Região. **Agravo de Instrumento n° 000204241.2016.4.03.0000.** 1ª Turma. Relator: Desembargador Federal Wilson Zauhy.15maio2016.Disponívelem: <http://web.trf3.jus.br/acordaos/Acordao/BuscarDocumentoGedpro/5192485>. Acesso em: 28 ago. 2018.

BRASIL. Tribunal Regional da 5ª Região. **Agravo de Instrumento n° 00000127620164050000.** 2ª Turma. Relator: Desembargador Federal Vladimir Carvalho.11mar.2016.Disponívelem: <https://www4.trf5.jus.br/InteiroTeor/publicacoes.jsp?numproc=0000012762016405 0000>. Acesso em: 28 ago. 2018.

NATUREZA JURÍDICA DOS APORTES EXTRAORDINÁRIOS PATRONAIS EM PLANO DE PREVIDÊNCIA PRIVADA ABERTA, À LUZ DA JURISPRUDÊNCIA DO CONSELHO ADMINISTRATIVO DE RECURSOS FISCAIS – CARF

Carolina Evangelista Silva Coimbra

Introdução

Nos últimos anos vem se multiplicando no âmbito corporativo brasileiro, especialmente em companhias abertas, o número de as empresas que se interessam pela criação de programas de previdência complementar em benefício de seus empregados e dirigentes, com o objetivo atrair e reter talentos, vez que os planos de previdência funcionam como instrumento de política de recursos humanos.

O objetivo da instituição desses benefícios não é necessariamente a retribuição pelos serviços prestados em decorrência do vínculo de emprego ou estatutário para com a pessoa jurídica instituidora. Muitas vezes referidos planos visam o alinhamento dos interesses dos colaboradores com o de seus acionistas, bem como a retenção de empregados e executivos chaves na empresa, de modo a evitar o excesso de rotatividade, mais conhecido como *turnover.*

De acordo com o § 2º do art. 202 da Constitucional Federal, *"**As contribuições do empregador**, os benefícios e as condições* *contratuais previstas nos estatutos, regulamentos e planos de benefícios das entidades de previdência privada* ***não integram o contrato de trabalho dos participantes, assim como,*** *à exceção dos benefícios concedidos,* ***não integram a remuneração dos participantes, nos termos da lei.***"

Significa dizer que, a Constituição Federal afastou da incidência de direitos trabalhistas (férias, 13º salário, aviso prévio indenizado, FGTS, entre outros), e das incidências tributárias (contribuições previdenciárias e de terceiros, IRPJ e IRPF), as contribuições feitas pelo empregador no âmbito de planos de previdência privada complementar.

Como se verá adiante, referida imunidade, foi concedida em decorrência do reconhecimento do Estado, da sua incapacidade de garantir a manutenção do bem-estar de todos os trabalhadores, especialmente daqueles que recebem salários superiores ao teto do salário de salário de contribuição, de R$ 6.101,06 em 2020, unicamente através do regime geral de previdência social ("RGPS").

De acordo com o Instituto de Política Econômica Aplicada – IPEA, em seu Boletim de Políticas Sociais – Previdência Social – Acompanhamento e Análise nº 13 edição especial 2007, o público alvo da previdência privada complementar é uma minoria da população que possui rendimentos mais elevados e querem complementar sua aposentaria. É o que se observa abaixo:

> Por fim, o terceiro pilar é composto pela Previdência Complementar. Essa é voluntária e tem por objetivo conceder benefícios opcionais complementares aos segurados da previdência dos empregados do setor privado. O público-alvo é de uma minoria da população que possui rendimentos elevados e querem complementar sua aposentadoria, já que a maioria dos trabalhadores tem direito aos benefícios da Previdência básica, cujo teto de remuneração situa-se ao redor de nove salários mínimos. Cerca de

> 2,9% da PEA discutida na seção sobre a situação social da Previdência Socia contribuíam para algum Plano de Previdência Complementar em 2005.

Assim sendo, para suplementar o valor da aposentadoria concedida pelo RGPS, os empregadores oferecem aos seus empregados e dirigentes a possibilidade de aderir a planos de previdência privada complementar.

A despeito disso, o § 2º do art. 202 da Constituição Federal tem sido alvo de diversas discussões entre Fisco e contribuinte, e são cada vez maiores, em termos de números de processos e valores envolvidos, os casos que chegam ao Conselho Administrativo de Recursos Fiscais para julgamento sobre essa matéria.

Na visão do Fisco, algumas empresas estariam se valendo desse instrumento para fins de pagamento de remuneração disfarçada, dada a ausência de incidência de direitos trabalhistas e das incidências tributárias sobre as contribuições patronais vertidas em planos de previdência privada complementar.

Por outro lado, os contribuintes defendem a regularidade dos aportes feitos no âmbito desses planos, sob o fundamento de esses seguiram rigorosamente todas as normas legais, infralegais e regulamentares existentes sobre a matéria e, por essa razão, não poderiam ter sua natureza previdenciária descaracterizada, para fins da exigência de tributos.

No âmbito regulamentar, a Constituição Federal outorgou a lei complementar a tarefa de estabelecer de regular o seu art. 202, o que foi feito pela Lei Complementar nº 109, de 29 de maio de 2001.

Contudo, dessa legislação sugeriram outros questionamentos, sendo o principal deles acerca da eventual revogação do art. 28, § 9º, alínea "p", da Lei nº 8.212/91, que determina que não integra o salário de contribuição *"o valor das contribuições efetivamente pago pela pessoa jurídica relativo a programa de previdência complementar, aberto ou fechado,* ***desde que disponível à totalidade de seus empregados e dirigentes****, observados, no que couber, os arts. 9º e 468 da CLT".*

Isso porque, com a entrada em vigor da Lei Complementar nº 109/01, surgiu interpretação no sentido de que essa restrição alcançaria apenas os planos de previdência privada complementar instituído por entidade fechada.

Todavia, além desse, o Fisco levanta diversos outros questionamentos relacionados aos planos de previdência privada complementar disponibilizado aos empregados e dirigentes pelas empresas, com o intuito de exigir o recolhimento de tributos incidentes sobre o pagamento de remuneração.

Diante deste cenário, analisaremos os principais questionamentos do Fisco quanto à regularidade dos planos de previdência privada complementar instituídos pelas empresas, notadamente quanto aos aportes extraordinários feitos nesses planos, à luz da jurisprudência administrativa do CARF.

1. Considerações gerais sobre a previdência privada complementar no Brasil

O marco legislativo inicial da previdência privada complementar no Brasil é constituído pela Lei nº 6.435, de 15 de julho de 1977, posteriormente alterada pela Lei nº 6.462, de 9 de novembro de 1977, e pelos Decretos nº 81.240/78 e nº 81.402/78.

O artigo 1º da Lei nº 6.435/77 definiu a entidade de previdência privada como sendo aquela que *"têm por objeto instituir planos privados de concessão de pecúlios ou de rendas, de benefícios complementares ou assemelhados aos da Previdência Social, mediante contribuição de seus participantes, dos respectivos empregadores ou de ambos."*

No tocante aos tipos de entidades de previdência privada, a Lei nº 6.435/77, em seu artigo 4º estabeleceu o seguinte:

> Art. 4º Para os efeitos da presente Lei, as entidades de previdência privada são classificadas:
>
> I – de acordo com a relação entre a entidade e os participantes dos planos de benefícios, em:
>
> a) **fechadas**, quando acessíveis exclusivamente aos empregados de uma só empresa ou de um grupo de empresas, as quais, para os efeitos desta Lei, serão denominadas patrocinadoras;
>
> b) **abertas**, as demais.

No âmbito regulatório, a Lei nº 6.435/77 determinou que, no caso das entidades abertas, essa regulamentação seria feita pelo Sistema Nacional de Seguros Privados, enquanto, para as entidades fechadas essa competência ficou a cargo do então Ministério da Previdência e Assistência Social.

Com a entrada em vigor da Emenda Constitucional nº 20, que alterou o art. 202 da Constituição Federal, foi introduzido no texto constitucional os princípios que regem o regime de previdência privada complementar no Brasil, *in verbis*:

> Art. 202. O regime de previdência privada, de caráter **complementar** e organizado de forma **autônoma** em relação ao regime geral de previdência social, será **facultativo**, **baseado na constituição de reservas** que garantam o benefício **contratado**, e regulado por lei complementar.
>
> (...)
>
> § 2º **As contribuições do empregador**, os benefícios e as condições contratuais previstas nos estatutos, regulamentos e planos de benefícios das entidades de previdência privada **não integram o contrato de trabalho dos participantes, assim como,** à exceção dos benefícios concedidos, **não integram a remuneração dos participantes, nos termos da lei.** (grifos nossos)

Assim, a base da previdência complementar no Brasil é identificada nos seguintes princípios: (i) **complementariedade**, na medida em que corresponde ao pagamento de uma renda adicional àquela paga pelo regime previdenciário público; (ii) **autonomia**, vez que há uma segregação do regime complementar dos demais regimes oficiais de previdência; (iii) **facultatividade**, que implica na liberdade outorgada às partes para ingressar, permanecer ou sair da relação previdenciária complementar; (iv) **capitalização**, posto que o regime complementar é baseado na acumulação de reservas (princípio do equilíbrio financeiro e atuarial); e (v) **contratualidade**, que representa uma expressão da facultatividade, estabelecida por meio de instrumento jurídico de direito privado.

Ademais, no intuito de incentivar a participação dos empregadores na formação da previdência privada dos trabalhadores, o parágrafo segundo, do mencionado art. 202, estabeleceu expressamente que as contribuições do empregador e as condições contratuais previstas nos planos de previdência não integram o contrato de trabalho dos participantes, assim como não integram a remuneração dos participantes.

Em outras palavras, a norma constitucional determinou que essas contribuições não constituem remuneração do empregado, nem para efeito da incidência de direitos trabalhistas (férias, 13º salário, aviso prévio indenizado, FGTS, entre outros), nem para efeito de incidências tributárias (contribuições previdenciárias e de terceiros, IRPJ e IRPF).

Oportuno mencionar, que o referido incentivo se faz necessário para fins de garantia dos direitos sociais dos trabalhadores, na medida em que o Estado, ciente das suas próprias limitações, não conseguiria realizá-las, em toda a sua amplitude, sem a participação do particular.

É dizer, o sistema de previdência social, no seu regime geral básico, rege-se pelo princípio da solidariedade, sendo obrigatório à população economicamente ativa, e possui caráter universal, destinando-se a todos, mediante atendimento de determinados requisitos e de contribuições.

Contudo, frente à quantidade de segurados que nesse sistema se amparam é evidente a insuficiência do modelo do Regime Geral de Previdência Social. Assim, o próprio sistema de previdência privada complementar decorre desse reconhecimento da limitação de alcance do sistema social.

Tendo em vista esse cenário e seus reflexos da sociedade, esclarece Cibele de Oliveira Ramos, *in* Os planos de benefícios das entidades de previdência privada. São Paulo: LTr. 2005, p. 22:

> Foi criado então, em 1977, o sistema de previdência complementar, de caráter privado, paralelo ao regime de previdência social, básico e estatal, com a finalidade de, por meio de contrato, propiciar o pagamento de benefícios em contraprestações às contribuições vertidas. O próprio trabalhador, pelo seu esforço pessoal, com o intuito de garantir qualidade de vida, busca a complementação da sua aposentadoria, efetuando poupança prévia durante sua vida laborativa, acumulando valores.
>
> **Decorre da evolução social, que a má distribuição de renda originou disparates gritantes entre classes sociais, sendo que muitos indivíduos auferem rendas superiores ao teto previsto no Regime Geral de Previdência Social.** Não é porque esses indivíduos pertencem às classes sociais privilegiadas que não mereçam a manutenção do padrão de vida na velhice.
>
> **A remuneração mensal proveniente de aposentadoria, similar àquela percebida em fase laborativa, é fator indispensável em todas as classes sociais para a obtenção da estabilidade social.** Fato é que a redução de rendimento, seja em vida laborativa, seja na aposentadoria, gera consequências desagradáveis e não esperadas para qualquer família. (grifos nossos)

Assim, para parte dos trabalhadores, o teto do salário de contribuição do regime geral de previdência social, de R$ 6.101,06 em 2020, não seria capaz de garantir a manutenção do padrão de vida que esses possuem atualmente.

Ainda sobre o artigo 202, a Constituição Federal outorgou à lei complementar a função de regulamentar o regime de previdência privada complementar, o que foi feito pela Lei Complementar nº 109/2001, que dispõe sobre os principais aspectos desse regime e reforça os princípios constitucionais mencionados acima.

Nesse contexto, a referida lei complementar, no mesmo sentido da revogada Lei nº 6.435/77, dividiu o sistema de previdência privada no Brasil em dois segmentos: (i) fechado, cujos planos de benefício são administrados pelas entidades fechadas de previdência complementar (as EFPC, também chamados de fundos de pensão); e (ii) aberto, cujos planos de benefício são administrados pelas entidades abertas de previdência complementar ou seguradoras.

Ademais, a lei complementar estabeleceu, em seu art. 6º, que as entidades de previdência complementar somente poderão instituir e operar planos de benefícios para os quais tenham autorização específica, segundo as normas aprovadas pelo órgão regulador e fiscalizador, conforme disposto nesta Lei Complementar.

Nesse sentido, o artigo 5º da Lei Complementar nº 109/01 estabeleceu que *"a normatização, coordenação, supervisão, fiscalização e controle das atividades das entidades de previdência complementar serão realizados por órgão ou órgãos regulador e fiscalizador, conforme disposto em lei, observado o disposto no inciso VI do art. 84 da Constituição Federal"*.

Sendo que até que seja publicada a lei de que trata o mencionado dispositivo, o art. 71 desta Lei Complementar, estabeleceu que *"as funções do órgão regulador e do órgão fiscalizador serão exercidas pelo Ministério da Previdência e Assistência Social, por intermédio, respectivamente, do Conselho de Gestão da Previdência Complementar (CGPC) e da Secretaria de Previdência Complementar (SPC), relativamente às entidades fechadas, e pelo Ministério da Fazenda, por intermédio do Conselho Nacional de Seguros Privados (CNSP) e da Superintendência de Seguros Privados (SUSEP), em relação, respectivamente, à regulação e fiscalização das entidades abertas."*

Assim, especificamente no caso das entidades abertas de previdência complementar, o sistema de previdência complementar deve observar as regras proferidas pelo Conselho Nacional de Seguros Privados ("CNSP"), que consolidou as condições de funcionamento para operação da cobertura por sobrevivência oferecida em plano de previdência complementar aberta por meio da Resolução CNSP nº 349/2017, atualmente em vigor.

Ainda no âmbito regulatório, coube à Superintendência de Seguros Privados ("SUSEP") regulamentar a matéria disciplinada pelo CNSP, estando atualmente em vigor a Circular SUSEP nº 563/2017, que detalha, inclusive, os tipos de produtos passíveis de comercialização, dentre eles, o Plano Gerador de Benefício Livre ("PGBL").

Nesse contexto, cumpre destacar que a regulamentação identifica os produtos PGBL como aqueles em que, durante o período de diferimento, a remuneração da provisão matemática de benefícios a conceder é baseada na rentabilidade da carteira de investimentos de FIE, sem garantia de remuneração mínima.

A regulamentação também determina que os produtos PGBL sejam sempre estruturados na modalidade de contribuição variável. Significa dizer que o plano de previdência PGBL conjuga características da modalidade de contribuição definida e de benefício definido. Assim, ao contrário dos planos de benefício definido, propriamente ditos, não há uma expectativa de recebimento de determinado valor de benefício no futuro.

2. Imunidade das contribuições do empregador em plano de previdência privada complementar

A Emenda Constitucional nº 20, de 20.12.1998, alterando a redação do art. 202 da Constituição Federal, passou a prever o seguinte:

> Art. 202. **O regime de previdência privada, de caráter complementar e organizado de forma autônoma** em relação ao regime geral de previdência social, **será facultativo**, baseado na constituição de reservas que garantam o benefício contratado, **e regulado por lei complementar.** (Redação dada pela Emenda Constitucional nº 20, de 1998)
>
> (...)
>
> § 2° **As contribuições do empregador,** os benefícios e as condições contratuais previstas nos estatutos, regulamentos e planos de benefícios das entidades de previdência privada **não integram o contrato de trabalho os participantes**, assim como, à exceção dos benefícios concedidos, não integram a remuneração dos participantes, nos termos da lei. (Redação dada pela Emenda Constitucional nº 20, de 1998)

Da leitura do *caput* ao art. 202 acima transcrito, é possível concluir que o regime de previdência privada complementar será: ***(i)*** organizado de forma autônoma em relação ao regime geral de previdência social ("RGPS"); ***(ii)*** facultativo; ***(iii)*** baseado na constituição de reservas que garantam o benefício contratado (oneroso); e ***(iv)*** regulado por meio de lei complementar.

Já o parágrafo segundo do art. 202 estabelece que "***as contribuições do empregador,*** *os benefícios e as condições contratuais* ***previstas nos*** *estatutos, regulamentos e* ***planos de benefícios das entidades de previdência privada não integram o contrato de trabalho dos participantes, nos termos da lei***".

E a razão para isso decorre do fato de o art. 202 destinar-se a cumprir uma **clara função social de proteção ao trabalhador** contra eventuais riscos sociais futuros, por meio da constituição de outras reservas além daquela de caráter obrigatório vinculado ao RGPS, e não à fiscalização tributária.

Oportuno mencionar, nesse contexto, o acórdão da 2ª Turma da Câmara Superior de Recursos Fiscais que reconheceu que o art. 202 da CF trata-se de verdadeira norma de imunidade tributária. Veja-se:

> CONTRIBUIÇÕES SOCIAIS PREVIDENCIÁRIAS
> Período de apuração: 01/01/2000 a 31/12/2004
> PLANO DE PREVIDÊNCIA PRIVADA. EXCLUSÃO DOS TRABALHADORES QUE RECEBEM ABAIXO DO TETO DO RGPS.
>
> A questão da incidência ou não de contribuições previdenciárias sobre o valor das contribuições efetivamente pago pela pessoa jurídica relativo a programa de previdência complementar não decorre de norma isentiva a ser interpretada literalmente. Em verdade, **trata-se de uma imunidade tributária, prevista no art. 202, § 2º da Constituição Federal.**
>
> (CSRF – Acórdão nº 9202-002.265, PAF nº 36202.002312/2005-41, Rel. Luiz Eduardo de Oliveira Santos) (grifos nossos)

A imunidade tributária, por sua vez, consiste em um obstáculo constitucional à incidência da regra jurídica de tributação.

De acordo com Ricardo Alexandre[1], a despeito de a Constituição Federal não utilizar essa terminologia, toda limitação que consta da própria Constituição, trata-se de imunidade. Veja-se:

[1] ALEXANDRE, Ricardo. **Direito Tributário**. Imprensa: São Paulo, Método, 2017, p. 266.

> Ressalte-se que a Constituição usa diversas terminologias para se referir às imunidades, embora em nenhum momento em que estatui regras tributárias use a própria palavra imunidade. Mas, como ressaltado, **não importa a terminologia usada, se a limitação consta da própria Constituição, trata-se de imunidade.** (grifos nossos)

E, nas palavras de Hugo de Brito Machado[2]:

> Imunidade é o obstáculo decorrente de regra da Constituição à incidência de regra jurídica de tributação. O que é imune não pode ser tributado. **A imunidade impede que a lei defina como hipótese de incidência tributária aquilo que é imune. É limitação da competência tributária** (grifos nossos)

Ainda, segundo Souto Maior[3]:

> É a imunidade uma limitação constitucional ao poder de tributar. Mais precisamente ainda: a eficácia específica do preceito imunitório consiste em delimitar a competência tributária aos entes públicos. **Porquanto consiste numa limitação constitucional, a imunidade é uma vedação, uma negativa, uma inibição para o exercício da competência tributária.** A imunidade é um princípio constitucional de exclusão da competência tributária. (grifos nossos)

Nesse sentido, ao determinar que as contribuições do empregador em planos de benefícios de previdência privada não constituem remuneração do empregado, a norma constitucional

[2] HB MACHADO. **Curso de Direito Tributário.** 2ª ed. São Paulo, 2004.
[3] BORGES, José Souto Maior. **Isenções tributárias.** São Paulo: Sugestões Literárias, 1969.

afasta a incidência de direitos trabalhistas (13º salário, aviso prévio indenizado, férias, FGTS, entre outros), bem como de incidências tributárias (contribuições previdenciárias e de terceiros, IRPJ e IRPF).

Em relação à regulamentação do regime de previdência privada complementar, o art. 202 delegou essa função à lei complementar, o que se deu pela Lei Complementar nº 109, publicada em 30.05.2001. E, nesse contexto, destacam-se os arts. 68 e 69, *in verbis*:

> Capítulo VIII – Disposições Gerais
>
> Art. 68. **As contribuições do empregador, os benefícios e as condições contratuais previstos nos estatutos, regulamentos e planos de benefícios das entidades de previdência complementar não integram o contrato de trabalho dos participantes, assim como, à exceção dos benefícios concedidos, não integram a remuneração dos participantes.**
>
> § 1º Os benefícios serão considerados direito adquirido do participante quando implementadas todas as condições estabelecidas para elegibilidade consignadas no regulamento do respectivo plano.
>
> § 2º A concessão de benefício pela previdência complementar não depende da concessão de benefício pelo regime geral de previdência social.
>
> Art. 69. As contribuições vertidas para as entidades de previdência complementar, destinadas ao custeio dos planos de benefícios de natureza previdenciária, são dedutíveis para fins de incidência de imposto sobre a renda, nos limites e nas condições fixadas em lei.
>
> § 1º **Sobre as contribuições de que trata o caput não incidem tributação e contribuições de qualquer natureza.** (grifos nossos)

Como se observa, os dispositivos acima transcritos apenas reproduzem o comando constitucional. E não poderia ser diferente, uma vez que, por se tratar de norma que trata de imunidade tributária, não seria possível a legislação hierarquicamente inferior restringir-lhe o sentido ou o alcance.

Nesse sentido, destaca-se trecho do voto do Ministro Marco Aurélio, do Supremo Tribunal Federal, no julgamento do RE nº 566.622/RS, que tratou da inconstitucionalidade de normas que pretendiam limitar o alcance da imunidade tributária prevista no § 7º do art. 195 da Constituição Federal, *in verbis*:

> **A definição do alcance formal e material** do segundo requisito, a observância de "exigências estabelecidas em lei", **deve, portanto, considerar o motivo da imunidade em discussão – a garantia de realização de direitos fundamentais sociais. Qualquer interpretação que favoreça obstáculos ao alcance desse propósito há de ser evitada, cabendo prestigiar aquela que beneficie a conquista da função política e social** própria do § 7º do artigo 195 do Diploma Maior. (grifos nossos)

Assim, depreende-se que o art. 202, § 2º da Constituição Federal deve ser lido em consonância com os direitos fundamentais que pretende realizar e que, nesse caso, está relacionado com a proteção do trabalhador contra eventuais riscos sociais que possam atingi-lo no futuro (tais como, velhice, invalidez e morte).

3. Jurisprudência administrativa do CARF

A despeito da previsão constitucional do § 2º do art. 202 da Constituição Federal, bem como dos artigos 68 e 69 da Lei Complementar nº 109/2001, o teor dos dispositivos em comento tem sido objeto de embates entre fisco e contribuinte.

Na visão do Fisco, algumas empresas estariam se valendo desse instrumento para fins de pagamento de remuneração disfarçada, dada a ausência de incidência de direitos trabalhistas e das incidências tributárias sobre as contribuições patronais vertidas em planos de previdência privada complementar.

Por outro lado, os contribuintes defendem a regularidade dos aportes feitos no âmbito desses planos, sob o fundamento de esses seguiram rigorosamente todas as normas legais, infralegais e regulamentares existentes sobre a matéria e, por essa razão, não poderiam ter sua natureza previdenciária descaracterizada, para fins da exigência de tributos.

Nesse contexto, passa-se a analisar os principais argumentos do Fisco para a descaracterização da natureza previdenciária dos aportes em planos de previdência privada complementar, a luz das legislações legal, infralegal e regulamentares que tratam do assunto.

3.1. Aplicação do art. 28, § 9º, alínea "p", da lei nº 8.212/91 após o advento da LC nº 109/2001

Apesar de possuir pouca força atualmente, quando se iniciaram as autuações para exigência das contribuições previdenciárias (cota patronal e SAT/RAT) e de terceiros sobre os aportes feitos pelos empregadores em planos de previdência privada, houve questionamentos acerca da aplicabilidade do art. 28, § 9º, alínea "p", da Lei nº 8.212/91, após a entrada em vigor Lei Complementar nº 109/2001.

A linha advogada por quem defendia a não aplicação do art. 28, § 9º, alínea "p", da Lei nº 8.212/91 estava centrada sobretudo na aparente incompatibilidade desse dispositivo com a Lei Complementar nº 109/2001.

Isso porque, de acordo com a Lei nº 8.212/91, para que o valor das contribuições vertidas pelo empregador nos planos de previdência privada estivesse fora do alcance das contribuições previdenciárias era necessário que esses planos fossem disponíveis à totalidade de seus empregados e dirigentes. Caso contrário, haveria a incidência das contribuições previdenciárias.

Contudo, com a entrada em vigor da Lei Complementar nº 109/2001 permitiu-se interpretar que, a partir de 30.05.2001, a exigência do oferecimento dos planos de previdência complementar a todos os empregados da empresa estaria limitada apenas as entidades fechadas.

Em vistas disso, nas autuações que afastaram a isenção sobre as contribuições aportadas em planos de previdência complementar pelo fato dos planos não estarem disponíveis à totalidade dos seus empregados e dirigentes, alguns contribuintes alegaram que o disposto no art. 28, § 9º, alínea "p", da Lei nº 8.212/91 estaria em confronto com o ordenamento jurídico e, por essa razão, não poderia ser aplicado no caso concreto.

Como antecipado, mencionado argumento perdeu força ao longo do tempo e atualmente pouco se vê essa alegação nas impugnações dos contribuintes.

Nesse contexto, destaca-se trecho de precedente do CARF (Acórdão nº 2402-004.872) que reflete o atual entendimento do Conselho em relação a validade do art. 28, § 9º, alínea "p", da Lei nº 8.212/91:

> Após a promulgação da Emenda Constitucional 20/1998 e a publicação da Lei Complementar (LC) 109/2001, **o Fisco deverá fazer uma análise conglobante, que consiste na necessidade de analisar a hipótese fática do fato gerador dentro do ordenamento jurídico em geral** (conglobando) e não apenas a norma estampada no art. 28, §9°, alínea "p", da Lei 8.212/1991 (grifos nossos)

No bojo do mencionado acórdão, o relator resolveu a controvérsia por meio da aplicação do art. 2º, § 2º da Lei de Introdução as Normas do Direito Brasileiro – LINDB, que dispõe o seguinte:

> Art. 2o Não se destinando à vigência temporária, a lei terá vigor até que outra a modifique ou revogue.
>
> (...)
>
> § 2o **A lei nova, que estabeleça disposições gerais ou especiais a par das já existentes, não revoga nem modifica a lei anterior.** (grifos nossos)

Nesse mesmo sentido, destaca-se precedente do CARF, em julgamento proferido no âmbito na Câmara Superior de Recursos Fiscais – CSRF, através do acórdão 9202-003.193:

> Assunto: Contribuições Sociais Previdenciárias
>
> Período de apuração: 01/01/2002 a 31/12/2004
>
> PREVIDÊNCIA COMPLEMENTAR. NÃO CARACTERIZAÇÃO DE REMUNERAÇÃO PARA FINS DE INCIDÊNCIA DE CONTRIBUIÇÕES PREVIDENCIÁRIAS.
>
> **A LC n° 109/2001 alterou a regulamentação da matéria antes adstrita à Lei n. 8.212/1991**, passando a admitir que no caso de plano de previdência complementar em regime aberto a concessão pela empresa a grupos de empregados e dirigentes pertencentes a determinada categoria não caracteriza salário-de-contribuição sujeito à incidência de contribuições previdenciárias. Recurso especial conhecido e provido. (grifos nossos)

Assim, prevalece no Conselho Administrativo de Recursos Fiscais ("CARF") o entendimento de que o art. 28, § 9º, alínea "p", da Lei nº 8.212/91 deve ser lido em conjunto com a Lei Complementar nº 109/2001, em homenagem ao diálogo das fontes.

3.2. Disponibilidade do benefício a todos os empregados e dirigentes da pessoa jurídica instituidora

De acordo com o artigo 28, § 9º, alínea "p" da Lei nº 8.212/91, não integra o salário de contribuição "*o valor das contribuições efe-*

tivamente pago pela pessoa jurídica relativo a programa de previdência complementar, aberto ou fechado, ***desde que disponível à totalidade de seus empregados e dirigentes****, observados no que couber, os arts. 9º e 468 da CLT".*

A despeito dessa previsão, antes mesmo da entrada em vigor da Lei Complementar nº 109/2001, já havia discussões envolvendo a exigência de o plano contemplar a totalidade dos empregados e dirigentes da pessoa jurídica.

Na linha defendida por quem entendia que os planos de previdência complementar poderiam alcançar apenas parte dos funcionários da pessoa jurídica, mencionava-se a Nota CJ 414/97 editada pelo então Ministério da Previdência e da Assistência Social que, após diversas consultas acerca da inteligência do art. 28, § 9º, alínea "p", da Lei nº 8.212/91, externou o seguinte entendimento:

> "(...) **O que o regulamento exige é que haja disponibilidade ou elegibilidade para todos os empregados**, não igualdade linear das contribuições e dos benefícios, que isto não acontece nem na previdência social pública. Assim, é preciso que a empresa proporcione a todos os seus empregados um plano que lhes seja facultado aderir e que esteja a seu alcance, para que possa gozar do favor objeto do regulamento.
>
> Não o fazendo, ou beneficiando apenas os dirigentes ou um grupo restrito de empregados, esta parcela não poderá ser entendida como um programa complementar de previdência, mas uma forma de pagamento disfarçado de salário ou remuneração sobre a qual deverá incidir a contribuição social. (...)" (grifos nossos)

De acordo com a mencionada Nota, pouco importaria se o plano alcançaria ou não a totalidade dos empregados e dirigentes, sendo apenas necessário que fosse concedida a possibilidade desses funcionários aderir ao plano.

Assim, *a contrario sensu*, a obrigatoriedade do plano é que caracterizaria a natureza de salário indireto para fins de incidência das contribuições previdenciárias.

Note-se, ademais, que a referida Nota Técnica ainda foi além ao afastar a necessidade de as contribuições serem lineares entre os participantes, sob o fundamento de que tal requisito não se verificaria nem mesmo nos planos de previdência social pública.

Todavia, após a entrada em vigor da Lei Complementar nº 109/01, especificamente nos casos de planos de previdência privada aberta, passou-se a permitir expressamente que o benefício fosse disponibilizado pelo empregador a grupos de uma ou mais categorias específicas dos seus empregados, *in verbis*:

> Seção III
> Dos Planos de Benefícios de Entidades Abertas
>
> Art. 26. Os planos de benefícios instituídos por entidades abertas poderão ser:
>
> I – individuais, quando acessíveis a quaisquer pessoas físicas; ou
>
> II – coletivos, quando tenham por objetivo garantir benefícios previdenciários a pessoas físicas vinculadas, direta ou indiretamente, a uma pessoa jurídica contratante.
>
> § 1º O plano coletivo poderá ser contratado por uma ou várias pessoas jurídicas.
>
> § 2º O vínculo indireto de que trata o inciso II deste artigo refere-se aos casos em que uma entidade representativa de pessoas jurídicas contrate plano previdenciário coletivo para grupos de pessoas físicas vinculadas a suas filiadas.
>
> § 3º **Os grupos de pessoas de que trata o parágrafo anterior poderão ser constituídos por uma ou mais categorias específicas de empregados de um mesmo empregador**, podendo abranger empresas coligadas, controladas ou subsidiárias, e por membros de associações legalmente constituídas, de caráter pro-

> fissional ou classista, e seus cônjuges ou companheiros e dependentes econômicos. (grifos nossos)

Desse modo, a condição estabelecida pelo art. 28, § 9º, alínea "p", da Lei nº 8.212/91, isto é, a cláusula "*desde que o programa de previdência complementar, aberto ou fechado, esteja disponível à totalidade dos empregados e dirigentes*" deixou de ser aplicável aos casos de previdência privada complementar em regime aberto, uma vez que, de um lado, a legislação posterior (Lei Complementar nº 109/2001) deixou de prever tal condição e, de outro, a referida lei expressamente autorizou a possibilidade de o empregador contratar a previdência privada para grupos ou categorias especificas de empregados.

Nesse sentido, inclusive, destaca-se trecho do acórdão nº 9202-008.085, de relatoria do Conselheiro Mário Pereira de Pinto Filho, de 20.08.2019, em que restou reconhecida inaplicabilidade do disposto na alínea "p" do art. 28 da Lei nº 8.212/91, após a entrada em vigor da Lei Complementar nº 109/2001, *in verbis*:

> "O Recurso Especial é no sentido de que, mesmo em relação à previdência complementar aberta, para que reste afastada a incidência das contribuições sociais, mostra-se necessária a extensão do benefício a totalidade dos empregados e dirigentes da empresa, em virtude do disposto na alínea "p" do §9º do art. 28 da Lei nº 8.212/91. Entendeu ainda a Fazenda Nacional que o plano de previdência aberta do Sujeito Passivo teria descumprido o art. 16 da Lei nº 109/2001.
>
> (...)
>
> De se notar que o art. 26, embora faça referência a grupos de pessoas constituídos por uma ou mais categorias específicas, em momento algum exige que o benefício seja estendido a todos os empregados ou dirigentes da empresa, como referido na Lei nº 8.212/91.

Em decorrência das inovações normativas que se sucederam à alteração do art. 202 da Constituição, vê-se que, em se tratando de regime aberto de previdência complementar:

a) antes de 30/05/2001, data da publicação da Lei Complementar nº 109, somente poderiam ser excluídos da base de cálculo das contribuições previdenciárias os valores relativos à previdência complementar aberta se extensíveis à totalidade dos segurados e dirigentes a serviço da empresa (Lei nº 8.212, § 9º, alínea "p").;

e

b) a partir da referida data, a exigência para não incidência das contribuições passou a ser a destinação do benefício a categorias específicas de empregados (§§ 2º e 3º do art. 26 da Lei Complementar nº 109/2001)."

No mesmo sentido, destaca-se a ementa do recente acórdão nº 9202-008.086, de relatoria de Mário Pereira de Pinho Filho, do CARF:

PREVIDÊNCIA PRIVADA COMPLEMENTAR ABERTA. REMUNERAÇÃO CARACTERIZADA. HIPÓTESE DE INCIDÊNCIA DA CONTRIBUIÇÃO PREVIDENCIÁRIA.

No caso de plano de previdência complementar em regime aberto, a empresa pode eleger como beneficiários grupos de empregados e dirigentes pertencentes a determinada categoria, desde que o benefício não se caracterize como incentivo ao trabalho, gratificação ou prêmio, situação em que os respectivos valores integram a remuneração e sujeitam-se à incidência de contribuição previdenciária.

Dessa forma, no caso dos planos de previdência privada aberta, é possível concluir que, após a entrada em vigor da Lei Complementar nº 109/01, deixou de ser obrigatória a disponibilização do plano para todos os empregados e dirigentes da pessoa jurídica.

3.3. Aportes extraordinários em plano de previdência privada complementar aberta

Os aportes em previdência privada constituem, em linhas gerais, um tipo de contribuição feita geralmente de maneira mensal, com o objetivo de obter, no futuro, um benefício previdenciário.

Especificamente no caso das entidades abertas de previdência privada, existem dois tipos de previdência privada: o Vida Gerador de Benefício Livre (VGBL) e o Plano Gerador de Benefício Livre (PGBL).

Para melhor elucidação das diferenças existentes entre esses planos, destaca-se trecho do Perguntas e Respostas, disponível no sítio eletrônico da SUSEP[4], órgão regulador do regime aberto de previdência privada, quanto à pergunta "Qual a diferença entre o VGBL e o PGBL?"

> VGBL (Vida Gerador de Benefícios Livres) e PGBL (Plano Gerador de Benefícios Livres) são planos por sobrevivência (de seguro de pessoas e de previdência complementar aberta, respectivamente) que, após um período de acumulação de recursos (período de diferimento), proporcionam aos investidores (segurados e participantes) uma renda mensal – que poderá ser vitalícia ou por período determinado – ou um pagamento único. **O primeiro (VGBL) é classificado como seguro de pessoa, *enquanto o segundo (PGBL) é um plano de previdência complementar.***

[4] Superintendência de Seguros Privados. PERGUNTAS MAIS FREQUENTES SOBRE PLANOS POR SOBREVIVÊNCIA – PGBL E VGBL. Disponível em < http://www.susep.gov.br/setores-susep/seger/coate/perguntas-mais-frequentes-sobre-planos-por-sobrevivencia-pgbl-e-vgbl#:~:text=A%20principal%20diferen%C3%A7a%20entre%20os,dispensado%20a%20um%20e%20outro.&text=Entretanto%2C%20enquanto%20no%20VGBL%20o,sob%20a%20forma%20de%20renda.> Acesso em 19/11/2020.

> A principal diferença entre os dois reside no tratamento tributário dispensado a um e outro. Em ambos os casos, o imposto de renda incide apenas no momento do resgate ou recebimento da renda. Entretanto, enquanto no VGBL o imposto de renda incide apenas sobre os rendimentos, no PGBL o imposto incide sobre o valor total a ser resgatado ou recebido sob a forma de renda.
>
> No caso do PGBL, os participantes que utilizam o modelo completo de declaração de ajuste anual do I.R.P.F podem deduzir as contribuições do respectivo exercício, no limite máximo de 12% de sua renda bruta anual. Os prêmios/contribuições pagos a planos VGBL não podem ser deduzidos na declaração de ajuste anual do I.R.P.F e, portanto, este tipo de plano seria mais adequado aos consumidores que utilizam o modelo simplificado de declaração de ajuste anual do I.R.P.F ou aos que já ultrapassaram o limite de 12% da renda bruta anual para efeito de dedução dos prêmios e ainda desejam contratar um plano de acumulação para complementação de renda.

Ademais, especificamente no caso do PGBL, conforme se verá, é possível que tanto empregador quanto empregado façam aportes no âmbito desses planos, sendo permitido, inclusive, a realização de aportes extraordinários por qualquer das partes.

Essa realização de aportes extraordinários (também denominados adicionais, complementares, suplementares etc.) quando feito por parte apenas da empresa, sem a contrapartida do trabalhador beneficiário, costuma ser levantado pelo Fisco como evidência da natureza remuneratória desses aportes.

Nesse sentido, o Fisco se vale ainda da comparação entre as características do plano "normal" ou "básico" em comparação às regras aplicáveis aos aportes extraordinários, visto que é comum se observar que os aportes "normais" costumeiramente estão atrelados a critérios de *vesting* para acessar o montante ou incorporá-lo definitivamente ao patrimônio do beneficiário (prazos de carência, tempo de casa, hipóteses de desligamento etc.), enquanto que, esses requisitos não estão presentes ou estão de forma mitigada no caso dos aportes extraordinários.

Outra comparação geralmente feita pelo Fisco diz respeito a diferença entre o valor dos aportes extraordinários e, quando existe, o valor da contribuição extraordinária do beneficiário. De acordo com o Fisco, a discrepância entre esses valores evidenciaria a natureza remuneratória dos aportes extraordinários.

Por outro lado, os contribuintes costumam argumentar que a Lei Complementar nº 109/2001, ao tratar, em seu art. 26, dos critérios e condições para a instituição de planos de benefícios instituídos por entidade aberta, não faz qualquer restrição ou limitação ao valor dos aportes efetuados pela pessoa jurídica contratante.

Igualmente a Lei nº 8.212/91, quando versa sobre os aportes em previdência privada complementar realizados pelo empregador, não estabelece qualquer limite quantitativo aos valores aportados.

Nesse sentido, tratando-se de plano previdência privada complementar na modalidade de contribuição variável é inerente a ele a possibilidade de as contribuições serem feitas em qualquer valor e a qualquer tempo, como se observa da Resolução CNSP nº 139/05:

> Art. 8º **A cobertura por sobrevivência poderá ser estruturada nas seguintes modalidades:**
>
> I – **Contribuição Variável: em que o valor e o prazo de pagamento das contribuições podem ser definidos previamente** e o valor do benefício, pagável de uma única vez ou sob a forma de renda, por ocasião da sobrevivência do participante ao período de diferimento, é calculado com base no saldo acumulado da respectiva provisão matemática de benefícios a conceder e no fator de cálculo (grifos nossos)

A Resolução CNPS nº 6/97, posteriormente substituída pela Resolução nº 139/05, dispunha:

> Art. 4º O valor e a periodicidade das contribuições poderão ser previamente estipulados.
>
> Parágrafo Único – No caso de estipulação, fica facultado ao participante efetuar contribuições adicionais de qualquer valor, a qualquer tempo.

A Circular SUSEP nº 183/02, posteriormente substituída pela Circular SUSEP 338/07:

> Anexo I
>
> Art. 1º o valor e a periodicidade das contribuições poderão ser definidos na proposta de inscrição, sendo facultado ao participante efetuar pagamentos adicionais a qualquer tempo.
>
> (...)
>
> § 3º Nos planos coletivos instituídos, no documento de cobrança deverão constar, de forma discriminada, os valores pagos pela pessoa jurídica e pelas pessoas físicas, quando for o caso.

No mesmo sentido dispõe a Circular Susep nº 563/2017, em seu art. 9º:

> Art. 9º **Para os planos estruturados na modalidade de contribuição variável, o valor e a periodicidade das contribuições poderão ser definidos na proposta de inscrição, sendo facultado ao participante efetuar pagamentos adicionais a qualquer tempo.**
>
> Parágrafo único. Fica facultado às EAPC estabelecerem critérios objetivos no regulamento do plano limitando o valor máximo de aportes extraordinários, sendo vedadas cláusulas que prevejam qualquer tipo de discricionariedade por parte da EAPC e cujos

efeitos não sejam claros e transparentes para os participantes. (grifos nossos)

Assim, a linha advogada pelos contribuintes sugere que da leitura da legislação tributária e previdenciária não é possível identificar qualquer norma que estabeleça um teto para as referidas contribuições extraordinárias e que, portanto, esse argumento jamais poderia ser utilizado para descaracterizar a natureza previdenciária desses aportes.

3.4. Aportes extraordinários como parte do pacote de remuneração do empregado

Outro argumento levantamento pelo Fisco para a descaracterização da natureza previdenciária dos aportes extraordinários em conta de previdência privada decorre do fato de os valores relativos às contribuições extraordinárias estares informados em Estatutos, Atas de Assembleias Gerais, Demonstrações Financeiras e em Regimento do Comitê de Remuneração da pessoa jurídica Instituidora.

Na visão do Fisco, a apresentação das contribuições extraordinárias juntamente com os demais benefícios recebidos pelo empregado ou dirigente corrobora o argumento de que esses aportes extraordinários compõem o pacote de remuneração do empregado.

Por sua vez, os contribuintes argumentam que tal previsão decorre do dever de informação ao mercado investidor por determinação da CVM e da Lei nº 6.404/1976, *in verbis*:

Remuneração

Art. 152. **A assembleia-geral fixará o montante global ou individual da remuneração dos administradores, *inclusive benefícios de qualquer natureza*** e verbas de representação, tendo em conta suas responsabilidades, o tempo dedicado às suas fun-

> ções, sua competência e reputação profissional e o valor dos seus serviços no mercado. (Redação dada pela Lei nº 9.457, de 1997) (grifos nossos)
>
> Dever de Informar
>
> Art. 157. O administrador de companhia aberta deve declarar, ao firmar o termo de posse, o número de ações, bônus de subscrição, opções de compra de ações e debêntures conversíveis em ações, de emissão da companhia e de sociedades controladas ou do mesmo grupo, de que seja titular. (Vide Lei nº 12.838, de 2013)
>
> § 1º **O administrador de companhia aberta é obrigado a revelar à assembleia-geral ordinária**, a pedido de acionistas que representem 5% (cinco por cento) ou mais do capital social:
>
> (...)
>
> c) **os benefícios** ou vantagens, indiretas ou complementares, **que tenha recebido ou esteja recebendo da companhia** e de sociedades coligadas, controladas ou do mesmo grupo;
>
> d) as condições dos contratos de trabalho que tenham sido firmados pela companhia com os diretores e empregados de alto nível; (grifos nossos)

Assim, a razão dos benefícios de natureza previdenciária estarem dispostos em secção, documento ou formulário que trata da remuneração dos empregados e diretores decorria de previsão legal, razão pela qual tal fato não poderia ter sido utilizado pela fiscalização para descaracterizar a natureza previdenciária desses benefícios.

Nesse sentido, por se tratar de benefício de pós-emprego, que deve ser informado conjuntamente com as informações de remuneração dos administradores para fins de visibilidade ao mercado e aos acionistas, no caso de sociedades anônimas, tal fato não teria o condão de atribuir natureza remuneratória ao benefício.

3.5. Período e modo de resgate das contribuições

Em relação ao resgate, os argumentos do Fisco costumam ser de que o plano está sendo usado como "conta corrente" dos participantes, tendo em vista a possibilidade de resgate desses valores aportados no prazo mínimo estabelecido pela SUSEP de um ano civil.

A título exemplificativo, destaca-se a ementa do acórdão em que esse argumento foi utilizado pelo Fisco para afastar a natureza previdenciária dos aportes extraordinários:

> PLANO COLETIVO DE PREVIDÊNCIA COMPLEMENTAR OPERADO POR ENTIDADE ABERTA. AUSÊNCIA DE PROPÓSITO PREVIDENCIÁRIO. INSTRUMENTO REMUNERATÓRIO. INCIDÊNCIA.
>
> Os valores dos aportes a planos coletivos de previdência complementar de entidade aberta, ainda que ofertado plano diferenciado a grupo ou categoria distinta de trabalhadores da empresa, não caracterizam remuneração, mas desde que não utilizados como instrumento de incentivo ao trabalho, concedidos a título de gratificação, bônus ou prêmio. **A falta de comprovação do propósito previdenciário do plano, que deve destinar-se à formação de reservas para garantia dos benefícios contratados, implica a tributação das contribuições efetuadas pela empresa instituidora ao plano de previdência privada aberta**. (grifos nossos)

No mesmo sentido, destaca-se o Acórdão nº 2301-005.439, de relatoria do Conselheiro Wesley Costa, do CARF:

> ULIDADE DO AUTO DE INFRAÇÃO. IMPROCEDÊNCIA. ERRO NA BASE DE CÁLCULO. INEXISTÊNCIA DE NULIDADE. PRELIMINAR AFASTADA.
>
> Os casos de nulidade no PAF estão arrolados no art. 59 do Decreto 70.235, de 1972. Constatado erro na base de cálculo, mas

sem alteração do critério jurídico adotado para a atuação, não há se falar em nulidade. Assim, a matéria deve ser analisada como mérito, uma vez que não houve elementos que possam dar causa à nulidade alegada.

DECADÊNCIA. PROCEDÊNCIA.

O Superior Tribunal de Justiça diante do julgamento do Recurso Especial nº 973.733-SC, em 12/08/2009, afetado pela sistemática dos recursos repetitivos, consolidou entendimento que o termo inicial da contagem do prazo decadencial seguirá o disposto no art. 150, §4º do CTN, se houver pagamento antecipado do tributo e não houver dolo, fraude ou simulação; caso contrário, observará o teor do art. 173, I do CTN.

Nesse sentido, o recorrente comprovou ter havido pagamento do tributo, ainda que parcial. Assim, nos termos da Súmula 99 do CARF, para fins de aplicação da regra decadencial prevista no art. 150, § 4º, do CTN, para as contribuições previdenciárias, caracteriza pagamento antecipado o recolhimento, ainda que parcial, do valor considerado como devido pelo contribuinte na competência do fato gerador a que se referir a autuação, mesmo que não tenha sido incluída, na base de cálculo deste recolhimento, parcela relativa a rubrica especificamente exigida no auto de infração.

PLANO COLETIVO DE PREVIDÊNCIA COMPLEMENTAR INSTITUÍDO POR ENTIDADE ABERTA. AUSÊNCIA DE PROPÓSITO PREVIDENCIÁRIO. INSTRUMENTO REMUNERATÓRIO. INCIDÊNCIA.

Os valores dos aportes a planos coletivos de previdência complementar de entidade aberta, ainda que ofertado plano diferenciado a grupo ou categoria distinta de trabalhadores da empresa, não integram a base cálculo da contribuição previdenciária, mas desde que não utilizados como instrumento de incentivo ao trabalho, concedidos a título de gratificação, bônus ou prêmio. **A falta de comprovação do propósito previdenciário do plano, que deve destinar-se à formação de reservas para garantia dos**

benefícios contratados, implica a tributação das contribuições efetuadas pela empresa instituidora ao plano de previdência privada aberta.

CONTRIBUIÇÕES PREVIDENCIÁRIAS. MULTAS. ALTERAÇÃO LEGISLATIVA. RETROATIVIDADE BENIGNA.

Na aferição acerca da aplicabilidade da retroatividade benigna, prevista no Art. 106 do CTN, não basta a verificação da denominação atribuída à penalidade, tampouco a simples comparação entre percentuais e limites. É necessário, antes de tudo, que as penalidades sopesadas tenham a mesma natureza material, portanto que sejam aplicáveis ao mesmo tipo de conduta.

JUROS DE MORA SOBRE A MULTA DE OFÍCIO. TAXA SELIC. INCIDÊNCIA.

Incidem juros de mora, à taxa Selic, sobre a multa de ofício não recolhida no prazo legal.

INCONSTITUCIONALIDADE DA MULTA CONFISCATÓRIA. APLICABILIDADE DA TAXA SELIC COMO ÍNDICE DE JUROS DE MORA

Súmula CARF nº 2: O CARF não é competente para se pronunciar sobre a inconstitucionalidade de lei tributária.

Súmula CARF nº 4: A partir de 1º de abril de 1995, os juros moratórios incidentes sobre débitos tributários administrados pela Secretaria da Receita Federal são devidos, no período de inadimplência, à taxa referencial do Sistema Especial de Liquidação e Custódia – SELIC para títulos federais. (grifos nossos)

Como se observa, de acordo com o Fisco a possibilidade prevista nos planos de previdenciária privada de levantar os valores desses aportes extraordinários em prazo curto, ainda que fixado pela SUSEP, evidenciaria a ausência do propósito previdenciário do plano, corroborando o entendimento de que a "real natureza" desses aportes é de serem em sua origem parcela remuneratória.

Esse argumento, por sua vez, é normalmente acompanhado da verificação concreta dos resgates/saques efetuados, corroborando como evidência material a alegação fiscal. Na maioria dos casos analisados pelo CARF, o volume de valores resgatados/sacados e o percentual de beneficiários que efetuaram o resgate/saque era significativo.

Dos precedentes analisados, observa-se que a problemática do resgate em curto prazo é objeto de intenso debate, pois o prazo é fixado pela SUSEP e a iniciativa de resgatar parte do beneficiário, sem interferência da empresa.

Nesse sentido, os contribuintes costumam argumentar que o resgate é assegurado e garantido por lei complementar ao participante. É o que se observa do art. 27 da Lei Complementar nº 109/01:

> Art. 27. Observados os conceitos, a forma, as condições e os critérios fixados pelo órgão regulador, **é assegurado aos participantes o direito** à portabilidade, inclusive para plano de benefício de entidade fechada, e **ao resgate** de recursos das reservas técnicas, provisões e fundos, total ou parcialmente. (grifos nossos)

Ademais, argumenta-se ainda que a lei complementar delegou aos órgãos reguladores a determinação de como esse direito irá se efetivar na prática, quando do estabelecimento da forma, condições e critérios para materialização desses direitos.

No âmbito infralegal, então, o CNSP definiu o direito de resgate como "*direito garantido aos participantes e beneficiários de, durante o período de diferimento e na forma regulamentada, retirar os recursos da Provisão Matemática de Benefícios a Conceder*".

A única limitação deste direito diz respeito a prazos de carência. Assim, no que tange aos recursos correspondentes às contribuições das pessoas jurídicas no plano de previdência, eles somente poderão ser resgatados após período de carência de um ano civil completo, contado a partir do primeiro dia útil do mês de janeiro do ano subsequente ao da contribuição.

Nesse sentido, destaca-se o art. 56 da Circular Susep nº 338/07, que substituiu as Circulares SUSEP 101/99 e 183/02:

> Art. 19. O participante poderá solicitar, independentemente do número de contribuições pagas, resgate, parcial ou total, de recursos do saldo da provisão matemática de benefícios a conceder, após o cumprimento de período de carência, que deverá estar compreendido entre 60 (sessenta) e 24 (vinte e quatro) meses, a contar da data de protocolo da proposta de inscrição no EAPC.
>
> (...)
>
> § 3º Nos planos coletivos instituídos, respeito o disposto no caput deste artigo, deverão ser observados, também, os dispositivos do referido contrato.

Nesse contexto, ressalta-se que há decisões do CARF que reconhecem esses aspectos e entendem que a simples possibilidade de resgate tão logo se ultrapasse o prazo mínimo estabelecido pelo órgão regulador não é fundamento suficiente para "reconhecer" a natureza remuneratória dos aportes.

No entanto, importante mencionar que essa não representa a posição do Fisco e nem tampouco a posição majoritária do CARF.

3.6. Incompetência da receita federal do brasil para desconsiderar a natureza previdenciária de plano aberto de previdência privado aprovado pela SUSEP

A Lei Complementar nº 109/01, em seu art. 73, dispôs que "*As entidades abertas serão reguladas também, no que couber, pela legislação aplicável às sociedades seguradoras*".

Em razão disso, coube ao Conselho Nacional de Seguros Privados ("CNSP"), a tarefa de definir as condições de funcionamento das operações em plano de previdência complementar aberta, o que foi feito por meio da Resolução CNSP nº 349/2017, atualmente em vigor.

Por sua vez, o Decreto-Lei nº 73, de 21 de novembro de 1966, que dispõe sobre o Sistema Nacional de Seguros Privados, estabeleceu em seu art. 36, que caberá à Superintendência de Seguros Privados ("SUSEP") regulamentar a matéria disciplinada pelo CNSP, estando atualmente em vigor a Circular SUSEP nº 563/2017.

Por oportuno, transcreve-se o disposto do art. 36 do Decreto-Lei nº 73/66:

> Art. 36 **Compete à SUSEPE**, na qualidade de executora da política traçada pelo CNPS, **como órgão fiscalizador** de constituição, organização, funcionamento e operações das Sociedades Seguradoras:
>
> (...)
>
> h) **fiscalizar as operações das Sociedades Seguradoras, inclusive o exato cumprimento deste Decreto-lei, de outras leis pertinentes, disposições regulamentares em geral, resoluções do CNSP e aplicar as penalidades cabíveis.** (grifos nossos)

Com base no dispositivo acima transcrito, argumenta-se que compete à SUSEP, e não a Receita Federal, enquanto órgão fiscalizador, a fiscalização e, se for o caso, a aplicação de penalidades, no caso de não cumprimento das disposições previstas no próprio Decreto-lei, em outras leis pertinentes e em disposições regulamentares em geral.

Desse modo, os contribuintes argumentam que uma vez aprovado o plano de previdência privada pela SUSEP, não haveria que se falar em competência da Receita Federal para descaracterizar a natureza previdenciária das contribuições suplementares, para fins da exigência de tributos.

Contudo, a linha defendida pelo Fisco, e acompanhada pela jurisprudência do CARF, é no sentido de que a competência da SUSEP para regulamentar os planos de previdência complementar aberta não afasta a competência das autoridades fiscais, relativamente ao pleno exercício das atividades de fiscalização tributária, nos termos do que determina o § 4º do art. 41 da Lei Complementar nº 109/01:

> CAPÍTULO V
> DA FISCALIZAÇÃO
>
> Art. 41. No desempenho das atividades de fiscalização das entidades de previdência complementar, os servidores do órgão regulador e fiscalizador terão livre acesso às respectivas entidades, delas podendo requisitar e apreender livros, notas técnicas e quaisquer documentos, caracterizando-se embaraço à fiscalização, sujeito às penalidades previstas em lei, qualquer dificuldade oposta à consecução desse objetivo.
>
> (...)
>
> **§ 4º O disposto neste artigo aplica-se, sem prejuízo da competência das autoridades fiscais, relativamente ao pleno exercício das atividades de fiscalização tributária.**

Assim, de acordo com o Fisco, não é porque a comercialização do plano de previdência foi autorizado pelo órgão competente e o contrato foi celebrado com entidade de previdência privada complementar regularmente constituída, que a autoridade fiscal não poderia desqualifica-lo, para fins fiscais, se ficar comprovado que os valores pagos, o foram como instrumento de incentivo ao trabalho.

4. Consequências tributárias da descaracterização da natureza previdenciária dos aportes extraordinários em planos de previdência privada

Sob a perspectiva exclusivamente previdenciária (aspectos tributários associados ao imposto de renda serão tratadas no tópico seguinte), a exposição tributária a que a empresa está submetida caso os aportes extraordinários feitos em contas de previdência privada sejam considerados como parcela da remuneração dos empregados e dirigentes é a seguinte:

a) a cobrança das contribuições previdenciárias devidas sobre essas parcelas (aproximadamente 28,8% no caso de empregados e 20% no caso de diretores não empregados), acrescidas de multas de ofício (75% a 150%, sendo comum a qualificação da multa para 150% nesses casos) e juros Selic;
b) a cobrança de multas por não ter registrado nos documentos contábeis e fiscais essas parcelas como remuneratórias;
c) a lavratura de representação fiscal para fins penais, para que o Ministério Público Federal apure alegadas evidências da prática de crimes contra a ordem tributária e outros tipos penais específicos;
d) a atribuição de solidariedade e responsabilidade pessoal aos diretores da empresa, especialmente se esses forem os beneficiários desses aportes extraordinários;
e) a lavratura de termo de arrolamento de bens contra a empresa e os solidários, caso o montante das autuações fiscais atinja os patamares definidos nas normas da RFB.

5. Aspectos tributários relacionados ao imposto de renda na fonte

Como regra, os pagamentos decorrentes do trabalho assalariado, pagos por pessoas jurídicas a pessoas físicas, sujeitos à incidência do IRRF com base em alíquotas progressivas que podem chegar a 27,5%.

Não obstante a regra geral acima, pagamentos em caráter previdenciário sujeitam-se ao tratamento diferenciado, previsto no artigo 6º, inciso VIII, da Lei nº 7.713/88 – regulamentado pelo artigo 35, inciso I, alínea "j", do Regulamento do Imposto de Renda de 2019 ("RIR/18"), *in verbis*:

Lei nº 7.713/88

Art. 6º Ficam isentos do imposto de renda os seguintes rendimentos percebidos por pessoas físicas:

VIII – as contribuições pagas pelos empregadores relativas a programas de previdência privada em favor de seus empregados e dirigentes;

RIR/18

Art. 35. São isentos ou não tributáveis:

I – os seguintes rendimentos originários do trabalho e assemelhados: (...)

j) as contribuições pagas pelos empregadores relativas a programas de previdência privada em favor de seus empregados e de seus dirigentes;

Em linhas gerais, referidos dispositivos estabelecem expressamente que são isentos do IRRF os rendimentos originários do trabalho assalariado, pagos pelos empregadores aos empregados a título de contribuição aos programas de previdência privada.

Contudo, na hipótese de ser descaracterizada a natureza previdenciária dos aportes extraordinários feitos em plano de previdência privada é possível que a empresa seja autuada, também, para exigência de multa isolada, cumulada com juros isolados, em razão da não retenção do imposto de renda na fonte, sobre os valores aportados.

Nesse sentido, destaca-se a ementa do Acórdão nº 9101-004.656 do CARF:

> PREVIDÊNCIA PRIVADA COMPLEMENTAR ABERTA. CONCEDIDA A TÍTULO DE GRATIFICAÇÃO OU PRÊMIO. HIPÓTESE DE INCIDÊNCIA DO IMPOSTO SOBRE A RENDA DE PESSOAS FÍSICAS. SUJEIÇÃO AO IMPOSTO DE RENDA RETIDO NA FONTE.
>
> Com o advento da Lei Complementar n° 109/2001, somente no regime fechado de previdência complementar, a empresa está obrigada a oferecer o benefício à totalidade de seus empregados e dirigentes. No caso de plano de previdência complementar em regime aberto, poderá o empregador eleger como beneficiários grupos de empregados e dirigentes pertencentes a determinada categoria, desde que não seja caracterizado como instrumento de incentivo ao trabalho, nem seja concedido a título de gratificação ou prêmio. **Integram a remuneração e sujeitam-se à incidência do Imposto sobre a Renda de Pessoas Físicas - IRPF e ao Imposto de Renda Retido na Fonte - IRRF os aportes de contribuição feitos pela contratante de pessoas físicas a planos de previdência privada complementar quando não configurado o caráter previdenciário desses planos.**
>
> MULTA ISOLADA. IRRF. FALTA DE RETENÇÃO/RECOLHIMENTO. CABIMENTO.
>
> A falta de retenção ou recolhimento do IRRF incidente sobre valores atribuídos a colaboradores (empregados ou não) sob o título indevido de plano de previdência complementar aberto enseja a aplicação da multa prevista no inciso I do art. 44 da Lei nº 9.430/1996, nos termos do art. 9º da Lei nº 10.426, de 24 de abril de 2002, com a redação dada pela Lei nº 11.488, de 2007. (grifos nossos)

Ressalta-se, por oportuno, que há também questionamentos acerca da possibilidade de exigência da multa isolada, cumulada com juros isolados, nesses casos. Todavia, tal análise não é objeto desta breve explanação sobre o assunto.

Conclusões

Considerando todo o contexto jurisprudencial analisado, envolvendo os aportes extraordinários feitos em planos de previdência privada complementar aberta, é possível concluir que as discussões ainda estão longe do fim, sendo possível que muitas dessas questões apenas venham a ser resolvidas pelo Poder Judiciário, no futuro.

A despeito disso, considerando o atual cenário legislativo e jurisprudencial, entendemos que, apesar de a Constituição Federal dispor que os aportes em previdência privada custeados pela empresa não integram o contrato de trabalho e nem a remuneração do trabalhador, tal disposição deve ser lida em conjunto com a Lei Complementar nº 109/01, que regulamenta o dispositivo.

Ademais, especificamente no caso dos planos de previdência privada instituído por entidade aberta, entendemos que é possível que esses planos sejam disponibilizados apenas para uma categoria de empregados, tendo em vista o disposto no art. 26 da Lei Complementar nº 109/01.

Nesse sentido, a Lei Complementar nº 109/01 inovou no regramento dos planos de previdência privada, estabelecendo a necessidade de oferta do plano a todos os empregados e dirigentes apenas quando se estiver diante de entidade fechada de previdência privada complementar. Para os casos de entidades abertas, a lei é silente a respeito dessa extensão, permitindo concluir que as empresas não são obrigadas a ofertar planos de entidades abertas a todos seus empregados e dirigentes, podendo selecionar entre esses os grupos de beneficiários.

Ressalta-se que a própria jurisprudência do CARF reconhece a inaplicabilidade do disposto na alínea "p" do art. 28 da Lei nº 8.212/91, mais especificamente da cláusula "*desde que o programa de previdência complementar, aberto ou fechado, esteja disponível à totalidade dos empregados e dirigentes*", após a entrada em vigor da Lei Complementar nº 109/2001.

Em relação aos valores dos aportes extraordinário, entendemos que as empresas podem fixar planos de previdência privada complementar que prevejam a existência de aportes extraordinários, sejam esses de responsabilidade ou iniciativa apenas da empresa ou conjuntamente entre empresa e trabalhador. Esses aportes podem ser inclusive definidos e realizados em montantes significativos, proporcionalmente às contribuições "normais" ou "básicas" ou em comparação ao total da remuneração percebida pelo beneficiário.

Todavia, é importante que a empresa observe os critérios fixados pela legislação e pelas normas da SUSEP para a contratação do plano e para a realização dos aportes.

Quanto ao fato de os valores relativos às contribuições extraordinárias estarem informados em Estatutos, Atas de Assembleias Gerais, Demonstrações Financeiras e em Regimento do Comitê de Remuneração da pessoa jurídica Instituidora, entendemos que tal circunstância não é capaz, por si só, de desnaturar a natureza previdenciária dos aportes, na medida em que decorre do dever de informação ao mercado investidor por determinação da CVM e da Lei nº 6.404/1976

Em relação ao resgate, a existência de plano que preveja a realização de aportes extraordinários em valores significativos e com a possibilidade de resgate após um ano civil, apesar de não violar diretamente nenhum dispositivo das legislações tributária e previdenciária, é possível que haja questionamento por parte das autoridades fiscais, quanto a presença do intuito previdenciário do plano.

Ressaltamos que, esse cenário fica ainda mais sensível quando houver, dentro da mesma empresa, plano "básico" de previdência privada, disponível a todos os empregados e dirigentes, sem a previsão de aportes extraordinários e sem permitir o acesso aos montantes aportados após o prazo de um ano civil.

Todavia, dos precedentes analisados, é possível concluir que não é uma característica isolada que levará à conclusão acerca da natureza dos aportes, se remuneratória ou previdenciária, mas o conjunto de elementos que evidenciem a "verdadeira origem" e a "real natureza" desses valores.

Diante desse cenário, é possível concluir que a implementação de um plano de previdência privado complementar mais robusto, com a previsão de aportes extraordinários significativos, em paralelo a políticas de remuneração dos trabalhadores, será potencialmente objeto de questionamento fiscal, ainda que todas as exigências legais e normativas sejam cumpridas.

Referências

ALEXANDRE, Ricardo. **Direito Tributário**. Imprensa: São Paulo, Método, 2017, p. 266.

BALERA. Wagner. **Noções preliminares de direito previdenciário**. 4. ed. revista e ampliada. São Paulo: Quartier Latin, 2010.

BERBEL, Fabio Lopes Vilela. **Teoria geral da previdência social**. São Paulo: Quartier Latin, 2015.

BORGES, José Souto Maior. **Isenções tributárias**. São Paulo: Sugestões Literárias, 1969.

IBRAHIM, Fábio Zambitte. **Curso de direito previdenciário**. 16. ed. Rio de Janeiro: Impetus, 2011. 940 p.

CARVALHO, Paulo de Barros. **Curso de Direito Tributário** / Paulo de Barros Carvalho. – 30. ed. – São Paulo: Saraiva Educação, 2019.

CARVALHO, Paulo de Barros. **Curso de Direito Tributário**. São Paulo: Saraiva, 2011.

CARRAZZA, Roque Antonio. **Curso de Direito Constitucional Tributário**. 20ª edição, Malheiros Editores, São Paulo, 2003.

CECHIN, José. **Previdência complementar capitalizada no serviço público**: convergência entre regimes. Revista de Previdência Social, v. 29, n. 298, p. 598-611, set. 2005.

COELHO, Sacha Calmon Navarro. **Curso de Direito Tributário Brasileiro**. 3. ed. Rio de Janeiro: Forense, 1999.

CÔELHO, Sacha Calmon Navarro. **Teoria geral do tributo, da interpretação e da exoneração tributária**. São Paulo: Dialética, 2003.

DERZI, Misabel Abreu Machado; NASCIMENTO, Carlos Valder do (coordenador); PORTELLA, André (coordenador). **Comentários ao código tributário nacional**. Rio de Janeiro: Forense, 2008.

HARADA, Kiyoshi. **Contribuições sociais: doutrina e prática** / Kiyoshi Harada. – São Paulo: Atlas, 2015.

MACHADO, Hugo de Brito. **Curso de Direito Tributário**. 20. ed. São Paulo: Malheiros, 2002.

MARTINEZ, Wladimir Novaes. **Curso de direito previdenciário**. 3. ed. São Paulo: LTr, 2010.

MELO, José Eduardo Soares de. **Dicionário de direito tributário: material e processual** – São Paulo: Saraiva, 2012.

PAULSEN, Leandro. **Curso de direito tributário completo** / Leandro Paulsen. – 11. Ed. – São Paulo: Saraiva Educação, 2020.

PINTO, Sergio. **Direito da Seguridade Social**. Editora Atlas, 13. ed. São Paulo, 2000.

SCHOUERI, Luís Eduardo. **Direito tributário** / Luís Eduardo Schoueri. – 9. ed. – São Paulo: Saraiva Educação, 2019.

SOUSA, Edmilson Patrocínio de. **Contabilidade tributária: aspectos práticos e conceituais**. São Paulo: Atlas, 2018.

Legislação e documentos em sites

BRASIL. Coordenação Geral de Tributação. Solução De Consulta COSIT nº 243/2014. Brasília, 12 de setembro de 2014. Disponível em < http://normas.receita.fazenda.gov.br/sijut2consulta/link.action?idAto=57396&visao=anotado>. Acesso em 15 de outubro de 2020.

BRASIL. Coordenação Geral de Tributação. Solução De Consulta COSIT nº 95/2016. Brasília, 23 de junho de 2016. Disponível em < http://normas.receita.fazenda.gov.br/sijut2consulta/link.action?visao=anotado&idAto=76318>. Acesso em 15 de outubro de 2020.

BRASIL. Coordenação Geral de Tributação. Solução De Consulta COSIT nº 6005/2019. Brasília, 26 de fevereiro de 2019. Disponível em < h http://

normas.receita.fazenda.gov.br/sijut2consulta/link.action?visao=anotado&idAto=99071>. Acesso em 15 de outubro de 2020.

BRASIL. Coordenação Geral de Tributação. Solução De Consulta COSIT nº 186/2017. Brasília, 17 de março de 2017. Disponível em < http://normas.receita.fazenda.gov.br/sijut2consulta/link.action?visao=anotado&idAto=81520>. Acesso em 15 de outubro de 2020.

_____. Constituição da República Federativa do Brasil de 1988. Brasília – DF, 5 de outubro de 1988. Disponível em http://www.planalto.gov.br/ccivil_03/constituicao/constituicao.htm. Acesso em 16 de outubro de 2020.

_____. Conselho Administrativo de Recursos Fiscais. Acórdão nº 2301-005.439 – Processo nº 16327.001607/2010-44. Relator: Conselheiro Wesley Rocha – DF, 05 de julho de 2018. Disponível em: < https://carf.fazenda.gov.br/sincon/public/pages/ConsultarJurisprudencia/listaJurisprudenciaCarf.jsf>. Acesso em 10 de novembro de 2020.

_____. Conselho Administrativo de Recursos Fiscais. Acórdão nº 9202-002.265– 2ª Turma / Câmara Superior de Recursos Fiscais. Processo nº 36202.002312/2005-41. Relator: Conselheiro Luiz Eduardo de Oliveira Santos – DF, 28 de novembro de 2018. Disponível em: < https://carf.fazenda.gov.br/sincon/public/pages/ConsultarJurisprudencia/listaJurisprudenciaCarf.jsf>. Acesso em 10 de novembro de 2020.

_____. Conselho Administrativo de Recursos Fiscais. Acórdão nº 3302-007.442. Processo nº 35601.000216/2007-65. Relator: Conselheiro Ronaldo de Lima Macedo – DF, 27 de janeiro de 2016. Disponível em: < https://carf.fazenda.gov.br/sincon/public/pages/ConsultarJurisprudencia/listaJurisprudenciaCarf.jsf>. Acesso em 10 de novembro de 2020.

_____. Conselho Administrativo de Recursos Fiscais. 9202-008.085. Processo nº 36514.001326/2006-13. Relator: Conselheiro Mário Pereira de Pinho Filho – DF, 20 de agosto de 2019. Disponível em: <https://carf.fazenda.gov.br/sincon/public/pages/ConsultarJurisprudencia/listaJurisprudenciaCarf.jsf>. Acesso em 10 de novembro de 2020.

_____. Conselho Administrativo de Recursos Fiscais. Acórdão nº 9202-008.086. Processo nº 16327.720755/2016-57. Relator: Conselheiro Mário Pereira de Pinho Filho – DF, 20 de agosto de 2019. Disponível em: < https://carf.fazenda.gov.br/sincon/public/pages/ConsultarJurisprudencia/listaJurisprudenciaCarf.jsf >. Acesso em 11 de novembro de 2020.

_____. Conselho Administrativo de Recursos Fiscais. Acórdão nº 2301-005.439. Processo nº 16327.001607/2010-44. Relator: Conselheiro Wesley Rocha – DF, 05 de julho de 2018. Disponível em: < https://carf.fazenda.gov.br/sincon/public/pages/ConsultarJurisprudencia/listaJurisprudenciaCarf.jsf>. Acesso em 11 de novembro de 2020.

_____. Conselho Administrativo de Recursos Fiscais. Acórdão nº 2403-002.310. Processo nº 16327.721262/2011-20. Relator: Conselheiro Marcelo Magalhães Peixoto – DF, 17 de outubro de 2013. Disponível em: < https://carf.fazenda.gov.br/sincon/public/pages/ConsultarJurisprudencia/listaJurisprudenciaCarf.jsf>. Acesso em 11 de novembro de 2020.

_____. Conselho Administrativo de Recursos Fiscais. Acórdão nº 9101-004.656. Processo nº 16327.720335/2013-28. Relator: Conselheiro Wesley Rocha – DF, 16 de janeiro de 2020. Disponível em: < https://carf.fazenda.gov.br/sincon/public/pages/ConsultarJurisprudencia/listaJurisprudenciaCarf.jsf>. Acesso em 11 de novembro de 2020.

_____. Decreto nº 9.580, de 22 de novembro de 2018. Regulamenta a tributação, a fiscalização, a arrecadação e a administração do Imposto sobre a Renda e Proventos de Qualquer Natureza. Brasília, 22 de novembro de 2018. Disponível em <http://www.planalto.gov.br/ccivil_03/_Ato2015-2018/2018/Decreto/D9580.htm>. Acesso em: 01 de setembro de 2020.

_____. Decreto nº 81.240, de 20 de janeiro de 1978. Regulamenta as disposições da Lei nº 6.435, de 15 de julho de 1977, relativas às entidades fechadas de previdência privada. Disponível em < http://www.planalto.gov.br/ccivil_03/Decreto/Antigos/D81240.htm>. Acesso em: 10 de setembro de 2020.

_____. Decreto-Lei nº 73, de 21 de novembro de 1966. Regulamenta a Lei nº 6.435, de 15 de julho de 1977, que dispõe sobre as entidades de previdência privada, na parte relativa as entidades abertas. Disponível em < https://www2.camara.leg.br/legin/fed/decret/1970-1979/decreto-81402-23-fevereiro-1978 430423-norma-pe.html>. Acesso em: 10 de setembro de 2020.

_____. Decreto nº 81.402, de 23 de fevereiro de 1978. Regulamenta a Lei nº 6.435, de 15 de julho de 1977, que dispõe sobre as entidades de previdência privada, na parte relativa as entidades abertas. Disponível em < https://www2.camara.leg.br/legin/fed/decret/1970-1979/decreto-81402-23-fevereiro-1978 430423-norma-pe.html>. Acesso em: 10 de setembro de 2020.

_____. Instrução Normativa RFB nº 971, de 13 de novembro de 2009. Dispõe sobre normas gerais de tributação previdenciária e de arrecadação das contribuições sociais destinadas à Previdência Social e as destinadas a outras entidades ou fundos, administradas pela Secretaria da Receita Federal do Brasil (RFB). Disponível em: <http://normas.receita.fazenda.gov.br/sijut2consulta/link.action?idAto=15937>. Acesso em 16 de novembro de 2020.

______. Instrução Normativa RFB nº 1.599, de 11 de dezembro de 2015. Dispõe sobre a Declaração de Débitos e Créditos Tributários Federais (DCTF). Receita Federal do Brasil. Disponível em: <http://normas.receita.fazenda.gov.br/sijut2consulta/link.action?idAto=70249>.Acesso em 17 de novembro de 2020.

______. Instrução Normativa RFB nº 1.915, de 27 de novembro de 2019. Dispõe sobre a Declaração do Imposto sobre a Renda Retido na Fonte relativa ao ano-calendário de 2019 e a situações especiais ocorridas em 2020 (Dirf 2020) e sobre o Programa Gerador da Dirf 2020 (PGD Dirf 2020). Receita Federal do Brasil. Disponível em: <http://normas.receita.fazenda.gov.br/sijut2consulta/link.action?idAto=105149&visao=anotado>. Acesso em 17 de novembro de 2020.

______. Lei nº 7.713, de 22 de dezembro de 1988. Altera a legislação do imposto de renda e dá outras providências.. Disponível em: < http://www.planalto.gov.br/ccivil_03/leis/l7713.htm>. Acesso em: 19 de setembro de 2020.

______. Lei nº 8.212, de 24 de julho de 1991. Dispõe sobre a organização da Seguridade Social, institui Plano de Custeio, e dá outras providências. Disponível em: < http://www.planalto.gov.br/ccivil_03/leis/l8212cons.htm>. Acesso em: 19 de setembro de 2020.

______. Lei nº 6.404, de 15 de julho de 1977. Dispõe sobre as Sociedades por Ações. Disponível em: < http://www.planalto.gov.br/ccivil_03/leis/l6435.htm>. Acesso em: 19 de setembro de 2020.

______. Lei nº 6.435, de 15 de dezembro de 1976. Dispõe sobre as entidades de previdência privada. Disponível em: < http://www.planalto.gov.br/ccivil_03/leis/l6404consol.htm>. Acesso em: 19 de setembro de 2020.

______. Lei nº 10.406, de 10 de janeiro de 2002. Institui o Código Civil. Brasília, 10 de janeiro de 2002. Disponível em: < http://www.planalto.gov.br/ccivil_03/leis/2002/L10406compilada.htm>. Acesso em: 19 de novembro de 2020.

______. Lei Complementar nº 109, de 29 de maio de 2001. Dispõe sobre o Regime de Previdência Complementar e dá outras providências. Disponível em: < http://www.planalto.gov.br/ccivil_03/leis/lcp/lcp109.htm>. Acesso em: 19 de novembro de 2020.

______. Supremo Tribunal Federal. Recurso Extraordinário nº 566.622/RS. Relator: Min. Marco Aurélio. Tribunal Pleno. Brasília, 23 de fevereiro de 2017. Disponível em <http://portal.stf.jus.br/processos/detalhe.asp?incidente=2565291 >. Acesso em 19 de novembro de 2020.

______. Superintendência de Seguros Privados. PERGUNTAS MAIS FREQUENTES SOBRE PLANOS POR SOBREVIVÊNCIA – PGBL E VGBL.

Disponível em < http://www.susep.gov.br/setores-susep/seger/coate/perguntas-mais-frequentes-sobre-planos-por-sobrevivencia-pgbl-e-vgbl#:~:text=A%20principal%20diferen%C3%A7a%20entre%20os,dispensado%20a%20um%20e%20outro.&text=Entretanto%2C%20enquanto%20no%20VGBL%20o,sob%20a%20forma%20de%20renda.>. Acesso em 19 de novembro de 2020.

ASPECTOS TRIBUTÁRIOS ENVOLVENDO A IMPORTAÇÃO DE BENS E SERVIÇOS POR ENTIDADES DO TERCEIRO SETOR

Gabriella Fernanda Nunes Braga

Introdução

É função do Estado, como representante do Primeiro Setor[1], promover o bem-estar da população através da prestação de serviços essenciais que garantam aos indivíduos os direitos básicos previstos pela Constituição Federal. Sabe-se, contudo, que o Estado, sozinho, não é capaz de arcar com todas as suas obrigações.

Nesse contexto, o Terceiro Setor foi criado para complementar as atividades e obrigações do Estado, servindo como um "braço" do Poder Público perante a coletividade, de forma a

[1] O Primeiro Setor é composto pelos integrantes da Administração Pública que atuam na consecução das finalidades públicas de forma direta (Ministérios e Secretarias) e indireta (Sociedades de Economia Mista e Fundações). Já o Segundo Setor é composto pelas organizações/ sociedades privadas que buscam a geração de lucro e renda como retorno do capital investido, contribuindo para a economia do País. Por fim, o Terceiro Setor representa um "meio termo" entre os Primeiro e Segundo setores, na medida em que é composto por organizações privadas que não almejam o lucro, nem integram a administração pública, apesar de buscarem finalidades semelhantes às estatais.

suprir determinadas necessidades sociais. Nesse sentido, ensina José Eduardo Sabo Paes[2]:

> Por isso, antes de procurar conceituar, faz-se mister esclarecer que, junto com o Estado (Primeiro Setor) e com o Mercado (Segundo Setor), identifica-se a existência de um Terceiro Setor, mobilizador de um grande volume de recursos humanos e materiais para impulsionar iniciativas voltadas para o desenvolvimento social, setor no qual se inserem as sociedades civis sem fins lucrativos, as associações civis e as fundações de direito privado, todas entidades de interesse social.

O Terceiro Setor é composto por organizações privadas sem fins lucrativos (isto é, que não almejam o lucro), que exercem determinadas funções estatais de maneira complementar.

Para estimular a constituição de entidades sem fins lucrativos, o Poder Público lhes concedeu um tratamento tributário diferenciado, tanto em forma de imunidade fiscal, como a partir da isenção de tributos. Contudo, algumas dúvidas ainda permanecem a respeito de quais entidades podem se beneficiar desse tratamento, assim como qual é o efetivo alcance desses benefícios, especialmente em se tratando de entidades isentas, que apenas adquirem tal condição por previsão em lei específica do Ente competente pelo tributo.

Não é novidade que o sistema tributário brasileiro é um dos mais complexos do mundo, e que, juntamente com outros fatores, é responsável por dificultar – e até impossibilitar – o exercício da atividade empresarial no Brasil. Com o início das discussões a respeito da implementação de uma reforma tributária, a complexidade do sistema brasileiro se tornou ainda

[2] PAES, José Eduardo Sabo. **Fundações, Associações e Entidades de Interesse Social**. 8. ed. Rio de Janeiro: Forense, 2013. p. 86-87.

mais evidente, passando a ser tratada em praticamente todas as discussões sobre o tema nos últimos tempos.

Tal complexidade acaba interferindo intensamente – e, diga-se de passagem, com bastante frequência – no dia-a-dia das pessoas físicas e jurídicas brasileiras, o que faz com que estas precisem buscar o auxílio jurídico de profissionais especializados na área tributária para solucionar suas questões, incorrendo em altos encargos para isto.

Quando isso ocorre com empresas, estas, por sua própria natureza lucrativa, geralmente têm condições de arcar com os custos de profissionais do direito e de eventual instauração de litígio perante o contencioso administrativo e judicial brasileiro, o que, obviamente, não deixa de interferir em sua saúde financeira.

As entidades do Terceiro Setor, por outro lado, enfrentam mais dificuldades para arcar com os referidos custos, já que, em regra, destinam todas as receitas auferidas para a consecução de seus objetos sociais. Logo, a complexidade do sistema tributário pode vir a impossibilitar sua existência e o exercício de suas atividades essenciais – as quais, como dito, são de extrema importância para o bem-estar da sociedade, em complemento à atuação estatal.

Portanto, este trabalho tem o objetivo de servir de guia para o dia-a-dia das entidades do Terceiro Setor, especialmente aquelas envolvidas em operações de comércio exterior (a exemplo de museus, que muitas vezes precisam importar as obras que serão exibidas em determinada coleção), de forma a esclarecer os principais aspectos tributários envolvendo o exercício de suas atividades – especialmente em suas relações com terceiros – e, ao menos, mitigar os impactos da complexidade do sistema tributário sobre elas.

1. Considerações gerais sobre os institutos da imunidade e da isenção no sistema tributário brasileiro

Primeiramente, importa diferenciarmos os institutos da imunidade e da isenção de tributos, tendo em vista trazerem reflexos completamente distintos para seus beneficiários.

No âmbito do direito tributário, a Constituição Federal determinou a esfera de atuação em que cada Pessoa Jurídica de Direito Público (União, Estados e Municípios) estaria inserida, atribuindo-lhes "competências" para a instituição de tributos. Dessas competências, inclusive, surge o Princípio da Legalidade, norteador do direito tributário, na medida em que o constituinte não cria tributo, mas apenas autoriza sua criação pelos Entes Federativos, o que se dá, obrigatoriamente, através de lei.

Ao mesmo tempo em que o constituinte conferiu competência para a instituição de tributos aos Entes Federativos, aquele também tratou de limitá-las. Aliás, o próprio instituto da competência tributária já representa uma espécie de limitação, na medida em que os Entes não podem invadir a esfera de atuação uns dos outros.

As demais limitações ao poder de tributar dos Entes Federativos foram determinadas através de certos "benefícios" concedidos a pessoas ou situações jurídicas, os quais dizem respeito às hipóteses de imunidades tributárias. A respeito da imunidade tributária, veja-se as palavras de Luis Eduardo Schoueri[3]:

> Note-se que a imunidade surge como uma limitação da própria competência tributária. Ou seja: ao mesmo tempo que a Constituição Federal permite que uma pessoa jurídica de Direito Público venha a instituir um tributo sobre fenômeno econômico por ela apontado, a própria Constituição cria uma barreira ao exercício

[3] SCHOUERI, Luís Eduardo. **Direito tributário** / Luís Eduardo Schoueri. – 9. ed. – São Paulo: Saraiva Educação, 2019, pág. 242.

da competência. Pode-se dizer, em síntese, que, em virtude da imunidade, sequer surge, para o ente tributante, a possibilidade de tributar determinada situação. Importa fixar o seguinte: tal como a competência, a imunidade é matéria tratada pela própria Constituição Federal. Uma e outra, em conjunto, delimitarão o campo onde pode atuar o legislador na instituição de um tributo.

Trata-se, portanto, de hipóteses de competência negativa dos Entes Federativos, que ficam proibidos de instituir tributos sobre certos fatos, pessoas ou situações expressamente previstas no texto constitucional, desde que preenchidos certos requisitos (os quais serão tratados mais adiante). Nesse sentido, Luciano Amaro[4] preleciona:

> Tradicionalmente estudada como uma "limitação do poder de tributar" no sentido de supressão, de proibição ou vedação do poder de tributar, a imunidade configura simples técnica legislativa por meio da qual o constituinte exclui do campo tributável determinadas situações sobre as quais ele não quer que incida este ou aquele gravame fiscal, cuja instituição é autorizada, em regra, sobre o gênero de situação pelo qual aquelas estariam compreendidas. Não se trata de uma amputação ou supressão do poder de tributar, pela boa razão e que, nas situações imunes, não existe (nem preexiste) poder de tributar.

Logo, a imunidade representa verdadeira hipótese de não-incidência tributária, tendo em vista que os fatos, pessoas ou situações previstas pela Constituição Federal, desde que cumpridos certos requisitos, são expressamente excluídos do campo de incidência dos tributos.

[4] AMARO, Luciano da Silva. **Direito Tributário Brasileiro**. São Paulo: Saraiva, 2006. p. 149.

A isenção, por outro lado, é benefício fiscal instituído por lei infraconstitucional, sendo, juntamente com a anistia, hipótese de exclusão do crédito tributário, nos termos do artigo 175, I, do Código Tributário Nacional (CTN).

Nota-se que, diferentemente da imunidade, a isenção não exclui fatos, pessoas ou situações da hipótese de incidência dos tributos, tampouco proíbe o Estado de constituir a obrigação tributária.

Na isenção o que ocorre é a escolha do Estado de não exigir certo tributo por razões determinadas, que muitas vezes dizem respeito à estratégias de mercado do governo. Tal escolha deve ser feita através de lei específica do ente competente pela instituição do tributo que se deseja isentar, a qual deve prever todas as condições e requisitos exigidos para a sua concessão, os tributos a que se aplica e, sendo caso, o prazo de sua duração.

É tanto que, salvo quando concedida por prazo certo e em função de determinadas condições, o Estado pode revogar a isenção também através de lei, a qualquer tempo, conforme lhe for mais conveniente.

Ademais, caso deixe de cumprir com os requisitos determinados na lei específica competente, o contribuinte poderá deixar de ser beneficiário da isenção, o que pode ocorrer de forma imediata desde o descumprimento das condições – o que, em caso de fiscalização, poderá ensejar uma autuação para cobrança dos valores não recolhidos do tributo desde o momento do encerramento do benefício –, ou através de exclusão formal pelas autoridades fiscais.

Para o doutrinador Hugo de Brito Machado[5], a isenção *"é a exclusão, por lei, de parcela da hipótese de incidência, ou suporte fático da norma de tributação, sendo objeto da isenção a parcela que a lei retira dos fatos que realizam a hipótese de incidência da regra de tributação"*.

[5] MACHADO, Hugo de Brito. **Curso de Direito Tributário**. 20. ed. São Paulo: Malheiros, 2002. p. 193-194.

2. Hipóteses de imunidade tributária

2.1. Instituições de educação e de assistência social

A Constituição Federal, em seu artigo 150, inciso VI, alínea "c", ao dispor sobre as limitações do poder de tributar da União, dos Estados, do Distrito Federal e dos Municípios, determinou ser vedada a instituição de impostos sobre o patrimônio, a renda e os serviços das instituições **(i)** de educação e **(ii)** de assistência social, sem fins lucrativos, desde que atendidos os requisitos da lei.

Antes de adentrar nas hipóteses de imunidade de impostos previstas por esse dispositivo, cumpre esclarecer quem são as instituições de educação e assistência social de que a Constituição Federal trata.

Instituição é toda organização, tais como fundações e associações, de caráter permanente, sem fins lucrativos, que tenha objetivos ou finalidades eminentemente sociais.

Nos termos do artigo 53 do Código Civil de 2002, as associações são representadas pela união de pessoas que se organizam para fins não econômicos. Logo, a associação pode ter finalidade de ordem beneficente, literária, científica, artística, recreativa, desportiva ou política, dentre outras.

As fundações, por sua vez, consistem na união de bens ou direitos para a constituição de um patrimônio dotado de personalidade jurídica, o qual é voltado ao cumprimento de uma finalidade social, segundo a vontade de seus instituidores. De acordo com o Código Civil de 2002 (art. 62, parágrafo único), as fundações só podem ter as seguintes finalidades: (i) assistência social; (ii) cultura, defesa e conservação do patrimônio histórico e artístico; (iii) educação; (iv) saúde; (v) segurança alimentar e nutricional; (vi) defesa, preservação e conservação do meio ambiente e promoção do desenvolvimento sustentável; (vii) pesquisa científica, desenvolvimento de tecnologias alternativas, modernização de sistemas de gestão, produção e divulgação de informações e conhecimentos técnicos e científicos; (viii) promoção da ética, da cidadania, da democracia e dos direitos humanos; e (ix) atividades religiosas.

Sabo[6] diferencia as associações das fundações da seguinte forma:

> A diferença entre as associações e as fundações é capital. Enquanto naquelas, associações, predominam o elemento pessoal – quer dizer, a pessoa jurídica que se organiza em trono de um elemento fundamental, que é o grupamento das pessoas físicas que a compõe –, nas fundações a pessoa jurídica se organiza em torno de outro elemento fundamental, que é o patrimônio destinado à consecução dos fins sociais.

Logo, independentemente de serem constituídas sob a forma de associações ou fundações, quando as instituições tiverem como objeto social fins educacionais e de assistência social, elas poderão fazer jus à imunidade de impostos e contribuições, conforme determina a Constituição Federal.

Para Luís Eduardo Schoeuri[7], a razão de ser dessa hipótese de imunidade é clara, senão, veja-se:

> Educação e assistência social estão entre as funções do Estado. Assim, quando uma entidade privada assume tais tarefas, desincumbe o Estado de executá-las. Exerce, pois, atividade do Estado. Atua, assim, no setor público, em que não cabe cogitar de capacidade contributiva.

E complementa:

> Afinal, quando a sociedade, livremente, decide organizar uma entidade sem fins lucrativos, destinada à assistência social ou à

[6] Sabo, José Eduardo. ob. cit. p. 19.

[7] Schoueri, Luís Eduardo. ob. cit. pág. 479.

educação, qualquer imposto que sobre ela incidisse implicaria o desvio de recursos dessas áreas para outras finalidades estatais. A pessoa jurídica de Direito Público apenas retiraria recursos voltados à assistência social ou à educação, para destiná-los às mesmas áreas (o que caracterizaria evidente desperdício) ou a outras áreas (caracterizando um desvio). Dada a importância da atuação estatal nos campos da assistência social e da educação, houve por bem o constituinte assegurar que, uma vez destinados recursos àquelas áreas, não pudessem eles ser desviados.

Instituições de educação são todas aquelas pessoas jurídicas de direito privado sem fins lucrativos dedicadas ao aprendizado, ao ensino e à pesquisa, ministrado com base nos princípios estabelecidos na Constituição Federal (artigos 205 a 214) e nas normas gerais da educação nacional, fixadas pela Lei das Diretrizes e Bases da Educação Nacional (Lei nº 9.394, de 20 de dezembro de 1996).

A assistência social, por sua vez, é prevista pelo artigo 203 da Constituição federal de 1988 como a política pública voltada aos seguintes objetivos: (i) proteção à família, à maternidade, à infância, à adolescência e à velhice; (ii) amparo às crianças e adolescentes carentes; (iii) promoção da integração ao mercado de trabalho; (iv) habilitação e reabilitação das pessoas portadoras de deficiência e a promoção de sua integração à vida comunitária; (v) garantia de um salário mínimo de benefício mensal à pessoa portadora de deficiência e ao idoso que comprovem não possuir meios de prover à própria manutenção ou de tê-la provida por sua família, conforme dispuser a lei.

Ademais, o art. 3º da Lei nº 8.742/1993 (com a redação dada pela Lei nº 12.435/2011) traz a seguinte definição sobre a organização da assistência social:

> Art. 3º Consideram-se entidades e organizações de assistência social aquelas sem fins lucrativos que, isolada ou cumu-

> lativamente, prestam atendimento e assessoramento aos beneficiários abrangidos por esta Lei, bem como as que atuam na defesa e garantia de direitos. (Redação dada pela Lei nº 12.435, de 2011)
>
> § 1º São de atendimento aquelas entidades que, de forma continuada, permanente e planejada, prestam serviços, executam programas ou projetos e concedem benefícios de prestação social básica ou especial, dirigidos às famílias e indivíduos em situações de vulnerabilidade ou risco social e pessoal, nos termos desta Lei, e respeitadas as deliberações do Conselho Nacional de Assistência Social (CNAS), de que tratam os incisos I e II do art. 18. (Incluído pela Lei nº 12.435, de 2011)
>
> § 2º São de assessoramento aquelas que, de forma continuada, permanente e planejada, prestam serviços e executam programas ou projetos voltados prioritariamente para o fortalecimento dos movimentos sociais e das organizações de usuários, formação e capacitação de lideranças, dirigidos ao público da política de assistência social, nos termos desta Lei, e respeitadas as deliberações do CNAS, de que tratam os incisos I e II do art. 18. (Incluído pela Lei nº 12.435, de 2011)
>
> § 3º São de defesa e garantia de direitos aquelas que, de forma continuada, permanente e planejada, prestam serviços e executam programas e projetos voltados prioritariamente para a defesa e efetivação dos direitos socioassistenciais, construção de novos direitos, promoção da cidadania, enfrentamento das desigualdades sociais, articulação com órgãos públicos de defesa de direitos, dirigidos ao público da política de assistência social, nos termos desta Lei, e respeitadas as deliberações do CNAS, de que tratam os incisos I e II do art. 18. (Incluído pela Lei nº 12.435, de 2011).

Logo, entende-se que as instituições de assistência social são representadas pelas pessoas jurídicas de direito privado sem fins lucrativos que se dedicam à educação, à saúde e à assistência social propriamente dita. Sérgio Murilo Severino[8] trata sobre o objetivo da hipótese de imunidade sob análise:

> A ideia por trás das imunidades é aumentar a capacidade econômica destas Instituições, com o fito de que possam contribuir mais eficazmente com o Estado, em finalidades socialmente relevantes. Desse modo, percebe-se que o poder constituinte, por meio do Instituto das Imunidades Tributárias, em uma opção axiológica do legislador constituinte, busca proteger valores importantes para a sociedade, permitindo, por meio das desonerações tributárias das entidades sem fins lucrativos, que estas colaborem e suplementem subsidiariamente o Estado na implementação de atividades e políticas que viabilizem o bem comum e a dignidade da pessoa humana.

Para que uma instituição de educação ou de assistência social seja considerada imune é necessário que sejam cumpridos certos requisitos, cuja definição a Constituição Federal atribuiu à lei, conforme será melhor tratado adiante.

2.2. Imunidade de impostos

O art. 150 da Constituição Federal traz diversas hipóteses de imunidade. Para os fins deste trabalho, explorar-se-ão as hipóteses apresentadas por seu inciso VI, alínea "c", as quais apontam certas entidades como imunes à tributação de seu patrimônio, renda ou serviços, quais sejam: (i) os partidos políticos; (ii) as fundações por eles instituídas; (iii) as entidades sindicais dos

[8] SEVERINO, Sérgio Murilo. A IMUNIDADE TRIBUTÁRIA DAS ENTIDADES DE ASSISTÊNCIA SOCIAL CONSOANTE O ARTIGO 150, VI, "C" DA CONSTITUIÇÃO FEDERAL COMO INSTRUMENTO DE POLÍTICAS PÚBLICAS. **Terceiro Setor e Tributação** / José Eduardo Sabo Paes; coordenadora adjunta Marinez Chiele. – Rio de Janeiro: Forense, 2011.

trabalhadores; (iv) as instituições de educação e (v) de assistência social, sem fins lucrativos.

Como dito, as entidades relevantes para esta análise são as instituições de educação e assistência social, já definidas no tópico anterior. Cumpre ressaltar, ademais, que o referido artigo se refere expressamente à imunidade de impostos, de modo que, a princípio, não haveria imunidade em relação aos demais tributos.

Para a fruição e gozo da imunidade prevista no art. 150, VI, "c", da Constituição Federal, o próprio dispositivo determina ser necessário o cumprimento de certos requisitos previstos em lei. Ao mesmo tempo, o art. 146, II, da Carta Magna atribui à lei complementar a regulamentação das limitações ao poder de tributar, contexto no qual se encontra o instituto da imunidade.

Nesse sentido, o CTN[9], apesar de ter natureza de lei ordinária, foi recepcionado pela ordem constitucional como lei complementar, sendo o normativo responsável pela regulamentação dos requisitos para fruição das imunidades tributárias.

Os artigos 9º, IV, alínea "c" e 14 do CTN preveem que o reconhecimento da imunidade do art. 150, VI, "c", da Constituição Federal é vinculado ao cumprimento dos seguintes requisitos pelas entidades ali mencionadas: (i) não distribuírem qualquer parcela de seu patrimônio ou de suas rendas, a qualquer título; (ii) aplicarem integralmente, no País, os seus recursos na manutenção dos seus objetivos institucionais; e (iii) manterem escrituração de suas receitas e despesas em livros revestidos de formalidades capazes de assegurar sua exatidão.

O §2º desse artigo, ademais, prevê que os serviços que se beneficiam com a desoneração são exclusivamente os diretamente relacionados com os objetivos institucionais das entidades de que trata este artigo, previstos em seus respectivos estatutos ou atos constitutivos.

[9] Lei nº 5.172, de 25 de outubro de 1966.

Por sua vez, a Lei nº 9.532/1997 (art. 12, §2º)[10] trouxe requisitos complementares aos previstos pelo CTN para fruição da referida imunidade em âmbito federal, determinando que a entidade deve (i) não remunerar, por qualquer forma, seus dirigentes pelos serviços prestados[11]; (ii) aplicar integralmente seus recursos na manutenção e desenvolvimento dos seus objetivos sociais; (iii) manter escrituração completa de suas receitas e despesas em livros revestidos das formalidades que assegurem a respectiva exatidão; (iv) conservar em boa ordem, pelo prazo de cinco anos, contado da data da emissão, os documentos que comprovem a origem de suas receitas e a efetivação de suas despesas, bem assim a realização de quaisquer outros atos ou operações que venham a modificar sua situação patrimonial; (v) apresentar, anualmente, Declaração de Rendimentos, em conformidade com o disposto em ato da Secretaria da Receita Federal do Brasil (RFB); (vi) recolher os tributos retidos sobre os rendimentos por elas pagos ou creditados e a contribuição para a seguridade social relativa aos empregados, bem assim cumprir

[10] Há discussão a respeito da constitucionalidade desse dispositivo, na medida em que alguns doutrinadores entendem que caberia exclusivamente à lei complementar estipular os requisitos para fruição da imunidade, o que teria sido feito através do CTN.

[11] Excetuam-se a essa regra as associações, fundações ou organizações da sociedade civil, sem fins lucrativos, cujos dirigentes poderão ser remunerados, desde que atuem efetivamente na gestão executiva e desde que cumpridos os requisitos previstos nos arts. 3º e 16 da Lei nº 9.790, de 23 de março de 1999, respeitados como limites máximos os valores praticados pelo mercado na região correspondente à sua área de atuação, devendo seu valor ser fixado pelo órgão de deliberação superior da entidade, registrado em ata, com comunicação ao Ministério Público, no caso das fundações. Essa vedação também não impede a remuneração de diretores não estatutários que tenham vínculo empregatício (observadas as condições previstas no §5º do art. 12 da Lei 9.532/1997) e de dirigentes estatutários, desde que recebam remuneração inferior, em seu valor bruto, a 70% (setenta por cento) do limite estabelecido para a remuneração de servidores do Poder Executivo federal.

as obrigações acessórias daí decorrentes; (vii) assegurar a destinação de seu patrimônio a outra instituição que atenda às condições para gozo da imunidade, no caso de incorporação, fusão, cisão ou de encerramento de suas atividades, ou a órgão público; (viii) cumprir outros requisitos, estabelecidos em lei específica, relacionados com o funcionamento das referidas entidades.

Caso seja verificado que a entidade descumpriu os requisitos para fruição da imunidade ou que praticou atos que constituam ilícitos fiscais, a RFB pode suspender o gozo do benefício, sem prejuízo das demais penalidades cabíveis. Em caso de suspensão do gozo da imunidade, serão observados os procedimentos do art. 32 da Lei nº 9.430, de 1996.

Ressalte-se que a imunidade não se aplica aos rendimentos e ganhos de capital auferidos pelas entidades em aplicações financeiras de renda fixa e variável.

Portanto, em suma, as instituições de educação e assistência social são imunes aos impostos incidentes sobre o patrimônio, renda e serviços relacionados com suas atividades essenciais. No tocante à imunidade incidente sobre os serviços prestados por tais entidades, ressalta-se que esses devem estar diretamente ligados às suas finalidades, isto é, devem ser dirigidos à consecução dos objetivos institucionais previstos em seus estatutos.

Logo, no que tange aos impostos incidentes sobre o patrimônio, pode-se destacar que tais entidades são imunes ao (i) Imposto sobre a propriedade predial e territorial urbana (IPTU); (ii) Imposto territorial rural (ITR); (iii) Imposto sobre operações financeiras (IOF); Imposto sobre a transmissão causa mortis ou doação de bens e direitos (ITCMD); (iv) Imposto sobre a transmissão *inter vivos* de bens imóveis (ITBI); e (v) Imposto sobre a propriedade de veículos automotores (IPVA). Quanto aos impostos incidentes sobre a renda há imunidade em relação ao Imposto sobre a Renda e Proventos de Qualquer Natureza (IR); e quanto aos impostos incidentes sobre os serviços da há imunidade em relação ao Imposto sobre Serviços de Qualquer Natureza (ISSQN) e ao Imposto sobre a circulação de mercadorias e serviços de transporte intermunicipal, interestadual e de comunicação (ICMS), caso se trate de serviço de transporte intermunicipal, interestadual ou de comunicação.

Por outro lado, conforme será melhor explorado adiante, tais entidades não são imunes ao Imposto de Importação (II); Imposto de Exportação (IE); Imposto sobre produtos industrializados (IPI); e ao ICMS, quando incidente sobre a circulação de mercadorias.

Para as instituições de educação, importa ressaltar que os requisitos para reconhecimento da imunidade, bem como as obrigações que devem ser cumpridas por tais entidades, também estão previstos na Instrução Normativa SRF nº 113, de 21 de setembro de 1998.

2.3. Imunidade das contribuições

O artigo 195, §7º da Carta Magna trouxe outra hipótese de imunidade, relativamente às contribuições voltadas ao financiamento da seguridade social, especificamente direcionada às entidades beneficentes de assistência social que atendam às exigências estabelecidas em lei.

Apesar de o referido dispositivo tratar de "isenção" das contribuições, tal hipótese diz respeito, na verdade, à imunidade tributária, já que prevista diretamente pela Constituição Federal. Nesse sentido, inclusive, já decidiu o Supremo Tribunal Federal (STF) no Mandado de Segurança nº 22.192-9-DF - 1ª Turma (DJ de 19.12.96).

A esse respeito, ademais, entende Sacha Calmon Navarro Coelho[12]:

[12] COELHO, Sacha Calmon Navarro. **Curso de Direito Tributário Brasileiro.** 3. ed. Rio de Janeiro: Forense, 1999. p. 147-148.

> O art. 195, § 7º, da Superlei, numa péssima redação dispõe que são isentas de contribuições para a seguridade social as entidades beneficentes de assistência social. Trata-se, em verdade, de uma imunidade, pois toda restrição ou constrição ou vedação ao poder de tributar de pessoas políticas com habitat constitucional traduz imunidade, nunca isenção, sempre veiculável por lei infraconstitucional.

É importante destacar que a referida hipótese de imunidade é restrita às entidades beneficentes de assistência social, não se estendendo às demais entidades imunes a impostos, nem mesmo às instituições de educação, a menos que a atividade-fim dessas últimas seja a prática de assistência social, a exemplo do ensino para comunidades carentes.

A razão aparente para esse privilégio reside no fato de que as entidades de assistência social, diferentemente das demais, naturalmente dedicarem a totalidade de seus recursos à seguridade social, não havendo razão para que arquem com esse ônus adicional.

Logo, as entidades de assistência social que prestem serviços nas áreas de assistência social, saúde e educação, são imunes às contribuições destinadas ao financiamento da seguridade social, quais sejam, a Contribuição ao Programa de Integração Social (PIS) e a Contribuição ao Financiamento da Seguridade Social (COFINS), em todas as suas modalidades, inclusive quando incidentes sobre o comércio exterior.

Para essas entidades há, também, imunidade à Contribuição Social Sobre o Lucro (CSLL) e à Contribuição Previdenciária (quota patronal).

Para o reconhecimento dessa imunidade, a RFB já se manifestou no sentido de que as entidades beneficentes de assistência social devem atender aos requisitos previstos da Lei nº 12.101/2009, tais como: (i) obterem a certificação das entidades beneficentes de assistência social (CEBAS) e (ii) cumprirem os demais requisitos do artigo 29[13]; bem como os requisitos do citado artigo 14 do CTN.

Nesse caso, a entidade poderá fazer jus à imunidade a partir da data de publicação da concessão do CEBAS, desde que cumpridos os demais requisitos[14].

Cumpre ressaltar que a Lei 8.212/1991, através de seu art. 55, previa requisitos adicionais para fruição da imunidade prevista

[13] "I – não percebam seus diretores, conselheiros, sócios, instituidores ou benfeitores remuneração, vantagens ou benefícios, direta ou indiretamente, por qualquer forma ou título, em razão das competências, funções ou atividades que lhes sejam atribuídas pelos respectivos atos constitutivos, exceto no caso de associações assistenciais ou fundações, sem fins lucrativos, cujos dirigentes poderão ser remunerados, desde que atuem efetivamente na gestão executiva, respeitados como limites máximos os valores praticados pelo mercado na região correspondente à sua área de atuação, devendo seu valor ser fixado pelo órgão de deliberação superior da entidade, registrado em ata, com comunicação ao Ministério Público, no caso das fundações; II – aplique suas rendas, seus recursos e eventual superávit integralmente no território nacional, na manutenção e desenvolvimento de seus objetivos institucionais; III – apresente certidão negativa ou certidão positiva com efeito de negativa de débitos relativos aos tributos administrados pela Secretaria da Receita Federal do Brasil e certificado de regularidade do Fundo de Garantia do Tempo de Serviço – FGTS; IV – mantenha escrituração contábil regular que registre as receitas e despesas, bem como a aplicação em gratuidade de forma segregada, em consonância com as normas emanadas do Conselho Federal de Contabilidade; V – não distribua resultados, dividendos, bonificações, participações ou parcelas do seu patrimônio, sob qualquer forma ou pretexto; VI – conserve em boa ordem, pelo prazo de 10 (dez) anos, contado da data da emissão, os documentos que comprovem a origem e a aplicação de seus recursos e os relativos a atos ou operações realizados que impliquem modificação da situação patrimonial; VII – cumpra as obrigações acessórias estabelecidas na legislação tributária; VIII – apresente as demonstrações contábeis e financeiras devidamente auditadas por auditor independente legalmente habilitado nos Conselhos Regionais de Contabilidade quando a receita bruta anual auferida for superior ao limite fixado pela Lei Complementar no 123, de 14 de dezembro de 2006."

[14] Artigo 24, §1º da Instrução Normativa RFB nº 1.911/2019.

pelo §7º do art. 195 da Constituição Federal. O STF, contudo, em decisão proferida em sede de repercussão geral[15] reconheceu a inconstitucionalidade de lei ordinária impor requisitos para o gozo da imunidade, assim como da possibilidade de aspectos meramente procedimentais relativos à certificação, fiscalização e controle administrativo serem tratados por lei ordinária.

Essa posição teve como base o citado art. 146 da Carta Magna, que dispõe caber à lei complementar regular as limitações constitucionais ao poder de tributar. Entendeu-se que, ao exigir lei complementar para tal regulação, o constituinte teria objetivado garantir que nenhum legislador ordinário (federal, estadual ou municipal) tivesse qualquer influência quanto aos requisitos para seu gozo.

Logo, cumpridos os requisitos do art. 14 do CTN, não poderia lei ordinária impor outros requisitos para fruição da imunidade, por afronta à norma mandamental. Nesse sentido, veja-se ementa da referida decisão proferida pelo STF:

> EMBARGOS DE DECLARAÇÃO. RECURSO EXTRAORDINÁRIO SOB O RITO DA REPERCUSSÃO GERAL. TEMA Nº 32. EXAME CONJUNTO COM AS ADI'S 2.028, 2.036, 2.228 E 2.621. ENTIDADES BENEFICENTES DE ASSISTÊNCIA SOCIAL. IMUNIDADE. CONTRIBUIÇÕES SOCIAIS. ARTS. 146, II, E 195, § 7º, DA CONSTITUIÇÃO DA REPÚBLICA. CARACTERIZAÇÃO DA IMUNIDADE RESERVADA À LEI COMPLEMENTAR. ASPECTOS PROCEDIMENTAIS DISPONÍVEIS À LEI ORDINÁRIA. OMISSÃO. CONSTITUCIONALIDADE DO ART. 55, II, DA LEI Nº 8.212/1991. ACOLHIMENTO PARCIAL. 1. Aspectos procedimentais referentes à certificação, fiscalização e controle administrativo são passíveis

[15] Trata-se do RE n. 566.622-RS, Tribunal Pleno, rel. Min. Marco Aurélio, j. 23.02.2017, D.J. 23.08.2017; e das ADI's n. 2028-DF, 2036-DF, 2621-DF, 2228-DF, Tribunal Pleno, rel. Min. Joaquim Barbosa, j. 02.03.2017, D.J. 08.05.2017.

> de definição em lei ordinária, somente exigível a lei complementar para a definição do modo beneficente de atuação das entidades de assistência social contempladas no art. 195, § 7º, da Lei Maior, especialmente no que se refere à instituição de contrapartidas a serem por elas observadas. 2. É constitucional o art. 55, II, da Lei nº 8.212/1991, na redação original e nas redações que lhe foram dadas pelo art. 5º da Lei 9.429/1996 e pelo art. 3º da Medida Provisória nº 2.187-13/2001. 3. Reformulada a tese relativa ao tema nº 32 da repercussão geral, nos seguintes termos: "A lei complementar é forma exigível para a definição do modo beneficente de atuação das entidades de assistência social contempladas pelo art. 195, § 7º, da CF, especialmente no que se refere à instituição de contrapartidas a serem por elas observadas." 4. Embargos de declaração acolhidos em parte, com efeito modificativo.
>
> (RE n. 566.622-RS, Tribunal Pleno, rel. Min. Marco Aurélio, j. 23.02.2017, D.J. 23.08.2017)

Cumpre esclarecer que o referido dispositivo foi revogado pela Lei nº 12.101/2009, a qual, conforme exposto acima, dispõe sobre os requisitos necessários para que a entidade beneficente de assistência social usufrua da isenção/ imunidade às contribuições.

2.4. Cumprimento de obrigações acessórias

Apesar das hipóteses de imunidade de tributos aplicáveis às referidas entidades imunes, pontua-se que as "entidades imunes" são obrigadas a cumprir com a grande maioria das obrigações acessórias, sob pena de incorrerem em multas em caso de descumprimento. As obrigações acessórias em âmbito federal, às quais as entidades imunes estão submetidas são:

1. apresentar Escrituração Contábil Digital (ECD), quando receber, no ano-calendário, receitas, doações, incentivos,

subvenções, contribuições, auxílios, convênios e ingressos assemelhados, cuja soma seja superior a R$ 4.800.000,00, nos termos do artigo 3º, parágrafo 1º, inciso IV, da Instrução Normativa (IN) nº 1.774/2017;

2. apresentar Declaração de Débitos e Créditos Tributários Federais Mensal (DCTF), de forma centralizada, pela matriz, nos termos do artigo 2º, inciso I, da IN nº 1.599/2015;
3. apresentar a Escrituração Contábil Fiscal (ECF), nos termos do artigo 1º da IN nº 1.422/2013;
4. apresentar Declaração do Imposto sobre a Renda Retido na Fonte (DIRF), nos termos do artigo 2º, inciso I, alínea "a", da IN nº 1.915/2019;
5. apresentar EFD-Contribuições, caso a soma dos valores mensais de PIS e eventual COFINS devida, adicionados da Contribuição Previdenciária incidente sobre a Receita Bruta (CPRB), for superior a R$ 10.000,00, nos termos do artigo 4º, parágrafo 3º, da IN 1.252/2012.

A obrigação de cumprir com obrigações acessórias perante as autoridades fiscais estaduais e municipais deve ser observada junto ao Estado ou Município específico.

3. Hipóteses de isenção tributária

3.1. Isenção ao IRPJ/CSLL

Como dito, a isenção é benefício atribuído por lei infraconstitucional de responsabilidade do próprio Ente Federativo competente pela instituição do tributo.

Em âmbito federal, o art. 15 da Lei nº 9.532/1997 trouxe hipótese de isenção ao IRPJ[16] e à CSLL para determinadas enti-

[16] Com exceção dos rendimentos e ganhos de capital auferidos em aplicações financeiras de renda fixa e variável.

dades, quais sejam, as instituições de caráter filantrópico, recreativo, cultural e científico e as associações civis que prestem os serviços para os quais houverem sido instituídas e os coloquem à disposição do grupo de pessoas a que se destinam, sem fins lucrativos.

Para o reconhecimento da isenção, o §3º do referido artigo determinou que a entidade interessada deveria observar os seguintes requisitos: (i) não remunerar, por qualquer forma, seus dirigentes pelos serviços prestados[17]; (ii) aplicar integralmente seus recursos na manutenção e desenvolvimento dos seus objetivos sociais; (iii) manter escrituração completa de suas receitas e despesas em livros revestidos das formalidades que assegurem a respectiva exatidão; (iv) conservar em boa ordem, pelo prazo de cinco anos, contado da data da emissão, os documentos que comprovem a origem de suas receitas e a efetivação de suas despesas, bem assim a realização de quaisquer outros atos ou operações que venham a modificar sua situação patrimonial; (v) apresentar, anualmente, Declaração de Rendimentos, em conformidade com o disposto em ato da Secretaria da Receita Federal do Brasil (RFB); e (vi) assegurar a destinação de seu patrimônio a outra instituição que atenda às condições para gozo da imunidade, no caso de incorporação, fusão, cisão ou de encerramento de suas atividades, ou a órgão público.

Tendo em vista ser o objeto central deste trabalho, especialmente no tocante à relação de tais entidades com terceiros no exterior, cumpre pontuar que a RFB já reconheceu que aquelas não perdem sua isenção pelo fato de "doarem determinada quantia" para organização sem fins lucrativos domiciliada no exterior, desde que isto seja feito de acordo com o requisito (ii) mencionado acima, o qual obriga a beneficiária a "aplicar inte-

[17] As mesmas hipóteses de exceção a essa condição previstas para as entidades imunes se aplicam às isentas.

gralmente seus recursos na manutenção e desenvolvimento dos seus objetivos sociais".

Trata-se da Solução de Consulta COSIT nº 104/2019, a qual possui a seguinte ementa:

> ASSUNTO: IMPOSTO SOBRE A RENDA RETIDO NA FONTE – IRRF. REMESSAS PARA O EXTERIOR. DOAÇÃO. INCIDÊNCIA.
>
> Os valores remetidos a título de doação a residente ou domiciliado no exterior, pessoa física ou jurídica, sujeitam-se à incidência do IRRF, à alíquota de 15% (quinze por cento), ou de 25% (vinte e cinco por cento), na hipótese de o beneficiário ser residente ou domiciliado em país ou dependência com tributação favorecida.
>
> Dispositivos Legais: Lei nº 5.172, de 25 de outubro de 1966 (Código Tributário Nacional), art. 43; Regulamento do Imposto de Renda aprovado pelo Decreto nº 9.580, de 22 de novembro de 2018 (RIR/2018), art. 744, caput e §1º.
>
> ASSUNTO: IMPOSTO SOBRE A RENDA DE PESSOA JURÍDICA – IRPJ. ISENÇÃO. ASSOCIAÇÃO CIVIL SEM FINS LUCRATIVOS. REQUISITOS. APLICAÇÃO DE RECURSOS NA MANUTENÇÃO E DESENVOLVIMENTO DOS SEUS OBJETIVOS SOCIAIS.
>
> O dispositivo legal que estabelece o requisito de que a instituição isenta de IRPJ deva aplicar integralmente seus recursos na manutenção e desenvolvimento dos seus objetivos sociais não restringe a aplicação dos recursos ao território nacional.
>
> Dispositivos Legais: Lei nº 5.172, de 25 de outubro de 1966 (Código Tributário Nacional), art. 111; Lei nº 9.532, de 10 de dezembro de 1997, arts. 12, § 2º, "b", e 15, § 3º.
>
> ASSUNTO: CONTRIBUIÇÃO SOCIAL SOBRE O LUCRO LÍQUIDO – CSLL. ISENÇÃO. ASSOCIAÇÃO CIVIL SEM FINS LUCRATIVOS. REQUISITOS. APLICAÇÃO DE RECURSOS NA MANUTENÇÃO E DESENVOLVIMENTO DOS SEUS OBJETIVOS SOCIAIS.

> O dispositivo legal que estabelece o requisito de que a instituição isenta de CSLL deva aplicar integralmente seus recursos na manutenção e desenvolvimento dos seus objetivos sociais não restringe a aplicação dos recursos ao território nacional.
>
> Dispositivos Legais: Lei nº 5.172, de 25 de outubro de 1966 (Código Tributário Nacional), art. 111; Lei nº 9.532, de 10 de dezembro de 1997, arts. 12, § 2º, "b", e 15, § 3º.

Nesse caso específico, considerando que o estatuto social da consulente previa que ela poderia manter relações com instituições congêneres nacionais e estrangeiras para a consecução de seus objetivos; e que a instituição domiciliada no exterior, receptora dos recursos por ela doados, exercia integralmente atividades filantrópicas e com propósito educacional e partilhava objetivos sociais muito similares aos dela, a RFB entendeu que a doação estava em linha com o requisito de a entidade aplicar integralmente seus recursos na manutenção e desenvolvimento dos seus objetivos sociais, reconhecendo a manutenção da isenção.

3.2. Isenção à contribuição ao PIS/PASEP e à COFINS sobre receitas das atividades próprias

Além das hipóteses de isenção ao IRPJ e à CSLL expostas acima, algumas entidades sem fins lucrativos também são isentas da Contribuição ao PIS/Pasep e da COFINS, nas modalidades incidentes sobre a receita.

A Medida Provisória (MP) nº 2158-35/2001, em seu artigo 13, determinou que a Contribuição para o PIS/PASEP será determinada com base na folha de salários (em detrimento da receita bruta), à alíquota de 1% (um por cento), para as seguintes entidades: (i) templos de qualquer culto; (ii) partidos políticos; (iii) instituições de educação e de assistência social; (iv) instituições de caráter filantrópico, recreativo, cultural, científico e as associações; (v) sindicatos, federações e confederações; (vi) serviços sociais autônomos, criados ou autorizados por lei; (vii) conselhos de fiscalização de profissões regulamentadas; (viii) fundações de direito privado e fundações públicas instituídas ou mantidas pelo Poder Público; (ix) condomínios de proprietários de imóveis residenciais ou comerciais; e (x) a Organização das Cooperativas Brasileiras – OCB e as Organizações Estaduais de Cooperativas previstas no art. 105 e seu § lo da Lei nº 5.764/1971.

Trata-se de hipótese de isenção da Contribuição ao PIS/Pasep sobre a receita bruta (faturamento) de tais entidades, tendo em vista que a contribuição incidirá sob suas folhas de salários, à alíquota de 1%.

No caso das entidades beneficentes de assistência social, cumpre relembrar que haverá imunidade à Contribuição ao PIS/Pasep em todas as suas modalidades, desde que cumpridos os requisitos previstos no tópico 2.3 acima. Caso a entidade não cumpra os requisitos, deverá recolher a contribuição sobre a folha de salários, tal como as demais entidades sem fins lucrativos, fazendo jus apenas à isenção sobre suas receitas.

Ademais, tais entidades (sejam imunes ou não a impostos) não estão sujeitas à incidência da Contribuição para o PIS/Pasep sobre as receitas oriundas de aplicações financeiras, conforme entendimento emitido pela RFB na Solução de Consulta COSIT nº 243, de 20 de agosto de 2019.

Em relação à COFINS, o artigo 14 da MP nº 2158-35/2001 prevê isenção para as mesmas entidades indicadas acima, relativamente às receitas de suas "atividades próprias". Nos termos do artigo 23, §§ 1º e 2º da Instrução Normativa RFB nº 1.911/2019, consideram-se receitas decorrentes das atividades próprias (i) aquelas provenientes de contribuições, doações, anuidades ou mensalidades fixadas por lei, assembleia ou estatuto, recebidas de associados ou mantenedores, sem caráter contraprestacional direto, destinadas ao custeio e ao desenvolvimento dos objetivos sociais de tais entidades; e (ii) aquelas decorrentes do exercício da finalidade precípua da entidade, ainda que auferidas em caráter contraprestacional.

Em se tratando de entidades imunes a impostos[18], estas estarão sujeitas à apuração *cumulativa* da COFINS, relativamente às receitas *não* derivadas de suas atividades próprias. Ademais, estas entidades não terão as receitas decorrentes de aplicações financeiras tributadas pela COFINS.

Por outro lado, as entidades isentas de impostos e das contribuições para a seguridade social[19] terão as receitas derivadas de atividades *não* próprias tributadas pelo regime *não-cumulativo* da COFINS e deverão tributar as receitas oriundas de aplicações financeiras à alíquota de 4%.

Por fim, a isenção aos demais tributos de competência estadual e/ou municipal depende da edição de lei específica de cada Estado ou Município nesse sentido.

3.3. Cumprimento de obrigações acessórias

Apesar das isenções aqui mencionadas, as entidades sem fins lucrativos (entidades isentas) devem cumprir com todas as suas obrigações acessórias perante a RFB, quais sejam:

1. apresentar Escrituração Contábil Digital (ECD), quando receber, no ano-calendário, receitas, doações, incentivos, subvenções, contribuições, auxílios, convênios e ingressos assemelhados, cuja soma seja superior a R$ 4.800.000,00,

[18] Quais sejam, as instituições de educação e de assistência social.

[19] Tais como as instituições de caráter filantrópico, recreativo, cultural e científico e as associações civis que prestem os serviços para os quais houverem sido instituídas e os coloquem à disposição do grupo de pessoas a que se destinam, sem fins lucrativos, isentas do imposto de renda nos termos do art. 15 da Lei nº 9.532/1997.

nos termos do artigo 3º, parágrafo 1º, inciso IV, da Instrução Normativa (IN) nº 1.774/2017;
2. apresentar Declaração de Débitos e Créditos Tributários Federais Mensal (DCTF), nos termos do artigo 2º, inciso I, da IN nº 1.599/2015;
3. apresentar a Escrituração Contábil Fiscal (ECF), nos termos do artigo 1º da IN nº 1.422/2013;
4. apresentar Declaração do Imposto sobre a Renda Retido na Fonte (DIRF), nos termos do artigo 2º, inciso I, alínea "a", da IN 1.915/2019;
5. apresentar EFD-Contribuições, caso a soma dos valores mensais de PIS e eventual COFINS devida, adicionados da Contribuição Previdenciária incidente sobre a Receita Bruta (CPRB), for superior a R$ 10.000,00, nos termos do artigo 4º, parágrafo 3º, da IN 1.252/2012.

A obrigação de cumprir com obrigações acessórias perante as autoridades fiscais estaduais e municipais deve ser observada junto ao Estado ou Município específico.

4. Aspectos gerais envolvendo a tributação na importação de bens e serviços

A importação de bens e serviços sujeita-se a diversos tributos, tais como o Imposto de Importação (II); o Imposto sobre Produtos Industrializados (IPI); o Imposto sobre Operações de Crédito, Câmbio e Seguro ou relativas a Títulos ou Valores Mobiliários, na modalidade câmbio (IOF-Câmbio); a Contribuição ao PIS/Pasep e a COFINS nas modalidades de importação (PIS-Importação e COFINS-Importação); o ICMS, nos casos de importação de bens; e o Imposto sobre Serviços de Qualquer Natureza (ISS), em caso de importação de serviços.

Além desses tributos, nos casos em que há remessa de valores ao exterior (i.e., quando se adquire bens ou serviços de pessoa não residente), regra geral, há obrigação do adquirente de reter e recolher o Imposto de Renda na Fonte (IRRF), em função dos rendimentos auferidos pelo não residente.

Por fim, a manutenção de ativos no exterior sujeita o residente brasileiro ao cumprimento de determinadas obrigações perante o Banco Central do Brasil (BACEN).

Nos tópicos abaixo, serão tratados os aspectos gerais envolvendo os tributos incidentes sobre a importação de bens e serviços do exterior, bem como algumas hipóteses de isenção atribuídas às entidades do Terceiro Setor.

4.1. Imposto de importação

Nos termos do art. 69 do Decreto nº 6.759/2009 (Regulamento Aduaneiro), o II incide sobre a importação de mercadorias estrangeiras e sobre a bagagem de viajante procedente do exterior, sendo seu fato gerador a entrada de mercadoria estrangeira no território aduaneiro, o que, nos casos da importação de bens submetidos a despacho para consumo, ocorre na data do registro da declaração de importação (DI).

Ainda, o Regulamento Aduaneiro determina que, em caso de importação de mercadoria estrangeira, a base de cálculo será o valor aduaneiro e a alíquota será a fixada na Tarifa Externa Comum (TEC). Por outro lado, no caso da bagagem de viajante, a base de cálculo é o valor dos bens que ultrapassem a cota de isenção e a alíquota é de 50% (cinquenta por cento). Em regra, o importador é o contribuinte do imposto.

De forma breve, o valor aduaneiro[20] é o valor da mercadoria importada, conforme definido no Acordo sobre a Implementação do Artigo VII do Acordo Geral sobre Tarifas e Comércio – GATT 1994 (AVA-GATT), o qual prevê diversos métodos de valoração, que consideram o valor efetivo da mercadoria na

[20] Disciplinado nos artigos 76 a 83 do Regulamento Aduaneiro e na IN RFB nº 327/2003.

operação ou seu valor de mercado (ou de mercadorias idênticas/ similares).

O primeiro método de valoração aduaneira é o chamado "valor de transação", que leva em consideração o preço efetivamente pago ou a pagar pelas mercadorias em uma operação de venda/ exportação para o país de importação, realizados determinados ajustes (previstos pelo art. 9º da IN nº 327/2003). Esse é o método aplicável nas operações de compra e venda que resultem na transferência internacional efetiva das mercadorias. Em caso de impossibilidade de aplicação desse método, deve ser aplicado um dos métodos substitutivos previstos nos artigos 2, 3, 5, 6 e 7 do referido Acordo, nessa ordem de preferência.

Independentemente do método de valoração aduaneira adotado, o valor aduaneiro será composto pelos seguintes elementos:

1. o custo de transporte das mercadorias importadas até o porto ou aeroporto alfandegado de descarga ou o ponto de fronteira alfandegado onde devam ser cumpridas as formalidades de entrada no território aduaneiro;
2. os gastos relativos a carga, descarga e manuseio, associados ao transporte das mercadorias importadas, até a chegada aos locais referidos no item anterior; e
3. o custo do seguro das mercadorias durante as operações referidas nos itens 1 e 2.

Por sua vez, não serão incluídos no valor aduaneiro os seguintes encargos ou custos, desde que estejam destacados do preço efetivamente pago ou a pagar pelas mercadorias importadas, na respectiva documentação comprobatória:

1. custos de transporte e seguro, bem assim os gastos associados a esse transporte, incorridos no território aduaneiro, a partir dos locais referidos no "item 1" acima; e

2. encargos relativos a construção, instalação, montagem, manutenção ou assistência técnica da mercadoria importada, executadas após a importação.

Nos termos do art. 136, I, "b" do Regulamento Aduaneiro, as instituições de educação e assistência social – isto é, as "entidades imunes" – possuem isenção do II, desde que atendidas as condições previstas no art. 141[21] desse normativo.

[21] "Art. 141. A isenção às importações realizadas pelos partidos políticos e pelas instituições educacionais e de assistência social será aplicada somente a entidades que atendam às seguintes condições (Lei no 5.172, de 1966, art. 14, caput; e Lei no 9.532, de 1997, art. 12, § 2o):
I – não-distribuição de qualquer parcela do seu patrimônio ou de suas rendas, a qualquer título (Lei nº 5.172, de 1966, art. 14, inciso I, com a redação dada pela Lei Complementar no 104, de 10 de janeiro de 2001, art. 1o);
II – não-remuneração, por qualquer forma, de seus dirigentes pelos serviços prestados;
III – emprego dos seus recursos integralmente no País, na manutenção dos seus objetivos institucionais;
IV – manutenção da escrituração de suas receitas e despesas em livros revestidos de formalidades capazes de assegurar sua exatidão;
V – compatibilidade da natureza, da qualidade e da quantidade dos bens às finalidades essenciais do importador (Constituição, art. 150, inciso VI, alínea "c" e § 4º; e Lei nº 5.172, de 1966, arts. 9º, inciso IV, alínea "c", esta com a redação dada pela Lei Complementar nº 104, de 2001, art. 1º, e 14, § 2º);
VI – conservação em boa ordem, pelo prazo de cinco anos, contados da data da emissão, dos documentos que comprovem a origem de suas receitas e a efetivação de suas despesas, bem como a realização de quaisquer outros atos ou operações que venham a modificar sua situação patrimonial;
VII – apresentação da declaração de rendimentos, em conformidade com o disposto em ato da Secretaria da Receita Federal do Brasil;
VIII – recolhimento dos tributos retidos sobre os rendimentos por elas pagos ou creditados e da contribuição para a seguridade social relativa aos empregados, bem como o cumprimento das obrigações acessórias daí decorrentes; e
IX – garantia de destinação de seu patrimônio a outra instituição que atenda às condições para gozo do benefício, no caso de incorporação, fusão, cisão ou de encerramento de suas atividades, ou a órgão público. (...)"

Além dessa hipótese de isenção subjetiva, há outras direcionadas a determinadas entidades, mas essas não incluem as demais instituições sem fins lucrativos (i.e., as "entidades isentas"). Há também hipóteses de isenção relacionadas à natureza dos bens importados.

4.2. Imposto sobre produtos industrializados

O IPI incide sobre produtos industrializados, nacionais e estrangeiros, isto é, resultantes de qualquer operação que modifique a natureza, o funcionamento, o acabamento, a apresentação ou a finalidade do produto, ou o aperfeiçoe para consumo, tais como as descritas no art. 4º do Decreto nº 7.212/2010 (Regulamento do IPI).

O fato gerador do IPI é (i) o desembaraço aduaneiro de produto de procedência estrangeira ou (ii) a saída de produto do estabelecimento industrial, ou equiparado a industrial.

O capítulo III do Regulamento do IPI dispõe sobre as hipóteses de isenção do IPI, esclarecendo que, regra geral, essas se referirão ao produto e não ao seu adquirente (contribuinte). Nos casos em que a isenção for subjetiva, o crédito tributário só será excluído quando seu titular estiver na situação de contribuinte ou responsável pelo imposto.

Nesse sentido, as entidades beneficentes de assistência social que possuam o CEBAS ficam autorizadas a vender em feiras, bazares e eventos semelhantes, com isenção do IPI incidente na importação, produtos estrangeiros recebidos em doação de representações diplomáticas estrangeiras sediadas no País, nos termos e condições estabelecidos pelo Ministro de Estado da Fazenda, desde que o produto líquido da venda tenha como destinação exclusiva o desenvolvimento de atividades beneficentes no País.

Assim como para o II, não há isenção subjetiva do IPI para as "entidades isentas", de forma que, em regra, estas são obrigadas a recolher o imposto quando da importação de produtos do exterior.

4.3. Imposto sobre operações de câmbio

As operações de câmbio estão sujeitas à incidência do IOF-Câmbio, nos termos do art. 2º, inciso II, do Decreto nº 6.306/2007. Nesse caso, o fato gerador do IOF-Câmbio será a entrega de moeda nacional ou estrangeira, ou de documento que a represente, ou sua colocação à disposição do interessado, em montante equivalente à moeda estrangeira ou nacional entregue ou posta à disposição por este no ato da liquidação da operação.

No tocante às operações vinculadas às finalidades essenciais das instituições de educação e de assistência social sem fins lucrativos, desde que atendidos os requisitos da lei (quais sejam, os mencionados pelo art. 14 do CTN), não há incidência do IOF-Câmbio, conforme prevê o art. 2º, §3º, III, do referido Decreto.

Não há previsão de isenção desse imposto para as demais entidades sem fins lucrativos, de forma que essas são obrigadas ao seu recolhimento nas operações que envolvam entrada ou remessa de valores ao exterior.

4.4. PIS-Importação e COFINS-importação

A Lei nº 10.865/2004 instituiu o PIS-Importação e a COFINS-Importação, incidentes **(i)** na entrada de bens estrangeiros no território nacional; ou **(ii)** no pagamento, crédito, entrega, emprego ou remessa de valores a residentes ou domiciliados no exterior como contraprestação por serviço prestado.

Nos termos do artigo 1º, §1º dessa lei, são considerados provenientes do exterior os serviços prestados por pessoa física ou pessoa jurídica residente ou domiciliada no exterior quando executados no Brasil ou, ainda que executados no exterior, cujo resultado se verifique no Brasil. Há também no §2º desse dispositivo algumas hipóteses em que bens nacionais ou nacionalizados serão considerados estrangeiros, quando por determinadas razões retornem ao Brasil[22].

Regra geral, considera-se ocorrido o fato gerador dessas contribuições na data do registro da DI de bens submetidos a despacho para consumo, ou na data da remessa de valores ao exterior em decorrência da importação de serviços.

No caso da importação de bens, a base de cálculo das contribuições será o respectivo valor aduaneiro, conforme definido no tópico 4.1 acima. Sobre esse ponto, cumpre mencionar que a redação original do art. 7º da Lei 10.865/2004, previa a inclusão, no valor aduaneiro, do valor do ICMS e do valor das próprias contribuições.

Juntamente com a alteração da redação desse artigo dada pela Lei nº 12.865/2013 – através da qual o trecho que previa a referida inclusão foi excluído –, a inclusão do ICMS e das próprias contribuições na base de cálculo do PIS/COFINS-Importação foi declarada inconstitucional pelo STF, por ocasião do julgamento do RE nº 559.937/RS em sede de repercussão geral, conforme se verifica na ementa abaixo:

> EMENTA. Tributário. Recurso extraordinário. Repercussão geral. PIS/COFINS – importação. Lei nº 10.865/04. Vedação de bis in idem. Não ocorrência. Suporte direto da contribuição do

[22] *"§ 2º Consideram-se também estrangeiros:*
I – bens nacionais ou nacionalizados exportados, que retornem ao País, salvo se:
a) enviados em consignação e não vendidos no prazo autorizado;
b) devolvidos por motivo de defeito técnico para reparo ou para substituição;
c) por motivo de modificações na sistemática de importação por parte do país importador;
d) por motivo de guerra ou de calamidade pública; ou
e) por outros fatores alheios à vontade do exportador;
II – os equipamentos, as máquinas, os veículos, os aparelhos e os instrumentos, bem como as partes, as peças, os acessórios e os componentes, de fabricação nacional, adquiridos no mercado interno pelas empresas nacionais de engenharia e exportados para a execução de obras contratadas no exterior, na hipótese de retornarem ao País."

importador (arts. 149, II, e 195, IV, da CF e art. 149, § 2º, III, da CF, acrescido pela EC 33/01). Alíquota específica ou ad valorem. Valor aduaneiro acrescido do valor do ICMS e das próprias contribuições. Inconstitucionalidade. Isonomia. Ausência de afronta. 1. Afastada a alegação de violação da vedação ao bis in idem, com invocação do art. 195, § 4º, da CF. Não há que se falar sobre invalidade da instituição originaria e simultânea de contribuições idênticas com fundamento no inciso IV do art. 195, com alíquotas apartadas para fins exclusivos de destinação. 2. Contribuições cuja instituição foi previamente prevista e autorizada, de modo expresso, em um dos incisos do art. 195 da Constituição validamente instituídas por lei ordinária. Precedentes. 3. Inaplicável ao caso o art. 195, § 4º, da Constituição. Não há que se dizer que devessem as contribuições em questão ser necessariamente não cumulativas. O fato de não se admitir o crédito senão para as empresas sujeitas à apuração do PIS e da COFINS pelo regime não cumulativo não chega a implicar ofensa à isonomia, de modo a fulminar todo o tributo. A sujeição ao regime do lucro presumido, que implica submissão ao regime cumulativo, é opcional, de modo que não se vislumbra, igualmente, violação do art. 150, II, da CF. 4. Ao dizer que a contribuição ao PIS/ PASEP-Importação e a COFINS-Importação poderão ter alíquotas ad valorem e base de cálculo o valor aduaneiro, o constituinte derivado circunscreveu a tal base a respectiva competência. 5. A referência ao valor aduaneiro no art. 149, § 2º, III, a, da CF implicou utilização de expressão com sentido técnico inequívoco, porquanto já era utilizada pela legislação tributária para indicar a base de cálculo do Imposto sobre a Importação. 6. A Lei 10.865/04, ao instituir o PIS/ PASEP-Importação e a COFINS-Importação, não alargou propriamente o concei- to de valor aduaneiro, de modo que passasse a abranger, para fins de apuração de tais contribuições, outras grandezas nele não contidas. O que fez foi desconside- rar a imposição constitucional de que as contribuições sociais sobre a importação que tenham alíquota ad valorem sejam calculadas

> com base no valor aduaneiro, extrapolando a norma do art. 149, § 2º, III, a, da Constituição Federal. 7. Não há como equiparar, de modo absoluto, a tributação da importação com a tributação das operações internas. O PIS/PASEP-Importação e a COFINS-Importação incidem sobre operação na qual o contribuinte efetuou despesas com a aquisição do produto importado, enquanto a PIS e a COFINS internas incidem sobre o faturamento ou a receita, conforme o regime. São tributos distintos. 8. O gravame das operações de importação se dá não como concretização do princípio da isonomia, mas como medida de política tributária tendente a evitar que a entrada de produtos desonerados tenha efeitos predatórios relativamente às empresas sediadas no País, visando, assim, ao equilíbrio da balança comercial. 9. Inconstitucionalidade da seguinte parte do art. 7º, inciso I, da Lei 10.865/04: 'acrescido do valor do Imposto sobre Operações Relativas à Circulação de Mercadorias e sobre Prestação de Serviços de Transporte Interestadual e Intermunicipal e de Comunicação – ICMS incidente no desembaraço aduaneiro e do valor das próprias contribuições, por violação do art. 149, § 2º, III, a, da CF, acrescido pela EC 33/01. 10. Recurso extraordinário a que se nega provimento'" (RE 559937, Rel. Min. Ellen Gracie, Relator p/ Acórdão: Min. Dias Toffoli, Tribunal Pleno, julgado em 20-3-2013, Repercussão Geral – Mérito, DJe-206 Divulg. 16-10-2013, Public. 17-10-2013, Ementa Vol-02706-01 PP-00011).

O Conselho Administrativo de Recursos Fiscais (CARF) vem aplicando esse entendimento do STF em suas decisões, para fins de excluir o ICMS e as próprias contribuições da base de cálculo do PIS/COFINS-Importação, relativamente aos fatos gerados anteriores à Lei nº 12.865/2013[23].

[23] Nesse sentido, cita-se o Acórdão nº 3301-007.541, de 29 de janeiro de 2020; Acórdão nº 3401-007.192, de 17 de dezembro de 2019; e Acórdão nº 3302-007.442, de 25 de julho de 2019.

Vale pontuar que, nessa hipótese, as contribuições incidirão à alíquota combinada de 11,75% sobre a referida base de cálculo (valor aduaneiro).

Já no caso de importação de serviços, o art. 7º, II, da Lei nº 10.865/2004 prevê que a base de cálculo das contribuições será o valor pago, creditado, entregue, empregado ou remetido para o exterior, antes da retenção do imposto de renda, acrescido do ISS e do valor das próprias contribuições.

Nesse ponto, graças à decisão proferida no RE nº 559.937/RS (acima mencionada), o STF passou a entender também ser inconstitucional a inclusão do ISS e das próprias contribuições na base de cálculo do PIS/COFINS-Importação, por ofensa ao art. 149, §2º, III, "a" da Constituição Federal, no sentido de que esse artigo permite a instituição de contribuições sociais sobre o valor aduaneiro, o qual deve seguir o conceito técnico definido pelo AVA-GATT.

Nesse sentido, veja-se ementa de recente decisão do STF, proferida no RE nº 1.213.134 – RJ:

> EMENTA: RECURSO EXTRAORDINÁRIO COM AGRAVO – CONTRIBUIÇÃO AO PIS/PASEP-IMPORTAÇÃO E CONFINS- -IMPORTAÇÃO – BASE DE CÁLCULO – NÃO INCLUSÃO DO VALOR RELATIVO AO ISS – ENTENDIMENTO FIRMADO COM BASE EM ORIENTAÇÃO QUE O PLENÁRIO DO SUPREMO TRIBUNAL FEDERAL PROCLAMOU NA APRECIAÇÃO DO RE 559.937/RS – DECISÃO QUE SE AJUSTA À JURISPRUDÊNCIA PREVALECENTE NO SUPREMO TRIBUNAL FEDERAL – CONSEQUENTE INVIABILIDADE DO RECURSO QUE A IMPUGNA – SUBSISTÊNCIA DOS FUNDAMENTOS QUE DÃO SUPORTE À DECISÃO RECORRIDA – SUCUMBÊNCIA RECURSAL (CPC, ART. 85, § 11) – NÃO DECRETAÇÃO, NO CASO, ANTE A INADMISSIBILIDADE DE CONDENAÇÃO EM VERBA HONORÁRIA, POR TRATAR-SE

DE PROCESSO DE MANDADO DE SEGURANÇA (SÚMULA 512/STF E LEI Nº 12.016/2009, ART. 25) – AGRAVO INTERNO IMPROVIDO." (AG.REG. NO RECURSO EXTRAORDINÁRIO COM AGRAVO 1.213.134 – RJ, Rel. Min. Celso de Mello, Segunda Turma, julgado em 29-6-2020).

O CARF, por sua vez, vem sendo desfavorável ao contribuinte quanto à exclusão do ISS da base de cálculo das contribuições, entendendo que não cabe ao Tribunal afastar a aplicação da lei por alegação de inconstitucionalidade (fundamentando-se no art. 62 de seu Regimento Interno)[24].

Nessa hipótese de incidência das contribuições, a alíquota será combinada de 9, 25%.

Ressalta-se que a lei prevê diversas hipóteses de não-incidência e de isenção ao PIS-Importação e à COFINS-Importação, tanto em relação à qualidade dos importadores (hipóteses subjetivas), como em relação aos bens/ serviços importados (hipóteses objetivas).

Para o que interessa a este trabalho, destaca-se que, nos termos do artigo 2º, inciso VII, da Lei nº 10.865/2004, as contribuições expressamente não incidem sobre a importação de bens ou serviços por entidades beneficentes de assistência social. Para as demais entidades, por outro lado, não há qualquer previsão de não-incidência ou isenção, de forma que, a princípio, elas são obrigadas ao recolhimento das contribuições por ocasião da importação de bens e serviços, salvo nos casos em que o bem ou serviço importado seja beneficiado pela isenção (hipótese objetiva).

Entende-se que a intenção do legislador ao instituir a contribuição nessa modalidade foi igualar os bens e serviços importados do exterior com os nacionais, incentivando transações no

[24] A exemplo dos Acórdãos nº 3201-004.506, de 28 de novembro de 2018 e nº 3301-004.820, de 24 de julho de 2018.

mercado interno, de modo que, salvo pelas entidades beneficentes de assistência social (que têm imunidade prevista pela própria Constituição Federal e naturalmente já destinam seus recursos à seguridade social), não haveria razão para que outras entidades, ainda que sem fins lucrativos, fizessem jus a esse benefício quando da realização de operações com estrangeiros.

4.5. ICMS na importação de bens

O ICMS foi instituído pela Lei Complementar nº 87/1996 (Lei Kandir), sendo um imposto que incide, em regra, sobre (i) operações relativas à circulação de mercadorias; (ii) prestações de serviços de transporte interestadual e intermunicipal; e (iii) prestações onerosas de serviços de comunicação, por qualquer meio.

Nos termos do §1º do artigo 1º da Lei Kandir, o ICMS também incide sobre a entrada de mercadoria ou bem importados do exterior, por pessoa física ou jurídica, ainda que não seja contribuinte habitual do imposto, qualquer que seja a sua finalidade. Nesse caso, o fato gerador ocorre no momento do desembaraço aduaneiro do bem importado e o imposto é de obrigação do importador.

A base de cálculo do ICMS nessa hipótese é representada pela soma das seguintes parcelas: (i) o valor da mercadoria ou bem constante dos documentos de importação; (ii) o II incidente na operação; (iii) o IPI incidente na operação; (iv) o IOF-Câmbio; e (v) quaisquer outros impostos, taxas, contribuições e despesas aduaneiras.

Como o ICMS é um tributo estadual, cada Estado tem a liberdade de definir a alíquota aplicável nessa hipótese.

4.6. ISS na importação de serviços

O ISS é um imposto de competência municipal, o qual foi instituído pela Lei Complementar nº 116/2003. O fato gerador desse imposto é a prestação dos serviços constantes da lista anexa àquela lei, ainda que esses não se constituam como atividade preponderante do prestador.

A base de cálculo do imposto é o preço do serviço e a alíquota pode variar conforme o serviço prestado, sendo estabelecida por lei do respectivo Município.

Nos termos do art. 1º, §1º da Lei Complementar nº 116/03, o ISS incide também sobre o serviço proveniente do exterior, ou cuja prestação se tenha iniciado no exterior, hipótese em que será devido no local *"do estabelecimento do tomador ou intermediário do serviço ou, na falta de estabelecimento, onde ele estiver domiciliado"* (art. 3º, I).

A incidência do ISS sobre a importação de serviços é tema bastante discutido em âmbito judicial, tendo sido objeto de recente debate no Tribunal de Justiça do Estado de São Paulo (TJSP), através do Incidente de Arguição de Inconstitucionalidade nº 0.022.463-72.2019.8.26.0000, julgado em outubro de 2019.

Nessa oportunidade, o TJSP decidiu pela rejeição do Incidente de Arguição de Inconstitucionalidade dos artigos 1º, §1º, e inciso I, e 3º da Lei Complementar nº 116/03, bem como dos artigos 1º, §1º, e 3º, I, da Lei Municipal nº 13.701/03 (Lei do ISS do Município de São Paulo), por entender ser constitucional a incidência do ISS sobre a importação de serviços.

Basicamente, o único argumento desfavorável à incidência do ISS sobre a importação de serviços levantado foi a ofensa ao princípio da territorialidade, no sentido de que os Municípios seriam competentes para tributar apenas os serviços prestados dentro de seus territórios e que a Constituição Federal, de forma excepcional, contemplou os tributos que poderiam incidir sobre situações ocorridas fora do território nacional.

Por outro lado, foram apontados alguns argumentos favoráveis à incidência do ISS nesses casos, tais como: (i) proteção ao mercado nacional e à livre iniciativa; (ii) prevalência do princípio do destino pela maioria dos países, que desoneram apenas as exportações; (iii) existência de jurisprudência do Superior Tribunal de Justiça (STJ) a favor da cobrança do ISS-importação sobre a cessão de uso de software advindo de território estrangeiro e discussão sobre esse mesmo tema pendente de julgamento no STF; e (iv) verificação do resultado do serviço no Brasil.

Logo, até o momento, a incidência do ISS na importação de serviços provenientes do exterior, ou cuja prestação tenha se iniciado no exterior, quando seu resultado é verificado no Brasil, foi reconhecida como constitucional no Município de São Paulo.

Cumpre ressaltar, contudo, que o ISS não incide quando o serviço é prestado exclusivamente no exterior e seus resultados também são verificados no exterior, ainda que a fonte pagadora seja pessoa residente no Brasil[25], apesar de existirem autuações das autoridades fiscais municipais nesse sentido.

Esse entendimento vem sendo defendido pelo TJSP, conforme acórdão proferido no processo nº 9221533-34.2007.8.26.0000, em março de 2019. Esse acórdão apontou alguns outros precedentes desse tribunal, cujas ementas seguem colacionadas abaixo:

> MANDADO DE SEGURANÇA – Caráter preventivo – Pretensão pautada na inaplicabilidade da Lei Municipal13.701/03 no caso de serviços prestados no exterior – Admissibilidade – Prestação de serviço iniciada e completada no exterior – Legislação municipal que não pode alcançá-lo, diante da regra da territorialidade da lei brasileira, mesmo que haja importação de serviços – Prestador que se encontra no exterior, não podendo se sujeitar

[25] Conforme reconhecido pelo próprio Município de São Paulo através da Solução de Consulta SF/DEJUG nº 54, de 25 de setembro de 2013.

> à lei tributária brasileira- Sentença reformada para conceder a segurança – Recurso provido para esse fim.[26]
>
> ILEGITIMIDADE "AD CAUSAM" – Mandado de Segurança-ISSQN – Legislação municipal que elegeu como responsável tributário pelo pagamento do ISS, devendo reter na fonte o seu valor, os tomadores ou intermediários de serviços provenientes do exterior do país ou cuja prestação se tenha iniciado no exterior do país – Presente o interesse de agir – Preliminar afastada.
>
> MANDADO DE SEGURANÇA – Caráter preventivo – Pretensão pautada na inaplicabilidade da Lei Municipal 13.701/03 no caso de serviços prestados no exterior. Admissibilidade – Serviço prestado por terceiro, iniciado e completado no exterior – Legislação municipal que não pode alcançá-lo, diante da regra da territorialidade da lei brasileira, mesmo que haja importação de serviços – Prestador que se encontra no exterior, não podendo se sujeitar à lei tributária brasileira – Sentença reformada – Recurso provido."[27]
>
> "Ação declaratória de inexistência de relação jurídico-tributária ISS – Competência para realizar a cobrança é do local da prestação do serviço – Projeto de construção de campo de golfe – Natureza intelectual do serviço prestado – Atividade desenvolvida nos Estados Unidos da América – Lei Municipal não pode alcançar fato gerador ocorrido no exterior – Recurso de apelação provido. Ônus de sucumbência invertido.[28]

Essa posição também vem sendo adotada por outros tribunais brasileiros, a exemplo da decisão proferida pelo Tribunal de Justiça do Rio Grande do Sul (TJRS), no processo

[26] Apelação nº 0155480-98.2005, Rel. Des. Gonçalves Rostey, 14ª Câmara, j. 14.07.2011.

[27] Apelação nº 0101584-09.2006, Rel. Des. Gonçalves Rostey, 14ª Câmara, j. 30.06.2011.

[28] Apelação nº 0188668-14.2007, Rel. Des. Flávio Cunha da Silva, 15ª Câmara, j. 20.10.2008.

nº 001/1.15.0192786-9, relativamente à não incidência do ISS sobre serviços prestados exclusivamente em Nova York, ainda que a fonte pagadora estivesse localizada no Brasil.

4.7. Imposto de renda na fonte na remessa de valores ao exterior

Nos termos do art. 745 do Regulamento do Imposto de Renda de 2018 (RIR/2018)[29], os rendimentos, os ganhos de capital e os demais proventos pagos, creditados, entregues, empregados ou remetidos, por fonte situada no País, a pessoa física ou jurídica residente no exterior, ficam sujeitos à incidência do IRRF à alíquota de 15%, salvo em caso de regra de tributação específica que preveja o contrário.

Uma das hipóteses de exceção a essa regra é a contratação de serviços em geral, a qual está sujeita à retenção do IRRF sob à alíquota de 25%.

Não há hipótese de imunidade/isenção desse imposto para quaisquer entidades sem fins lucrativos, tendo em vista que se trata de renda auferida por estrangeiro e não de um encargo incidente sobre o patrimônio do residente brasileiro. Na verdade, entende-se que o residente brasileiro apenas tem a obrigação de reter e recolher o imposto por razões de praticidade, já que seria muito mais difícil para o fisco recolher estes valores do um não-residente.

Logo, a princípio, qualquer pessoa física ou jurídica que efetue remessas para o exterior, seja ela imune ou isenta de tributos, está sujeita à retenção e recolhimento do IRRF, de modo que os valores pagos serão considerados líquidos do referido imposto, salvo disposição contratual em contrário.

Cumpre pontuar que o art. 2º, I, da Lei nº 13.315/2016 (reproduzido pelo art. 754, V, "a" do RIR/2018) prevê hipótese de isen-

[29] Decreto nº 9.580/2018.

ção do IRRF nas remessas para fins educacionais, científicos ou culturais. Não há clareza na lei sobre que pagamentos estariam enquadrados em tais finalidades, de modo que a RFB já se posicionou sobre o tema em diversas oportunidades.

A título de exemplo, a RFB, através da Solução de Consulta RFB nº 70/2019, entendeu que *"as remessas abrigadas pela isenção são aquelas destinadas à manutenção de pessoa física que esteja no exterior participando de evento ou cumprindo programa de caráter educacional, científico ou cultural, desprovidas de finalidade econômica"*.

Nessa oportunidade, o consulente havia questionado se as remessas para o exterior destinadas ao custeio de produções culturais desenvolvidas no Brasil (ballets, shows e espetáculos de artes cênicas) por artistas estrangeiros estariam englobados pela isenção do IRRF, entendendo a RFB que não teria ficado claro qual era exatamente a atividade da pessoa residente no exterior que estaria sendo remunerada ou custeada.

Logo, a depender da finalidade das remessas efetuadas por entidades sem fins lucrativos (isto é, se tiverem finalidade educacional, científico ou cultural), é possível defender seu enquadramento na isenção ao IRRF mencionada acima.

4.8. Obrigações perante o BACEN

Vale lembrar que todo ingresso de recursos no Brasil ou remessa de recursos ao exterior depende da celebração de contrato de câmbio com instituição financeira ou entidade autorizada a operar no mercado de câmbio. Referida instituição tem a prerrogativa de exigir a documentação que embasa o ingresso ou a remessa de recursos, na medida em que ela também é responsável pela verificação da legalidade e veracidade da operação.

Como exposto, o ingresso e a saída de recursos do Brasil estarão sujeitos à tributação pelo IOF-Câmbio. Como regra geral, a alíquota desse imposto é de 0,38%, contudo pode ser diferente a depender do caso concreto.

Em conformidade com a Resolução do Conselho Monetário Nacional nº 3.854 de 27/5/2010, todas as pessoas físicas ou jurídicas residentes ou domiciliadas no Brasil, que mantenham valores de qualquer natureza fora do País, o que inclui valores mantidos em conta de titularidade de entidade brasileira em instituição financeira no exterior, estão obrigadas a apresentar a Declaração de Capitais Brasileiros no Exterior (CBE) ao BACEN.

Esses valores devem ser declarados pela entidade titular ao BACEN, anualmente ou trimestralmente, caso detenha no exterior ativos que totalizem: (i) US$ 100.000,00, ou equivalente em outras moedas, em 31 de dezembro de cada ano-base (CBE Anual); ou (ii) US$ 100.000.000,00, ou equivalente em outras moedas, em 31 de março, 30 de junho e 30 de setembro de cada ano-base (CBE Trimestral).

Os prazos para entrega das declarações são os seguintes: (i) para a declaração anual referente à data-base de 31 de dezembro de cada ano: de 15 de fevereiro a 5 de abril do ano subsequente; (ii) para a declaração trimestral referente à data-base de 31 de março: de 30 de abril a 5 de junho do mesmo ano; (iii) para declaração trimestral referente à data-base de 30 de junho: de 31 de julho a 5 de setembro do mesmo ano; e (iv) para a declaração trimestral referente à data-base de 30 de setembro: de 31 de outubro a 5 de dezembro do mesmo ano.

5. Importação de bens e serviços por entidades beneficentes de assistência social

Como exposto, as entidades beneficentes de assistência social são imunes aos impostos incidentes sobre seu patrimônio, renda e serviços, nos termos do artigo 150, VI, alínea "c" da Constituição Federal; bem como às contribuições para o financiamento da seguridade social, em todas as suas modalidades, nos termos do art. 195, §7º da Constituição Federal.

A imunidade de impostos, contudo, não alcança os impostos incidentes sobre as operações de comércio exterior, tais como o II, o IPI e o ICMS. Entretanto, a RFB reconheceu isenção a esses impostos em determinados casos, especialmente na importação de bens advindos do exterior por doação, conforme hipóteses indicadas abaixo:

1. Isenção do II na importação de bens advindos do exterior por doação;
2. Isenção do IPI incidente na importação de produtos estrangeiros recebidos em doação;
3. Isenção do ICMS sobre produtos importados do exterior em decorrência de doação (autorizada pelo Convênio ICMS 80/95).

Para usufruto da isenção sobre o recebimento de bens em doação do exterior, as entidades beneficentes de assistência social devem cumprir determinados requisitos e seguir certos procedimentos, os quais podem ser encontrados na página eletrônica da RFB[30], podendo ser sintetizados da seguinte forma:

1. A entidade deverá possuir o registro e o Certificado de Entidade Beneficente de Assistência Social, expedido e renovado a cada três anos pelo Conselho Nacional de Assistência Social - CNAS, bem como comprovar que os bens doados são compatíveis com as suas finalidades sociais;
2. Deverá, ainda, atender às condições estabelecidas na Lei nº 9.532, de1997: a) não distribuir qualquer parcela de seu

[30] Disponível em: https://receita.economia.gov.br/orientacao/aduaneira/manuais/despacho-de-importacao/topicos-1/remessa-postal-internacional-rpi-e-remessa-expressa-re/remessa-postal-internacional-rpi/com-isencao-imunidade-ou-aliquota-zero-de-imposto/doacoes-a-instituicao-de-assistencia-social.

patrimônio ou de suas rendas, a qualquer título; b) não remunerar, por qualquer forma, seus dirigentes pelos serviços prestados; c) empregar seus recursos integralmente no país, na manutenção dos seus objetivos institucionais; d) manter a escrituração de suas receitas e despesas em livros capazes de assegurar sua exatidão; etc.

3. A entidade deverá comprovar a quitação dos tributos e contribuições federais, por meio de certidões negativas de débitos, conforme o art. 60 da Lei nº 9.069, de1995.

Apesar de o Convênio ICMS 80/95 ter autorizado os Estados a instituírem isenção ao ICMS apenas sobre os bens importados em virtude de doações do exterior, pontua-se que o STF possui entendimento consolidado no sentido de que esse imposto não deve incidir na importação de bens para serem utilizados na consecução das finalidades sociais das entidades beneficentes de assistência social (como, por exemplo, para integrar seu ativo imobilizado), ainda que tal importação se dê em caráter oneroso.

Nesse sentido, vejam-se as ementas das decisões abaixo expostas:

> Ementa: AGRAVO INTERNO NOS EMBARGOS DE DECLARAÇÃO NOS EMBARGOS DE DIVERGÊNCIA. RECURSO EXTRAORDINÁRIO. IMUNIDADE EM RELAÇÃO AO ICMS. IMPORTAÇÃO. ENTIDADES DE ASSISTÊNCIA SOCIAL SEM FINS LUCRATIVOS. PRODUTOS RELACIONADOS COM SUAS FINALIDADES ESSENCIAIS. PRECEDENTES. 1. A reversão do acórdão passa necessariamente pela revisão das provas. Incide, portanto, o óbice da Súmula 279/STF (Para simples reexame de prova não cabe recurso extraordinário) 2. Agravo Interno a que se nega provimento.
>
> (RE 600565 AgR-EDv-ED-AgR, Relator(a): ALEXANDRE DE MORAES, Tribunal Pleno, julgado em 30/11/2018, PRO-

CESSO ELETRÔNICO DJe-267. DIVULG 12-12-2018 PUBLIC 13-12-2018)

IMUNIDADE TRIBUTÁRIA – ASSISTÊNCIA SOCIAL – ICMS – IMPORTAÇÃO – CONTRIBUINTE DE DIREITO – DESPROVIMENTO. A imunidade prevista no artigo 150, inciso VI, alínea "c", da Constituição Federal abrange o Imposto sobre Circulação de Mercadorias e Serviços incidente sobre a importação de mercadorias por entidades de assistência social, enquanto contribuinte de direito, e relacionadas às finalidades essenciais destas. (AI 629551 AgR, Relator(a): MARCO AURÉLIO, Primeira Turma, julgado em 18/04/2017, ACÓRDÃO ELETRÔNICO DJe-115 DIVULG 31-05-2017 PUBLIC 01-06-2017).

Ementa: DIREITO TRIBUTÁRIO. AGRAVO INTERNO NO RECURSO EXTRAORDINÁRIO COM AGRAVO. ENTIDADE DE ASSISTÊNCIA SOCIAL. ICMS. OPERAÇÃO DE IMPORTAÇÃO. IMUNIDADE. 1. A jurisprudência desta Corte é firme no sentido de que a imunidade contida no art. 150, VI, c, da Constituição Federal abrange o ICMS incidente na importação de bens utilizados na prestação de serviços pelas entidades de assistência social. 2. Nos termos do art. 85, §11, do CPC/2015, fica majorado em 25% o valor da verba honorária fixada anteriormente, observados os limites legais do art. 85, §§ 2º e 3º, do CPC/2015. 4. Agravo interno a que se nega provimento, com aplicação da multa prevista no art. 1.021, § 4º, do RI/STF. (ARE 1049943 AgR, Relator(a): ROBERTO BARROSO, Primeira Turma, julgado em 29/09/2017, PROCESSO ELETRÔNICO DJe-234 DIVULG 11-10-2017 PUBLIC 13-10-2017).

EMENTA. Agravo regimental no agravo de instrumento. ICMS. Imunidade. Importação. Precedentes. Repercussão geral presumida. 1. É pacífico o entendimento desta Corte no sentido de que a imunidade tributária consignada no art. 150, inciso VI, alínea "c", da Constituição Federal abrange o Imposto sobre Circulação de Mercadorias e Serviços (ICMS) incidente na importação

> de bens utilizados na prestação de serviços específicos das entidades de assistência social sem fins lucrativos. 2. Caso de repercussão geral presumida, conforme disposto no art. 543-A, § 3º, do Código de Processo Civil. 3. Agravo regimental não provido. (AI 776205 AgR, Relator(a): DIAS TOFFOLI, Primeira Turma, julgado em 18/10/2011, DJe-214 DIVULG 09-11-2011 PUBLIC 10-11-2011 EMENT VOL-02623-03 PP-00486).

Seguindo esse mesmo racional, é possível defender que a importação de serviços por entidades beneficentes de assistência social (desde que relacionados ao exercício de suas atividades filantrópicas) não estaria sujeita ao ISS, na medida em que, na importação, os impostos indiretos adquirem características de impostos diretos para o importador, tendo em vista que não há repasse do ônus tributário.

Por fim, em linha com a hipótese de imunidade às contribuições para o financiamento da seguridade social, o artigo 2º, inciso VII, da Lei nº 10.865/2004, prevê que a importação de bens e serviços por entidades beneficentes de assistência social não se sujeita à incidência da Contribuição ao PIS/Pasep-Importação e à COFINS-Importação.

No caso da importação de bens, a isenção é condicionada à observância do art. 10 da referida lei, que proíbe a transferência futura de propriedade ou à cessão de uso dos bens importados, salvo nas hipóteses previstas pelo parágrafo único, senão veja-se:

> Art. 10. Quando a isenção for vinculada à qualidade do importador, a transferência de propriedade ou a cessão de uso dos bens, a qualquer título, obriga ao prévio pagamento das contribuições de que trata esta Lei.
>
> Parágrafo único. O disposto no caput deste artigo não se aplica aos bens transferidos ou cedidos:

> I – a pessoa ou a entidade que goze de igual tratamento tributário, mediante prévia decisão da autoridade administrativa da Secretaria da Receita Federal;
>
> II – após o decurso do prazo de 3 (três) anos, contado da data do registro da declaração de importação; e
>
> III – a entidades beneficentes, reconhecidas como de utilidade pública, para serem vendidos em feiras, bazares e eventos semelhantes, desde que recebidos em doação de representações diplomáticas estrangeiras sediadas no País.
>
> Art. 11. A isenção das contribuições, quando vinculada à destinação dos bens, ficará condicionada à comprovação posterior do seu efetivo emprego nas finalidades que motivaram a concessão.

Nota-se que, na hipótese de o bem importado pela entidade beneficente de assistência social ser futuramente cedido ou transferido a outro proprietário, a não incidência se transforma em incidência, obrigando aquela ao pagamento da Contribuição para o PIS/Pasep-Importação e da COFINS-Importação que deixaram de ser pagas.

Por sua vez, o art. 11 dessa lei exige, como requisito para a não-incidência, que o bem importado seja efetivamente empregado nas finalidades essenciais da entidade beneficente de assistência social.

6. Importação de bens e serviços pelas demais entidades

Com exceção das hipóteses previstas para as entidades beneficentes de assistência social, acima expostas, e de algumas hipóteses de isenção previstas para as instituições de educação, em regra, as demais entidades sem fins lucrativos são obrigadas ao recolhimento dos tributos normalmente incidentes sobre a importação de bens e serviços, conforme as regras gerais expostas no tópico 4 acima.

Há, contudo, uma relevante hipótese de isenção prevista pelo Estado de São Paulo, relativamente ao ITCMD incidente sobre as doações recebidas (inclusive do exterior), por entidades cujos objetivos sociais sejam vinculados à promoção dos direitos humanos, da cultura ou à preservação do meio ambiente sem fins lucrativos.

6.1. Isenção do ITCMD sobre doações recebidas no Estado de São Paulo

Apesar deste trabalho não estar direcionado às hipóteses de isenção concedidas pelo Estado de São Paulo, importa pontuar que as entidades sem fins lucrativos fazem jus à isenção do ITCMD sobre doações recebidas, inclusive as advindas de doadores localizados no exterior, desde que cumpridos certos requisitos.

A Lei nº 10.705/2000 prevê a incidência do ITCMD, à alíquota de 4%, sobre as doações realizadas por doador localizado no exterior, nos casos em que o donatário tiver domicílio no Estado de São Paulo (artigos 2º, inciso II, 4º, inciso II, e 16).

Por sua vez, o artigo 6º, parágrafo 2º, da Lei nº 10.705/2000 prevê isenção desse imposto para doações realizadas a entidades cujos objetivos sociais sejam vinculados à promoção dos direitos humanos, da cultura ou à preservação do meio ambiente sem fins lucrativos, desde que tal condição seja reconhecida pela Secretaria da Fazenda do Estado de São Paulo (SEFAZ/SP) e cumpridos os requisitos do art. 14 do CTN.

Para o reconhecimento da condição de instituição cultural sem fins lucrativos perante a SEFAZ/SP, a entidade deve seguir os procedimentos da Resolução Conjunta SF/SC nº 001/2002 e da Resolução SC. 140/2002, de modo a obter o Certificado de Reconhecimento de Instituição Cultural e a Declaração de Isenção do ITCMD.

Nos termos da Resolução SC. 140/2002, o Certificado de Reconhecimento de Instituição Cultural deverá ser requerido perante a Secretaria da Cultura (conforme Anexo I desta Resolução), com a apresentação dos seguintes documentos: (i) estatuto social registrado no cartório de títulos e documentos e sua última alteração; (ii) ata da última eleição da diretoria e sua alteração, devidamente registradas; (iii) prova de inscrição no CNPJ; (iv) balanço e demonstrativos de resultado dos 3 últimos exercícios com relação discriminada de despesa da entidade; e (v) RG e CPF do representante da entidade e/ou procuradores.

Por sua vez, o pedido de emissão da Declaração de Isenção do ITMCD deverá ser dirigido ao Delegado Regional Tributário, acompanhado dos seguintes documentos: (i) estatuto social registrado no cartório de títulos e documentos e sua última alteração; (ii) ata da última eleição da diretoria e sua alteração, devidamente registradas; (iii) comprovante de inscrição no CNPJ; (iv) balanço e dos demonstrativos de resultado dos 3 últimos exercícios com relação discriminada de despesa da entidade; (iv) do comprovante de entrega de Declaração de Renda de Pessoa Jurídica da entidade à Secretaria da Receita Federal do Ministério da Fazenda; (v) RG e CPF do representante da entidade e/ ou procuradores; (vi) Certificado de Reconhecimento de Instituição Cultural emitido pela Secretaria da Cultura, válido para o período objeto do pedido; e (vii) declaração de que satisfaz os requisitos do artigo 14 do CTN.

Após aprovação pelas autoridades competentes, os referidos documentos terão validade de 03 anos, nos termos do artigo 1º da Resolução Conjunta SCEC/SFP 01/2019.

7. Quadros sistemáticos a respeito das imunidades e isenções tributárias

Quadro 01 – Hipóteses de imunidade

Tipo de Entidade (fundação ou associação)	**Impostos alcançados pela Imunidade (art. 150, VI, "c" da Constituição Federal)**	**Contribuições alcançadas pela imunidade (art. 195, §7º da Constituição Federal)**
Instituições de Educação	(i) Impostos incidentes sobre o patrimônio: IPTU; ITR; IOF; ITCMD; ITBI e IPVA. (ii) Impostos incidentes sobre a renda: IRPJ. (iii) Impostos incidentes sobre serviços: ISSQN e ICMS (nos casos de serviço de transporte intermunicipal, interestadual e de comunicação).	As instituições de educação não são alcançadas pela imunidade das contribuições destinadas ao financiamento da seguridade social.
Entidades Beneficentes de Assistência social (desde que cumpridos os requisitos da Lei nº 12.101/2009 e do artigo 14 do CTN)	(i) Impostos incidentes sobre o patrimônio: IPTU; ITR; IOF; ITCMD; ITBI e IPVA. (ii) Impostos incidentes sobre a renda: IRPJ. (iii) Impostos incidentes sobre serviços: ISSQN e ICMS (nos casos de serviço de transporte intermunicipal, interestadual e de comunicação).	(i) Contribuições destinadas ao financiamento da seguridade social (PIS/Pasep e COFINS) sobre a totalidade de suas receitas, em todas as suas modalidades (inclusive PIS-Importação e COFINS-Importação); (ii) CSLL; (iii) Contribuição Previdenciária (quota patronal).

Quadro 02 – Hipóteses de Isenção

Tipo de Entidade (fundação ou associação)	Tributos alcançados pela isenção
Instituições de caráter filantrópico, recreativo, cultural e científico e as associações civis	(i) IRPJ e CSLL decorrentes da renda decorrente do exercício das atividades para as quais foram constituídas; (ii) Pis/pasep sobre as receitas das atividades próprias: incidência da contribuição à 1% sob a folha de salários; (iii) COFINS sobre as receitas das atividades próprias[31]; (iv) ITCMD no Estado de São Paulo.
Instituições de Educação* e Entidades Beneficentes de Assistência social (desde que cumpridos os requisitos da Lei nº 12.101/2009 e do artigo 14 do CTN) * Algumas hipóteses de isenção não se aplicam a tais entidades.	(i) II sobre a importação, desde que cumpridos certos requisitos; (ii) IPI incidente na importação de produtos estrangeiros recebidos em doação de representações diplomáticas estrangeiras sediadas no País, destinados à venda em feiras, bazares e eventos semelhantes, nos termos e condições estabelecidos pelo Ministro de Estado da Fazenda; (iii) IOF-Câmbio, relativamente às operações vinculadas às suas finalidades essenciais; (iv) ICMS sobre o recebimento de produtos do exterior por doação.

Conclusões

Através deste trabalho, buscou-se apresentar as principais hipóteses de imunidade e isenção de tributos previstas para entidades do Terceiro Setor, bem como expor como tais benefícios se aplicam nas operações de importação de bens e serviços realizadas por elas, de forma a facilitar o entendimento sobre o tema, sem, contudo, esgotá-lo.

Tal abordagem se mostra importante face às inúmeras disposições legislativas e discussões doutrinárias e jurispruden-

[31] Definida conforme o art. 23, §§1º e 2º da IN nº 1.911/2019.

ciais que envolvem a matéria, o que certamente gera confusão quanto às obrigações fiscais incidentes sobre as operações de importação que têm como parte importadora uma entidade sem fins lucrativos.

O fato de serem imunes e/ou isentas a determinados tributos decorrentes de suas atividades essenciais pode levar as entidades do Terceiro Setor à falsa ideia de que tais benefícios englobam também as obrigações fiscais incidentes sobre a importação de bens e serviços, fazendo com que estas fiquem irregulares perante as autoridades fiscais e sujeitas a autuações inesperadas.

Logo, espera-se com esse trabalho esclarecer eventuais dúvidas existentes sobre o tema, de forma a guiar tais entidades na consecução de suas finalidades essenciais – as quais, ressalte-se, são complementares à atuação do Estado perante a Sociedade e, portanto, de extrema relevância –, mitigando os riscos de sofrerem autuações perante as autoridades fiscais.

Referências

AMARO, Luciano da Silva. **Direito Tributário Brasileiro**. São Paulo: Saraiva, 2006.

CALIENDO, Paulo. **Curso de direito tributário** / Paulo Caliendo. – 2. ed. – São Paulo: Saraiva Educação, 2019.

CARVALHO, Paulo de Barros. **Curso de Direito Tributário** / Paulo de Barros Carvalho. – 30. ed. – São Paulo: Saraiva Educação, 2019.

CARRAZZA, Roque Antonio. **Curso de Direito Constitucional Tributário**. 20ª edição, Malheiros Editores, São Paulo, 2003.

COELHO, Sacha Calmon Navarro. **Curso de Direito Tributário Brasileiro**. 3. ed. Rio de Janeiro: Forense, 1999.

DA SILVA, Thiago Perez Rodrigues. Imunidade das Entidades de Assistência Social Sobre as Contribuições para a Seguridade Social. **Terceiro setor e tributação** / coordenação José Eduardo Sabo Paes; coordenadora adjunta Juliana Aparecida Magalhães. – v. 7 – Rio de Janeiro: Forense, 2015.

DERZI, Misabel Abreu Machado; NASCIMENTO, Carlos Valder do (coordenador); PORTELLA, André (coordenador). **Comentários ao código tributário nacional**. Rio de Janeiro: Forense, 2008.

FERNANDES BARROSO, Regina Maria. Entidade Beneficente de Assistência Social e a Incidência das Contribuições para o PIS/PASEP e a COFINS na importação de bens e serviços. **Terceiro setor e tributação** / coordenação José Eduardo Sabo Paes; coordenadora adjunta Juliana Aparecida Magalhães. – v. 6 – Rio de Janeiro: Forense, 2014.

FERREIRA, Celso Antonio Pires. O Terceiro Setor Como Instrumento de Fomento a Uma Consciência Tributária. **Terceiro setor e tributação** / coordenação José Eduardo Sabo Paes; coordenadora adjunta Juliana Aparecida Magalhães. – v. 7 – Rio de Janeiro: Forense, 2015.

HABLE, José. A Certificação das Entidades Beneficentes de Assistência Social e a Imunidade Tributária. **Terceiro Setor e Tributação** / José Eduardo Sabo Paes; coordenadora adjunta Marinez Chiele. – Rio de Janeiro: Forense, 2011.

HABLE, José. Instituições de Educação e Assistência Social – Imunidade Tributária: Aspectos Relevantes e Polêmicos. **Terceiro setor e tributação** / coordenação José Eduardo Sabo Paes; coordenadora adjunta Juliana Aparecida Magalhães. – v. 6 – Rio de Janeiro: Forense, 2014.

HARADA, Kiyoshi. **Contribuições sociais: doutrina e prática** / Kiyoshi Harada. – São Paulo: Atlas, 2015.

LACOMBE, Américo Masset. **Crédito Tributário.** [A. do livro] Ives Gandra da Silva Martins. *Curso de Direito Tributário*. Belém : CEJUP, 1993.

MACHADO, Hugo de Brito. **Curso de Direito Tributário**. 20. ed. São Paulo: Malheiros, 2002.

MAZZA, Willame Parente. O Alcance da Imunidade Tributária dos Impostos Sobre o Patrimônio, Renda e Serviços das Entidades de Educação e de Assistência Social do Terceiro Setor. **Terceiro Setor e Tributação** / José Eduardo Sabo Paes; coordenadora adjunta Marinez Chiele. – Rio de Janeiro: Forense, 2011.

MELO, José Eduardo Soares de. **Dicionário de direito tributário: material e processual** – São Paulo: Saraiva, 2012.

MOSQUERA, Roberto Quiroga e OLIVEIRA, Flavia Regina de Souza. **Direito para Organizações do Terceiro Setor**. Apostila do curso "Princípios e Práticas para organizações do Terceiro Setor" FGV – GVPec.

PAES, José Eduardo Sabo. **Fundações, Associações e Entidades de Interesse Social**. 8. ed. Rio de Janeiro: Forense, 2013.

PAULSEN, Leandro. **Curso de direito tributário completo** / Leandro Paulsen. – 11. Ed. – São Paulo: Saraiva Educação, 2020. 616 p.

ROCHA, Silvio Luiz Ferreira. **Terceiro Setor**. Malheiros Editores, São Paulo, 2003.

Schoueri, Luís Eduardo. **Direito tributário** / Luís Eduardo Schoueri. – 9. ed. – São Paulo: Saraiva Educação, 2019.

Severino, Sérgio Murilo. A IMUNIDADE TRIBUTÁRIA DAS ENTIDADES DE ASSISTÊNCIA SOCIAL CONSOANTE O ARTIGO 150, VI, "C" DA CONSTITUIÇÃO FEDERAL COMO INSTRUMENTO DE POLÍTICAS PÚBLICAS. **Terceiro Setor e Tributação** / José Eduardo Sabo Paes; coordenadora adjunta Marinez Chiele. – Rio de Janeiro: Forense, 2011.

Szazi, Eduardo. **Terceiro Setor – Regulação no Brasil**. 3ª edição, Editora Fundação Peirópolis, São Paulo, 2003

Valente, Christiano Mendes Wolney. A isenção constitucional da Cofins sobre as receitas das entidades beneficentes de assistência social: Evolução do quadro normativo. **Terceiro setor e tributação** / coordenação José Eduardo Sabo Paes; coordenadora adjunta Juliana Aparecida Magalhães. – v. 6 – Rio de Janeiro: Forense, 2014.

Legislação e Documentos em Sites

BRASIL. Coordenação Geral de Tributação. Solução De Consulta COSIT nº 70/2019. Brasília, 13 de março de 2019. Disponível em <http://normas.receita.fazenda.gov.br/sijut2consulta/link.action?visao=anotado&idAto=99464>. Acesso em 10 de novembro de 2020.

BRASIL. Coordenação Geral de Tributação. Solução De Consulta COSIT nº 104/2019. Brasília, 29 de março de 2019. Disponível em < http://normas.receita.fazenda.gov.br/sijut2consulta/link.action?visao=anotado&idAto=99658>. Acesso em 10 de novembro de 2020.

BRASIL. Coordenação Geral de Tributação. Solução De Consulta COSIT nº 243/2019. Brasília, 17 de setembro de 2019. Disponível em < http://normas.receita.fazenda.gov.br/sijut2consulta/link.action?visao=anotado&idAto=103588>. Acesso em 10 de novembro de 2020.

_____. Constituição da República Federativa do Brasil de 1988. Brasília – DF, 5 de outubro de 1988. Disponível em http://www.planalto.gov.br/ccivil_03/constituicao/constituicao.htm. Acesso em 19 de novembro de 2020.

_____. Conselho Administrativo de Recursos Fiscais. Acórdão nº 3201004.820 – 2ª Câmara/1ª Turma Ordinária. Processo nº 19515.002966/2004-41. Relator: Conselheira Liziane Angelotti Meira – DF, 24 de julho de 2018. Disponível em: < https://carf.fazenda.gov.br/sincon/public/pages/ConsultarJurisprudencia/listaJurisprudenciaCarf.jsf>. Acesso em 19 de novembro de 2020.

_____. Conselho Administrativo de Recursos Fiscais. Acórdão nº 3201004.506 – 2ª Câmara/1ª Turma Ordinária. Processo nº 18471.001445/200891. Relator: Conselheiro Marcelo Giovani Vieira – DF, 28 de novembro de 2018. Disponível em: < https://carf.fazenda.gov.br/sincon/public/pages/ConsultarJurisprudencia/listaJurisprudenciaCarf.jsf>. Acesso em 19 de novembro de 2020.

_____. Conselho Administrativo de Recursos Fiscais. Acórdão nº 3302-007.442 – 3ª Seção de Julgamento / 3ª Câmara / 2ª Turma Ordinária. Processo nº 10950.726726/2012-32. Relator: Conselheiro José Renato Pereira de Deus – DF, 25 de julho de 2019. Disponível em: < https://carf.fazenda.gov.br/sincon/public/pages/ConsultarJurisprudencia/listaJurisprudenciaCarf.jsf>. Acesso em 19 de novembro de 2020.

_____. Conselho Administrativo de Recursos Fiscais. 3401-007.192 – 3ª Seção de Julgamento / 4ª Câmara / 1ª Turma Ordinária. Processo nº 15165.003734/2008-09. Relator: Conselheiro Lazaro Antonio Souza Soares – DF, 17 de dezembro de 2019. Disponível em: <https://carf.fazenda.gov.br/sincon/public/pages/ConsultarJurisprudencia/listaJurisprudenciaCarf.jsf>. Acesso em 19 de novembro de 2020.

_____. Conselho Administrativo de Recursos Fiscais. Acórdão nº 3301-007.541 – 3ª Seção de Julgamento / 3ª Câmara / 1ª Turma Ordinária. Processo nº 15165.003733/2008-56. Relator: Conselheiro Salvador Candido Brandão Junior – DF, 29 de janeiro de 2020. Disponível em: < https://carf.fazenda.gov.br/sincon/public/pages/ConsultarJurisprudencia/listaJurisprudenciaCarf.jsf>. Acesso em 19 de novembro de 2020.

_____. Convênio ICMS 80/95. Autoriza a concessão de isenção do ICMS no recebimento de produtos importados do exterior, nas condições que especifica. Brasília, DF, 26 de outubro de 1995. Disponível em <https://www.confaz.fazenda.gov.br/legislacao/convenios/1995/CV080_95>. Acesso em: 01 de novembro de 2020.

_____. Decreto nº 6.306, de 14 de dezembro de 2007. Regulamenta o Imposto sobre Operações de Crédito, Câmbio e Seguro, ou relativas a Títulos ou Valores Mobiliários – IOF. Brasília, 14 de dezembro de 2007. Disponível em <http://www.planalto.gov.br/ccivil_03/_ato2007-2010/2007/decreto/d6306.htm>. Acesso em: 01 de setembro de 2020.

_____. Decreto nº 6.759, de 5 de fevereiro de 2009. Regulamenta a administração das atividades aduaneiras, e a fiscalização, o controle e a tributação das operações de comércio exterior. Brasília – DF, 5 de fevereiro de 2009. Disponível em <http://www.planalto.gov.br/ccivil_03/_ato2007-2010/2009/decreto/d6759.htm>. Acesso em: 01 de setembro de 2020.

______. Decreto nº 7.212, de 15 de junho de 2010. Regulamenta a cobrança, fiscalização, arrecadação e administração do Imposto sobre Produtos Industrializados – IPI. Brasília, 15 de junho de 2010. Disponível em <http://www.planalto.gov.br/ccivil_03/_ato2007-2010/2010/decreto/d7212.htm>. Acesso em: 01 de setembro de 2020.

______. Decreto nº 9.580, de 22 de novembro de 2018. Regulamenta a tributação, a fiscalização, a arrecadação e a administração do Imposto sobre a Renda e Proventos de Qualquer Natureza. Brasília, 22 de novembro de 2018. Disponível em <http://www.planalto.gov.br/ccivil_03/_Ato2015-2018/2018/Decreto/D9580.htm>. Acesso em: 01 de setembro de 2020.

______. Decreto-lei nº 37/66, de 18 de novembro de 1966. Dispõe sobre o imposto de importação, reorganiza os serviços aduaneiros e dá outras providências. Brasília – DF, 18 de novembro de 1996. Disponível em < http://www.planalto.gov.br/ccivil_03/Decreto-Lei/Del0037.htm>. Acesso em: 17 de novembro de 2020.

______. Decreto-Lei nº 1.598, de 26 de dezembro de 1977. Altera a legislação do imposto sobre a renda. Brasília, 26 de dezembro de 1977.

______. Instrução Normativa RFB nº 1.252, de 01 de março de 2012. Dispõe sobre a Escrituração Fiscal Digital da Contribuição para o PIS/Pasep, da Contribuição para o Financiamento da Seguridade Social (Cofins) e da Contribuição Previdenciária sobre a Receita (EFD-Contribuições). Disponível em: <http://normas.receita.fazenda.gov.br/sijut2consulta/link.action?visao=anotado&idAto=37466>. Acesso em 17 de novembro de 2020.

______. Instrução Normativa RFB nº 1.442, de 19 de dezembro de 2013. Dispõe sobre a Escrituração Contábil Fiscal (ECF). Receita Federal do Brasil. Disponível em: <http://normas.receita.fazenda.gov.br/sijut2consulta/link.action?visao=anotado&idAto=48711>. Acesso em 17 de novembro de 2020.

______. Instrução Normativa RFB nº 1.599, de 11 de dezembro de 2015. Dispõe sobre a Declaração de Débitos e Créditos Tributários Federais (DCTF). Receita Federal do Brasil. Disponível em: <http://normas.receita.fazenda.gov.br/sijut2consulta/link.action?idAto=70249>.Acesso em 17 de novembro de 2020.

______. Instrução Normativa RFB nº 1.774, de 22 de dezembro de 2017. Dispõe sobre a Escrituração Contábil Digital (ECD). Receita Federal do Brasil. Disponível em: <http://normas.receita.fazenda.gov.br/sijut2consulta/link.action?idAto=88912&visao=anotado>. Acesso em 17 de novembro de 2020.

______. Instrução Normativa RFB nº 1.911, de 11 de outubro de 2019. Regulamenta a apuração, a cobrança, a fiscalização, a arrecadação e a administração da Contribuição para o PIS/Pasep, da Cofins, da Contribuição para o PIS/Pasep-Importação e da Cofins-Importação. Receita Federal do Brasil. Disponível em: <http://normas.receita.fazenda.gov.br/sijut2consulta/link.action?visao=anotado&idAto=104314>. Acesso em 17 de novembro de 2020.

______. Instrução Normativa RFB nº 1.915, de 27 de novembro de 2019. Dispõe sobre a Declaração do Imposto sobre a Renda Retido na Fonte relativa ao ano-calendário de 2019 e a situações especiais ocorridas em 2020 (Dirf 2020) e sobre o Programa Gerador da Dirf 2020 (PGD Dirf 2020). Receita Federal do Brasil. Disponível em: <http://normas.receita.fazenda.gov.br/sijut2consulta/link.action?idAto=105149&visao=anotado>. Acesso em 17 de novembro de 2020.

______. Instrução Normativa SRF nº 113, de 21 de setembro de 1998. Dispõe sobre as obrigações de natureza tributária das instituições de educação. Secretaria da Receita Federal do Brasil. Disponível em: <http://normas.receita.fazenda.gov.br/sijut2consulta/link.action?idAto=14755&visao=anotado#:~:text=IN%20SRF%20N%C2%BA%20113%20%2D%201998&text=Disp%C3%B5e%20sobre%20as%20obriga%C3%A7%C3%B5es%20de%20natureza%20tribut%C3%A1ria%20das%20institui%C3%A7%C3%B5es%20de%20educa%C3%A7%C3%A3o.>. Acesso em 10 de novembro de 2020.

______. Instrução Normativa SRF nº 327, de 22 de maio de 2003. Estabelece normas e procedimentos para a declaração e o controle do valor aduaneiro de mercadoria importada. Receita Federal do Brasil. Disponível em: <http://normas.receita.fazenda.gov.br/sijut2consulta/link.action?visao=anotado&idAto=15217>. Acesso em 17 de novembro de 2020.

______. Lei nº 5.172, de 25 de outubro de 1966. Dispõe sobre o Sistema Tributário Nacional e institui normas gerais de direito tributário aplicáveis à União, Estados e Municípios. Palácio do Planalto Presidência da República, Brasília – DF, 25 de outubro de 1996. Disponível em: < http://www.planalto.gov.br/ccivil_03/leis/l5172compilado.htm>. Acesso em: 17 de novembro de 2020.

______. Lei nº 8.212, de 24 de julho de 1991. Dispõe sobre a organização da Seguridade Social, institui Plano de Custeio, e dá outras providências. Palácio do Planalto Presidência da República, Brasília, em 24 de julho de 1991. Disponível em: < http://www.planalto.gov.br/ccivil_03/leis/l8212cons.htm>. Acesso em: 17 de novembro de 2020.

_____. Lei nº 8.742, de 7 de dezembro de 1993. Dispõe sobre a organização da Assistência Social e dá outras providências. Palácio do Planalto Presidência da República, Brasília, 7 de dezembro de 1993. Disponível em: < http://www.planalto.gov.br/ccivil_03/leis/l8742.htm>. Acesso em: 17 de novembro de 2020.

_____. Lei nº 9.394, de 20 de dezembro de 1996. Estabelece as diretrizes e bases da educação nacional. Brasília, 20 de dezembro de 1996. Disponível em: <http://www.planalto.gov.br/ccivil_03/leis/l9394.htm>. Acesso em: 17 de novembro de 2020.

_____. Lei nº 9.532, de 10 de dezembro de 1997. Altera a legislação tributária federal e dá outras providências. Palácio do Planalto Presidência da República, Brasília, 10 de dezembro de 1997. Disponível em: <http://www.planalto.gov.br/ccivil_03/leis/l9532.htm>. Acesso em: 17 de novembro de 2020.

_____. Lei nº 10.406, de 10 de janeiro de 2002. Institui o Código Civil. Brasília, 10 de janeiro de 2002. Disponível em: < http://www.planalto.gov.br/ccivil_03/leis/2002/L10406compilada.htm>. Acesso em: 19 de novembro de 2020.

_____. Lei nº 10.705, de 28 de dezembro de 2000. Dispõe sobre a instituição do Imposto sobre Transmissão "Causa Mortis" e Doação de Quaisquer Bens ou Direitos – ITCMD. Palácio dos Bandeirantes – São Paulo, 28 de dezembro de 2000. Disponível em: <https://www.al.sp.gov.br/repositorio/legislacao/lei/2000/lei-10705-28.12.2000.html>. Acesso em: 17 de novembro de 2020.

_____. Lei nº 10.865, de 30 de abril de 2004. Dispõe sobre a Contribuição para os Programas de Integração Social e de Formação do Patrimônio do Servidor Público e a Contribuição para o Financiamento da Seguridade Social incidentes sobre a importação de bens e serviços e dá outras providências. Brasília, 30 de abril de 2004. Disponível em: < http://www.planalto.gov.br/ccivil_03/_ato2004-2006/2004/lei/l10.865.htm#:~:text=LEI%20N%C2%BA%2010.865%2C%20DE%2030%20DE%20ABRIL%20DE%202004.&text=Disp%C3%B5e%20sobre%20a%20Contribui%C3%A7%C3%A3o%20para,servi%C3%A7os%20e%20d%C3%A1%20outras%20provid%C3%AAncias.>. Acesso em: 19 de novembro de 2020.

_____. Lei nº 12.101, de 27 de novembro de 2009. Dispõe sobre a certificação das entidades beneficentes de assistência social; regula os procedimentos de isenção de contribuições para a seguridade social; altera a Lei no 8.742, de 7 de dezembro de 1993; revoga dispositivos das Leis nos 8.212, de 24 de julho de 1991, 9.429, de 26 de dezembro de 1996, 9.732, de 11 de dezembro de 1998, 10.684, de 30 de maio de 2003, e da Medida Provisória no 2.187-13, de 24 de agosto de 2001; e dá outras providências. Palácio do Planalto Presidência da República, Brasília, 27 de novembro de 2009. Disponível em: <http://www.planalto.gov.br/ccivil_03/_ato2007-2010/2009/lei/l12101.htm>. Acesso em: 17 de novembro de 2020.

_____. Lei Complementar nº 87, de 13 de setembro de 1996. Dispõe sobre o imposto dos Estados e do Distrito Federal sobre operações relativas à circulação de mercadorias e sobre prestações de serviços de transporte interestadual e intermunicipal e de comunicação, e dá outras providências. (LEI KANDIR). Brasília, 13 de setembro de 1996. Disponível em: < http://www.planalto.gov.br/ccivil_03/leis/lcp/lcp87.htm>. Acesso em: 19 de novembro de 2020.

_____. Lei Complementar nº 116, de 31 de julho de 2003. Dispõe sobre o Imposto Sobre Serviços de Qualquer Natureza, de competência dos Municípios e do Distrito Federal, e dá outras providências. Brasília, 31 de julho de 2003. Disponível em: < http://www.planalto.gov.br/ccivil_03/leis/lcp/lcp116.htm>. Acesso em: 19 de novembro de 2020.

_____. Medida Provisória nº 2.158-35, de 24 de agosto de 2001. Altera a legislação das Contribuições para a Seguridade Social – COFINS, para os Programas de Integração Social e de Formação do Patrimônio do Servidor Público – PIS/PASEP e do Imposto sobre a Renda, e dá outras providências. Palácio do Planalto Presidência da República, Brasília, 24 de agosto de 2001. Disponível em: <http://www.planalto.gov.br/ccivil_03/mpv/2158-35.htm>. Acesso em: 17 de novembro de 2020.

_____. Resolução do Conselho Monetário Nacional nº 4.841, de 30 de julho de 2020. Altera a Resolução nº 3.854, de 27 de maio de 2010, que dispõe sobre a declaração de bens e valores possuídos no exterior por pessoas físicas ou jurídicas residentes, domiciliadas ou com sede no País. Ministério da Economia/ Banco Central do Brasil. Disponível em: <https://www.in.gov.br/en/web/dou/-/resolucao-cmn-n-4.841-de-30-de-julho-de-2020-269961008>. Acesso em 17 de novembro de 2020.

_____. Supremo Tribunal Federal. Recurso Extraordinário nº 559.937-RS. Relator: Min. Dias Toffoli. Tribunal Pleno. Brasília, 16 de outubro de 2013. Disponível em <http://www.stf.jus.br/portal/processo/verProcessoDetalhe.asp?incidente=2549049>. Acesso em 19 de novembro de 2020.

_____. Supremo Tribunal Federal. Recurso Extraordinário nº 566.622 – RS. Tribunal Pleno. Relator: Marco Aurélio. Brasília, 23 de agosto de 2017. Disponível em < http://www.stf.jus.br/portal/processo/verProcessoDetalhe.asp?incidente=2565291>. Acesso em 19 de novembro de 2020.

______. Supremo Tribunal Federal. RE nº 600565 – RS. Relator(a): ALEXANDRE DE MORAES, Tribunal Pleno. Brasília, 30 de novembro de 2018. Disponível em: http://portal.stf.jus.br/processos/detalhe.asp?incidente=2682389. Acesso em 19 de novembro de 2020.

______. Supremo Tribunal Federal. AG.REG. NO AGRAVO DE INSTRUMENTO 629.551 – RS. Relator: Min. Marco Aurélio. Brasília, 18 de abril de 2017. Disponível em < http://portal.stf.jus.br/processos/detalhe.asp?incidente=2464853>. Acesso em 19 de novembro de 2020.

______. Supremo Tribunal Federal. AG.REG. NO AGRAVO DE INSTRUMENTO 776.205 – SP. Primeira Turma. Relator: Rel. Min. Dias Toffoli. Brasília, 18 de outubro de 2011. Disponível em <http://portal.stf.jus.br/processos/detalhe.asp?incidente=3797156>. Acesso em 19 de novembro de 2020.

______. Supremo Tribunal Federal. Recurso Extraordinário nº 1.213.134 – RJ. Segunda Turma. Relator: Rel. Min. Celso de Mello. Brasília, 29 de junho de 2020. Disponível em <http://redir.stf.jus.br/paginadorpub/paginador.jsp?docTP=TP&docID=753175987>. Acesso em 19 de novembro de 2020.

______. Tribunal de Justiça do Estado de São Paulo. Incidente de Arguição de Inconstitucionalidade Cível nº 0.022.463-72.2019.8.26.0000. Órgão Especial. Relator: Evaristo dos Santos. Data do julgamento: 23 de outubro de 2019. Data de Publicação: 29 de janeiro de 2020. Disponível em: <https://tj-sp.jusbrasil.com.br/jurisprudencia/894149826/incidente-de-arguicao-de-inconstitucionalidade-civel-224637220198260000-sp-0022463-7220198260000/inteiro-teor-894149943?ref=serp>. Acesso em 19 de novembro de 2020.

A EFICÁCIA DA RESTRIÇÃO SOBRE A COMPENSAÇÃO ANTES DO TRÂNSITO EM JULGADO NOS CASOS COM EXAME REPETITIVO

Karla Alves de Carvalho

Introdução

A Lei Complementar 104, de 10 de janeiro de 2001, veio promover diversas mudanças no Código Tributário Nacional. Uma delas consiste na criação do art. 170-A, que vedou "a compensação mediante o aproveitamento de tributo, objeto de contestação judicial pelo sujeito passivo, antes do trânsito em julgado da respectiva decisão judicial".

Essa disposição adveio, nos termos da exposição de motivos de seu Projeto de Lei (PLP 77/1999), com o intuito de admitir a compensação somente quando o direito se tornar "líquido e certo". Quer dizer, a proposta tinha como intenção conferir, ao menos em tese, maior segurança jurídica ao procedimento, tendo em vista que, antes do referido dispositivo, havia certa volubilidade, na medida em que os contribuintes poderiam aproveitar-se de sentenças ou até mesmo de liminares para a compensação de créditos tributários.

Lado outro, a Lei nº 9.430/96, que tem o escopo de dispor sobre a legislação tributária federal e diversos procedimentos administrativos, como o de compensação, em seu art. 74 permite a compensação declarada à Secretaria da Receita Federal sob condição resolutória de sua ulterior homologação.

Isto é, administrativamente, o procedimento consiste em ato do contribuinte indicando o quantum a recolher (débito) e o crédito de sua titularidade a serem compensados por meio de encontro de contas em mera declaração ao Fisco, necessitando posterior chancela da Administração, à semelhança (mutatis mutandis) do lançamento por homologação, constante do art. 150 do CTN.

Desta maneira, a compensação como procedimento em si se reveste de autoexecutoriedade (mutatis mutandis), prescindindo de qualquer judicialização, apenas sujeitando o contribuinte às penalidades decorrentes da submissão de compensações incorretas (consideradas não homologadas ou não declaradas).

Ressalta-se, assim, que a própria legislação federal sobre o tema conduz e influencia a judicialização dos pedidos de compensação, uma vez que, neste sentido, a escolha do contribuinte em judicializar a sua demanda tem, muitas vezes, origem na penalidade imposta pelo parágrafo 17 do artigo 74 da Lei nº 9.430/96, que prevê multa isolada automática de 50% (cinquenta por cento) sobre o valor do débito objeto de declaração de compensação que for considerada não homologada. Quer dizer, a busca por maior segurança e o justo receio dos contribuintes em ver o pleito compensatório incorrer em multa automática de 50% são, em si mesmos, razões suficientes (ainda que não se esgotem nessas hipóteses) para fomentar a judicialização das demandas.

Nesse contexto, o contribuinte que identifica numerários a serem compensados e que, por conta dessas e de outras razões, procura o Poder Judiciário encontrar-se-á, por força do art. 170-A do CTN, impedido de efetuar o procedimento perante a Administração Pública. Isso porque, como se viu, o referido art. 170-A do CTN impede a compensação antes do trânsito em julgado e, consoante o supra-aduzido pelo art. 74 da Lei nº 9.430/96, se intentar administrativamente antes do requisito imposto, terá como considerada não declarada a sua compensação.

Cinge-se, aqui, portanto, o primeiro aspecto a ser analisado. O contribuinte detentor de maior apetite ao risco ou que se encontra em situação tal que prefere optar pela não judicialização possuirá, pela própria natureza do procedimento, vantagem- celeridade em relação àquele que pleiteia sub judice.

A situação especialmente se agrava nos casos em que exista decisão completamente favorável e pacificada em caso semelhante ao seu perante o STF e o STJ, submetida à sistemática das demandas múltiplas (art. 927, CPC). Ainda nessa circunstância, o contribuinte terá de aguardar o trânsito em julgado de sua demanda individual, decorrente da vedação imposta pelo referido art. 170-A do CTN.

O ordenamento jurídico brasileiro tem sofrido diversas mudanças direcionadas a uma maior celeridade, efetividade, praticidade e segurança jurídica, carreadas principalmente pela Emenda Constitucional nº 45/04 e pelo advento do novo Código de Processo Civil, Lei nº 13.105/15. Dentre as ditas modificações, ganha papel de eminente protagonismo os precedentes vinculantes submetidos ao rito das demandas múltiplas perante o STF e o STJ.

Os precedentes repetitivos, além de conferir previsibilidade às suas demandas semelhantes, (já) possui vinculatividade inclusive ante a Administração Pública, devendo ser observados nas contendas tributárias.

Desta forma, a hipótese que se propõe analisar e esmiuçar neste trabalho recai na possível harmonização e intercomunicação do art. 170-A do CTN com as demais normas jurídicas do sistema tributário e processual brasileiro, sobretudo aos precedentes vinculantes, pretendendo-se propiciar, salvo melhor juízo, o que seria a sua leitura e eficácia mais adequadas ao atual paradigma do direito pátrio.

Buscar-se-á confirmar tal hipótese por meio de pesquisa jurídica com o escopo de sopesar a norma contida no art. 170-A do CTN com os princípios da celeridade e da efetividade processuais (dentre outros), que norteiam o ordenamento jurídico vigente. Por meio da pesquisa, a restrição à compensação tributária positivada será ponderada para ir ao encontro da nova realidade jurídica.

Para tanto, tentar-se-á esmiuçar o instituto da compensação tributária, o avançar histórico das legislações pertinentes, bem como os valores subjacentes à inserção do artigo 170-A, que condicionou ao trânsito em julgado as compensações judicializadas, no Código Tributário Nacional.

Traçadas todas essas retrocitadas premissas e averiguações, a hipótese – possibilidade de reavaliar a eficácia do art. 170-A do CTN em face dos precedentes vinculantes – será experenciada sob o prisma da normatividade, formal e material, em sentido forte dos precedentes exarados em Repercussão Geral e Recurso Especial repetitivos, assim também pela ratificação externa pelos demais diplomas do ordenamento jurídico.

A linha de raciocínio pautar-se-á na necessidade de observar e sopesar os princípios constitucionais, assim como regras e conceitos internos do sistema jurídico. A pesquisa proposta pertence à vertente jurídico-dogmática, por basear-se no conceito, interpretação e aplicação de normas presentes na Constituição, no Código Tributário Nacional, nas leis ordinárias e outros diplomas infraconstitucionais que definem e proporcionam substrato para a interpretação do procedimento da compensação tributária.

Por conseguinte, a pesquisa segue o tipo metodológico chamado jurídico-descritivo, por meio da análise da efetivação dos princípios e tendo em vista a conceituação necessária à situação analisada; mas especialmente jurídico-propositivo, questionando e propondo mudanças à interpretação e aplicabilidade do art. 170-A do CTN, mediante a utilização de raciocínio hipotético-dedutivo.

1. Compensação tributária

"*Compensatio est debiti et crediti inter se contributio.*"[1] Compensação é a concorrência do débito e do crédito entre si.[2]

"*Ideo compensatio necessaria est, quia interest nostra, potius non solvere, quam solutum repetere.*"[3] A compensação é necessária, porque interessa mais as partes não pagar, afim de não repetir o pagamento.[4]

O vocábulo "compensação" é oriundo da expressão latina *cum pensare*, significando pesar conjuntamente, contrabalançar. Com raízes no direito romano clássico, o instituto possuía inicialmente natureza volitiva e convencional, não legal. Somente na época do imperador Justiniano que ganhou contornos extintivos obrigacionais.

A compensação, no caso brasileiro, inspirada no Direito privado, foi positivada na seara tributária como bem afortunada tentativa de, prestigiando-se o princípio da praticidade/praticabilidade, promover o "acerto de contas" entre Estado e contribuinte, mutuamente credores e devedores, mas por relações jurídicas fiscais distintas.

[1] Corpus Iuris Civilis. Dig. XVI. 2. De Compensationibus. Tit. II. Modestinus libro VI. Pandectarum.

[2] FAÉ, M. Noeli. Aforismo forense: origem e anotações ao Direito brasileiro. Curitiba: Tribel, 1979. p. 62.

[3] Corpus Iuris Civilis. Dig. XVI. 2. De Compensationibus. Tit. II. Pomponius libro XXV. ad Sabinum.

[4] FAÉ, M. Noeli, op. cit., loc. cit.

O Digesto civilista assim dispõe (Lei nº 10.406/02):

> Art. 368 – Se duas pessoas forem ao mesmo tempo credor e devedor uma da outra, as duas obrigações extinguem-se, até onde se compensarem.
>
> Art. 369 – A compensação efetua-se entre dívidas líquidas, vencidas e de coisas fungíveis.

Digno de nota, *primus*, que a compensação como disposta no Código Civil independe da vontade das partes. Basta que duas pessoas tenham o vínculo obrigacional recíproco, haveres insuscetíveis de discussão (liquidez), de mesma natureza (fungibilidade) e vencidos para que os créditos sejam considerados extintos; ou que, como se vê normalmente, exsurja a exigibilidade do saldo credor.

Secundus, o fato de o legislador civil excluir do texto, propositadamente, dívidas de cunho tributário sob o pretexto da primazia do interesse público (e arrecadatório) em face do direito creditório individual. Praxis tanto aqui quanto em diversos outros sistemas jurídicos alienígenas, a limitação/exclusão dos créditos tributários da norma privada é criticada, no caso brasileiro – ao sentir, adequadamente – pelo professor Sacha Calmon Navarro Coêlho:[5]

> Os civilistas daqui e d'alhures justificam a exclusão pelo interesse geral em prol da arrecadação, pois o Estado depende dos tributos para subsistir. O publicista Ernst Blumenstein25 justifica a exclusão pela natureza pública do crédito tributário. De modo geral, os Códigos Civis adotam a mesma orientação, ao nosso sentir equivocada. Nos países do setentrião europeu, vá lá que

[5] COÊLHO, Sacha Calmon Navarro. Curso de Direito Tributário brasileiro. 14. ed. rev. e atual. Rio de Janeiro: Forense, 2015. p. 739-740.

se proteja o crédito tributário, por isso que naquelas lonjuras o Estado tampouco fica a dever de seus débitos. Entre nós, o Estado, lato sensu, cobra os tributos, mas não paga seus débitos. Dá-se o absurdo de muitos contribuintes quebrarem por não receberem seus créditos contra o Estado, enquanto este lhes cobra implacavelmente os créditos tributários, assenhorando-se dos bens restantes em processo privilegiado de execução fiscal. A situação é, no mínimo, kafkiana.

Igual crítica tece o ilustre Hugo de Brito Machado:[6]

Diversamente do que estabelecia o velho Código de 1916, no vigente Código Civil foi estabelecido que as suas normas referentes à compensação aplicam-se às dívidas fiscais e parafiscais (art. 374). Essa disposição foi revogada pela Medida Provisória n. 75, de 24.10.2002, rejeitada pelo Congresso Nacional, mas foi novamente revogada pela Medida Provisória n. 104, de 9.1.2003, convertida na Lei n. 10.667, de 22.5.2003.

Não se pode deixar de lamentar que um dispositivo de um Código, supostamente bem discutido em sua tramitação no Congresso Nacional, seja revogado por medida provisória.

Por outro lado, nada justifica a revogação, pois nada justifica que seja atribuído à Fazenda Pública um tratamento diferenciado em suas relações obrigacionais com os cidadãos. Em outras palavras, nada justifica que a Fazenda Pública possa obrigar um contribuinte a lhe pagar tributo quando esteja a lhe dever. A compensação é um direito inerente às relações obrigacionais. Seu regramento pertence ao Direito Civil, ou direito comum, e não ao Direito Tributário, ou especial. Não é própria da relação de tributação enquanto categoria especial de relação obrigacional,

[6] MACHADO, Hugo de Brito. Curso de Direito Tributário. 31. ed. rev., atual. e ampl. São Paulo: Malheiros Editores, 2010. p. 222.

mas das relações obrigacionais em geral. Por isto a sua disciplina situa-se adequadamente no Código Civil, e não em leis tributárias.

1.1. Diferentes tipos de Compensação e seus distintos efeitos

Tratou-se, portanto, a legislação tributária – por meio da Lei nº 5.172/66 (Código Tributário Nacional) – a sanar a lacuna e prever a compensação tributária como hipótese de extinção do crédito tributário (art. 156, II) e, reportando-se às competências tributárias constitucionalmente erigidas, delegando à lei versar sobre as condições em que a compensação se dará (art. 170). Veja:

> Art. 156 – Extinguem o crédito tributário: [...] II – a compensação; [...]
>
> Art. 170 – A lei pode, nas condições e sob as garantias que estipular, ou cuja estipulação em cada caso atribuir à autoridade administrativa, autorizar a compensação de créditos tributários com créditos líquidos e certos, vencidos ou vincendos, do sujeito passivo contra a Fazenda Pública.
>
> Parágrafo único. Sendo vincendo o crédito do sujeito passivo, a lei determinará, para os efeitos deste artigo, a apuração do seu montante, não podendo, porém, cominar redução maior que a correspondente ao juro de 1% (um por cento) ao mês pelo tempo a decorrer entre a data da compensação e a do vencimento.

Observa-se, destarte, que, ao contrário da compensação em âmbito privado, ampla e irrestrita, o legislador do CTN optou por, como dito, respeitar a competência dos entes federativos. O regramento foi, nesse ponto, como aduziu Sacha Calmon[7], generoso e prático. E, embora imperiosa a observância ao CTN, o ilustre professor assim manifestou aquiescência à intenção legislativa:

[7] COÊLHO, Sacha Calmon Navarro, op. cit., p. 740.

> O Código deveria ser imperativo. Mas, respeitoso da competência tributária dos entes públicos, remeteu às legislações respectivas a previsão em lei da compensação fiscal. Os legisladores, então, restringem ao máximo esta forma de pagar.
>
> Note-se que quaisquer créditos, como, por exemplo, os decorrentes de contratos com os Poderes Públicos e os provenientes de precatórios, títulos da dívida pública ou de desapropriações, podem ser opostos aos débitos tributários favoráveis às Fazendas Públicas.
>
> Correto, portanto, o Código Tributário Nacional.
>
> Na prática, porém, fica-se a depender dos legisladores das ordens de governo que convivem na Federação. Estes já não nos representam a contento. As maiorias parlamentares servem aos governos, ao Fisco.

Exatamente por essa razão que diversos municípios brasileiros não permitem a compensação dos créditos tributários. Nestes casos, o crédito da Fazenda Pública persiste, ainda que o sujeito passivo possua créditos contrapostos a receber do ente tributante.

1.1.1. A Compensação inerente aos tributos sujeitos ao lançamento por homologação

Depreende-se assim que a compensação, nos moldes em que regido pelo Direito Tributário, em uma leitura que parece coerente, pautou-se pela necessidade de existência de lei específica (ordinária) autorizadora e balizadora de sua realização, condições e garantias, sempre vinculada e respeitadora aos limites e contornos das normas de hierarquia superior. Para lançar mão do referido instituto, deve o contribuinte observar as exigências previstas na legislação de regência, sob pena de ver-se frustrado em seu pleito.

No entanto, somente mais de 20 anos após a vigência do Código Tributário Nacional que, no âmbito federal, adveio a

Lei nº 8.383/1991, que regulou, em termos gerais, a compensação. Seu art. 66 assim dispôs:

> Art. 66 – Nos casos de pagamento indevido ou a maior de tributos e contribuições federais, inclusive previdenciárias, mesmo quando resultante de reforma, anulação, revogação ou rescisão de decisão condenatória, o contribuinte poderá efetuar a compensação desse valor no recolhimento de importância correspondente a períodos subsequentes.
>
> § 1º – A compensação só poderá ser efetuada entre tributos e contribuições da mesma espécie.
>
> § 2º – É facultado ao contribuinte optar pelo pedido de restituição.
>
> § 3º – A compensação ou restituição será efetuada pelo valor do imposto ou contribuição corrigido monetariamente com base na variação da Ufir.
>
> § 4º – O Departamento da Receita Federal e o Instituto Nacional do Seguro Social (INSS) expedirão as instruções necessárias ao cumprimento do disposto neste artigo.

Inaugurava-se, nesse momento, a compensação tributária como verdadeiro direito subjetivo do contribuinte, visto que antes disso o § 7º do Decreto-Lei nº 2.287/86 dispunha apenas sobre o dever da Secretaria da Receita Federal, antes de proceder a restituição ou ao ressarcimento de tributos, verificar se o contribuinte era devedor à Fazenda Nacional, para efetuar a compensação *ex officio*.

Na nova sistemática, o contribuinte compensava seus créditos por sua conta e risco. Como era facultada a provocação da autoridade administrativa, bastava que ele registrasse em sua escrituração fiscal quando do preenchimento e envio da DCTF ou GFIP, conforme o caso, e mantivesse a documentação comprobatória, para eventual averiguação por parte da Administração Fazendária.

Ressalta-se que, à época em que a Lei nº 8.383/91 entrou em vigor, não havia espaço na DCTF para assinalar os eventuais créditos utilizados. O sujeito passivo indicava o tributo que considerava devido (após apuração contábil) e apenas efetuava o pagamento a menor.

Nesse espeque, forçoso dizer que, a partir da Lei nº 8.383/91, a Administração Tributária estaria adstrita a não mais criar subterfúgios ou óbices infralegais abusivos e sobrepujantes à norma ordinária ao direito à compensação.

Além disso, o parágrafo primeiro estabeleceu que a compensação só poderia ser efetuada entre tributos e contribuições da mesma espécie. Sobre esta última, o art. 39 da Lei nº 9.250/95 modificou o referido art. 66 para que se fizesse constar, além da "mesma espécie" também a mesma "destinação constitucional", atendendo às normas de direito financeiro.

Adiante, sobreveio a Lei nº 9.430/96, que em seu art. 74 assim dispôs: "Art. 74. Observado o disposto no artigo anterior, a Secretaria da Receita Federal, atendendo a requerimento do contribuinte, poderá autorizar a utilização de créditos a serem a ele restituídos ou ressarcidos para a quitação de quaisquer tributos e contribuições sob sua administração".

A redação original, já diversamente modificada por legislações posteriores, trouxe de antemão duas grandes mudanças ante o regime da Lei nº 8.383/91: a primeira, sobre a necessidade de requerimento do contribuinte, criando assim verdadeira modalidade de compensação indireta; e a segunda, quanto à possibilidade de utilização de créditos de quaisquer tributos e contribuições, independentemente de sua destinação constitucional, desde que todos administrados pela Secretaria da Receita Federal.

O art. 74 da Lei nº 9.430/96 permaneceu e permanece em vigor até hoje, transmudando ao longo desses anos por exaustiva novação legislativa, inclusive de natureza infralegal (quanto a sua regulamentação). A mais relevante foi perpetrada pela Lei nº 10.637/02, que criou a figura da declaração de compensação (§ 1º), bem como consignou que tal declaração de compensação teria o condão de extinguir o crédito tributário, sob condição resolutória de sua ulterior homologação (§ 2º).

O até aqui exposto foi didaticamente delineado pelo ministro Teori Zavascki.[8]

> À luz do quadro legislativo correspondente, e se atendendo à regra geral segundo a qual a lei aplicável à compensação é a vigente na data do encontro entre os débitos e créditos, resulta que (a) até 30.12.91, não havia, em nosso sistema jurídico, a figura da compensação tributária;
>
> (b) de 30.12.91 a 27.12.96, havia autorização legal apenas para a compensação entre tributos da mesma espécie, nos termos do art. 66 da Lei 8.383/91; (c) de 27.12.96 a 30.12.02, era possível a compensação entre valores decorrentes de tributos distintos, desde que todos fossem administrados pela Secretaria da Receita Federal e que esse órgão, a requerimento do contribuinte, autorizasse previamente a compensação, consoante o estabelecido no art. 74 da Lei 9.430/96; (d) a partir de 30.12.02, com a nova redação do art. 74 da Lei 9.430/96, dada pela Lei 10.637/02, foi autorizada, para os tributos administrados pela Secretaria da Receita Federal, a compensação de iniciativa do contribuinte, mediante entrega de declaração contendo as informações sobre os créditos e débitos utilizados, cujo efeito é o de extinguir o crédito tributário, sob condição resolutória de sua ulterior homologação.

[8] REsp 548.161/PE, Rel. Ministro TEORI ALBINO ZAVASCKI, PRIMEIRA TURMA, julgado em 20/11/2003, DJ 09/12/2003, p. 235

1.1.1.1. Análise crítica da multa de 50% como consequência (sanção) da não homologação da declaração de Compensação perante a Administração Tributária Federal

A Lei nº 12.249/10 congregou mudanças importantes no ordenamento jurídico pátrio, especificamente na seara do Direito Tributário. Dentre as inúmeras mudanças, o art. 62 da referida norma introduziu os parágrafos 15 e 17 no já tratado art. 74 da Lei nº 9.430/96. Vide:

> Art. 74. O sujeito passivo que apurar crédito, inclusive os judiciais com trânsito em julgado, relativo a tributo ou contribuição administrado pela Secretaria da Receita Federal, passível de restituição ou de ressarcimento, poderá utilizá-lo na compensação de débitos próprios relativos a quaisquer tributos e contribuições administrados por aquele Órgão. [...]
>
> § 15. Será aplicada multa isolada de 50% (cinquenta por cento) sobre o valor do crédito objeto de pedido de ressarcimento indeferido ou indevido. [...]
>
> § 17. Aplica-se a multa prevista no § 15, também, sobre o valor do crédito objeto de declaração de compensação não homologada, salvo no caso de falsidade da declaração apresentada pelo sujeito passivo.

Como se observa, foi instituída multa isolada de 50% (cinquenta por cento) sobre o valor referente ao crédito objeto de pedido de ressarcimento indeferido ou considerado indevido. E, de acordo com o §17, a sanção também se estenderia aos casos de declaração de compensação não homologada, exceto quando se verificasse dolo.

Da análise conjugada dos artigos, chega-se à conclusão de que a multa do supracitado parágrafo 17 resulta de situação em que o contribuinte age com boa-fé, ou seja, sem nenhum traço de culpabilidade, visto que este último é hipótese de excetuação da regra.

Imperioso aduzir que a culpabilidade é o princípio geral que rege toda e qualquer atividade sancionatória do Estado, uma vez que desemboca e esbarra diretamente no Estado de Direito e na garantia de liberdade, conforme assim apregoa Paulo Roberto Coimbra Silva.[9] No entanto, o aspecto volitivo da conduta violadora é considerado como imprescindível na aferição de culpabilidade, como assim se vem manifestando o próprio Supremo Tribunal Federal.

Mostra-se, portanto, que a referida sanção não parece, nesse vislumbre, válida, visto que decorre de atuação lícita do sujeito passivo. Em decorrência do enunciado, o contribuinte estaria sujeito à multa simplesmente pelo fato de enviar pedidos de compensação, de plena boa-fé, depondo em desfavor de seu direito de petição, garantia prevista no art. 5º, XXXIV, da CF/88.

Lado outro, ressalta-se ainda que, até o advento da Lei nº 12.249/10, não havia previsão de multas em declarações consideradas não homologadas, apenas se aplicava o regramento afeto aos pagamentos em atraso, que previa multa de mora de 20% (vinte por cento), nos termos do art. 61 da Lei nº 9.430/96. A partir da coexistência entre os dois tipos de multa, a Receita Federal passou a fundamentar seus despachos decisórios sobre não homologação fazendo cominar ambas, respaldada, ao menos em tese, pelo art. 45 da IN RFB 1.300/2012, que previa que a multa isolada não prescindiria da cobrança dos acréscimos legais (juros e multa moratória).

Observa-se, neste sentido, que a cumulação da multa isolada com a multa de mora consiste, ao sentir, em duplicidade de sanção pelo mesmo fato praticado pelo contribuinte (*bis in idem*), qual seja, a transmissão de PER/DCOMP não homologado. Além disso, a inviabilidade da ocorrência das duas sanções

[9] SILVA, Paulo Roberto Coimbra. Direito tributário sancionador. São Paulo: Quartier Latin, 2007. p. 320.

provém, ademais, do princípio da consunção, o qual se analisa a concatenação de condutas vinculadas por nexo de dependência, em que a punição menos grave é absorvida pela mais grave.

Lado outro, há de apontar desrespeito ao princípio do não confisco, certo de que a dupla cominação de multa atenta à capacidade contributiva dos contribuintes.

Tecem-se, portanto, aqui, breves incursões sobre a multa automática de 50% nos casos em que a compensação é considerada não homologada, entendendo, salvo melhor juízo, tratar de instrumento desproporcional, inconstitucional e abusivo ante a sua intenção de desestimular as tentativas compensatórias dos contribuintes. Não à toa, o Supremo Tribunal Federal reconheceu a repercussão geral da discussão, por meio do tema 736, ainda pendente de julgamento.[10]

1.2. Contexto de inserção do art. 170-a no CTN – Lei Complementar nº 104/01 e os valores a ele subjacentes

Depois de perpassada brevemente a evolução legislativa em matéria de compensação fiscal, restante somente o arcabouço por detrás do art. 170-A do CTN, posto em exame no presente trabalho.

Pois bem. Anteriormente à alteração das regras de compensação previstas no art. 74 da Lei nº 9.430/96 pela Lei nº 10.637/02, entrava em vigor no ordenamento jurídico a Lei Complementar nº 104/01, que alterou o Código Tributário Nacional para inserir em seu texto o art. 170-A. *Verbis*: "Art. 170-A. É vedada a compensação mediante o aproveitamento de tributo, objeto de contestação judicial pelo sujeito passivo, antes do trânsito em julgado da respectiva decisão judicial".

[10] 142 BRASIL, Supremo Tribunal Federal. Tema 736 – Repercussão Geral. Disponível em: <http://www.stf.jus.br/portal/jurisprudenciaRepercussao/verAndamentoProcesso.asp?incidente=4531713 &numeroProcesso=796939 &classeProcesso=RE&numeroTema=736>. Acesso em: 16 abr. 2019.

De acordo com o referido artigo, estaria vedada a compensação de tributos objeto de judicialização, antes do seu respectivo trânsito em julgado. Natal[11] assim minudou os elementos da norma constituída pelo art. 170-A:

> Com efeito, a norma jurídica construída a partir do texto vazado pelo art. 170-A do CTN tem em seu antecedente (i) um critério material condizente a um tributo objeto de contestação judicial pelo sujeito passivo, (ii) um critério espacial que enfeixa todo o território nacional, no qual é possível a prática de compensação de tributos, especialmente os federais e (iii) um critério temporal que diz respeito ao tempo em que determinado tributo estiver submetido ao contencioso judicial e enquanto não ocorrer o trânsito em julgado da ação. No consequente dessa mesma norma primária se tem uma relação jurídica, de modal deôntico proibitivo, que estipula um laço relacional entre o (iv) Ente Estatal que detém a titularidade do tributo discutido judicialmente e o (v) sujeito passivo de determinada obrigação tributária (critério pessoal).

Não obstante a ocorrência da positivação da regra, esse entendimento já tinha sido cristalizado na Súmula 212 do STJ, que, após reedição em 2005, resta assim ementada desde então: "A compensação de créditos tributários não pode ser deferida em ação cautelar ou por medida liminar cautelar ou antecipatória".

Todavia, é preciso, antes, entender o contexto ao qual se inseria a proposição de mudança no Código Tributário Nacional.

A década de 1990 foi marcada por intensas modificações do sistema jurídico brasileiro, visto tratar-se da primeira década

[11] Natal, Eduardo Gonzaga Oliveira de. O art. 170-A do CTN e a jurisprudência do Superior Tribunal de Justiça. Revista Tributária e de Finanças Públicas, v. 83, p. 98-118, nov-dez. 2008.

após a promulgação da Constituição Democrática de 1988. Ademais, também foi caracterizada pelo aumento de tributos e criação de outros. Um dos grandes exemplos foi o alargamento da base de cálculo do PIS e da COFINS por meio da Lei nº 9.718/98, cujo art. 3º, § 1º, posteriormente foi julgado inconstitucional pelo STF nos autos dos Recursos Extraordinários nº 346.084/PR, 357.950/RS, 358.273/RS e 390.840/MG.[12]

Sem olvidar, inclusive pelo já exposto, as inúmeras alterações que a legislação sobre compensação sofreu nesse período. Recorda-se: estava em vigor as recém-criadas Leis nº 9.430/96 e seu art. 74, bem como a Lei nº 8.383/91 e seu art. 66, que trataram sobre a compensação em âmbito federal.

Essa gama de fatores culminou no aumento expressivo da litigiosidade tributária perante os tribunais brasileiros. Diante de um cenário de intensas mudanças e ameaça à segurança jurídica, considerável número de contribuintes buscaram a tutela jurisdicional objetivando reconhecer a existência de recolhimentos indevidos e a chancela para efetuar a compensação.

Não menos importante, o país vivia os percalços e os desdobramentos de uma nova política econômica, com execução de reformas monetárias, visando ao controle da hiperinflação e à remodelação dos setores econômicos. Diante desse quadro, manifesta a necessidade, de um lado, de aproveitamento de medidas judiciais provisórias e proteção do capital de giro das empresas. Por outro lado, o Erário, em premência de fortalecer suas receitas orçamentárias, ansiava por mecanismos que freassem a perda de valores – ainda que temporariamente, no caso de superveniente reforma das decisões autorizadoras de compensação.

[12] ABAT, Associação Brasileira de Advocacia Tributária. Parecer: compensação tributária e art. 170-A do CTN, de 27 de fevereiro de 2015. Relator: Vinícius Jucá Alves. São Paulo: Revista Consultor Jurídico. 2 dez. 2015.

Nesse espeque, no dia 13 de outubro de 1999, foi apresentado o Projeto de Lei Complementar nº 77, que viria a se tornar, após trâmite legislativo, a Lei Complementar nº 104/01. Abaixo, trecho da exposição de motivos do então ministro da Fazenda, Sr. Pedro Malan:

> Preliminarmente, cumpre esclarecer que não se cogita, no presente momento, de promover uma reestruturação completa do referido Código, sendo que as alterações propostas, constantes do art. 1º do mencionado Projeto, objetivam atribuir, à Administração Tributária, condições mais adequadas ao cumprimento de suas funções institucionais, naquilo que se entende mais urgente.

Continua o senhor ministro: "O art. 170-A, proposto, veda a compensação de tributo objeto de contestação judicial, antes do trânsito em julgado da respectiva decisão judicial, de sorte que tal procedimento somente seja admitido quando o direito tornar-se líquido e certo".

Além de perceptível imprecisão jurídica em seu texto e outras observações que seguirão mais adiante, é digno de nota que, na própria tramitação do Projeto no Congresso Nacional, o deputado Francisco Garcia, por meio da Emenda de Plenário nº 14, ofereceu proposta de supressão do referido artigo, assim justificando:

> O artigo 170-A é anti-isonômico. Um contribuinte que tenha pago um tributo que entenda indevido – pressuposto lógico da compensação – poderá fazer a compensação. Seu vizinho, que resolva ingressar em juízo para doravante deixar de pagar esse mesmo tributo e ver reconhecida a injuridicidade da cobrança, do mesmíssimo tributo, não poderá fazer a compensação. O discrímen, 'questionar em juízo', é desarrazoado para servir de limitação de direitos.

No entanto, restando refutada a emenda supra, o Projeto de Lei foi aprovado e convertido na Lei Complementar nº 104, publicada no DOU de 11 de janeiro de 2001, emanando seus efeitos a partir de então.

Uma vez incorporado ao ordenamento jurídico, o referido artigo despertou críticas e tentativas de sua melhor interpretação pela doutrina e jurisprudência. Especial destaque merecem as considerações do professor James Marins:[13]

> i) o art. 170-A do CTN terá aplicação restrita aos casos em que não haja concessão de medida liminar para a compensação, pois a nova regra não pode suprimir ou obstar efeitos de decisão judicial;
>
> ii) a expressão 'contestação judicial' foi utilizada com elevado grau de imprecisão jurídica, pois remete aos arts. 300 a 303 do Código de Processo Civil, que disciplinam a contestação do réu no Processo Judicial;
>
> iii) do conteúdo do novo art. 170-A do CTN transparece seu propósito de empecer aos contribuintes o acesso à justiça, criando dificuldades artificiais com o ilegítimo e imoral escopo de penalizar o cidadão que promove medidas judiciais contra o Estado; ofende o Poder Judiciário na exata medida em que deliberadamente torna a tutela jurisdicional fator de restrição jurídica onerosa para o cidadão jurisdicionado (princípio da garantia jurisdicional);
>
> iv) o novo art. 170-A conspira contra a isonomia ao penalizar o contribuinte que exerce seu constitucional direito de ação (art. 5º, caput e inc. XXXV da Constituição Federal), deixando-o em condição de desigualdade jurídica, sob o prisma do direito à compensação tributária, em relação ao contribuinte que não estiver litigando em juízo; penaliza o contribuinte por fatores

[13] MARINS, James. Direito processual tributário brasileiro: (administrativo e judicial). 7. ed. São Paulo: Dialética, 2014. p. 371-372.

> que não estão sob seu controle como a demora na prestação da tutela jurisdicional;
>
> v) por outras palavras: por meio de dispositivo indisfarçavelmente autoritário, o Estado cria norma de penalização formal tributária para o contribuinte que ousar buscar proteção jurídica junto ao Poder Judiciário.

Pouco se pode acrescentar para além das impressões do prof. Marins, as quais, ao sentir, se mostram pertinentes ao caso; apenas se ratifica o entendimento que a veiculação da regra proibitiva se reveste de verdadeira sanção aos indivíduos que, por avidez à segurança jurídica, buscam a tutela do Judiciário.

Embora entenda tratar, salvo melhor juízo, de artigo revestido de inconstitucionalidade, partindo-se da atual conjuntura, em que esse se encontra vigente (e formalmente constitucional) no ordenamento jurídico, considera-se, na hipótese trazida neste presente trabalho – aplicabilidade e abrangência nos casos de precedentes vinculantes repetitivos –, ser esse inválido, caso aplicado nos termos em que enunciado, devendo ser harmonizado às demais forças normativas do sistema jurídico.

Isto é, conforme será melhor tratado mais à frente, o que se propõe neste trabalho não é propriamente a declaração de inconstitucionalidade da norma insculpida no art. 170-A do CTN, e sim sua adequação e intercomunhão com as demais normas constantes do sistema constitucional tributário. Consoante se verá, apenas se pretende sistemicamente adequar e sopesar a eficácia da regra em conjunto a outras garantias e princípios norteadores do Direito Tributário e inclusive outras leis processuais gerais supervenientes, criadas com base em um novo entendimento sobre o Direito Democrático no Brasil. Com isso, e a partir de uma leitura da força normativa oriunda das decisões vinculantes, chegar-se-á, s.m.j., à interpretação que mais se amolda à atual realidade jurídico-tributária.

2. Nova realidade processual: sistemática dos precedentes

2.1. Precedente ou Jurisprudência?

Inicialmente, uma questão de fundo importante: embora haja a reflexão que os sistemas jurídicos do *common law* e do *civil law* estão a se aproximar, o modo como ambos tratam o precedente judicial é diverso. O que se tem observado no caso brasileiro é certa imprecisão técnica, fruto de falta de rigor quanto ao uso indiscriminado de ambos os vocábulos como sinônimos. Precedente remete à ideia de um único julgado que antecede os demais e foi utilizado como modelo na solução dos casos seguintes, ao passo que jurisprudência é o nome que se dá para um compêndio de decisões que realizaram a análise da questão imposta e são referenciadas, em conjunto, para fundamentar a solução posterior.

A diferenciação se faz necessária não por tecnicismo exacerbado, e sim por ordem prática e metodológica. Observa-se, sem maiores dificuldades, que, quando se refere a uma única decisão e a toma por base, o aplicador a coloca num patamar que o obriga a tecer os argumentos de sua utilização (ou não) pormenorizadamente. O mesmo não ocorre quando se avoca a jurisprudência, pois o que se tem visto é mera enumeração dos diversos julgados semelhantes ao caso, normalmente (ou unicamente) utilizando-se de suas ementas para justificar a adoção da medida.

Não é preciso maiores digressões para reconhecer que o último é fenômeno observável no Brasil e nos demais países de índole romano-germânica, e o primeiro, daqueles com tradição no *common law*. Tal discernimento é especialmente importante ao se determinar, em decorrência disso, que a perquirição dos fatos nas decisões baseadas em precedentes possui maior força vinculante que nas decisões fundadas em máximas superficialmente examinadas e indiscriminadamente reiteradas. Certamente a reflexão trazida aqui se remonta aos vestígios ainda bem presentes do sistema positivista, na medida em que no *commow law* sempre se buscou maior valoração dos fatos do que a mera repetição das regras jurídicas determinadas, como no *civil law*, e vice-versa.

2.2. Os precedentes no atual Direito Brasileiro

Como preleciona o professor Dierle Nunes[14], a nova ordem processual instituída coincide com o momento de aproximação mundial entre os sistemas de *common law* e de *civil law*, com a introdução de códigos e leis nos países de tradição anglo-saxã e, lado outro, com a valorização dos precedentes judiciais como importantes fontes de direito em países de raiz jurídica romano-germânica.

Essa aproximação, explorada pelo ministro Luís Roberto Barroso[15] em incursão sobre a temática de precedentes, teve início após a 2ª Guerra Mundial, com o fortalecimento, em boa parte dos países democráticos, do papel político-institucional do Poder Judiciário. Desta forma, a reconstrução do conceito de democracia após a superação dos regimes totalitários nazista e fascista foi conduzida de forma que deu protagonismo ao Judiciário como importante figura na garantia e na releitura de direitos constitucionalmente assegurados.

No caso brasileiro, por intermédio da Constituição de 1988, o fortalecimento do judiciário culminou em diversificação de direitos, ações e tribunais, assim como na democratização do acesso jurisdicional.

[14] NUNES, Dierle José Coelho. O Brasil entre o civil law e o common law: A tendência de padronização decisória (uso de precedentes) – Iter mínimo para sua aplicação. Diritto & Diritti, 7 jun. 2011. p. 1-15.

[15] BARROSO, Luís Roberto; MELLO, Patrícia Perrone Campos. Trabalhando com uma nova lógica: a ascensão dos precedentes no direito brasileiro. Revista da AGU, v. 15, p. 3, 2016.

Tal facilitação, tão almejada pós-golpe de 1964, acabou por impulsionar a massificação de demandas da vida, tolhendo, por consectário lógico, ainda que em diferentes níveis, a atenção dos tribunais e dos magistrados às peculiaridades de cada caso *sub judice*.

Esse processo de redemocratização e massificação impõe, como realidade, à parte de qualquer regime jurídico ou movimento filosófico, a otimização de tempo, recursos humanos e materiais disponíveis. Nas palavras de Mello e Barroso:[16]

> Neste novo universo, a entrega de justiça se dá pela sinergia de órgãos e de instâncias diversas, de modo a evitar retrabalho, como, por exemplo, pelo aproveitamento da fundamentação e de teses de julgamento desenvolvidas pelos tribunais. É nesse ambiente que o papel da jurisprudência e o uso pragmático de precedentes se tornam indispensáveis para a entrega de uma prestação jurisdicional que possa conciliar justiça do caso concreto com duração razoável do processo.

Inovando assim na ordem jurídica brasileira, a própria Constituição de 1988 já trouxe em seu bojo a valorização do precedente como agente de transformação do sistema, contemplando o controle concentrado de constitucionalidade. Destacam-se, nesse sentido, a ampliação dos instrumentos de consecução do referido controle, com inserção da Ação Direta de Inconstitucionalidade – ADI, da Ação Direta de Inconstitucionalidade por Omissão – ADO e da Arguição de Descumprimento de Preceito Fundamental – ADPF (a Emenda Constitucional nº 3/93 criou, posteriormente, a figura da Ação Direta de Constitucionalidade – ADC) e também o aumento do rol de entidades com legitimação para proporem tais ações.

[16] Ibid., p. 4

Nada obstante, foi em 2004, no contexto constitucional, que o ordenamento sofreu grande reforma. A Emenda 45 entrou em vigor imbuída de anseios por celeridade, eficiência e comprometimento com o efetivo resultado do processo. Foi por meio da referida Emenda Constitucional que o art. 102 § 3º passou a determinar a imprescindibilidade de repercussão geral para admissão do Recurso Extraordinário, no âmbito do Supremo Tribunal Federal. Isto é, submeteu o crivo para somente aqueles casos que transcendessem os interesses individuais.

Inovou ainda com a criação das Súmulas Vinculantes, disposta no art. 103-A da CF/88, em que orientações da Suprema Corte passaram a possuir eficácia cogente perante todo o Poder Judiciário e o Poder Executivo. A exposição de motivos deixa claro que a EC 45/04 quis, portanto, realizar mudanças expressivas, sobretudo no Poder Judiciário:

> [...] a situação presente decorre da defasagem entre o conservadorismo tão típico das classes jurídicas e o ímpeto desenvolvimentista que se espalhou pelo resto da vida do país desde a revolução de 1964. [...]
>
> Uma conclusão, portanto, se impõe, diante do pouco que se fez a nível da elaboração constitucional dos anos 86/88. A Justiça, em seus vários setores precisa modernizar-se, com a consciência de que os juízes fazem parte da comunidade e que somente enquanto partícipes dessa mesma comunidade podem distribuir Justiça.[17]

Carreando as mudanças trazidas pela EC 45/04 e antes da vigência do atual Código de Processo Civil, o *codex* anterior paralelamente já vinha sendo objeto de intensas modificações que visavam a conferir maior eficácia ao precedente. *V.g.*:

[17] Emenda Constitucional nº 45, de 2004. Diário do Congresso Nacional – Seção 1 – 1/5/1992, Página 7849 (Exposição de Motivos).

i) O art. 557, caput e § 1º-A do CPC/73, com redação pela Lei nº 9.756/98, permitiu que o relator inadmitisse monocraticamente recursos em confronto com súmulas ou com a jurisprudência consolidada nos tribunais superiores (ou desse provimento aos recursos compatíveis com tais precedentes);

ii) O art. 481, parágrafo único, do CPC/73 com redação da mesma Lei nº 9.756/98, estabeleceu a desnecessidade de submissão da arguição de incidente de inconstitucionalidade ao plenário ou ao órgão especial dos tribunais, quando já houver pronunciamento do STF ou dos próprios órgãos judicantes sobre a questão;

iii) O art. 475, § 3º do CPC/73, com redação pela Lei nº 10.352/01, determinou a não sujeição ao duplo grau de jurisdição das sentenças fundadas em jurisprudência do plenário do STF ou súmulas do próprio tribunal ou tribunais superiores.

Digno de nota ainda a Lei nº 11.232/05, que criou os embargos desconstitutivos de coisa julgada quando essa for incompatível com a Constituição, em interpretação consoante a dada pelo Supremo Tribunal Federal. Interessante salientar, com a merecida ênfase, como a referida lei dá destaque à interpretação da Suprema Corte como mais que uma direção, ou seja, uma verdadeira fonte normativa a ser obrigatoriamente observada pela legislação processual.

Neste espeque, as modificações da legislação processual indicaram, sobretudo ao longo dos últimos 20 anos, a tendência para se atribuir às decisões eficácia vinculante para além dos casos concretos. A constatação final se deu com a entrada em vigor do novo CPC/15, em março de 2016.

O Código de Processo Civil (Lei nº 13.105/15) inaugurou uma nova era na história do direito processual pátrio. Instituindo um sistema de precedentes, o novo Digesto Processual homenageia o Princípio da Igualdade, consagrado pela Constituição de 1988, em seu art. 5º, *caput*. Deste princípio exsurge a indesviável e patente vedação à desigualdade "na lei", isto é, o afastamento de discriminações injustificadas ou não previstas, cuja previsão decorra da própria interpretação da lei, *stricto sensu*. Ademais, é mandatório, especificamente no âmbito das decisões judiciais, que essas confiram aos cidadãos a garantia de igualdade "na aplicação da lei", com a prescrição de soluções idênticas para casos de premissas coincidentes.

Essa segunda faceta do Princípio da Igualdade, que preceitua a busca por mecanismos jurídicos que confiram efetividade à dinâmica processual, serviu de norte à elaboração de um Código que positiva, em seu art. 927, a observância de determinadas decisões às quais o diploma atribuiu eficácia vinculante, cuja observação extrapola o espeque de poderes e atribuições de juízes e tribunais:

> Art. 927 – Os juízes e os tribunais observarão:
>
> I – as decisões do Supremo Tribunal Federal em controle concentrado de constitucionalidade;
>
> II – os enunciados de súmula vinculante;
>
> III – os acórdãos em incidente de assunção de competência ou de resolução de demandas repetitivas e em julgamento de recursos extraordinário e especial repetitivos;
>
> IV – os enunciados das súmulas do Supremo Tribunal Federal em matéria constitucional e do Superior Tribunal de Justiça em matéria infraconstitucional;
>
> V – a orientação do plenário ou do órgão especial aos quais estiverem vinculados. [...]

Conferindo efeito vinculante a tais decisões, o Código busca dar eficácia ao instrumento processual no esforço pela consecução do Princípio da Igualdade na própria aplicação do Direito, tendo em vista a inarredável diretriz de que o Judiciário deve dar a mesma resposta aos casos de idêntica natureza. Ainda sob esse prisma, o CPC determina, em seu art. 926, que é dever dos tribunais uniformizar sua jurisprudência e mantê-la estável, íntegra e coerente.

Desta forma, o novo sistema processual procura garantir mais efetividade ao Poder Judiciário, que poderá se dedicar à resolução de novas controvérsias jurídicas, abandonando a análise de questões já apreciadas, debatidas e decididas nas hipóteses do já citado art. 927 do CPC. Busca-se também garantir maior previsibilidade (como corolário da segurança jurídica) às decisões judiciais, uma vez que, verificada a identidade entre as premissas dos casos concretos, deve ser aplicada a solução encontrada no precedente judicial vinculante.

Em vista disso, pode-se dizer que três valores principais, ainda que existam outros, podem ser elencados para justificar a adoção de um sistema de precedentes vinculantes: a segurança jurídica, a isonomia e a eficiência.

Sob o primeiro prisma, a compulsoriedade de reiterar as orientações firmadas no precedente aumenta a objetividade, a previsibilidade, a determinabilidade e antecipa, ainda que de modo não absoluto, a solução que os tribunais darão a estipulados casos. Na observação do segundo aspecto, o respeito aos precedentes reduz e previne a produção de decisões conflitantes, assegurando tratamento semelhante para os partícipes em condições similares, favorecendo a isonomia. Derradeiramente, adotar os elementos jurídicos do precedente vinculante permite a otimização de recursos, possibilitando a jurisdição tratar daqueles casos inéditos, que precisarão de análise mais acurada.

Institucionalmente, tudo se refletirá em redução do tempo de trâmite dos processos, (prestigiando o trinômio razoável duração-celeridade-efetividade) e em desestímulo às demandas aventureiras e a litigiosidade, minimizando a sobrecarga de processos e aumentando com isso a credibilidade e a legitimidade do próprio Poder Judiciário.

Resta claro, pois, que a nova realidade processual pátria se desenvolve por meio de aproximação com os sistemas verificados nos países que adotam o common law, uma vez que os julgados, antes com eficácia meramente persuasiva (inter pars), agora possuem eficácia vinculante, de aplicação cogente pelos órgãos jurisdicionais hierarquicamente inferiores, nos casos do art. 927.

Pode-se dizer, então, desse modo, que os precedentes em voga ganham eminente força normativa, dada a inafastabilidade de sua utilização pelos aplicadores do Direito. Desta forma, estando-se diante de decisões de natureza vinculante, é defeso ao juiz ou ao tribunal decidir de forma diversa daquela definida no precedente judicial.

2.2.1. Recursos Extraordinários e Especiais Repetitivos

Como se viu, o art. 927 do CPC reitera a eficácia vinculante das decisões proferidas em controle concentrado de constitucionalidade pelo Supremo Tribunal Federal (inciso I) e também em relação às súmulas (inciso IV) e súmulas vinculantes (inciso II) no âmbito do STF e do STJ.

Passando-se adiante, o inciso III contempla a atribuição de efeito vinculante aos acórdãos nos incidentes (i) de assunção de competência – IAC, e (ii) de resolução de demandas repetitivas – IRDR, bem como nos casos de julgamento de recursos extraordinário e especial repetitivos, acerca dos quais se passa a aduzir.

O Recurso Especial, interposto perante o Superior Tribunal de Justiça e previsto nos casos do art. 105, III, da Constituição de 1988, é cabível contra as decisões que: (i) contrariem ou neguem vigência a tratado ou a lei federal; (ii) julguem válido ato de governo local contestado em face de lei federal; ou (iii) deem a lei federal interpretação divergente da que lhe haja atribuído outro tribunal. Assim, cumpre reconhecer que o STJ é o órgão jurisdicional competente para pacificar a aplicação da legislação federal no território nacional.

O Recurso Extraordinário, por sua vez, previsto nas hipóteses do art. 102, inciso III, da Constituição da República de 1988, aflui diretamente e consagra o papel da Suprema Corte como guardiã máxima da própria Carta Magna.

Consoante visto acima, a partir da EC 45/04 restou exigida a demonstração de repercussão geral das questões colocadas ao juízo do STF como condição inexorável para exame de admissão do Recurso Extraordinário. Regrada atualmente pelo art. 1.035 do Código de Processo Civil, considera-se repercussão geral a existência de questões relevantes do ponto de vista econômico, político, social ou jurídico que ultrapassem os interesses subjetivos do processo.

Ressalta-se, porém, que o instituto da Repercussão Geral já na vigência do antigo CPC, teve sua regulamentação inserida pela Lei nº 11.418/06, o que permitiu, desde logo, que o STF filtrasse os casos que mereciam sua apreciação/intervenção. A garimpagem permitiria, em vista do crescimento exponencial das demandas submetidas recentemente ao seu crivo, a recolocação do Supremo como tribunal de prestígio e importância constitucional. Tais mudanças, diga-se, serviram para, já em 2006, diminuir o número de processos protocolados e distribuídos no STF.[18]

Somado a isso, a referida lei introduziu ainda, na ocasião, procedimento a ser aplicado em relação à multiplicidade de recursos com fundamento em idêntica controvérsia. Nascia assim, inspirado pela técnica do caso modelo alemão, o art. 543- B[19], que alçava à Suprema Corte a apreciação de um caso

[18] BRASIL, Conselho Nacional de Justiça. Justiça em Números 2013: ano-base 2012. Brasília: CNJ, 2013. Disponível em: <http://www.cnj.jus.br/images/pesquisas- judiciarias/Publicacoes/relatorio_jn2013.pdf>. Acesso em: 26 jun. 2019.

[19] CPC/73, Art. 543-B. Quando houver multiplicidade de recursos com fundamento em idêntica controvérsia, a análise da repercussão geral será processada

paradigmático, a ser julgado, enquanto todos os outros de igual contenda sobrestavam.

Após a resolução desse caso representativo da controvérsia, o entendimento seria replicado aos demais processos. Tal procedimento foi posteriormente replicado para os Recursos Especiais apreciados pelo STJ, por meio da Lei nº 11.672/08 (acresceu-se ao CPC vigente à época o art. 543-C).[20]

Com o advento do novo CPC (Lei nº 13.105/15), o disposto nos arts. 543-B e 543-C foram fundidos no atual art. 1.036[21] e o mais importante: ganharam eficácia vinculativa, por meio do que dispõe o art. 927.

2.2.2. Eficácia dos precedentes judiciais no Direito Brasileiro

Os precedentes judiciais, consoante se viu, produzem no Direito brasileiro três espécies de eficácia: (i) persuasiva, (ii) interme-

nos termos do Regimento Interno do Supremo Tribunal Federal, observado o disposto neste artigo. § 1º – Caberá ao Tribunal de origem selecionar um ou mais recursos representativos da controvérsia e encaminhá-los ao Supremo Tribunal Federal, sobrestando os demais até o pronunciamento definitivo da Corte. § 2º – Negada a existência de repercussão geral, os recursos sobrestados considerar-se-ão automaticamente não admitidos. § 3º – Julgado o mérito do recurso extraordinário, os recursos sobrestados serão apreciados pelos Tribunais, Turmas de Uniformização ou Turmas Recursais, que poderão declará-los prejudicados ou retratar-se. § 4º – Mantida a decisão e admitido o recurso, poderá o Supremo Tribunal Federal, nos termos do Regimento Interno, cassar ou reformar, liminarmente, o acórdão contrário à orientação firmada. § 5º – O Regimento Interno do Supremo Tribunal Federal disporá sobre as atribuições dos Ministros, das Turmas e de outros órgãos, na análise da repercussão geral.

[20] CPC/73, Art. 543-C – Quando houver multiplicidade de recursos com fundamento em idêntica questão de direito, o recurso especial será processado nos termos deste artigo. [...]

[21] CPC, Art. 1.036 – Sempre que houver multiplicidade de recursos extraordinários ou especiais com fundamento em idêntica questão de direito, haverá afetação para julgamento de acordo com as disposições desta Subseção, observado o disposto no Regimento Interno do Supremo Tribunal Federal e no do Superior Tribunal de Justiça. [...]

diária ou com normatividade em sentido fraco e (iii) vinculante ou com normatividade sem sentido forte.

Os (i) precedentes com eficácia meramente persuasiva são aqueles que tradicionalmente se revestiam as decisões judiciais no ordenamento pátrio, em razão da própria raiz romano-germânica. Esses precedentes produzem efeitos restritos às partes e circunscritos à própria solução do caso. A sua eficácia corresponde fonte secundária do Direito, manancial para inspiração, interpretação, argumentação e convencimento dos aplicadores. Sua reiteração enseja a produção de jurisprudência consolidada dos tribunais.

Os (ii) precedentes com eficácia intermediária ou com normatividade em sentido fraco são aqueles que o ordenamento atribui efeitos para além dos casos em que foram produzidos, atingindo outras partes. A observância do entendimento jurídico é obrigatória, mas não é possível afirmar que possuem normatividade forte, visto que a lei não permite o uso de reclamação em caso de desrespeito à solução por eles formada. Consiste, por isso, em categoria residual.

Por fim, os (iii) precedentes com eficácia vinculativa ou com normatividade em sentido forte (*binding precedents*) consistem naqueles que devem ser de prática obrigatória pelos tribunais e peças demais instâncias e cujo descumprimento enseja reclamação. São exatamente os casos previstos no art. 927 do CPC, conforme demonstrado acima. O descumprimento é enfrentável mediante reclamação, nos termos do art. 988 do CPC. Ressalta-se, oportunamente, que o efeito vinculante abarca cumulativamente os demais efeitos, intermediário e persuasivo.

2.2.3. *Ratio Decidendi*

Para se tratar de modo escorreito sobre a sistemática de precedentes, vez que o ordenamento brasileiro ainda precisa do necessário amadurecimento, a compreensão de três conceitos oriundos do *common law* são importantes: a *ratio decidendi* ou *holding*, a *obiter dictum* e a distinção entre casos (*distinguish*).

A *ratio decidendi* ou *holding* corresponde ao entendimento jurídico que se consegue extrair de um precedente para que ele vincule a solução dos casos supervenientes. A doutrina é perceptivelmente vasta em relação ao mais adequado método para definir a *ratio decidendi*.

Como primeira possibilidade, cita-se o método fático-concreto, segundo o qual a *ratio* deve corresponder a uma regra extraível de um conjunto de fatos de natureza necessariamente relevante. Isto é, sempre que determinados fatos considerados relevantes nos casos forem iguais e estiverem presentes, a decisão será a mesma, pouco importando o diálogo e os fundamentos invocados para a justificação da decisão.

A aplicação do referido método, contudo, mostra tendência de ter razões de decidir restritas e excessivamente presas às particularidades do caso. Ademais, a compreensão sobre quais fatos são relevantes ou não – e daí obter o mandamento transcendente – em determinado caso, pressupõe a análise das considerações que levaram tal exame.

A segunda alternativa consiste no método abstrato-normativo. Esse se embasa na intenção de decidir o caso concreto visando aos futuros. Deve-se buscar, assim, a maior adequabilidade possível de uma norma para a solução de todas as demandas dentro de uma concepção de similitude. Neste sentido, analisar os fundamentos do precedente são essenciais para a compreensão do pressuposto utilizado buscando a solução concreta e o nível de generalidade pretendido quando da sua afirmação.

A preocupação com os fundamentos e a generalidade conduzem a um maior número de casos que serão regidos por aquela *ratio*. No entanto, essa abertura maior pode levar a um comando superinclusivo, abrangendo situações de fato que nem sequer foram argumentadas quando do precedente. O exame, neste caso, do conjunto de fatos em que se deu a solução do caso, proposto pelo método fático-concreto, mostrar-se-ia especialmente importante para que se pudesse evitar a afirmação de um precedente demasiadamente abrangente.

Barroso e Mello[22] ilustram a questão com um caso prático:

> O exemplo clássico utilizado pela doutrina para ilustrar a situação acima corresponde ao precedente proferido em Donoghue v. Stevenson (1932). A demanda neste caso teve por pano de fundo o fato de que a autora entrou em um bar e ali comprou e consumiu o conteúdo de uma garrafa opaca de ginger beer, até verificar que havia uma lesma morta dentro dela. Na sequência, a autora contraiu gastroenterite severa e sofreu danos em virtude do incidente. Por isso, postulou uma indenização em face do produtor. A corte condenou o produtor a indenizar a autora porque entendeu que ele tinha o dever de controlar a qualidade do seu produto e que era previsível que a omissão no cumprimento deste dever poderia gerar danos a seus consumidores. A partir destes fatos, o holding da decisão poderia ser formulado, de forma bem restritiva, nos seguintes termos: 'Sempre que bebidas contaminadas, acondicionadas em garrafas opacas, gerarem danos a quem consumi-las, seu produtor estará obrigado a indenizar os prejudicados'.
>
> O holding poderia, ainda, ser formulado em diferentes níveis de generalidade, para estabelecer que: sempre que o produtor de alimentos gerar danos ao consumidor, por falha no dever de controlar a sua qualidade, estará obrigado a indenizá-lo; ou sempre que um produtor de qualquer bem ou o fornecedor de qualquer serviço gerar danos ao consumidor, deverá indenizá-lo; ou sempre que o produtor de bens ou o fornecedor de serviços, inclusive de bens imóveis, gerar danos ao consumidor, deverá indenizá-lo; ou, por fim, qualquer um que gere dano a outrem está obrigado a indenizar.

22 Barroso; Mello, op. cit., p. 21.

A reflexão é interessante porque, de um determinado caso, podem se extrair *rationes decidendi* com diferentes níveis de abstração, sendo algumas aceitáveis e outras que ultrapassariam o que realmente quis passar a Corte enquanto entendimento.

Desta maneira, depreende-se que a conjugação dos dois métodos é o que tornaria válida a circunscrição da *ratio decidendi*. Segundo os autores supra, a identificação da *ratio decidendi*, portanto, pressupõe a avaliação dos seguintes aspectos essenciais: i) os fatos relevantes, ii) a questão jurídica posta em juízo iii) os fundamentos da decisão e iv) a solução determinada pela Corte. Feitas as considerações, afirma-se que a *ratio decidendi* de uma decisão, a ser veiculada como precedente, corresponde a uma descrição do entendimento adotado pela Corte como premissa necessária ou adequada para decidir o caso concreto, à luz das razões invocadas pela maioria dos julgadores envolvidos e dos fatos juridicamente relevantes.

Anota-se, nessa ocasião, que no caso brasileiro a *ratio decidendi* carrega desafio extra, por conta do método agregativo das decisões colegiadas, em que cada julgador profere o seu voto de modo independente, para depois (ao menos em tese) efetuar a discussão entre os demais membros. Neste caso, há de se superar apenas o aspecto numérico em favor ou contra referido entendimento, para que efetivamente se efetue o registro da deliberação e descrição fiel daquele entendimento jurídico (uma tese) que pormenorizadamente se dará para fins futuros.

2.2.4. *Obiter Dictum*

Obiter dicta ou considerações marginais são aquelas estranhas à solução do caso enquanto entendimento jurídico final. "Quando uma determinada discussão é desnecessária à solução do caso concreto ou, ainda, quando certo argumento não foi aprovado pela maioria da Corte como justificativa para a solução dada a uma demanda, tais elementos não se prestam a compor a *ratio decidendi* e não produzem efeitos vinculantes para julgados futuros".[23]

Pouco mais há de se dizer, a não ser que, embora não correspondam a elementos que ensejam o entendimento transcendente e vinculativo – a *ratio decidendi* – , as considerações marginais possuem sim relevância jurídica. Nas palavras de Barroso e Mello:[24]

> Entendimentos minoritários, votos vencidos e considerações desnecessárias à solução de um caso podem ser muito importantes para sinalizar as inclinações da Corte quanto a julgamentos futuros, para indicar tendências deste ou daquele membro do colegiado, para inspirar novas teses e intervenções do legislador. Além disso, o dictum de hoje pode ser o holding de amanhã. Portanto, os dicta podem ter grande relevância para o desenvolvimento judicial do direito. Apenas não produzem – enquanto dicta – orientações vinculantes para o julgamento de casos futuros.

2.2.5. *Distinguishing*

A aplicação do precedente para a solução de novas demandas se dá, como se viu, por mecanismo de associação ou distinção entre os casos. Quer dizer, a justificativa de aplicação do entendimento jurídico anterior às causas supervenientes é o fato de elas serem efetivamente semelhantes. Se forem diferentes, o precedente não é apto, e o juiz deve fazer prova da incompatibilidade fundamentadamente.[25]

Partindo das premissas de identificação da *ratio decidendi*, repitam-se: i) os fatos relevantes, ii) a questão jurídica posta em juízo, iii) os fundamentos da decisão e iv) a solução determi-

[23] Ibid., p. 23.

[24] Ibid., p. 25.

[25] CPC, art. 489, § 1º, VI.

nada pela Corte, quaisquer não equivalências correspondem à não aplicação do entendimento ao novo caso.

O *distinguishing* ou a distinção dos casos é, assim, inelutável. Num primeiro momento, o precedente e o novo caso são semelhantes e mereceriam a mesma solução aplicável. Entretanto, a argumentação desenvolvida pelas partes pode demonstrar a existência de peculiaridades de fato ou de direito que levem a uma discussão jurídica distinta.

Nota-se, consequentemente, que a *ratio decidendi* e o *distinguish* contribuem, sem dúvida alguma, a cada vez maior delimitação da primeira. As discussões e as tentativas de *distinguish* colocam sempre à prova a redefinição (ou ratificação) da *ratio*, em processo evolutivo. Cada novo exame acrescenta nova determinação e detalhamento ao sistema. É a exata medida da restrição de sua incidência.

2.2.6. *Overruling, Overriding* e modulação dos efeitos da decisão

O *overruling* consiste na técnica de superação da tese jurídica por meio da qual determinado precedente perde sua eficácia vinculante e é substituído por outro precedente. Isso pode ocorrer de forma expressa (*express overruling*), quando o tribunal expressamente opta em adotar nova orientação, em prejuízo da anterior; ou de forma implícita ou tácita (*implied overruling*), ocasião em que, a despeito de não haver substituição expressa, é adotado novo entendimento jurídico.

O art. 927, § 4º do CPC prescreve a necessidade, nos casos de modificação dos precedentes vinculantes, "de fundamentação adequada e específica, considerando os princípios da segurança jurídica, da proteção da confiança e da isonomia". Verifica-se, assim, com expressas menções aos princípios da segurança jurídica, proteção da confiança e isonomia, bem como o dever que os tribunais possuem de uniformização, estabilidade, integralidade e coerência da jurisprudência,[26] que a obrigação de fundamentação nos casos de *overruling* é ainda maior, visando a argumentar a motivação, a necessidade e a justificativa que levou à superação da tese.

Caso semelhante se depreende do apregoado no § 3º do mesmo artigo, em que, defronte ao interesse social e a segurança jurídica, é permitido modular os efeitos da decisão que altera o precedente. Tal constatação é importante, visto que existem diversas modalidades de eficácia temporal na revogação dos precedentes vinculantes, de índole retroativa/retrospectiva (*retrospective overruling*) ou prospectiva (*prospective overruling*): a (i) aplicação retroativa pura, hipótese que o novo precedente se aplica a todos os casos passados, inclusive os já transitados em julgado; a (ii) aplicação retroativa clássica, que abarca os passados, exceto os transitados em julgado; a (iii) aplicação prospectiva pura, ocorrida quando o novo precedente é aplicado somente aos casos futuros, excluindo do espectro as partes do caso no qual foi estabelecido; a (iv) aplicação prospectiva clássica, aos fatos futuros e neles incluída a questão relativa às partes do caso; e a (v) aplicação prospectiva a termo, modalidade em que o tribunal fixa uma data ou condição para o início dos efeitos jurídicos do precedente.

Há ainda a chamada sinalização (*signaling*), técnica preparatória para a superação dos precedentes vinculantes que compreende a anunciação pelo tribunal de que poderá modificar o referido precedente, quando o percebe desatualizado. Como não positivado, o método levanta certa divergência de aceitação pela doutrina. Há quem o defenda em vista de sua utilidade para ajudar a fixar a eficácia temporal quando de sua efetiva revogação. Lado outro, há quem diga que a técnica instaura grave insegurança jurídica, de caráter consciente e institucional.

[26] CPC, art. 926, caput.

Prosseguindo, cita-se a superação antecipada (*anticipatory overruling*), espécie de não aplicação preventiva realizada pelos órgãos judiciais inferiores, ao fundamento de que a Corte superior teria indicado, ainda que implicitamente, uma alteração no seu posicionamento.

Por fim, o último método pertinente à operação com precedentes é o *overriding*, que se dá quando o tribunal apenas limita o espectro de incidência de um precedente, o seu alcance, em função da superveniência de uma regra ou de um princípio legal. Consiste, assim, uma espécie de revogação parcial, pois não se altera a *ratio decidendi* (*overruling*), apenas limitando as hipóteses em que o precedente se manifesta (*overriding*).

3. Os precedentes vinculantes em matéria tributária, a compensação e uma releitura da eficácia do art. 170-A do CTN

Lançadas as bases, chega-se à análise do delimitado no presente estudo. Seria a regra do art. 170-A do CTN compatível com o momento jurídico brasileiro? É o que se pretende fazer neste capítulo, sob diferentes óticas que, ao sentir, se harmonizam e convergem para a melhor solução jurídica.

3.1. O argumento sobre a necessidade de observação dos precedentes com eficácia vinculante (*binding precedents*)

Com o advento do pós-positivismo, houve a superação e a saída do modelo meramente subsuntivo de interpretação para aquele em que o aplicador/intérprete deve se guiar para a construção conjunta, coerente e harmônica do Direito. Remonta-se a ideia de direito como integridade em Dworkin, na qual é necessária uma verificação histórico- evolutiva dos precedentes, da comunidade de princípios e da norma jurídica constitucional. A justa-medida dar-se-á pela ponderação entre todos os aspectos fáticos e jurídicos que compõem o sistema, que se deve desenvolver por meio da argumentação jurídica, manifestada pela razão prática, de elevado grau de racionalidade.

Sendo assim, certo é que a solução jurídica, para que se afigure com maior legitimação possível, escorada nas ideias de Dworkin e Alexy, deve denotar caráter de integridade, isto é, perpassar por uma análise histórico-evolutiva dotada da maior racionalidade prática e voltada ao próprio sistema jurídico e sua norma fundante. É que "o Direito deve deixar de ser compreendido como uma ordem criada num ato único e necessariamente arbitrário, para ser visto como uma prática social que obedece a certa ordem e se produz à luz de um sistema moral com pretensão de universalidade e um alto grau de racionalidade – mas uma racionalidade procedimental, não fundacionista", já dizia Bustamante.[27]

Nessa ordem de ideias, o aplicador do direito ganha papel de destaque na atuação jurídica e passa a ser determinante na concreção de justiça material. É nesse sentido que aflora a teoria do precedente. Da necessidade em entender o Direito como integridade, o aplicador, quando defronte ao caso concreto, decidirá devendo analisar todo o arcabouço de precedentes, ao longo dos anos, para que, de modo racional e em prol da uniformidade na criação do Direito, possa dar continuidade (ou não) à emanação de soluções semelhantes a casos futuros.

Ressalta-se que o capítulo anterior mostrou que, não obstante a sistemática dos precedentes já carregue em si uma normatividade respeitável, de primeira ordem, defronte à teoria da argumentação jurídica e à consagração da atividade criativa do julgador, no caso brasileiro que epistemologicamente se analisa, dos Recursos Extraordinários e Repetitivos múltiplos, a

[27] BUSTAMANTE, Thomas da Rosa de. Súmulas, praticidade e justiça: um olhar crítico sobre o direito sumular e a individualização do direito à luz do pensamento de Misabel de Abreu Machado Derzi. In: COÊLHO, C. S. C. N. Segurança jurídica: irretroatividade das decisões judiciais prejudiciais aos contribuintes. Rio de Janeiro: Forense, 2013. p. 122-123

eficácia é ainda maior. Isso porque ela [a normatividade] hoje é reconhecida e decorrente de expressa força legal (art. 927, CPC), em que se confere peso da estatura das regras jurídicas aos julgamentos repetitivos.

Na construção dessa argumentação, os precedentes possuem graus distintos de normatividade, sendo persuasivos, intermediários ou vinculantes. No panorama do Direito brasileiro, em relação aos julgados submetidos ao regime de proferimento de decisões múltiplas, tem-se o maior grau possível de normatividade, pois possuem vinculatividade formal, consagrada em lei, a ser interpretada como regra jurídica de primeira ordem.

É nesse caráter de normatividade e racionalidade do precedente, repita-se, que a uniformização das demandas múltiplas em matéria tributária ganha ainda mais relevância.

Isso porque, como se averiguou precedentemente nos capítulos anteriores, a redemocratização e a constitucionalização do Brasil tiveram, num primeiro momento, o condão de multiplicar o acesso ao Judiciário e aumentar a litigiosidade, especialmente na área tributária.

Sendo assim, pelo próprio caráter de aplicação em massa, indistintamente, do Direito Tributário, em que inclusive as demandas possuem repercussão econômica e projetam seus efeitos para fora da relação jurídico-tributária, número expressivo das contendas judiciais são dessa natureza. Ademais, tendo amplo assento constitucional, inevitavelmente tais demandas desembocam e congestionam as Cortes superiores. O fenômeno há muito é conhecido e debatido.

Na Exposição de Motivos dos ministros de Estado da Justiça e do chefe da Casa Civil da Presidência da República, que acompanhou a Mensagem nº 43 do Poder Executivo no bojo do Projeto de Lei nº 4.070/98[28], que foi convertido na Lei

[28] REZENDE, I.; CARVALHO, C. D. B. EM N. 003/MJ/CC-PR. Diário da Câmara dos Deputados, Brasília, 15 jan. 1998. 00834-00837.

nº 9.756/98, deu-se ênfase ao problema das demandas repetitivas em matéria tributária nos tribunais superiores: "O crescimento assustador dos recursos, no entanto, diz respeito a matérias praticamente idênticas, mormente nas áreas tributária, previdenciária e administrativa, que representam mais de 60% dos processos apreciados pelo STJ".

Sendo assim, inegável a relevância de aplicação das demandas repetitivas na seara tributária. Como se viu, as demandas repetitivas surgem no Direito brasileiro buscando atingir anseios de segurança jurídica, isonomia, efetividade e simplificação das demandas que possuem arcabouço semelhante e reiterado, como é o caso das relações tributárias.

Todo o exposto converge para enrijecer a confiança do contribuinte, visto que as demandas tributárias submetidas ao regime dos casos repetitivos desembocarão, obrigatoriamente, na solução do precedente. Disso, decorrem duas conclusões a serem posteriormente contrastadas com o art. 170-A do CTN: (i) havendo identidade entre o caso e o precedente vinculante, o último deve ser aplicado como a solução juridicamente adequada; disso, decorre (ii) que existe plena previsibilidade do direito perquirido, vez que a tese a ser consagrada, quando do trânsito em julgado, invariavelmente será esta.

Ademais, conforme trazido, a histórica evolução dos preceitos que culminaram na sistemática dos casos múltiplos tem amplo assento constitucional, ou seja, de inegável intenção política do legislador-constituinte.

3.1.1. Aspectos adicionais de verificação da normatividade dos casos Repetitivos

Convém, à parte do esposado acima, aduzir outros fundamentos que prescrevam a eficácia dos casos repetitivos que, embora não afigurem determinantes – tanto quanto o fato de terem sido formalmente declarados vinculantes –, são fortes o suficiente para que sejam carreados adiante. Ressalta-se que esses são válidos para reforçar e demonstrar, para além do contexto lógico, quanto mais carga normativa possuem os *binding precedents.*

3.1.1.1. A normatividade imanente oriunda de precedentes do STF e do STJ

Sem maiores dilações, não se pode deixar de consignar que a evolução do Brasil para um paradigma de Estado Constitucional passou (e continua passando) por etapas importantes para a concretização consistente e coerente como Estado Democrático.

Próximo de completar 30 anos de Constituição Federal, claramente se observa que o movimento neoconstitucionalista fundador foi aprimorado ao longo desse tempo. Tentando desvencilhar-se do constitucionalismo iluminístico, mas ainda a ele arraigado, o movimento buscou a radicalidade normativa "numa constituição longa, rígida, programática e dirigente".[29]

No entanto, deve-se ao movimento inicial o tracejo das bases para que se saísse da diferenciação entre a constituição jurídica (normativa) e a constituição real (fática)[30], para que verdadeiramente fosse materializada a força normativa da constituição, assim defendida pelo alemão Konrad Hesse.[31]

Para o professor de Freiburg, existe condicionalidade recíproca entre as constituições até então justapostas e, a fim de realizar a genuína força normativa, é necessário assegurar a sua concretização, que consiste em nada mais que empreender o procedimento integral de interpretação e aplicação da norma:

[29] CANOTILHO, 2013, p. 106.

[30] LASSALE, Ferdinand. A essência da Constituição. Rio de Janeiro: Lumen Juris, 2013.

[31] HESSE, Konrad. Die normative Kraft der Verfassung (A força normativa da Constituição); tradução de Gilmar Ferreira Mendes. Porto Alegre: S. A. Fabris, 1991.

> Um ótimo desenvolvimento da força normativa da Constituição depende não apenas do seu conteúdo, mas também de sua práxis. De todos os partícipes da vida constitucional, exige-se partilhar aquela concepção anteriormente por mim denominada vontade de Constituição (Wille zur Verfassung). Ela é fundamental, considerada global ou singularmente.[32]

Nesta senda, não há como dissociar a ideia de normatividade da Constituição sem seus intérpretes, mormente o Supremo Tribunal Federal. O texto trintenário, além de novas incursões pelo constituinte reformador, é reiteradamente adequado e conformado pela Corte Constitucional, responsável por, além de aplicar, promover-lhe o sentido (*sinn*) de sua missão.

Em vista disso, importa dizer que a Constituição emanará os efeitos que o Supremo Tribunal Federal inferir, conforme sua altaneira/supina interpretação. A decisão submetida ao crivo das demandas repetitivas, ao esclarecer a eficácia das normas constitucionais, portanto, tem a força normativa da própria Constituição, força esta que não pode ser preterida até mesmo por nenhum dos dispositivos do CTN. Não à toa, a eventual modulação dos efeitos no tempo das decisões do STF é de competência exclusiva da própria Corte, que não pode ter sua alçada usurpada, muito menos aprioristicamente, por quaisquer outros partícipes.

Sendo assim, importa dizer que, sendo responsável por exortar a força normativa da Constituição, o STF encerra, nele mesmo, o poder criativo oriundo da Constituição. O mesmo razoavelmente há de se dizer do STJ, no âmbito de guardião máxime da legislação infraconstitucional. Na lição magistral de Humberto Ávila:[33]

[32] Ibid., p. 21.

[33] ÁVILA, Humberto. Argumentação jurídica e a imunidade do livro eletrônico. Revista de Direito Tributário. ed. 79. São Paulo: Malheiros, 2001. p. 163-183.

Tratando-se de norma constitucional, e sendo o Supremo Tribunal Federal o órgão constitucionalmente incumbido de interpretar a Constituição Federal, seus acórdãos exercem papel fundamental na construção do significado de qualquer norma constitucional. Na avaliação da relevância do precedente para o sentido da norma objeto de interpretação, é imprescindível ater-se às características da decisão, se de mérito ou de não conhecimento, se proveniente de uma das Turmas ou do Tribunal Pleno, se por unanimidade ou por maioria, se em controle difuso ou em controle concentrado de constitucionalidade. Mais relevante ainda é a identidade das normas já analisadas às normas objeto de interpretação.

A Suprema Corte, assim, conclui:[34]

> [...] Os precedentes firmados pelo Supremo Tribunal Federal desempenham múltiplas e relevantes funções no sistema jurídico, pois lhes cabe conferir previsibilidade às futuras decisões judiciais nas matérias por eles abrangidas, atribuir estabilidade às relações jurídicas constituídas sob a sua égide e em decorrência deles, gerar certeza quanto à validade dos efeitos decorrentes de atos praticados de acordo com esses mesmos precedentes e preservar, assim, em respeito à ética do Direito, a confiança dos cidadãos nas ações do Estado. [...] A força normativa da Constituição e o monopólio da última palavra, pelo Supremo Tribunal Federal, em matéria de interpretação constitucional.
>
> - O exercício da jurisdição constitucional, que tem por objetivo preservar a supremacia da Constituição, põe em evidência a dimensão essencialmente política em que se projeta a atividade institucional do Supremo Tribunal Federal, pois, no processo de indagação constitucional, assenta-se a magna prerrogativa de

[34] MS 26.603, Pleno, rel. Min. Celso de Mello, j. 04.10.2007, DJe 18.12.2008.

decidir, em última análise, sobre a própria substância do poder. – No poder de interpretar a Lei Fundamental, reside a prerrogativa extraordinária de (re) formulá- la, eis que a interpretação judicial acha-se compreendida entre os processos informais de mutação constitucional, a significar, portanto, que 'A Constituição está em elaboração permanente nos Tribunais incumbidos de aplicá-la'. Doutrina. Precedentes. – A interpretação constitucional derivada das decisões proferidas pelo Supremo Tribunal Federal – a quem se atribuiu a função eminente de 'guarda da Constituição' (CF/1988, art. 102, caput) – assume papel de fundamental importância na organização institucional do Estado brasileiro, a justificar o reconhecimento de que o modelo político-jurídico vigente em nosso País conferiu à Suprema Corte a singular prerrogativa de dispor do monopólio da última palavra em tema de exegese das normas inscritas no texto da Lei Fundamental.

3.1.1.2. A legitimação/ratificação de seus efeitos pelo resto do sistema jurídico

Os precedentes vinculantes foram, como se depreendeu, evoluindo ao longo dos últimos anos no ordenamento jurídico brasileiro, até culminar na cristalização definitiva pelo art. 927 do CPC.

Explicada anteriormente também a sua força normativa em sentido forte, visto que se trata de regra formalmente circunscrita. Não obstante, o que se tem visto, como era realmente de esperar, é o fato de que os demais tribunais e instâncias aos poucos foram (e vão) se adaptando à nova sistemática.

Tal investida, advinda, principalmente, da reforma do Judiciário, aos poucos vai encontrando guarida, inclusive especificamente pela Administração Pública. Vide o art. 19 da Lei nº 10.522/02:

Art. 19 – Fica a Procuradoria-Geral da Fazenda Nacional autorizada a não contestar, a não interpor recurso ou a desistir do que tenha sido interposto, desde que inexista outro fundamento relevante, na hipótese de a decisão versar sobre: (Redação dada pela Lei nº 11.033, de 2004)

I – matérias de que trata o art. 18;

II – matérias que, em virtude de jurisprudência pacífica do Supremo Tribunal Federal, do Superior Tribunal de Justiça, do Tribunal Superior do Trabalho e do Tribunal Superior Eleitoral, sejam objeto de ato declaratório do Procurador-Geral da Fazenda Nacional, aprovado pelo Ministro de Estado da Fazenda; (Redação dada pela Lei nº 12.844, de 2013)

III – (VETADO). (Incluído pela Lei nº 12.788, de 2013)

IV – matérias decididas de modo desfavorável à Fazenda Nacional pelo Supremo Tribunal Federal, em sede de julgamento realizado nos termos do art. 543-B da Lei no 5.869, de 11 de janeiro de 1973 – Código de Processo Civil; (Incluído pela Lei nº 12.844, de 2013)

V – matérias decididas de modo desfavorável à Fazenda Nacional pelo Superior Tribunal de Justiça, em sede de julgamento realizado nos termos dos art. 543-C da Lei nº 5.869, de 11 de janeiro de 1973 – Código de Processo Civil, com exceção daquelas que ainda possam ser objeto de apreciação pelo Supremo Tribunal Federal. (Incluído pela Lei nº 12.844, de 2013)

§ 1º – Nas matérias de que trata este artigo, o Procurador da Fazenda Nacional que atuar no feito deverá, expressamente: (Redação dada pela Lei nº 12.844, de 2013)

I – reconhecer a procedência do pedido, quando citado para apresentar resposta, inclusive em embargos à execução fiscal e exceções de pré-executividade, hipóteses em que não haverá condenação em honorários; ou (Incluído pela Lei nº 12.844, de 2013)

II – manifestar o seu desinteresse em recorrer, quando intimado da decisão judicial. (Incluído pela Lei nº 12.844, de 2013)

§ 2º – A sentença, ocorrendo a hipótese do § 1º, não se subordinará ao duplo grau de jurisdição obrigatório.

§ 3º – Encontrando-se o processo no Tribunal, poderá o relator da remessa negar-lhe seguimento, desde que, intimado o Procurador da Fazenda Nacional, haja manifestação de desinteresse.

§ 4º – A Secretaria da Receita Federal do Brasil não constituirá os créditos tributários relativos às matérias de que tratam os incisos II, IV e V do caput, após manifestação da Procuradoria-Geral da Fazenda Nacional nos casos dos incisos IV e V do caput. (Redação dada pela Lei nº 12.844, de 2013)

§ 5º – As unidades da Secretaria da Receita Federal do Brasil deverão reproduzir, em suas decisões sobre as matérias a que se refere o caput, o entendimento adotado nas decisões definitivas de mérito, que versem sobre essas matérias, após manifestação da Procuradoria-Geral da Fazenda Nacional nos casos dos incisos IV e V do caput. (Redação dada pela Lei nº 12.844, de 2013)

§ 6º – (VETADO). (Incluído pela Lei nº 12.788, de 2013)

§ 7º – Na hipótese de créditos tributários já constituídos, a autoridade lançadora deverá rever de ofício o lançamento, para efeito de alterar total ou parcialmente o crédito tributário, conforme o caso, após manifestação da Procuradoria-Geral da Fazenda Nacional nos casos dos incisos IV e V do caput. (Incluído pela Lei nº 12.844, de 2013)

Igualmente, o Parecer PGFN/CDA/CRJ nº 396/2013, não convindo sua transcrição integral, visto que extenso, assim está ementado:

DISPENSA DE IMPUGNAÇÃO JUDICIAL FUNDADA EM PRECEDENTE DO STF OU DO STJ JULGADO NA SISTEMÁTICA DOS ARTS. 543-B E 543-C DO CPC. REPERCUSSÃO NO ÂMBITO DAS ATRIBUIÇÕES INSTITUCIONAIS DA RFB.

Neste sentido ressalta-se, com a merecida ênfase, que a Lei nº 10.522/02 (art. 19), em conjunto com o Parecer PGFN/CDA/CRJ nº 396/2013 já obriga a Procuradoria- Geral da Fazenda Nacional a não contestar, interpor recurso ou desistir dos que já tenham sido interpostos nas hipóteses de demandas judiciais que versem sobre matérias analisadas em demandas repetitivas, bem como impede a Secretaria da Receita Federal que constitua créditos tributários ou que revise de ofício os já constituídos.

Da mesma forma já dispõe o Regimento Interno do Conselho Administrativo de Recursos Fiscais – CARF (art. 62, § 1º, II, 'b'), devendo as turmas de julgamento observarem a aplicação dos julgados do STF e STJ:

> Art. 62 – Fica vedado aos membros das turmas de julgamento do CARF afastar a aplicação ou deixar de observar tratado, acordo internacional, lei ou decreto, sob fundamento de inconstitucionalidade.
>
> § 1º – O disposto no caput não se aplica aos casos de tratado, acordo internacional, lei ou ato normativo:
>
> I – que já tenha sido declarado inconstitucional por decisão definitiva plenária do Supremo Tribunal Federal; (Redação dada pela Portaria MF nº 39, de 2016)
>
> II – que fundamente crédito tributário objeto de:
>
> a) Súmula Vinculante do Supremo Tribunal Federal, nos termos do art. 103-A da Constituição Federal;
>
> b) Decisão definitiva do Supremo Tribunal Federal ou do Superior Tribunal de Justiça, em sede de julgamento realizado nos termos dos arts. 543-B e 543-C da Lei nº 5.869, de 1973, ou dos arts. 1.036 a 1.041 da Lei nº 13.105, de 2015 – Código de Processo Civil, na forma disciplinada pela Administração Tributária; (Redação dada pela Portaria MF nº 152, de 2016)
>
> c) Dispensa legal de constituição ou Ato Declaratório da Procuradoria- Geral da Fazenda Nacional (PGFN) aprovado pelo

> Ministro de Estado da Fazenda, nos termos dos arts. 18 e 19 da Lei nº 10.522, de 19 de julho de 2002;
>
> d) Parecer do Advogado-Geral da União aprovado pelo Presidente da República, nos termos dos arts. 40 e 41 da Lei Complementar nº 73, de 10 de fevereiro de 1993; e
>
> e) Súmula da Advocacia-Geral da União, nos termos do art. 43 da Lei 73 Complementar nº 73, de 1993. (Redação dada pela Portaria MF nº 39, de 2016)
>
> § 2º - As decisões definitivas de mérito, proferidas pelo Supremo Tribunal Federal e pelo Superior Tribunal de Justiça em matéria infraconstitucional, na sistemática dos arts. 543-B e 543-C da Lei nº 5.869, de 1973, ou dos arts. 1.036 a 1.041 da Lei nº 13.105, de 2015 – Código de Processo Civil, deverão ser reproduzidas pelos conselheiros no julgamento dos recursos no âmbito do CARF. (Redação dada pela Portaria MF nº 152, de 2016)

Assim sendo, os processos julgados em repercussão geral e recurso repetitivo não só pacificaram a inteligência dos tribunais superiores, como definiram que todo e qualquer caso símile tenha invariavelmente o mesmo desfecho. O demonstrado supra corrobora precisamente isso, no sentido de que a própria Receita Federal, a PGFN e o CARF já reconhecem a plena executoriedade das decisões proferidas em sede de demandas repetitivas.

O discutido em cada uma das demandas sob tal crivo acaba por revestir-se ainda de liquidez e certeza, visto que o resultado final da demanda deverá sempre respeitar os paradigmas dos tribunais superiores.

Se vê, assim, que as demais legislações, sobretudo as de cunho administrativo-tributário, importa dizer, aquelas que terão ingerência sobre o direito de compensação apregoado pelo art. 170-A do CTN, já estão plenamente de acordo com o novo entendimento e eficácia do precedente vinculante, inclusive podendo dispor sobre o Direito nas esferas judiciais por meio da atuação da PGFN, o que reforça ainda mais o seu caráter normativo e mandatório no Direito brasileiro.

3.2. O argumento sobre a necessidade de redução teleológica e ponderação com os princípios subjacentes

Mesmo que, ao sentir, o argumento sobre a necessidade de observação dos precedentes vinculantes repetitivos seja de todo suficiente para o deslinde do tema- problema aqui delineado, cumpre discorrer sobre aquele que, salvo melhor juízo, colocará fim a questão.

Viram-se, até agora, traçadas duas regras jurídicas com espectro de atuação que, em determinadas situações, se sobrepõem e conflitam. São elas:

> 1) Regra de ordem semântica prescrita no art. 170-A do CTN (Lei nº 5.172/66), com o seguinte mandamento extraível: 'É vedada a compensação tributária em casos judicializados antes do trânsito em julgado'.
>
> 2) Regra de ordem semântica prescrita no inciso III do art. 927 do CPC (Lei nº 13.105/15), com o seguinte mandamento extraível: 'Os juízes e tribunais observarão, obrigatoriamente, os precedentes vinculantes em casos repetitivos'.

As regras, portanto, apõem-se sempre que: "Houver demanda judicial em que se requer o reconhecimento do direito à repetição do indébito e à compensação tributária antes do trânsito em julgado em casos que possuem precedentes vinculativos repetitivos julgados pelo STF ou STJ."

A interferência enunciada acima, por mais que possa parecer uma situação de fundo deveras específica, na realidade tributária não o é. Muito pelo contrário, o que se vê pelos tribunais do Brasil é vultosa carga de processos que requerem o reconhecimento do indébito.

Para se ter uma ideia, dos 994 temas de Recurso Repetitivo perante o STJ, 282 temas são de cunho previdenciário (57) ou tributário (225), ou seja, 28,37% dos casos.[35] No caso do STF, dos 1.007 temas de Repercussão Geral Repetitivos, 342 temas são previdenciários (60) ou tributários (282), isto é, 33,96% dos casos.[36]

Pois bem. Anteriormente analisado, o art. 170-A do CTN foi inserido em um contexto de tentativa de retomada de crescimento do país, de novas políticas monetárias e fiscais, recém-criação de inúmeras legislações tributárias, de pouca segurança jurídica e expressivo aumento da tributação.

O referido artigo, como também exposto, visou a diminuir a perda de numerários em compensações fiscais permitidas e realizadas por meio de decisões intermediárias, antes do trânsito em julgado. O pretexto utilizado foi, quando da submissão do Projeto que culminaria na Lei Complementar 104/01, de que faltaria ao crédito do contribuinte (objeto de judicialização), os requisitos de liquidez e certeza, que somente poderiam ser alcançados pelo trânsito em julgado.

O que se observa, porém, hoje, é que os precedentes de eficácia vinculativa trouxeram, inexoravelmente, com a sua sistemática do caso modelo em demandas repetitivas perante o STF e STJ, legítima certeza e liquidez do direito neles balizado. Nestes casos, constata-se que o trânsito em julgado é previsível, consistente e coerente.

[35] BRASIL, Superior Tribunal de Justiça. Repetitivos e IAC – acesso ao sistema. Disponível em: <http://www.stj.jus.br/repetitivos/temas_repetitivos/>. Acesso em: 08. Jun. 2019.

[36] BRASIL, Supremo Tribunal Federal. Repercussão geral – Pesquisa Avançada. Disponível em: <http://www.stf.jus.br/portal/jurisprudenciaRepercussao/pesquisarProcesso.asp>. Acesso em: 08. Jun. 2019.

Em vista disso, em se tratando de precedentes com normatividade em sentido forte (*binding precedents*), é esperável, por conta da própria metodização, que o resultado final da demanda seja coincidente à *ratio decidendi* extraída do precedente.

Coloca-se, assim, empecilhos desproporcionais nos referidos casos, que atentam direitos e valores e, em última análise, a própria Constituição. Alteradas, portanto, as condições (*background conditions*) em que a regra restritiva de compensação se manifesta, faz-se necessária sua redução teleológica-contextual.

A técnica da redução consiste na elaboração de uma exceção na hipótese de incidência de uma norma jurídica, fundada na equidade, nos casos em que há visível desequilíbrio quando da sua aplicação num novo contexto. Ocorre, por conseguinte, redução na área semântica da regra excetuada. Segundo Günther[37], "a relação de uma norma com todos os outros aspectos da situação tem de ser determinada novamente em cada situação de aplicação, porque modificações na constelação de traços que definem a situação não podem ser antecipadamente previstas".

A possibilidade, destarte, é observável, uma vez que os enunciados jurídicos (semânticos) são necessariamente limitados, do ponto de vista de sua exaustividade. Presumem-se, em sua concepção, como precisos e suficientes a promover as condutas prescritas, mas há de consignar que esses, diante da nova realidade de fundo, estão sujeitos a mudanças.

Neste sentido, a lição de Klaus Günther:[38]

> A justificação de uma norma dura apenas até o momento em que permaneçam inalterados os possíveis contextos de aplicação conhecidos por todos os participantes com fundamento em suas

[37] GÜNTHER, Klaus. The sense of appropriateness: Application discourses in morality and law. Albany: State University of New York Press, 1993. p. 68.
[38] GÜNTHER, op. cit, p. 69.

> experiências históricas. Apenas uma aplicação imparcial nos põe em posição de relacionar uma norma universalmente justificada a contextos estendidos e modificados e desse modo exaurir todas as variáveis semânticas relevantes para a decisão. Variações no contexto nos compelem a interpretar novamente as situações, e nós podemos desse modo trazer à colação novos interesses.

Esse raciocínio será sempre possível, posto que um sistema jurídico perfeito, totalmente suficiente e abarcador integral das consequências jurídicas é inexequível. Seria, para tanto, necessário que existisse uma regra para cada potencial conduta humana. É exatamente nesse contexto que os enunciados jurídicos são condicionados à manutenção da situação fática para a qual foram concebidos.

Deste modo, a redução teleológica impende reconhecer, com certo grau de objetividade, as circunstâncias supervenientes e exceptivas à regra de incidência da norma, que acabam tornando a solução por ela prescrita inadequada e, por conseguinte, inadmissível aos olhos da moral ou aos princípios constitucionalmente albergados. Nas palavras de Thomas Bustamante:[39]

> Quando a aplicação de uma regra jurídica interferir excessivamente em princípios considerados especialmente importantes, implicando manifesta injustiça no caso concreto, será possível criar uma exceção à regra em tela com o emprego da técnica da redução de significado (reduction) de regras jurídicas válidas, por meio da qual se limita o raio de incidência de uma norma jurídica cujo significado literal é considerado muito amplo. Através da redução o tribunal reconhece uma exceção não-escrita à incidência da norma, ou seja, realiza uma modificação na regra jurídica para os casos em que sua aplicabilidade for tida como indesejada.

[39] BUSTAMANTE, Thomas da Rosa de. Teoria do precedente judicial: a justificação e a aplicação de regras jurisprudenciais. São Paulo: Noeses, 2012. p. 475.

No presente caso, o surgimento da regra de observância do precedente vinculante (art. 927, III, CPC) traz à tona consigo princípios ou valores juridicamente consolidados com importância suficiente para impedir a consequência normativa da regra sobre a compensação tributária (art. 170-A, CTN). Desta maneira, a observância desta última como enunciada não mais garante a sua adequada e coerente aplicação perante o sistema brasileiro.

A aplicação do 170-A, conforme engendrada, quando deposta às novas condições, viola a Constituição e seus princípios subjacentes, que hoje demonstram historicamente a evolução no sentido da efetividade, duração razoável, celeridade, segurança jurídica, isonomia, praticabilidade e proporcionalidade em sentido estrito, para citar apenas os que foram neste trabalho delineados, na certeza de haveria outros mais.

Na toada do que foi até agora exposto, menciona-se que exceções à aplicação das regras jurídicas são formuladas, por conseguinte, com base na ponderação racional de princípios, por meio de um sopesamento que determinará se é possível, ou não, estabelecer uma exceção por redução. Nas palavras de Neil MacCormick:[40]

> [...] exceções ocorrem sempre que surge uma situação em que os acontecimentos particularmente em questão trazem à tona alguns princípios ou valores (juridicamente consolidados) com importância suficiente para prevalecer sobre [override] a presumida autossuficiência das condições expressamente estabelecidas para o surgimento de um direito.

[40] MACCORMICK, Neil. Defeasibility in Law and Logic. In: BANKOWSKI, Zenon, et al. (Orgs.).
Informatics and the Foundations of Legal Reasoning. Dordrecht: Kluwer, 1995. p .103.

Desta forma, considerada a possibilidade de superação da regra de compensação, voltar-se-á ao exame dos princípios colidentes no caso, utilizando-se da ponderação por sopesamento. Pelo método, será possível extrair juridicamente uma regra por argumentação, racionalidade prática e fundamentação, na exata medida das máximas de otimização.

Estar-se-á dizendo, portanto, na prática, que na dialética entre os princípios elencados:

> 1) Da duração razoável, celeridade e efetividade processuais: a aplicação da regra absoluta/pura da compensação do art. 170-A do CTN notoriamente os restringe, visto que configura óbice adicional de concreção da missão constitucional de consignar processos mais rápidos. Ressalta-se, com a merecida ênfase: os precedentes vinculantes de caráter repetitivos foram criados exatamente neste sentido;
>
> 2) Da segurança jurídica: o art. 170-A do CTN extirpa, por completo, o estado de cognoscibilidade, confiabilidade e calculabilidade do sistema de precedentes, que se funda na capacidade e controlabilidade jurídica. Ainda que exista eminente previsibilidade do resultado final do processo, o artigo não permitirá a compensação antes do trânsito, quebrando a própria lógica do sistema. Obsta, ainda, os efeitos de decisão judicial intermediária;
>
> 3) Da isonomia: a regra de compensação tributária do art. 170-A do CTN penaliza o contribuinte que ingressou judicialmente, depondo contra seu direito de ação, em detrimento de qualquer outro indivíduo com o mesmo direito que não tenha suscitado o judiciário; torna a tutela jurisdicional fator de restrição jurídica onerosa para o cidadão jurisdicionado; submete, portanto, contribuintes com direitos idênticos a serem tutelados em situação de desigualdade;
>
> 4) Da neutralidade tributária: seguindo a máxima de que o tributo (aqui, entende-se a sua repetição) não deve constituir um

elemento que interfira na concorrência, ou seja, não pode se transformar em custo maior para uns do que para outros concorrentes. Com a impossibilidade de compensação, o estado está influindo direta e negativamente na economia e no direito concorrencial, visto que outro contribuinte, nas mesmas condições, mas sem ação ajuizada estará em vantagem financeira efetiva;

5) Da praticidade/praticabilidade: a restrição veiculada pelo art. 170-A do CTN intrinsecamente depõe contra a praticidade, visto que a compensação é evidente e notório estandarte da praticidade enquanto meio de extinguir a obrigação tributária;

6) Da proporcionalidade: por fim, a regra restritiva de compensação do art. 170-A do CTN não se compatibiliza com o sistema, vez que não resiste ao exame de adequação, necessidade e proporcionalidade estrita entre os direitos por ele veiculados e a importância da realização dos outros princípios colidentes.

E os que aqui se vislumbra contrapostos: 1) da primazia do interesse público e 2) da legalidade, por sopesamento, pondera-se que aqueles restarão protegidos, conduzidos e concretizados em sua maior otimização, a menor custa desses, quando se pretende afastar a regra enunciada pelo art. 170-A do CTN.

Nesse caso, a situação de excepcionalidade oriunda da regra (e todo o seu arcabouço jurídico) que obriga a aplicação dos precedentes em matéria repetitiva impede o surgimento da consequência que normalmente seria percebível da regra de compensação. É nessa medida, salvo melhor juízo, que se fará a melhor justiça no caso concreto.

3.3. A compensação com aplicação/eficácia imediata

Partindo do pressuposto de aceitação da proposição de aplicação adequada, coerente e conforme do art. 170-A do CTN, em que seu critério semântico foi reduzido teleologicamente para dar azo à nova realidade dos precedentes vinculantes em matéria tributária no Estado Democrático de Direito Brasileiro, serão neste subcapítulo trazidas algumas hipóteses de soluções reputadas adequadas sobre o que deveria ocorrer, a partir de uma premissa, qual seja: "O que acontecerá, na realidade, em relação aos elementos (i) de aplicação do precedente; (ii) da flexibilização da eficácia do art. 170-A do CTN; (iii) dos atos processuais adequados; e (iv) dos procedimentos administrativos relacionados à compensação, nos diferentes casos práticos?"

Baseia-se, assim em duas enunciações primárias de fundo, em que determinado contribuinte deseja efetuar a compensação tributária de créditos que entende passíveis de repetição administrativa e:

1) não possui ação judicial;
2) possui ação judicial;

Tentar-se-á responder a todos esses elementos com indicativos de conduta dos partícipes da interpretação/aplicação da regra jurídica ponderada, em diferentes casos, desde já pedindo vênia para sistematizá-los em forma de quadros, pelo que se acredita facilitará a compreensão.

3.3.1. Nos casos em que o Contribuinte não possui ação judicial

Nos casos em que não possui ação judicial, estará o contribuinte submetido à sua pretensão nos termos da legislação compensatória em âmbito administrativo. Se em relação ao mérito da repetição do indébito houver precedente vinculativo em matéria repetitiva que se enquadre, mesmo sem ajuizamento, entende-se bem resguardado e que o Fisco não teria o condão de declarar não homologada a sua compensação (sobretudo em razão da multa de 50% prevista no § 17 do art. 74 da Lei nº 9.430/96). De modo mais efetivo, ainda se o contribuinte tiver pretensão baseada em precedente vinculativo contemplado pelas listas de dispensar e recorrer da Procuradoria-Geral da Fazenda Nacional (PGFN).

3.3.2. Nos casos em que o Contribuinte possui ação judicial

Neste item haverá de ser feitas diferenciações, reflexões e proposições de conduta às quais se fez referência acima, por meio de quadros explicativos. Dada a especificidade da matéria tributária, antes um alerta: cada uma das situações em relação aos precedentes de cada tribunal envolve três operadores: precedentes favoráveis, desfavoráveis ou pendentes de análise e sua inter-relação com os outros três operadores do outro tribunal. Isso se dá em razão do amplo arcabouço legal no qual o Direito Tributário se insere. Obrigações tributárias frequentemente se baseiam na Constituição e em legislação infraconstitucional, e os precedentes podem ser exclusivos ou não de competência.

Passada a questão, faz-se aqui uma digressão necessária. As partes que queiram ou precisam utilizar da sistemática dos precedentes para reconhecimento da compensação tributária devem ter em mente que, independentemente de possuírem ou não o direito ao uso dos efeitos do precedente, será necessário fazer, pelo intérprete, o prévio *distinguish*. Isso porque somente assim se acredita conferir maior efetividade ao método. Sempre diante de um caso concreto, existirá a imprescindibilidade de averiguar a *ratio decidendi* e a similitude entre os casos. Vamos aos quadros.

3.3.2.1. Nas hipóteses de Recurso Extraordinário Repetitivo com precedente favorável

Quadro 1 – Soluções reputadas adequadas em exame de superabilidade do precedente – RE x Resp repetitivos

	Recurso Extraordinário Repetitivo com precedente favorável
Recurso Especial Repetitivocom precedente favorável	- **Aplica-se** o precedente vinculante (art. 1.040, I, CPC) - **Flexibiliza-se** a eficácia do art. 170-A, CTN - **Indefere** as razões da PGFN preliminarmente (art. 932, IV, 'b', CPC) - A compensação administrativa **deve** ser intentada, **sem riscos** de ser considerada não declarada (art. 74, § 12, 'd', Lei nº 9.430/96)
Recurso Especial Repetitivopendente de análise	- **Aplica**-se o precedente vinculante (art. 1.040, I, CPC) - **Flexibiliza**-se a eficácia do art. 170-A, CTN - **Indefere** as razões da PGFN preliminarmente, em vista da hierarquia constitucional (art. 932, IV, 'b', CPC) - A compensação administrativa **deve** ser intentada, **sem riscos** de ser considerada não declarada (art. 74, § 12, 'd', Lei nº 9.430/96)
Recurso Especial Repetitivocom precedente desfavorável ou com exame de que a matéria é eminentemente constitucional, portanto,de competênciaexclusiva do STF	- **Aplica**-se o precedente vinculante (art. 1.040, I, CPC) - **Flexibiliza**-se a eficácia do art. 170-A, CTN - **Indefere** as razões da PGFN preliminarmente, em vista da hierarquia constitucional (art. 932, IV, 'b', CPC) - A compensação administrativa **deve** ser intentada, **sem riscos** de ser considerada não declarada (art. 74, § 12, 'd', Lei nº 9.430/96)

3.3.2.2. Nas hipóteses de Recurso Extraordinário Repetitivo pendente de análise

Quadro 2 – Soluções reputadas adequadas em exame de superabilidade do precedente – RE x Resp repetitivos

	Recurso Extraordinário Repetitivo pendente de análise
Recurso Especial Repetitivocom precedente favorável	- **Aplica**-se o precedente vinculante (art. 1.040, I, CPC) - **Flexibiliza**-se a eficácia do art. 170-A, CTN - **Indefere** as razões da PGFN preliminarmente no REsp (art. 932, IV, 'b', CPC) e **sobresta** o RE (art. 1.030, III; art. 1.036; art. 1.037; CPC) - A compensação administrativa **deve** ser intentada, com **menores riscos** de ser considerada não declarada (art. 74, § 12, 'd', Lei nº 9.430/96), visto que, se o RE inverter o entendimento, **há possibilidade de modulação de efeitos da decisão** (art. 927, § 3º, CPC)
Recurso Especial Repetitivopendente de análise	- **Não se aplica** o precedente vinculante - **Eficácia pura** do art. 170-A, CTN é **mantida** - **Sobresta ambos** RE e REsp (art. 1.030, III; art. 1.036; art. 1.037; CPC) - A compensação administrativa **pode** ser intentada, com **consideráveis riscos** de ser considerada não declarada (art. 74, § 12, 'd', Lei nº 9.430/96), visto que existe possibilidade de algum precedente ser deferido antes da decisão administrativa
Recurso Especial Repetitivocom precedente desfavorável ou com exame de que a matéria é eminentemente constitucional, portanto,de competênciaexclusiva do STF	- **Não se aplica** o precedente vinculante - **Eficácia pura** do art. 170-A, CTN **é mantida** - **Indefere** as razões do contribuinte preliminarmente no REsp (art. 932, IV, 'b', CPC) e **sobresta** o RE (art. 1.030, III; art. 1.036; art. 1.037; CPC) - A compensação administrativa **pode** ser intentada, com **consideráveis riscos** de ser considerada não declarada (art. 74, § 12, 'd', Lei nº 9.430/96), visto que existe possibilidade do precedente do STF ser deferido antes da decisão administrativa

3.3.2.3. Nas hipóteses de Recurso Extraordinário Repetitivo com precedente desfavorável, ausência de repercussão geral ou com matéria eminentemente infraconstitucional, portanto, de competência exclusiva do STJ

Quadro 3 – Soluções reputadas adequadas em exame de superabilidade do precedente – RE x Resp repetitivos

	Recurso Extraordinário Repetitivo com precedente desfavorável, ausência de Repercussão Geral ou com matéria eminentemente infraconstitucional, portanto, de competência exclusiva do STJ
Recurso Especial Repetitivo com precedente favorável	– **Aplica**-se o precedente vinculante se ausentes a Repercussão Geral ou tratar de matéria infraconstitucional (art. 1.040, I, CPC); ou **indefere** as razões do contribuinte preliminarmente, se o precedente do STF for desfavorável (art. 932, IV, 'b', CPC) – **Flexibiliza**-se a eficácia do art. 170-A, CTN se ausentes a Repercussão Geral ou tratar de matéria infraconstitucional;ou **mantém a eficácia pura** do art. 170-A, CTN se o precedente do STF for desfavorável – **Indefere** as razões do contribuinte preliminarmente se o precedente do STF for desfavorável; ou **indefere** as razões da PGFN se ausentes a Repercussão Geral ou tratar de matéria infraconstitucional (art. 932, IV, 'b', CPC) – A compensação administrativa **deve** ser intentada, **sem riscos** de ser considerada não declarada se ausentes a Repercussão Geral ou tratar de matéria infraconstitucional; e com **maiores riscos** se o precedente do STF for desfavorável (art. 74, § 12, 'd', Lei nº 9.430/96)

Recurso Especial Repetitivo pendente de análise	- **Não se aplica** o precedente vinculante - **Eficácia pura** do art. 170-A, CTN **é mantida** - **Indefere** as razões do contribuinte preliminarmente, se o precedente do STF for desfavorável (art. 932, IV, 'b', CPC); **sobresta** o REsp se ausentes a Repercussão Geral ou tratar de matéria infraconstitucional (art. 1.030, III; art. 1.036; art. 1.037; CPC) - A compensação administrativa **pode** ser intentada, com **consideráveis riscos** de ser considerada não declarada se ausentes a Repercussão Geral ou tratar de matéria infraconstitucional (art. 74, § 12, 'd', Lei nº 9.430/96), visto que existe possibilidade do REsp ser deferido antes da decisão administrativa
Recurso Especial Repetitivo com precedente desfavorável ou com exame de que a matéria é eminentemente constitucional, portanto, de competência exclusiva do STF	- **Não se aplica** o precedente vinculante - **Eficácia pura** do art. 170-A, CTN **é mantida** - **Indefere** as razões do contribuinte preliminarmente (art. 932, IV, 'b',CPC) - A compensação administrativa **pode** ser intentada, com **maiores riscos** de ser considerada não declarada (art. 74, § 12, 'd', Lei nº 9.430/96)

3.4 Análise jurisprudencial – sinalização de mudança?

A jurisprudência massiva dos tribunais brasileiros é no sentido de aplicação do art. 170-A do CTN em sua literalidade, prestigiando cegamente o enunciado linguístico do referido preceito. No entanto, dois julgados recentes levantaram uma fagulha sobre a aplicação correta do artigo.

Neste sentido, insta destacar decisão, proferida no âmbito do Cumprimento Provisório de Sentença de autos nº 5007628-70.2017.4.03.6100, por meio da qual o juiz federal substituto da 5ª Vara Cível Federal de São Paulo autorizou a compensação antes mesmo do trânsito em julgado do acórdão que reconheceu seu direito.

Segundo o juiz federal, por ter sido a incidência tributária já afastada pelo STJ, sob o rito dos recursos repetitivos, não haveria óbice à compensação dos valores recolhidos indevidamente a título da exação questionada, conforme se depreende do seguinte excerto extraído da fundamentação do *decisum*:

> V – Tendo em vista que a matéria relativa à exigibilidade de contribuição previdenciária sobre a remuneração paga em virtude do afastamento do empregado no período de quinze dias que antecede a concessão de auxílio doença/acidente, bem assim sobre o abono constitucional de férias (1/3) encontra-se, atualmente, pacificada nos colendos STF e STJ, não se mostra razoável aguardar-se o trânsito em julgado de decisum para a efetivação da compensação do indébito tributário em referência, quando inexistente qualquer possibilidade de alteração da situação jurídica já reconhecida, nos autos. Ademais, segundo a inteligência do art. 557, caput e respectivo § 1º, do CPC, o relator negará seguimento a recurso manifestamente em confronto com súmula ou com jurisprudência dominante do respectivo tribunal, do Supremo Tribunal Federal, ou de Tribunal Superior, ou ainda, estando a decisão recorrida em manifesta contrariedade à súmula ou à jurisprudência dominante do Supremo Tribunal Federal, ou de Tribunal Superior, o relator poderá dar provimento, de pronto, ao recurso, pelo que se verifica, assim, a inaplicabilidade do art. 170-A, do CTN, na espécie, diante da perfeita harmonia do acórdão desta 8ª Turma com o entendimento jurisprudencial consolidado nos colendos STF e STJ nesta matéria, a possibilitar a eficácia plena e imediata da garantia fundamental da razoável duração do processo (CF, art. 5º, LXXVIII e respectivo § 1º) na materialização instrumental do processo justo. [...]

Assim, ante o julgamento pelo Superior Tribunal de Justiça do Recurso Especial nº 1.230.957-RS, submetido à sistemática prevista pelo artigo 543-C do Código de Processo Civil de 1973,

> entendo possível a imediata compensação dos valores referentes à contribuição previdenciária incidente sobre o aviso prévio indenizado e terço constitucional de férias.
>
> Da mesma forma, considero possível a imediata compensação dos valores correspondentes à contribuição previdenciária patronal incidente sobre as quantias pagas aos empregados a título de auxílio- creche, pois, ainda que não vinculante, a Súmula nº 310 do Superior Tribunal de Justiça dispõe que o auxílio-creche não integra o salário de contribuição.
>
> Pelo todo exposto, defiro a tutela de evidência pleiteada para assegurar o direito da autora de compensar imediatamente os valores indevidamente recolhidos a título de contribuição previdenciária patronal incidente sobre as quantias pagas pela empresa a seus empregados a título de aviso prévio indenizado, terço constitucional de férias e auxílio-creche, nos termos da sentença proferida no mandado de segurança nº 0020995-62.2011.403.6100.

Analisando a fundamentação perpetrada pelo magistrado, vê-se que ele não traçou novos contornos ou concedeu novo ânimo à discussão. O intérprete limitou a replicar as razões de decidir de outro caso, dando, ao final, somente sua anuência para a tutela de evidência pleiteada.

Deste modo, resta difícil saber se houve alguma ou qualquer racionalidade na interpretação, ou se houve apenas repetição às cegas do dispositivo de outro recurso. Tudo leva a crer ter se tratado de outro caso de mera iteração dos julgados, da "jurisprudência" brasileira, mais um exemplo do que quis se diferenciar no subcapitulo IV.1.

Há pouco, neste ano, um acórdão foi divulgado pelo CARF, em que a Turma decidiu pelo afastamento do art. 170-A em casos que tratavam de exações afastadas por conta de precedente judicial vinculante do STF. Confira-se:

> COMPENSAÇÃO. PEDIDO REALIZADO ANTES DO TRÂNSITO EM JULGADO EM FAVOR DO CONTRIBUINTE. QUESTÃO DE CONTEÚDO QUE DEVE SE SOBREPOR À FORMA. PREVALÊNCIA DA RATIO DECIDENDI DE PRECEDENTE PRETORIANO DE CARÁTER VINCULANTE COM A ADEQUAÇÃO DO DISPOSTO NO ART. 170-A DO CTN.
>
> Embora o pedido de compensação perpetrado pelo contribuinte tenha se contraposto à literalidade do art. 170-A do CTN, ao final do processamento judicial a lide por ele proposta foi julgada procedente, com base em precedente vinculante do STF. (RE n. 357.950) o que, por sua vez, faz convocar em seu favor o disposto nos artigos 489, § 1º, inciso VI, 926 e s.s., todos do CPC/2015, bem como o disposto no art. 62, § 1º, inciso II, alínea "b" do RICARF e, ainda, ao prescrito no art. 2º, inciso V da Portaria PGFN n. 502/2016.
>
> Recurso voluntário provido para sujeitar a Administração Pública ao precedente vinculante do STF (RE n. 357.950). Pedido de compensação a ser analisado pela instância competente apenas para fins de apuração quanto à adequação do montante compensado.[41]

Por meio do voto retro, o relator do Recurso Voluntário Administrativo entendeu que, considerando nosso sistema processual de valorização e vinculação dos precedentes, os quais sustenta, inclusive, serem afetos à própria Administração Pública, não haveria óbice à efetivação da compensação de tributos reconhecidamente inconstitucionais.

Alega, assim, que uma tal compensação não iria de encontro ao que prescreve o art. 170-A, porquanto, havendo precedente vinculante que a amparasse (julgando indevida a cobrança tri-

[41] CARF, Acórdão 3402-005.025, Relator Diego Diniz Ribeiro, 4ª Câmara / 2ª Turma Ordinária, Sessão de 22 de março de 2018.

butária), não haveria de se falar em direito controvertido ou incerto que obstasse a providência compensatória.

Conclusões

Por todo exposto, viu-se que, com o advento do paradigma pós-positivista, ganhou especial destaque a atuação judicial conquanto verdadeira força interpretativa e integrativa de direito. Passou-se a analisar o ordenamento jurídico de maneira sistematizada, integrada, com valorização crescente dos precedentes, pautada na Constituição Federal e na consagração e garantia dos direitos fundamentais.

Dentre essas garantias e princípios, alguns valores-norma foram ganhando robustez e premência, enquanto aptos a conferir maior efetividade ao sistema, como a duração razoável, a celeridade, a segurança jurídica, a isonomia e a praticabilidade.

A EC 45/04 foi concebida justamente nesse contexto, trazendo mecanismos de controle judicial e elencou as bases de um sistema de precedentes vinculantes. A constatação definitiva dessa evolução se deu com a publicação do novo CPC (Lei nº 13.105/15), que consolidou, no âmbito do STF e do STJ, o regime de julgamento de demandas múltiplas ou repetitivas por meio do caso modelo, inspirado no padrão alemão. As decisões submetidas a esse regime ganharam, assim, vinculatividade formal, em sentido forte. Não mais se concebe decidir um caso sem que o precedente gerado por esse procedimento seja respeitado.

Aos tribunais e juízes é defeso seguir sem observá-los e hoje convém à própria Administração Pública o seu reconhecimento. Há, portanto, de considerar que, nos casos em que existe o precedente, esse prevalece. Conforme visto, o instituto afigura como importante ferramenta para consecução da missão constitucional, alivia a carga de processos nos tribunais e dá segurança e calculabilidade às decisões e às expectativas de direitos.

O trabalho também prestou a verificar que o art. 170-A do CTN adveio no ordenamento jurídico em momento de clara reestruturação econômica, de crescente litigiosidade tributária e recrudescimento da arrecadação tributária. Seu enunciado trouxe a vedação da compensação tributária quando o contribuinte possuía demanda judicial sem trânsito em julgado. A mudança foi justificada no fato de que, antes do trânsito em julgado, o crédito do contribuinte não estaria líquido e certo.

Nesta senda, ainda que tenha servido como justificativa à época de sua promulgação, o que se depara atualmente é que tal não mais se legitima perante o regime dos precedentes vinculantes. Como visto, além de sistemicamente possuir força normativa, a nova metodização faz cair por terra tal alegação. Ora, o precedente vinculativo torna, certamente, o direito à compensação líquido e certo, na medida em que o resultado da aplicação da norma é de toda forma cognoscível, confiável e calculável, não só antes do trânsito em julgado, mas até mesmo antes da própria judicialização do pleito.

O que se propôs no presente trabalho foi, portanto, olhar a aplicação da norma do art. 170-A do CTN para adequá-la e integrá-la ao sistema jurídico, de modo a realizar ao máximo a ideia de justiça material. Para tanto, ressaltou-se a normatividade vinculante dos precedentes, para depois ponderá-lo com a regra de compensação e os valores e princípios subjacentes, em busca da solução mais juridicamente adequada.

O que ocorreu, portanto, foi a interpretação e a aplicação da regra de compensação prescrita no art. 170-A do CTN, levando em consideração os princípios constitucionalmente erigidos como de orientação absoluta do sistema jurídico vigente e da afirmação/constatação dos precedentes de eficácia vinculante como legítimas fontes de alcance normativo.

Nesse sentido, sustentou, com base na argumentação racional, que normas jurídicas, incluindo-se as regras, estão sujeitas a exceções implícitas, e que seria papel do intérprete analisar as prescrições normativas e o contexto para saber se determinada regra atinge sua função efetiva.

Realizando, assim, o teste de aplicação da regra de compensação, nos moldes atuais, e detectada eminente injustiça no caso concreto, violadora de princípios constitucionais, mormente os princípios da efetividade, da duração razoável e da celeridade processuais, da segurança jurídica, da isonomia, da praticidade e da proporcionalidade, pretendeu reduzir seu raio semântico (*defeasibility*), para que se harmonizasse com o sistema jurídico-tributário hodierno.

O que se apresentou, por conseguinte, foi que o resultado do teste de aplicação vigente não suporta a total abrangência da norma insculpida no art. 170-A do CTN, sendo necessária uma releitura de sua eficácia. Primus, pela própria normatividade formal dos precedentes vinculantes, que hoje encontra guarida no art. 927 do CPC; *secundus*, pela imanente normatividade material oriunda dos precedentes proferidos pelo STF e pelo STJ; *tertius*, pela ratificação, respeito e aplicabilidade cogente das duas últimas perante o restante do ordenamento jurídico, inclusive a própria Administração Pública; e *quartus*, pela verificável situação de injustiça que o sopesamento entre os princípios colidentes evidenciou, caso se aplique o art. 170-A em sua literalidade semântica.

Por derradeiro, esposados os pressupostos de operação com os precedentes, chega-se a tentativa de responder à eventual dúvida final: nesses casos de incidência do precedente vinculante, não se estaria estagnando o Direito? Quando haveria espaço para inovar? A resposta é: sempre.

Essa é a ideia fundadora do atual paradigma do Direito. Tanto existe a possibilidade de mudança da orientação jurisprudencial dominante/vinculante, quanto há a possibilidade de mudança na posição política da atividade legislativa.

Para tanto, pode haver revogação expressa ou tácita por meio das técnicas do *distinguish* (inclusive em sede administrativa, assegurando-se o devido processo legal, a ampla defesa e o contraditório) e *overruling*, A diferença vai residir justamente na medida em que – como é de sabença – o texto muitas vezes demora longos e penosos anos para se aprimorar e atualizar, submetidos à dependência de espaço na agenda política e aos demais trâmites legislativos. Desta forma, assegura-se, ao sentir, importante recurso contra a cristalização/engessamento do direito positivo, com a vantagem de, com isso, acelerar a evolução do direito e minimizar/mitigar a discrepância entre norma-texto e a solução jurídica adequada aos moldes do caso concreto, apto a criar a verdadeira justiça material.

Referências

ABAT, Associação Brasileira de Advocacia Tributária. Parecer: compensação tributária e art. 170-A do CTN, de 27 de fevereiro de 2015. Relator: Vinícius Jucá Alves. São Paulo: Revista Consultor Jurídico. 2 dez. 2015.

ABRAS, Jorge Ricardo El.; CHAGAS, Maurício Saraiva de Abreu. Limites na atribuição da responsabilidade pessoal em relação a débitos tributários de pessoas jurídicas. In: MURICI, Gustavo Lanna; CARDOSO, Oscar Valente; RODRIGUES, Raphael Silva. (Org.). Estudos de direito processual e tributário em homenagem ao ministro Teori Zavascki. Belo Horizonte: Editora D'Plácido, 2018.

AMARAL, Paulo Adyr Dias do. Processo Administrativo Tributário – e o problema da supressão do contraditório. Belo Horizonte: Del Rey, 2011.

ASSIS, Araken de. Processo civil brasileiro. São Paulo: Revista dos Tribunais, 2015.

ÁVILA, Humberto. Segurança jurídica: entre permanência, mudança e realização no Direito Tributário. São Paulo: Malheiros, 2011.

ÁVILA, Humberto. Teoria dos Princípios: da definição à aplicação dos princípios jurídicos. 16. ed. São Paulo: Malheiros Editores, 2015.

BALEEIRO, Aliomar. Direito tributário brasileiro. Atualizada por Misabel Abreu Machado Derzi. 12. ed. Rio de Janeiro: Forense, 2013.

BARROSO, Luís Roberto; MELLO, Patrícia Perrone Campos. Trabalhando com uma nova lógica: a ascensão dos precedentes no direito brasileiro. Revista da AGU, v. 15, 2016.

BITAR, Orlando. A lei e a Constituição. Belém: Do Autor, 1951.

BITAR, Orlando. Obras completas de Orlando Bitar. Rio de Janeiro: Conselho de Federal de Cultura, 1978. v. 2.

BUSTAMANTE, Thomas da Rosa de. Súmulas, praticidade e justiça: um olhar crítico sobre o direito sumular e a individualização do direito à luz do pensamento de Misabel de Abreu Machado Derzi. In: COÊLHO, S. C. N. Segurança jurídica: irretroatividade das decisões judiciais prejudiciais aos contribuintes. Rio de Janeiro: Forense, 2013.

BUSTAMANTE, Thomas da Rosa de. Teoria do precedente judicial: a justificação e a aplicação de regras jurisprudenciais. São Paulo: Noeses, 2012. CANOTILHO, J. J. Gomes. Direito Constitucional. 6. ed. Coimbra: Almedina, 1993. CANOTILHO, J. J. Gomes. Os métodos do achamento político. In: STRECK, Lenio L.; MENDES, Gilmar F.; SARLET, Ingo W.; (Coords.). Comentários à Constituição do Brasil. São Paulo: Saraiva/Almedina, 2013.

CARRAZZA, Roque Antônio. Curso de Direito Constitucional Tributário. São Paulo: Malheiros, 2007.

CARVALHO. Paulo de Barros. Curso de Direito Tributário. 17. ed. São Paulo: Saraiva, 2005.

COÊLHO, Sacha Calmon Navarro. Curso de Direito Tributário Brasileiro. 14. ed. rev. e atual. Rio de Janeiro: Forense, 2015.

COSTA, Regina Helena. Praticabilidade e Justiça tributária. São Paulo: Mandamentos, 2007.

CRISAFULLI, Vezio. La costituzione e le sue disposizioni di principio, p. 15, apud

BONAVIDES, Paulo. Curso de Direito Constitucional. São Paulo: Malheiros, 2004. 15. ed. atual.

GARCIA, Túlio de Medeiros Garcia. Compensações declaradas em DCTF e necessidade de lançamento de ofício. In: MANEIRA, E.; LOBATO, V. (Ed.). Compensação tributária no âmbito federal: Questões Práticas. São Paulo: FocoFiscal, 2015.

GRAU, Eros Roberto. Direito posto e Direito pressuposto. São Paulo: Malheiros, 1996.

KELSEN, Hans. Teoria pura do Direito. [tradução João Baptista Machado]. 6. ed. São Paulo: Martins Fontes, 1998.

LASSALE, Ferdinand. A essência da Constituição. Rio de Janeiro: Lumen Juris, 2013.

LOBATO, Valter de Souza; BARROS, Monica. Compensações declaradas em DCTF e a imprescindibilidade do lançamento de ofício para a constituição do crédito tributário. In: MANEIRA, E.; LOBATO, V. (Ed.). Compensação tributária no âmbito federal: Questões Práticas. São Paulo: FocoFiscal, 2015.

MACÊDO, Lucas Buril de. Transformação, sinalização e superação antecipada e sua pertinência ao sistema de precedentes brasileiro. Revista de Processo Comparado: RPC, São Paulo, v. 2, n. 3, p. 89-120, jan./jun. 2016.

MACHADO, Hugo de Brito. Curso de Direito Tributário. 31. ed. rev., atual. e ampl. São Paulo: Malheiros Editores, 2010. p. 222.

MARINS, James. Direito processual tributário brasileiro: (administrativo e judicial). 7. ed. São Paulo: Dialética, 2014.

MARSHALL, John. Decisões constitucionais de Marshall. Rio de Janeiro: Imprensa Nacional, 1903.

MARTINS, Ives Gandra da Silva coordenador. Curso de Direito Tributário. 8. ed. São Paulo: Saraiva, 2001.

MEDINA, José Miguel Garcia. Direito processual civil moderno. 2. ed., rev., atual. e ampl. São Paulo: Revista dos Tribunais, 2016.

MELLO, Celso Antônio Bandeira de. Conteúdo Jurídico do Princípio da Igualdade. 3. ed. 23 reimp. São Paulo: Malheiros, 2014.

NATAL, Eduardo Gonzaga Oliveira de. O art. 170-A do CTN e a jurisprudência do Superior Tribunal de Justiça. Revista Tributária e de Finanças Públicas. v. 83. nov- dez. 2008.

NEVES, Daniel Amorim Assumpção. Manual de Direito Processual Civil – volume único. 8. ed. Salvador: Ed. JusPodivm, 2016. p. 2348-2351.

NUNES, Dierle José Coelho. O Brasil entre o civil law e o common law: A tendência de padronização decisória (uso de precedentes) – Iter mínimo para sua aplicação. Diritto & Diritti, 7 jun. 2011.

PAULSEN, Leandro. Direito Tributário: Constituição e Código Tributário à luz da doutrina e da jurisprudência. 13. ed. Porto Alegre: Livraria do Advogado Editora; ESMAFE, 2011.

PEKELIS, Alexander. La tecla para una ciencia jurídica estimativa. et al. El actual pensamiento jurídico norteamericano. Buenos Aires: Losada, 1951.

REZENDE, I.; CARVALHO, C. D. B. EM N. 003/MJ/CC-PR. Diário da Câmara dos Deputados, Brasília, 15 jan. 1998. 00834-00837.

ROCHA, Eduardo Morais da. Teoria institucional da praticabilidade tributária. São Paulo: Noeses, 2016.

RODRIGUES, Horácio Wanderlei; LAMY, Eduardo de Avelar. Teoria Geral do Processo. 3. ed. rev. e atual. Rio de Janeiro: Elsevier Editora, 2012.

SCHOUERI, Luís Eduardo. Direito Tributário. 3. ed. São Paulo: Saraiva, 2013.

SILVA, Paulo Roberto Coimbra. Direito Tributário Sancionador. São Paulo: Quartier Latin, 2007.

STRECK, Lenio L. Hermenêutica e princípios da interpretação constitucional. In: CANOTILHO, J. J. Gomes; MENDES, Gilmar F.; SARLET, Ingo W.; (Coords.). Comentários à Constituição do Brasil. São Paulo: Saraiva/Almedina, 2013.

A TRIBUTAÇÃO DAS *FINTECHS*: ESTUDO SOBRE AS CONTROVÉRSIAS TRIBUTÁRIAS APLICÁVEIS ÀS INSTITUIÇÕES DE PAGAMENTO

OTÁVIO BATISTA DE CARVALHO JÚNIOR

Introdução

Segundo o Banco Central do Brasil, no relatório denominado "Relatório de Economia Bancária", entre os anos de 2015 a 2017, as cinco maiores instituições financeiras do país eram responsáveis por aproximadamente 80% (oitenta por cento) de todo o mercado de crédito[1], e detinham aproximadamente o mesmo percentual de todos os ativos bancários no período.

Era um mercado estável, no qual os conglomerados financeiros detinham base de clientes robusta e relativamente fixa, disputando margens apertadas com seus pares, que possuíam modelos de negócios bastante similares.

Tomando como base tais fatos e estatísticas, não é desarrazoado defender que, na década passada, o mercado bancário de varejo brasileiro poderia ser definido como um oligopólio[2].

[1] Banco Central do Brasil. Relatório de Economia Bancária 2017. Disponível em < https://www.bcb.gov.br/pec/depep/spread/reb2018/REB_2017_ed_12_jun_18.pdf > última consulta em 8/7/2020.

[2] Circunstância econômica em que um número reduzido de empresas domina a maior parte do mercado, através do controle da oferta de produtos. Disponível em <https://www.dicio.com.br/oligopolio/> última consulta em 10/7/2020.

Paralelamente, neste mesmo período, houve, em todos os setores, um desenvolvimento tecnológico sem precedentes: surgiram e se popularizaram os novos aparelhos de celular, os chamados smartphones, foram desenvolvidas tecnologias de inteligência artificial, estruturou-se a chamada internet das coisas etc. Todo este desenvolvimento tecnológico deu azo ao processo de transformação digital da economia, de modo que atualmente grande parte dos negócios são realizados no ambiente virtual.

O setor financeiro, tal qual todos os demais setores, também foi afetado por este processo. Neste segmento, a principal inovação impulsionada pela tecnologia foi o surgimento de novos players, denominados *fintechs*.

Sobre o tema, destaco posicionamento de Paula Mazanék, proferido no livro "*Fintechs, Bancos Digitais e Meios de Pagamento: Aspectos Regulatórios das novas tecnologias financeiras*":

> Mas o avanço tecnológico da última década, que serviu de base para inovações exponenciais em quase todas as vertentes de negócio, tem sido um componente essencial nessa equação complexa. Uma transformação sem precedentes de ambiente competitivo e com potencial de transformar tudo o que até então era conhecido como atividade bancária: o surgimento e a disseminação das *fintechs*. (...)
>
> As *fintechs* trouxeram novas regras para o jogo: encantar o cliente; foco na melhor experiência; estruturas enxutas e máxima utilização da tecnologia para aprimorar ou inovar produtos financeiras. Alimentadas por capital de risco e sem ações listadas no mercado, podem experimentar e errar em vários ciclos, sem punição financeira imediata.[3]

[3] Mazánek, Paula. O Papel dos Bancos no Fomento À Fintechs. In Fintechs, Bancos Digitais e Meios de Patamento, Aspectos Regulatórios das novas tecnologias financeiras. Coordnador Pedro Eroles. São Paulo: Quartier Latin, 2019. Fls. 67 e 69.

Observa-se do excerto, que a grande revolução perpetrada pelas *fintechs* foi o desenvolvimento de um novo modelo de negócio para os serviços financeiros do mercado bancário de varejo, focado na redução de custos e na experiência do cliente, utilizando como principal ferramenta a digitalização da economia.

Assim, o setor que antes era caracterizado por grandes conglomerados financeiros que atuavam praticamente através do mesmo modelo de negócio, baseado principalmente na existência de agências bancárias físicas, começou a ser bombardeado por pequenas *startups* propondo soluções inovadoras para os problemas cotidianos suportados pelos consumidores dos serviços bancários.

Neste toar, estima-se que já neste ano de 2020, aproximadamente 25% (vinte e cinco por cento) de todos os serviços financeiros desenvolvidos no brasil são realizados por fintechs[4]. Além disto, a associação brasileira de *startups*, prevê que este segmento de fintech será responsável por até 5% (cinco por cento) de todo o Produto Interno Bruto Brasileiro até o ano de 2035[5].

Ocorre que, apesar desta mudança já ser um processo em curso, o ordenamento jurídico brasileiro ainda não está preparado para nova realidade do seu sistema financeiro.

Isto porque, o direito, apesar de ser um fenômeno social, não acompanha as transformações sociais com a mesma velo-

[4] Neste sentido: BRUZZI, Eduardo. FinTech e desconexão regulatória sistemática relevantes: novos riscos sistêmicos ao mercado financeiro. Disponível em <https://www.jota.info/paywall?redirect_to=//www.jota.info/opiniao-e-analise/colunas/regulacao-e-novas-tecnologias/fintech-e-a-desconexao-regulatoria-sistemicamente-relevante-13042019 > último acesso 8/7/2020.

[5] Iniciação – Revista de Iniciação Científica, Tecnológica e Artística Edição Temática em Gestão, Internacionalização e Desenvolvimento Vol. 7 no 3 – Agosto de 2019, São Paulo: Centro Universitário Senac
ISSN 2179-474X. Fls. 83. Disponível em < http://www1.sp.senac.br/hotsites/blogs/revistainiciacao/wp-content/uploads/2019/08/294_IC_ArtigoRevisado-83-111.pdf >

cidade. Sobre o tema, merece destaque o posicionamento de Oliver Holmes, em sua obra "The Common Law":

> A verdade é que o direito está sempre caminhando, mas nunca alcançando, uma verdadeira consistência. Isto porque, de um lado o direito adota novos princípios e valores da vida atual, ao passo em que do outro lado procura manter os princípios e valores da história que ainda não foram absorvidos ou superados.[6]

Assim, especificamente no que se refere ao mercado financeiro, todo o ordenamento jurídico, inclusive o tributário, ainda normatiza e regula um cenário econômico marcado por grandes conglomerados financeiros.

Tal regulação jurídica, contudo, carrega consigo um custo de *compliance* altíssimo para as instituições financeiras. Isto porque, tais instituições, como integrantes do sistema financeiro nacional, estão sujeitas a diretrizes próprias, que implicam em obrigações extra no campo regulatório (ex: sujeitas as regulamentações do banco central), do ponto de vista societário (ex:

[6] Tradução do autor. HOLMES JR, Oliver Wendell. The Common Law. London; Macmillan & CO. 1882. P25, disponível em < https://books.google.com.br/books?id=VeFg0o5T9O0C&pg=PA25&lpg=PA25&dq=The+truth+is,+that+the+law+is+always+approaching,+and+never+reaching,+consistency.+It+is+forever+adopting+new+principles+from+life+at+one+end,+and+it+always+retains+old+ones+from+history+at+the+other,+which+have+not+yet+been+absorbed+or+sloughed+off.&source=bl&ots=1IrhwyVmUy&sig=ACfU3U3n3eQkx8toWvR_fk2CIAxszPnfTg&hl=pt-BR&sa=X&ved=2ahUKEwjqpqXu377qAhVyK7kGHR12A0EQ6AEwAHoECAIQAQ#v=onepage&q=The%20truth%20is%2C%20that%20the%20law%20is% 20always%20approaching%2C%20and%20never%20reaching%2C%20consistency.%20It%20is%20forever%20adopting%20new%20principles%20from%20life%20at%20one%20end%2C%20and%20it%20always%20retains%20old%20ones%20from%20history%20at%20the%20other%2C%20which%20have%20not%20yet%20been%20absorbed%20or%20sloughed%20off.&f=false >última consulta 8/7/2020

capital social mínimo), e também na esfera tributária (ex: majoração de alíquota de tributos)

Neste toar, com relação às fintechs, existe grande margem de incerteza acerca de sua classificação jurídica, que implicará em consequências diretas na esfera tributária. Sendo as *fintechs* instituições financeiras, estariam sujeitas a toda a tributação diferenciada que este segmento suporta, que vão desde majoração de alíquota da contribuição social sobre o lucro ("CSLL") até a existência de obrigações acessórias próprias.

Deste modo, considerando que inexiste legislação específica determinando o regime jurídico-tributário aplicável às fintechs, o trabalho a ser desenvolvido pretenderá reduzir tal lacuna, apresentando o panorama tributário incidente sobre este novo mercado, e os principais desafios que tais empresas enfrentam.

Como pontuado acima, o objetivo do trabalho é analisar a tributação incidente sobre as *fintechs*. Mas o que se pode entender como fintechs? Qual a abrangência deste conceito?

Do ponto de vista epistemológico, fintech é um neologismo criado a partir da junção de duas palavras em língua inglesa, *financial* e *tecnology*, que apesar de ter surgido no início do século XXI, se popularizou a partir de 2010[7]

Segundo Silvia Dourado e Fabricio Piacente, no artigo "Fintech, a inovação no segmento bancário e o uso da tecnologia blockchain, uma análise bibliométrica do estado da literatura", as fintechs podem ser definidas através dos tipos de serviços prestados. Veja-se:

> As fintechs oferecem serviços bancários como financiamentos, financiamentos alternativos, seguros, gestão patrimonial, gestão de finanças pessoais, pagamentos, investimentos, gestão de finan-

[7] Schoueffel, Patrick. Taming the BEast: A scientific Definition on Fintech. Journal of Innovation Management. 4.32-54.10.2139/ssrn.3097312.

ças empresariais e bancos digitais (BID, 2017). Estes serviços são oferecidos por meio de celular ou internet banking sem que haja necessidade de deslocamento físico até a instituição.[8]

Tal definição de *fintechs*, através do tipo de serviços prestados, coaduna com aquela praticada pelo mercado. A CB insights, uma das principais casas de análise deste setor, segrega o mercado de fintechs nos seguintes sub-mercados:

Figura 1 – Fluxograma dos tipos de fintechs, de acordo com o mercado de atuação e atividade desenvolvida.

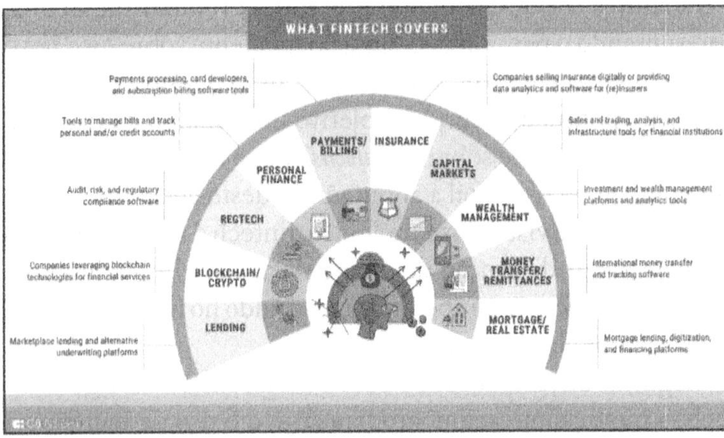

Fonte:CBInsights[9]

[8] Bignardi. Silva, e Piacente, Fabricio. Fintech, a inovação no segmento bancário e o uso da tecnologia blockchain, uma análise bibliométrica do estado da literatura. São Paulo, 16 – 19 de outubro de 2018 ISSN: 2175-1897. Fls. 3

[9] Disponível em < https://www.cbinsights.com/reports/CB-Insights_Fintech-Report-Q1-2020.pdf?utm_campaign=marketing_fintech_q1-2020&utm_medium=email&_hsmi=87751734&_hsenc=p2ANqtz-9Mg6Bdvw2-ZFQT_f_mjLDHuFfotdRv83VJsJxJUDl_42kXvrLheiSVel4bL-fCUbmS9YZCfhENepnu95Y9mcq4hD8LHNQhttoqyFdGZ17pCeyTshY&utm_content=87751734&utm_source=hs_automation >

Percebe-se, então, que este termo abrange desde empresas que atuam em todas as etapas do sistema financeiro até aquelas que se limitam a disponibilizar aos usuários apenas uma das atividades listadas.

Deste modo, uma análise da tributação incidente sobre toda e qualquer modalidade de *fintech* seria uma tarefa hercúlea, razão pela qual, neste trabalho, serão analisadas a tributação incidente sobre as *fintechs* que atuam no setor de pagamentos.

Assim, uma vez que delimitada a controvérsia que será objeto deste trabalho, analisar-se-á a tributação incidente sobre este segmento econômico. Para tanto, se faz necessário alguns comentários acerca do panorama regulatório aplicável a estas entidades, bem como dos aspectos econômicos do seu modelo de negócio.

1. Da atual regulação das instituições de pagamento

1.1. Considerações gerais sobre a Lei nº 12.865/2013, marco regulatório dos arranjos de pagamento, e sobre a Circular nº 3.682/2013 do Banco Central do Brasil.

Às *fintechs* que atuam operacionalizando a transferência eletrônica de recursos foi atribuída a nomenclatura de Instituições de pagamento. No Brasil, este segmento foi inicialmente regulamentado pela Lei nº 12.865/2013, que estabeleceu as diretrizes básicas acerca das formas através das quais as instituições de pagamento integrariam o Sistema de Pagamento Brasileiro ("SPB").

Tal lei atribuiu ao conjunto de regras e procedimentos que disciplina a prestação dos serviços de pagamento ao público, mediante acesso direto pelos usuários finais pagadores e recebedores, a terminologia de arranjo de pagamento, nos termos do seu art. 6º, inciso I[10], a conferir:

[10] BRASIL. Lei nº 12.865 de 9 de outubro de 2013. Dispõe sobre os arranjos de pagamento e as instituições de pagamento integrantes do Sistema de Pagamento

> Art. 6º Para os efeitos das normas aplicáveis aos arranjos e às instituições de pagamento que passam a integrar o Sistema de Pagamentos Brasileiro (SPB), nos termos desta Lei, considera-se:
>
> I – arranjo de pagamento – conjunto de regras e procedimentos que disciplina a prestação de determinado serviço de pagamento ao público aceito por mais de um recebedor, mediante acesso direto pelos usuários finais, pagadores e recebedores;

Além da definição de arranjo de pagamento, a legislação em comento introduziu conceitos importantes, tais como o do (i) instituidor de pagamento, como sendo a pessoa jurídica responsável pelo arranjo de pagamentos, e de (ii) instituição de pagamento, assim entendido como a pessoa jurídica que, aderindo a um arranjo de pagamentos, tenha como atividade principal as atividades listadas nas alíneas "a" a "h" da Lei nº 12.865/2013, destacando-se manter conta de pagamento, emitir instrumento de pagamento e credenciar a aceitação de instrumento de pagamento, nos termos do art. 6º inciso II e III da Lei nº 12.865/2013, respectivamente.

Também merece destaque o fato da Lei nº 12.865/2013 ter determinado que apenas os arranjos e instituições de pagamento capazes de oferecer risco sistêmico ao funcionamento das transações de pagamento deveriam integrar o SPB e observar as diretrizes do Banco Central do Brasil, nos termos do seu art. 6º, §4º, a conferir[11]

> Art. 6º Para os efeitos das normas aplicáveis aos arranjos e às instituições de pagamento que passam a integrar o Sistema de

Brasileiro (SPB). Palácio do Planalto da Presidência da República. Brasília, 9 de outubro de 2013. Disponível em http://www.planalto.gov.br/ccivil_03/_ato2011-2014/2013/lei/l12865.htm último acesso em 20 de novembro de 2020.

[11] BRASIL. Lei nº 12.865 de 9 de outubro de 2013. Dispõe sobre os arranjos de pagamento e as instituições de pagamento integrantes do Sistema de Pagamento Brasileiro (SPB). OP CIT.

> Pagamentos Brasileiro (SPB), nos termos desta Lei, considera-se: [...]
>
> § 4º Ressalvado o disposto no § 5º deste artigo, não são alcançados por esta Lei **os arranjos e as instituições de pagamento em que o volume, a abrangência e a natureza dos negócios, a serem definidos pelo Banco Central do Brasil, conforme parâmetros estabelecidos pelo Conselho Monetário Nacional, não forem capazes de oferecer risco ao normal funcionamento das transações de pagamentos de varejo**. (Redação dada pela Lei nº 14.031, de 2020) (Grifos nossos)

Apesar de ter estabelecido definições importantes sobre o funcionamento dos arranjos de pagamento que integrariam o SPB, a Lei nº 12.865/2013 não estabeleceu regras objetivas que deveriam ser seguidas pelo setor. Isto porque, tal norma optou por uma abordagem "principiológica", elencando as diretrizes que deveriam nortear as instituições que integrariam o SPB e delegando ao Banco Central do Brasil a função de disciplinar os arranjos de pagamentos e estabelecer regras objetivas para o setor, conforme se observa do art 9º[12] da Lei nº 12.865/2013, adiante transcrito:

> Art. 9º Compete ao Banco Central do Brasil, conforme diretrizes estabelecidas pelo Conselho Monetário Nacional:
>
> I – disciplinar os arranjos de pagamento;
>
> II – disciplinar a constituição, o funcionamento e a fiscalização das instituições de pagamento, bem como a descontinuidade na prestação de seus serviços;
>
> III – limitar o objeto social de instituições de pagamento;

[12] BRASIL. Lei nº 12.865 de 9 de outubro de 2013. Dispõe sobre os arranjos de pagamento e as instituições de pagamento integrantes do Sistema de Pagamento Brasileiro (SPB). OP CIT.

> IV – autorizar a instituição de arranjos de pagamento no País;
>
> V – autorizar constituição, funcionamento, transferência de controle, fusão, cisão e incorporação de instituição de pagamento, inclusive quando envolver participação de pessoa física ou jurídica não residente;
>
> VI – estabelecer condições e autorizar a posse e o exercício de cargos em órgãos estatutários e contratuais em instituição de pagamento; [...]

Tal competência foi exercida pela Circular nº 3.682/2013, "*que aprovou o regulamento que disciplina a prestação de serviço de pagamento no âmbito dos arranjos de pagamento integrantes do SPB*"[13]. Esta norma foi um importante marco do setor, pois aprofundou conceitos importantes, tais como o de entidade instituidora de arranjo de pagamento, além de estabelecer as modalidades de arranjos de pagamento, normatizar os critérios de participação em arranjos de pagamento e definir regras objetivas de inclusão dos arranjos de pagamento no SPB.

De início, destaca-se que o Banco Central do Brasil, ao regulamentar o conceito de arranjo de pagamento capazes de oferecer risco sistêmico (*em conformidade com o art. 6º, §4º, da Lei nº 12.865/2013 anteriormente mencionado*) dispôs que apenas estariam sob sua tutela os arranjos de pagamentos em que o conjunto de participantes apresentar, de forma consolidada, nos últimos doze meses, volumes superiores a (i) R$ 500.000.000,00 (quinhentos milhões de reais) de valor de transações; ou (ii)

[13] Banco Central do Brasil. Diretoria Colegiada. Circular nº 3.682, de 4 de novembro de 2013. Aprova o regulamento que disciplina a prestação de serviço de pagamento no âmbito dos arranjos de pagamento integrantes do Sistema de Pagamento Brasileiro (SPB),e dá outras providências. Diário Oficial da União de 6 de novembro de 2013, fls. 18-20. Disponível em < https://www.bcb.gov.br/pre/normativos/circ/2013/pdf/circ_3682_v2_L.pdf > último acesso 20 de novembro de 2020

25.000.000 (vinte e cinco milhões) de transações, nos termos do art. 2º, inciso II, alíneas "a" e "b" da Circular nº 3.682/2013.

Deste modo, todos os arranjos de pagamento que não atingem os requisitos mencionados anteriormente não são considerados integrantes do SPB, e, portanto, não estão sujeitos à regulação do Banco Central do Brasil.

Para o setor, a desregulamentação dos pequenos arranjos de pagamentos é fundamental para o fomento da inovação da indústria e o surgimento de novos *players* no mercado. Isto porque, o *compliance* regulatório carrega consigo um alto custo, que configuraria verdadeira barreira de entrada de novas empresas, que muitas vezes começam suas atividades como pequenas *startups*. Sobre o tema, destaca-se o posicionamento de Larissa Lancha Alves de Oiveira Arruy:

> Neste cenário, além da criação de um arcabouço legal mais principiológico, o legislador estabeleceu uma medida concreta essencial para os contornos do mercado brasileiro de pagamentos e do fomento à entrada de novos participantes mediante a inclusão, no artigo 6º, § 4º da Lei nº 12.865/2013, **de uma permissão expressa para a exclusão do SPB – e, por conseguinte, da regulamentação do setor – os arranjos e as instituições de pagamento que, em volume, abrangência e natureza dos negócios, não forem capazes de oferecer risco ao normal funcionamento das transações de pagamento de varejo, conforme parâmetros estabelecidos pelo Conselho Monetário Nacional (CMN) e definidos pelo BCB.** [...]
>
> Por conta disso, a estruturação da Lei nº 12.865/2013 e a redação do artigo 6º, § 4º foram norteadas por recomendações no sentido de que o diploma normativo aplicável aos meios de pagamento deveria exercer função **catalisadora para o desenvolvimento do mercado, ser proporcional aos riscos e benefícios decorrentes de produtos inovadores e atribuir, ao BCB, papel**

> **central para fomentar a indústria de forma segura, eficiente, aberta, cooperativa e competitiva.**
>
> Nesse sentido, o fomento à inovação desponta como um dos elementos basilares da legislação, devendo ser ponderado aos riscos sistêmicos existentes no setor para **assegurar que a regulação os enderece e mitigue sem impor, ao mercado, um ônus normativo que enrijeça a inovação ou configure uma barreira à entrada de novos participantes**, haja vista os respectivos efeitos inclusive sobre o interesse dos usuários finais pagadores e recebedores.
>
> O BCB, por sua vez, mostrou-se extremamente hábil ao regular o disposto no artigo 6º, § 4º, estabelecendo uma volumetria mínima para que os arranjos e as instituições de pagamento passem a integrar o SPB e, assim, se sujeitem a todo o arcabouço regulatório do setor. **Esse modelo permite que novos participantes iniciem suas operações e testem seus modelos de negócios de forma célere e eficiência, sem estar sujeitos, em um primeiro momento, ao ônus regulatório, um elemento bastante substancial para o fomento à inovação e à concorrência no SPB.** (Grifos nossos)[14]

Uma vez atingido o limite de transação estipulado pelo art. 2º, inciso II da Circular nº 3.682/2013, caberá ao instituidor do arranjo de pagamentos apresentar pedido de autorização para o Banco Central do Brasil no prazo de trinta dias, contados da data da superação, nos termos do art. 2º, §1º, inciso I também da Circular nº 3.682/2013. A partir deste momento, o arranjo será considerado integrante do SPB e sujeito às demais normas estabelecidas pelo Banco Central do Brasil.

[14] ARRUY. Larissa, KANAREK, Luciana. A Lei nº 12.865/13 e os parâmetros de volumetria mínima para a concorrência. Disponível em < https://www.jota.info/opiniao-e-analise/artigos/lei-meios-pagamentos-parametros-volumetria-concorrencia-16102020 >

Pois bem, os arranjos de pagamento sujeitos a regulamentação do Banco Central do Brasil não são homogêneos, isto é, existem diversas modalidades de operacionalização destes arranjos. Estas modalidades foram estabelecidas pelos arts. 8º a 10 da Circular nº 3.682/2013, que segregou os arranjos de acordo com seu propósito, com seu relacionamento com o usuário final e com sua abrangência territorial.

Um arranjo pode ser definido com base no seu propósito em duas categorias: de compra ou arranjo de transferência, conforme estabelece o art. 8º da Circular nº 3.682/2013. O arranjo de compra é aquele cuja finalidade é liquidar determinada obrigação, usualmente decorrente da aquisição de bens e serviços, ao passo em que o de transferência operacionaliza o pagamento não necessariamente vinculado a alguma obrigação específica.

Um exemplo de arranjo de pagamento de compra são as operações feitas através de cartões de créditos. Já um exemplo de arranjo de pagamento de transferência é o sistema de pagamentos instantâneo ("PIX"), recentemente instituído pelo Banco Central do Brasil.

Os arranjos também são diferenciados com base na relação do usuário final com a instituição participante, nos termos do art. 9º da Circular nº 3.682/2013. Tomando como base este critério, os arranjos serão classificados como conta de pagamento pré-paga, conta de pagamento pós-paga, conta de depósito ou de relacionamento eventual.

As contas de pagamento pré-pagas são aquelas em que os recursos devem ser depositados previamente, como por exemplo os emissores de moeda eletrônica. Já na conta de pagamento pós-paga os recursos são depositados para satisfazer uma obrigação já contraída pelo usuário, sendo o cartão de crédito um caso típico de conta de pagamento pós pago. No que diz respeito a conta de depósito, o exemplo característico é a conta corrente bancária.[15]

Além destas categorias já mencionadas, os arranjos podem ser enquadrados como domésticos, quando apenas funcionam em território brasileiro, ou transfronteiriço, quando funcionam tanto no brasil quanto no exterior, conforme determina o art. 10 da Circular nº 3.682/2013.

Apesar de existirem todas essas características mencionadas, cumpre ressaltar que elas não são excludentes, mas sim complementares. É perfeitamente possível, e usual, que um arranjo seja classificado como de consumo (*propósito*), como de conta de pagamento pós-paga (*relacionamento com o usuário*) e de abrangência doméstica (*territorialidade*).

Observa-se do exposto até o momento, que os arranjos de pagamentos são os mecanismos que possibilitam a movimentação de recursos dentro da sociedade, que não em dinheiro em espécie.

Dito de outra maneira, entende-se por arranjo de pagamento o conjunto de operações que viabilizam a utilização de moedas eletrônicas, cartões de crédito e cartões de débito como forma de pagamento de bens e serviços, ou transferência de recursos.

Sendo o arranjo de pagamento meramente a estrutura, faz-se necessário entender também quem são as empresas que "operacionalizam" todo este sistema, quais sejam, as instituições de pagamento.

[15] Informações obtidas do https://www.bcb.gov.br/pre/composicao/instpagamento.asp?frame=1#:~:text=Gerencia%20conta%20de%20pagamento%20do,recursos%20devem%20ser%20depositados%20previamente.&text=Com%20o%20recurso%20financeiro%20moviment%C3%A1vel,estar%20com%20moeda%20em%20esp%C3%A9cie.

1.2. Considerações regulatórias sobre as instituições de pagamento

Ao longo dos anos o Banco Central do Brasil editou diversas circulares elencando os requisitos e procedimentos de funcionamentos de diversas instituições integrantes de arranjos de pagamento. Atualmente, as instituições de pagamento são regulamentadas pela Circular nº 3.855/2018.

Tal circular determina que as instituições de pagamento serão classificadas de acordo com os serviços prestados, se subdividindo em (i) emissor de moeda eletrônica; (ii) emissor de instrumento de pagamento pós-pago; (iii) credenciador; e (iv) iniciador de transação de pagamento. Veja-se:

> Art. 4º As instituições de pagamento são classificadas nas seguintes modalidades, de acordo com os serviços de pagamento prestados:
>
> **I – emissor de moeda eletrônica:** instituição de pagamento que gerencia conta de pagamento de usuário final, do tipo pré-paga, disponibiliza transação de pagamento que envolva o ato de pagar ou transferir, com base em moeda eletrônica aportada nessa conta, converte tais recursos em moeda física ou escritural, ou vice-versa, podendo habilitar a sua aceitação com a liquidação em conta de pagamento por ela gerenciada;
>
> **II – emissor de instrumento de pagamento pós-pago:** instituição de pagamento que gerencia conta de pagamento de usuário final pagador, do tipo pós-paga, e disponibiliza transação de pagamento com base nessa conta;
>
> **III – credenciador:** instituição de pagamento que, sem gerenciar conta de pagamento:
>
> a) habilita recebedores para a aceitação de instrumento de pagamento emitido por instituição de pagamento ou por instituição financeira participante de um mesmo arranjo de pagamento; e

> b) participa do processo de liquidação das transações de pagamento como credor perante o emissor, de acordo com as regras do arranjo de pagamento; e
>
> **IV – iniciador de transação de pagamento:** instituição de pagamento que presta serviço de iniciação de transação de pagamento:
>
> a) sem gerenciar conta de pagamento; e
>
> b) sem deter em momento algum os fundos transferidos na prestação do serviço.[16] (Grifos nossos)

Observa-se da norma, que emissor de moeda eletrônica é a instituição que gerencia contas do tipo pré-paga, disponibilizando ao usuário final funções que permitam a utilização dos recursos depositados nesta conta para pagamentos e transferências. Ela recebe esta nomenclatura (emissor de moeda eletrônica), pois os recursos em reais disponibilizados pelo usuário final serão convertidos em um sistema eletrônico que permita a realização das transações, conforme preceitua o art. 4º, §1º da Circular nº 3.855/2018.

Em outras palavras, considera-se instituição de pagamento emissora de moeda eletrônica a empresa que cria contas digitais, permitindo que os usuários tenham acesso aos seus recursos através de aplicativos que demonstram eletronicamente o seu saldo disponível em reais, que poderá ser utilizado em transações. Exemplos práticos de fintechs que prestam este serviço são a Nubank (na modalidade nuconta), o Picpay e o Zro bank.

[16] Banco Central do Brasil. Diretoria Colegiada. Circular nº 3.885, de 26 de março de 2018. Estabelece os requisitos e procedimentos para autorização e funcionamento de instituições de pagamento. Diário Oficial da União de 27 de março de 2018, fls. 10. Disponível em < https://www.in.gov.br/materia/-/asset_publisher/Kujrw0TZC2Mb/content/id/8041070/do1-2018-03-27-circular-n-3-885-de-26-de-marco-de-2018-8041066 > último acesso 20 de novembro de 2020

Ainda sobre a moeda eletrônica, Bruno Miragem, em seu livro Direito Bancário[17], a define como a sucessão natural da moeda escritural, decorrente da aplicação da tecnologia aos serviços financeiros. Segundo tal autor, tanto a moeda eletrônica quanto a moeda escritural exprimem uma ideia de delegação de pagamento, posto que através dela o usuário repassa para terceiro (instituição de pagamento ou instituição financeira) a obrigação de creditar valores para terceiros (recebedor), para quitar obrigações em seu nome. Veja-se:

> A moeda eletrônica traz em si uma delegação de pagamento, de modo que se reconhece a um terceiro a ordem de pagamento por cartão ou outras aplicações tecnológicas, na qual este cumpre a ordem creditando em favor do credor, relação semelhante que Pontes de Miranda denominava acreditivo.48 Reconhece-se, nesse sentido, a quem opera com a administração de pagamentos eletrônicos, o poder para conversão de moeda-papel ou moeda fiduciária em moeda eletrônica, para o que será chamado a atender padrões de segurança das operações, separação de contas de pagamento do patrimônio da instituição e garantia de solvência das operações efetivadas.

A definição apresentada por este autor é bastante pertinente no que diz respeito a moeda eletrônica emitida pelas instituições de pagamento. O papel da instituição de pagamento emissor de moeda eletrônica é justamente este, servir como intermediador para quitar obrigações sejam elas transferências ou pagamentos, em nome do usuário final, com recursos previamente depositados.

Já o emissor de instrumento de pagamento pós-pago é a instituição que administra conta de pagamento pós-paga, sendo

[17] Miragem, Bruno. Direito Bancário. Thomson Reuters Brasil. Ed. 2019. Localização RB-2.2, livro virtual sem paginação.

a modalidade mais comum deste serviço a emissão de cartões de crédito. Nesta categoria, a instituição de pagamento disponibilizará um saldo para o usuário final (conta pós-paga), que apenas será liquidado após o usuário utilizar este saldo para realização de transações. É bastante comum que *fintechs* sejam enquadradas nesta modalidade, sendo as mais conhecidas neste segmento o Nubank e o banco c6.

Por sua vez, a instituição de pagamento credenciadora é aquela que habilita os recebedores para aceitar os instrumentos de pagamento emitidos pelos arranjos de pagamento e participam do processo de liquidação das transações. São as chamadas "maquininhas de cartão de crédito". Exemplos práticos de credenciadoras no mercado brasileiro são o pagseguro e a stone.

A última classificação de instituição de pagamento apresentada pela norma é a de iniciação de transação de pagamento. Esta é uma nova modalidade, que foi introduzida neste ano de 2020 em razão da entrada em vigor do PIX pelo Banco Central do Brasil. Seu papel será de intermediar as operações de pagamento, dando o pontapé inicial para que recursos sejam transferidos da conta do pagador (desde que sediados em outra instituição de pagamento ou instituição financeira) para a conta do recebedor. Nesta modalidade, é vedada que a instituição iniciadora da transação de pagamento seja a custodiante dos fundos que serão transferidos. Por ser uma nova modalidade de instituição de pagamento não há, atualmente, fintechs de destaque nesta atividade.

Alerta-se que, a despeito das diversas modalidades de atuação das instituições de pagamento, não é vedado que uma mesma empresa desenvolva todos estes serviços, sendo classificada em todas as categorias, nos termos do art. 4º, inciso §2º da Circular nº 3.885/2018. É, justamente, o caso da nubank, que simultaneamente oferece aos usuários finais conta de depósito pré-paga (sendo classificada como emissora de moeda eletrônica) e cartão de crédito (emissora de instrumento de pagamento pós-pago), ou do pagseguro, que oferece o serviço do pagbank, que é uma conta pré-paga, e também atua como credenciadora.

Todas estas classificações apresentadas merecem destaque pois elas descrevem as atividades principais que devem ser exercidas pelas instituições de pagamento, nos termos do art. 5º da Circular nº 3.885/2018.

Contudo, não é vedado que estas instituições prestem outros serviços, além dos já descritos, desde que possua relação com o serviço de pagamento e agregue valor para o usuário, nos termos do art. 5º, parágrafo único, também da Circular nº 3.885/2018, a conferir:

> Art. 5º A instituição de pagamento deve ser constituída como sociedade empresária limitada ou anônima e ter por objeto social principal ao menos uma das atividades listadas no art. 6º, inciso III, da Lei nº 12.865, de 9 de outubro de 2013 (LGL\2013\9632).
>
> Parágrafo único. Admite-se a execução de outras atividades pela instituição de pagamento, além das previstas no caput, desde que tenham o propósito de viabilizar a prestação do serviço de pagamento ou agregar valor ao serviço prestado para o usuário, a critério do Banco Central do Brasil.[18]

Em verdade, a única vedação existente aplicável às instituições de pagamento é que elas não podem desenvolver atividades privativas de instituições financeiras, conforme determina o art. 6º, §2º da Lei nº 12.865/2013[19], adiante transcrito:

[18] Banco Central do Brasil. Diretoria Colegiada. Circular nº 3.885, de 26 de março de 2018. Estabelece os requisitos e procedimentos para autorização e funcionamento de instituições de pagamento. OP CIT.

[19] BRASIL. Lei nº 12.865 de 9 de outubro de 2013. Dispõe sobre os arranjos de pagamento e as instituições de pagamento integrantes do Sistema de Pagamento

§ 2º É vedada às instituições de pagamento a realização de atividades privativas de instituições financeiras, sem prejuízo do desempenho das atividades previstas no inciso III do caput.

Apesar de proibir que as instituições de pagamento realizem atividades privativas de instituições financeiras, nem a Lei nº 12.865/2013, tampouco as circulares editadas pelo Banco Central do Brasil elaboraram um rol explícito e taxativo das atividades que não poderiam ser desenvolvidas.

Isto porque, a definição de atividades privativas de instituições financeiras está contida na Lei nº 4.595/1964, que disciplina o Sistema Financeiro Nacional ("SFN").

Tal lei apenas determina que considerar-se-á instituição financeira as pessoas jurídicas que tenham como atividade principal ou acessória a intermediação ou aplicação de recursos próprios de terceiros, nos termos do art. 17 da Lei nº 4.595/1964[20]:

Art. 17. Consideram-se instituições financeiras, para os efeitos da legislação em vigor, as pessoas jurídicas públicas ou privadas, que tenham como atividade principal ou acessória a coleta, intermediação ou aplicação de recursos financeiros próprios ou de terceiros, em moeda nacional ou estrangeira, e a custódia de valor de propriedade de terceiros.

Parágrafo único. Para os efeitos desta lei e da legislação em vigor, equiparam-se às instituições financeiras as pessoas físicas

Brasileiro (SPB). Palácio do Planalto da Presidência da República. Brasília, 9 de outubro de 2013. Disponível em < http://www.planalto.gov.br/ccivil_03/_ato2011-2014/2013/lei/l12865.htm > último acesso em 20 de novembro de 2020.

[20] BRASIL. Lei nº 4.595 de 31 de dezembro de 1964. Dispõe sobre a Política e as Instituições Monetárias, Bancárias e Creditícias, Cria o conselho Monetário Nacional e dá outras providências. Palácio do Planalto da Presidência da República. Brasília,31 de dezembro de 1964. Disponível em < http://www.planalto.gov.br/ccivil_03/leis/l4595.htm> último acesso em 20 de novembro de 2020.

que exerçam qualquer das atividades referidas neste artigo, de forma permanente ou eventual.

Como se observa, o papel da instituição financeira é de intermediar a relação entre poupadores de recursos e tomadores de recursos, sendo remunerado através da diferença entre o preço pago aos poupadores de recursos e o montante recebido dos tomadores: o chamado *spreed* bancário.

Sobre o tema, importante a definição de Alexandre Assaf Neto:

> Os intermediários financeiros ajudam a realocar recursos na economia, canalizando fundos de poupadores (agentes econômicos superavitários) que possuem rendimentos superiores aos fluxos de pagamento para aqueles com carência de caixa. Essa operação produz um maior dinamismo à economia, oferecendo maior capacidade de consumo e elevando a produção [21]

De igual modo, Ricardo Bezerra, complementa que o papel do banco pode ser explicado através da teoria da intermediação financeira, reconhecendo que será instituição financeira aquele a quem o estado outorgar o poder de exercer tal atividade.[22]

Iran Siqueira Lima, pontua que a lei leva a crer que instituição financeira será toda empresa que realize a intermediação de recursos entre tomadores e poupadores[23].

Tal conceito, extremamente amplo, é bastante criticado pela doutrina. Roberto Quiroga aduz que essa interpretação mais

[21] NETO, Alexandre Assaf. Mercado financeiro. São Paulo: Atlas, 2015. Fls; 129

[22] BEZERRA, Ricardo Ramos. Análise do setor bancário a presença dos bancos espanhóis no Brasil. Disponível em http://bibliotecadigital.fgv.br/dspace/bitstream/handle/10438/5621/76212.pdf?sequen ce=1&isAllowed=y. Acesso em 4 de abril de 2019.

[23] LIMA, Iran Siqueira, ANDREZO, Andrea Fernandes. Mercado Financeiro: Aspectos Conceituais Históricos. 3ed. São Paulo, Atlas, 2007. P47.

extensiva leva à conclusão que uma pessoa jurídica que firma contrato de mútuo com coligada pode ser considerada instituição financeira, o que foge ao espirito da norma.[24]

De todo modo, a despeito das importantes críticas tecidas à redação da Lei nº 4.595/1964, observa-se que a principal atividade privativa das instituições financeiras é a concessão de crédito, sendo, portanto, vedado que instituições de pagamento realizem esta atividade.

Este posicionamento é, inclusive, corroborado pelo perguntas e respostas acerca dos arranjos de pagamento, disponibilizado pelo Banco Central do Brasil. A conferir[25]:

> 3 – Arranjos de pagamento podem ofertar crédito a seus clientes?
>
> Não. Inicialmente, é importante lembrar que um arranjo de pagamento é um conjunto de regras e essas somente podem ser classificadas como de compra ou de transferência (art. 8º do Regulamento Anexo à Circular 3.682, de 2013) **e que conceder empréstimo não faz parte das atribuições de um instituidor de arranjo** de pagamento, conforme previsto na Lei 12.865, de2013.
>
> Entretanto, alguns estabelecimentos comerciais, profissionais liberais, MEI e outros, credenciados de determinados arranjos, têm ofertado crédito (empréstimo) a seus clientes por meio da "venda" do limite do cartão de crédito, simulando operações de compra e venda. **Essas operações, que consistem na simulação de operações de compra, são irregulares dado que somente instituições financeiras podem conceder empréstimos e financiamentos e, em geral, são expressamente vedadas nos regulamentos dos arranjos de pagamento.**

24 MOSQUERA, Roberto Quiroga. Tributação no Mercado Financeiro e de Capitais. São Paulo: Dialética. 1998. Pp47-48.

25 Disponível em https://www.bcb.gov.br/acessoinformacao/perguntas frequentes-respostas/faq_arranjodepagamentos

> Esses estabelecimentos, ao serem identificados pelo instituidor do arranjo ou por seu credenciador, devem ser descredenciados para aceitar novas transações. Essa atuação indevida pode sujeitá-los a processo administrativo sancionador na esfera de atuação do BC. (grifos nossos)

A proibição de que instituições de pagamento realizem atividades privativas de instituições financeiras, apesar de restringir os modelos de negócios das instituições de pagamento, garantem grande segurança jurídica ao segmento.

Isto porque, ao explicitamente criar regimes jurídicos distintos para a instituição de pagamento e para a instituição financeira, a Lei nº 12.865/2013 garantiu que se tratam de figuras distintas, não podendo as instituições de pagamento serem consideradas instituições financeiras.

Ora, se as instituições de pagamento fossem instituições financeiras, não haveria razão para a existência dos parágrafos §§ 1º e 2º do art. 6º da Lei nº 12.865/2013, que assim determinam[26]:

> § 1º As instituições financeiras poderão aderir a arranjos de pagamento na forma estabelecida pelo Banco Central do Brasil, conforme diretrizes estabelecidas pelo Conselho Monetário Nacional.
>
> § 2º É vedada às instituições de pagamento a realização de atividades privativas de instituições financeiras, sem prejuízo do desempenho das atividades previstas no inciso III do caput.

[26] BRASIL. Lei nº 12.865 de 9 de outubro de 2013. Dispõe sobre os arranjos de pagamento e as instituições de pagamento integrantes do Sistema de Pagamento Brasileiro (SPB). Palácio do Planalto da Presidência da República. Brasília, 9 de outubro de 2013. Disponível em < http://www.planalto.gov.br/ccivil_03/_ato2011-2014/2013/lei/l12865.htm > último acesso em 20 de novembro de 2020.

Constata-se da análise dos dispositivos acima que foi autorizado às instituições financeiras integrar os arranjos de pagamento, realizando todas as atividades típicas de uma instituição de pagamento (art. 6º, §1º da Lei nº 12.865/2013), mas vedou-se que as instituições de pagamento realizem as atividades privativas de instituições financeiras (art. 6º, §2º da Lei nº 12.865/2013). Desta norma se infere que a instituição financeira é um conceito mais abrangente, a quem é permitido realizar diversas atividades, dentre as quais se destaca a concessão de crédito e as atividades de transferência de recursos e operacionalização de pagamentos, já as instituições de pagamento apenas atuam neste último segmento

Há, portanto, diferença de regime jurídico entre ambas, o que garante que as instituições de pagamento são figuras jurídicas que não se confundem com as instituições financeiras.

Esta garantia legal de que as instituições de pagamento não são instituições financeiras é bastante importante, em especial considerando que, até a edição do marco regulatório, havia grande incerteza sobre o assunto, gerada pelo posicionamento antagônico do Banco Central do Brasil e do poder judiciário.

Apenas para ilustrar a problemática, o poder judiciário, através do Superior Tribunal de Justiça ("STJ"), fixou em súmula o entendimento de que as empresas emissoras de cartão de crédito são instituições financeiras. Como pode ser observado da súmula nº 283 adiante transcrita:

> Súmula nº 283 STJ: As empresas administradoras de cartão de crédito **são instituições financeiras** e, por isso, os juros remuneratórios por elas cobrados não sofrem as limitações da Lei de Usura.[27] (Grifos nossos)

[27] BRASIL. Superior Tribunal de Justiça. Súmula nº 283. Disponível em < https://ww2.stj.jus.br/docs_internet/revista/eletronica/stj-revista-sumulas-2011_21_capSumula283.pdf > último acesso 20 de novembro de 2020.

Por sua vez, o Banco Central do Brasil não exigia a autorização prévia de instituição financeira para atuar neste segmento, reconhecendo que as credenciadoras de cartão de crédito não eram instituições financeiras.

Tal circunstância levou as emissoras de cartão de crédito, que, como visto, são uma modalidade de instituição de pagamento, a serem tratadas como instituições financeiras para determinados fins, e para outros não.

Em tese, a problemática acima foi superada com a entrada em vigor da Lei nº 12.865/2013, que deixou claro que instituições de pagamento e instituições financeiras não se confundem.

De todo o exposto até o presente momento, é possível concluir que o termo Instituição de Pagamento é a designação atribuída para a entidade não financeira que integra os arranjos de pagamento, para fins de operacionalizar e viabilizar a transferência de recursos (a título de pagamento ou não) entre o usuário e a entidade recebedora.

Ademais, considerando que o arranjo de pagamento é uma operação complexa, de diversas etapas, o marco normativo optou por segregar cada "etapa" como sendo uma atividade autônoma, de modo que as instituições de pagamento podem atuar em diversas modalidades dentro do arranjo. Assim, uma instituição de pagamento pode atuar apenas como credenciadora, ou apenas como emissora de moeda eletrônica, integrando outros arranjos de pagamento, não sendo obrigatório que a instituição de pagamento seja também instituidora do arranjo de pagamento.

Findado todo este panorama regulatório, resta claro que a conceituação de uma instituição de pagamento é intrinsecamente relacionada com sua atividade principal, qual seja, integrar alguma etapa de algum arranjo de pagamento. Ocorre que, nem sempre a forma de remuneração das instituições de pagamento possui relação direta com a atividade principal desenvolvida.

Como cediço, a maioria das Instituições de Pagamento não cobra taxas dos usuários finais para realização dos serviços de operacionalização de transações, sendo remunerada através de atividades acessórias. Por este motivo, antes de adentrar-se na tributação deste segmento, faz-se necessário entender, também, o modelo de negócio destas instituições.

2. Modelo de negócio das *fintechs* classificadas como instituições de pagamento

Segundo Isaque Köche, o conceito de "modelo de negócio" não é estático, e vem se modificando desde sua primeira utilização na década de cinquenta do século passado. Contudo, apesar de possuir diversas acepções ao longo do tempo, este autor defende que existem elementos comuns que integram as diversas definições de modelo de negócio, quais sejam, proposição de valor da empresa, nicho de mercado, procedimentos e objetivos para capturar o valor que o negócio oferece aos seus clientes, criação de valor para empresa, fontes de receita do negócio e fontes de despesa da empresa[28].

Apesar de todos estes aspectos relacionados ao modelo de negócio serem importantes, no presente trabalho analisar-se-á a proposição de valor destas empresas, e a fonte de receitas e despesas do negócio.

No que diz respeito às *fintechs*, a principal proposição de valor destas companhias é desburocratizar os serviços que usualmente eram prestados por bancos de varejo. Em outras pala-

[28] Köche, Isaque Guilhermando. A inovação do modelo de negócio em fintechs do rio grande do sul. Dissertação (mestrado) – Universidade Federal de Santa Maria, Centro de Ciências Sociais e Humanas, Programa de pós graduação em administração RS. Fls. 38-51. Disponível em < https://repositorio.ufsm.br/bitstream/handle/1/19127/DIS_PPGADMINISTRACAO_2019_KOCHE_ISAQUE.pdf?sequence=1&isAllowed=y > último acesso 20 de novembro de 2020.

vras, a grande maioria das fintechs não oferece novos produtos para o consumidor final, mas sim facilita o seu acesso a produtos já existentes e com menor custo.

Exemplificando, as *fintechs* oferecem contas digitais, com atendimento exclusivamente *online*, diferentemente das contas tradicionais em que é preciso se deslocar fisicamente até a agência para a abertura de conta. Além disso, as *fintechs* não cobram qualquer taxa para manutenção das contas digitais ou transferência de recursos, quando a maioria dos bancos cobra altas taxas para realização de transferências (realização de TED). Já no que diz respeito ao segmento de emissor de cartões de crédito, usualmente as *fintechs* não cobram por este serviço, ao passo em que os bancos de varejo cobram uma taxa pela sua simples.

Percebe-se dessa breve exposição que grande parte da proposição de valor destas companhias decorre da redução do custo dos serviços prestados para o usuário final, bem como da melhora da experiência dos clientes enquanto usuários do serviço financeiro. Em razão destas características, esta estratégia de negócio passou a ser denominada de "*modelo focado no cliente*". Sobre o tema, merece destaque o posicionamento de Isaque Köche[29]:

> A estratégia de foco centrado no cliente ocorre quando uma organização inova seu modelo de negócios alinhando seus processos internos, ou seja, os bastidores (back-office) e seus processos externos front-office (ambiente físico, funcionários de serviços, processo de entrega de serviços) às necessidades do cliente (Sorescu et al 2011). [...]]
>
> Caria (2017) indica que o foco centrado no cliente impacta positivamente nos componentes do modelo de negócios das Fintechs, tanto na proposta de valor, quanto no segmento de cliente

[29] Köche, Isaque Guilhermando.OP CIT. Fls. 55

específico, e justifica que os clientes podem perceber uma qualidade maior do valor proposto quando um foco centrado no cliente é aplicado.

O foco centrado no cliente, apesar de contribuir para ao aumento da percepção do valor da empresa para o usuário final, nem sempre possui impacto direto com a geração de receita para empresa. Isto é especialmente verdade quando nos referimos às *fintechs*.

Como mencionado, para se diferenciar dos grandes bancos de varejo, as *fintechs* usualmente optam por modelos de negócios baseado na gratuidade de tarifas ao usuário final. Dito de outro modo, os serviços principais por ela desenvolvidos, que permitem caracterizá-las como instituição de pagamento, usualmente são prestados de maneira gratuita.

As *fintechs* que atuam como emissoras de moeda eletrônica em regra não cobram pela abertura da conta, nem pela transferência dos recursos, as que atuam como emissora de instrumento de pagamento pós-pago normalmente não cobram pela emissão do cartão de crédito, ou mesmo as empresas que atuam como credenciadora usualmente não cobram uma receita contínua pelo aluguel da máquina (como era praticado anteriormente), mas a vendem ao cliente praticamente pelo preço de custo de produção.

Sendo assim, é uma dúvida comum dos usuários a forma como estas empresas geram recursos para financiar sua operação, considerando que, majoritariamente, não há remuneração pelos serviços prestados. Este questionamento é tão usual, que as principais empresas atuantes no setor já disponibilizam uma página explicando aos consumidores as principais formas de ingresso de receitas da companhia.

A Nubank, por exemplo, apresenta que sua principal fonte de receita advém da remuneração paga pela bandeira do cartão de crédito, chamada no mercado de tarifa de intercâmbio, bem como dos juros incidentes caso o cliente não pague a fatura no prazo.[30] Já o zro bank afirma que suas receitas são obtidas através de tarifa de intercâmbio, spread na conversão entre moedas e taxas pagas pelas instituições financeiras parceiras no pagamento de boletos e QR Codes.[31]

Além destes exemplos práticos citados, também são fontes de receitas comuns das instituições de pagamento o *floating*, o recebimento de comissão por serviços integrados a plataforma (recarga de celular, recarga de cartão de transporte) e, em alguns casos, a cobrança de tarifas ou assinaturas para algumas funcionalidades.

Com relação ao *floating*, por ser uma forma de remuneração menos conhecida, é prudente explicar como ela funciona na prática. O termo *floating* provém da língua inglesa, e significa flutuação. No mercado financeiro, este termo é utilizado para designar a remuneração obtida pela rentabilização de dinheiro de terceiro durante o período em que estes valores estão custodiados pela instituição.

Um exemplo típico de *floating* é a rentabilização realizada durante o período de compensação de um boleto bancário. Em geral, após o pagamento do boleto o dinheiro demora até 2 (dois) dias úteis para ser creditado na conta do recebedor, neste período a instituição aplica este dinheiro, rentabilizando-o, mas apenas repassa para o recebedor o valor nominal depositado, lucrando o resultado auferido com a rentabilização.

[30] Informação disponibilizada pela própria empresa, em seu portal eletrônico. Disponível em < https://comunidade.nubank.com.br/t/como-o-nubank-ganha-dinheiro-se-nao-cobra-tarifas/24118> ultimo acesso 20 de novembro de 2020.

[31] Informação disponibilizada pela própria empresa em seu portal eletrônico. Disponível em < https://www.zrobank.com.br/como-nos-ganhamos-dinheiro/> último acesso 20 de novembro de 2020.

Já no mercado de tecnologia, a prática do *floating* é bastante utilizada por aplicativos de transporte, que recebem dos usuários finais o valor do translado no momento da corrida, mas apenas transferem a parte dos motoristas quinzenalmente. Neste período, as instituições aplicam este dinheiro, rentabilizando-o, mas apenas pagam aos motoristas o valor nominal da corrida (descontado da taxa da plataforma).

Apesar de possuírem diversas fontes de receitas, otimizando ao máximo a gestão dos recursos colocados à sua disposição, uma peculiaridade do setor de pagamentos é que a maioria das *fintechs* são deficitárias.

Isto porque, grande parte das empresas que atuam neste segmento entende que o seu principal ativo é sua base de clientes. Portanto, é intrínseco ao negócio dispender no início da operação grandes quantias como forma de fomentar o crescimento exponencial de usuários, através de marketing agressivo, programas de pessoa indica pessoa (com benefícios para a pessoa que indicou), *cashback* etc.

Além destas despesas, as *fintechs* precisam fazer vultuosos investimentos em infraestrutura de processamento de dados. Diferentemente dos bancos de varejo, que precisam investir na construção de agências, as *fintechs* precisam investir em servidores sólidos e estáveis, para garantir que o aplicativo estará sempre funcionando, além de investir em servidores seguros, para impedir que os fundos sejam roubados em ataques hackers.

Todas as informações acerca de despesas e receitas mencionadas neste tópico foram extraídas das demonstrações financeiras do ano de 2019 da Nubank, banco C6, pagseguro e picpay[32].

[32] Informações contábeis disponibilizadas pelas próprias empresas em seus portais eletrônicos. Disponíveis em <https://nubank.com.br/docs/financial_statements/Nubank_consolidado_jun_2020.pdf. ; https://www.c6bank.com.br/files/demonstracoes-financeiras-31-12-2019-c6bank.pdf ; https://assets.pagseguro.com.br/ps-open-documents/financial-statements/Demonstracoes_

Conclui-se da análise do modelo de negócio das instituições de pagamento que sua principal fonte de receita, na maioria das vezes, não é decorrente da cobrança de tarifas pelo desempenho de sua atividade principal (assim entendida como aquela que a classifica como instituição de pagamento), mas sim por atividades "secundárias".

No que diz respeito às despesas, as *fintechs* realizam vultuosos investimentos em infraestrutura de servidores e marketing, que muitas vezes supera o lucro operacional obtido no período. Isto porque sua principal preocupação no curto prazo não é obter lucro para os sócios, mas sim aumentar sua base de clientes.

Considerando as circunstâncias relacionadas ao modelo de negócio das *fintechs*, bem como do panorama regulatório aplicado ao setor, analisar-se-á as principais controvérsias tributárias aplicável as instituições de pagamento.

3. Das controvérsias tributárias derivadas da classificação das fintechs como instituições de pagamento

3.1. Da viabilidade de opção pelo Lucro Presumido

A primeira grande dúvida tributária que atinge a maioria das *fintechs* que pretendem atuar como instituições de pagamento diz respeito à tributação da renda e a obrigatoriedade (ou não) de submeter a empresa à apuração do Imposto de Renda da Pessoa Jurídica ("IRPJ") com base no lucro real.

No Brasil, as empresas podem optar por tributar seus resultados mediante a eleição de um dentre quatro regimes de tributação da renda, a saber: o lucro real, o lucro presumido, o lucro arbitrado ou o Simples Nacional, desde que cumpridos os requisitos legais do regime que pretende optar.

Financeiras_-_Dez2019.pdf e https://www.jusbrasil.com.br/diarios/296743197/dosp-empresarial-12-05-2020-pg-21

Conquanto todos os regimes almejem tributar o lucro, apenas a tributação da renda pelo regime do lucro real permite concretizar incidência tributária sobre uma base de cálculo próxima ao lucro contábil. As demais formas de tributação da renda partem de bases aproximadas, contemplando o lucro a partir das receitas auferidas pela empresa, considerando coeficientes presumidos de rentabilidade que variam a depender do segmento de atuação da companhia. Portanto, o lucro real é o regime que melhor captura o acréscimo patrimonial obtido pela empresa em determinado período, fato gerador da tributação sobre a renda.

Considerando tal circunstância, a legislação optou por estabelecer o lucro real como regime geral para apuração dos resultados, determinando sua obrigatoriedade para algumas pessoas jurídicas, e facultando que as demais optem por outras formas de apuração dos seus resultados.

Sobre o tema, destaca-se o posicionamento de Edmar Oliveira Andrade Filho:

> Em face do disposto no §3º do art. 516 do RIR/99, pode ser contribuinte do Imposto de Renda calculado com base no lucro presumido toda "pessoa jurídica que não esteja obrigada à tributação com base no lucro real"; Vê-se, portanto, que o regime de tributação com base no lucro presumido não é acessível a todas as pessoas jurídicas.
>
> A tributação com base no lucro presumido é, sempre, uma opção. O contribuinte, nos casos em que a lei faculta o acesso a esse regime, pode ingressar a qualquer momento e pode ser se desejar ou se for obrigado. [...] Algumas pessoas estão impedidas de optar por esse regime em virtude da atividade que desempenham, como é o caso típico das instituições financeiras.[33]

[33] Andrade Filho, Edmar Oliveira. **Imposto de renda das empresas**. 13ª ed. São Paulo: Atlas, 2018, pg 636.

Como é possível observar do trecho acima, o lucro presumido será sempre um regime opcional para os contribuintes que não estejam obrigados ao lucro real. Apesar do trecho se referir exclusivamente ao lucro presumido, a mesma lógica se aplica também ao simples nacional e ao lucro arbitrado.

O rol de pessoas jurídicas obrigadas ao lucro real está contido no art. 14 da Lei nº 9.718/1998[34], que assim determina:

> Art. 14. Estão obrigadas à apuração do lucro real as pessoas jurídicas:
>
> I – cuja receita total no ano-calendário anterior seja superior ao limite de R$ 78.000.000,00 (setenta e oito milhões de reais) ou proporcional ao número de meses do período, quando inferior a 12 (doze) meses; (Redação dada pela Lei nº 12.814, de 2013) (Vigência)
>
> **II – cujas atividades sejam de bancos comerciais, bancos de investimentos, bancos de desenvolvimento, caixas econômicas, sociedades de crédito, financiamento e investimento, sociedades de crédito imobiliário, sociedades corretoras de títulos, valores mobiliários e câmbio, distribuidoras de títulos e valores mobiliários, empresas de arrendamento mercantil, cooperativas de crédito, empresas de seguros privados e de capitalização e entidades de previdência privada aberta;**
>
> III – que tiverem lucros, rendimentos ou ganhos de capital oriundos do exterior;
>
> IV – que, autorizadas pela legislação tributária, usufruam de benefícios fiscais relativos à isenção ou redução do imposto;

[34] BRASIL. Lei nº 9.718 de 27 de novembro de 1998. Altera a legislação tributária federal. Palácio do Planalto da Presidência da República. Brasília, 27 de novembro de 1998. Disponível em < http://www.planalto.gov.br/ccivil_03/leis/l9718.htm > último acesso em 20 de novembro de 2020.

> V – que, no decorrer do ano-calendário, tenham efetuado pagamento mensal pelo regime de estimativa, na forma do art. 2º da Lei nº 9.430, de 1996;
>
> **VI – que explorem as atividades de prestação cumulativa e contínua de serviços de assessoria creditícia, mercadológica, gestão de crédito, seleção e riscos, administração de contas a pagar e a receber, compras de direitos creditórios resultantes de vendas mercantis a prazo ou de prestação de serviços (factoring).**
>
> **VII – que explorem as atividades de securitização de créditos imobiliários, financeiros e do agronegócio (Incluído pela Lei nº 12.249, de 2010)** (Grifos nossos)

São vários os critérios utilizados para determinar se uma pessoa jurídica está ou não obrigada ao lucro real. Alguns destes critérios são gerais e aplicáveis a todas as empresas indistintamente, como por exemplo a limitação de que a receita bruta auferida no ano anterior seja superior a R$ 78 milhões por ano. Outros critérios, por sua vez, estão atrelados a condições subjetivas de cada empresa, determinando como requisito o exercício (ou não) de determinada atividade pela empresa.

Especificamente no que diz respeito aos critérios subjetivos, há a determinação de que bancos, sociedades de crédito, corretoras de valores mobiliários, empresas de seguro e empresas que atuam com *factoring* ou securitização adotem o regime do lucro real para fins de apuração de seus resultados, nos termos dos incisos II, VI e VII do art. 14 da Lei nº 9.718/1998, anteriormente mencionado. Ou seja, a grande parte das instituições que desenvolvem atividades no mercado financeiro estão sujeitas à obrigatoriedade do lucro real.

Contudo, como é possível observar da norma, as atividades próprias desenvolvidas por instituições de pagamento não se encontram listadas nas atividades descritas nos incisos II, VI e

VII do art. 14 da Lei nº 9.718/1998, que ensejam a obrigatoriedade ao lucro real.

Vale lembrar que são entendidas como atividades próprias de instituições de pagamento a (i) emissão de moeda eletrônica, (ii) a emissão de instrumento de pagamento pós-pago; (iii) o credenciamento e (iv) a inicialização de transação de pagamento, nos termos do art. 4º da Circular nº 3.885/2018.

Como visto no tópico 2.2, o desempenho destas atividades não é suficiente para caracterizar as instituições de pagamento como se instituições financeiras o fossem, na medida em que a classificação como instituição financeira é intrinsecamente relacionada à concessão de crédito.

Apesar de haver semelhanças entre as atividades desempenhadas pelas Instituições de Pagamento e aquelas desempenhadas pelas entidades listadas no inciso II do art. 14 da Lei nº 9.718/1998, elas não se confundem. As atividades mencionadas pela lei nº 9.718/1998 possuem um escopo mais amplo do que aquelas enumeradas pela Circular nº 3.885/2018, tanto que é permitido às instituições financeiras exercerem atividades de instituições de pagamento, mas o inverso é vedado, nos termos do art. 6º, §§1º e 2º da Lei nº 12.865/2013.

Alerta-se que a única forma de enquadrar as atividades desenvolvidas pelas instituições de pagamento como sendo sujeitas à obrigatoriedade do lucro real seria através de uma interpretação extensiva e analógica do inciso II do art. 14 da Lei nº 9.718/1998, para enquadrar não só os bancos comerciais (*e demais instituições descritas naquela norma*), mas também as empresas que prestam outras atividades regulamentadas pelo Banco Central do Brasil. Contudo, a interpretação analógica e extensiva é vedada pelo Código Tributário Nacional ("CTN").

O CTN é expresso ao determinar que a analogia apenas será utilizada como ferramenta de integração nos casos em que houver ausência de disposição expressa da legislação tributária, sendo vedado, inclusive, que a analogia resulte em exigência de tributo não previsto em lei. A conferir:

> Art. 108. **Na ausência de disposição expressa**, a autoridade competente para aplicar a legislação tributária utilizará sucessivamente, na ordem indicada:
>
> I – a analogia; [...]
>
> § 1º O emprego da analogia não poderá resultar na exigência de tributo não previsto em lei.[35] (grifos nossos)

No presente caso, o legislador optou por listar um rol taxativo de atividades que ensejam a obrigatoriedade do lucro real, através de descrições específicas de modelos de negócios.

Importa ressaltar que é princípio basilar de hermenêutica jurídica aquele segundo o qual "*a lei não contém palavras inúteis*" (*verba cum effectu sunt accipienda*). Todas as palavras trazidas incluídas no diploma normativo pelo legislador devem ser compreendidas como tendo alguma eficácia. Não se presumem, na lei, palavras inúteis, conforme leciona Carlos Maximiliano[36].

Percebe-se do inciso II do art. 14 da Lei nº 9.718/1998, que o legislador não afirmou de maneira genérica que "instituições financeiras estão obrigadas ao lucro real", mas sim optou por listar, de maneira individualizada, quais atividades estão obrigadas a este regime. Deste modo, não há que se presumir que o intuito da norma é obrigar todas as instituições que atuem no mercado financeiro a recolher seus tributos com base no lucro real, mas apenas aquelas taxativamente listadas pelo art. 14 da Lei nº 9.718/1998.

[35] BRASIL. Lei nº 5.172 de 25 de outubro de 1996. Aprova o Código Tributário Nacional. Palácio do Planalto da Presidência da República. Brasília, 25 de outubro de 1966. Disponível em < http://www.planalto.gov.br/ccivil_03/leis/l5172compilado.htm> último acesso em 20 de novembro de 2020.

[36] Carlos Maximiliano. Hermenêutica e Aplicação do Direito, 8a. ed., Freitas Bastos, 1965, p. 262.

Deste modo, a análise das normas que regulam as regras de obrigatoriedade da opção pelo lucro real em conjunto com as demais regras do sistema tributário – notadamente o CTN – nos permite concluir que não há obrigatoriedade de adoção do lucro real para a empresa que atue exclusivamente como instituição de pagamento em função da atividade exercida.

Neste mesmo sentido entendeu a Receita Federal do Brasil, ao proferir a Solução de Consulta COSIT nº 208/2014, adiante ementada:

> ADMINISTRADORA DE CARTÕES DE CRÉDITO. TRIBUTAÇÃO COM BASE NO LUCRO PRESUMIDO. POSSIBILIDADE DE OPÇÃO. BASE DE CÁLCULO. COEFICIENTE DE PRESUNÇÃO.
> As administradoras de cartões de crédito, desde que observadas as condições previstas em lei, podem optar pelo regime de tributação com base no lucro presumido, na condição de prestadoras de serviços.[37]

Apesar de a solução de consulta acima falar exclusivamente das empresas administradoras de cartão de crédito (classificadas como instituições de pagamento que emitem instrumento de pagamento pós-pago), as razões de decidir são aplicáveis a todas as demais Instituições de Pagamento.

Em síntese, na solução de consulta em comento, a RFB reconheceu o caráter taxativo da lei nº 9.718/1998 e, embora as atividades de emissão de cartão de crédito tenham semelhança com aquelas realizadas por instituições financeiras, a ausência de menção expressa desta atividade na norma implica a conclusão de que elas são autorizadas a optar pelo lucro presumido.

[37] BRASIL. **Solução de consulta COSIT nº 208 de 11 de julho de 2014.** Lex: Coordenação-Geral de Tributação. DOU de 30/7/2014, seção 1, p 23.

Assim, considerando que as demais atividades exercidas por instituições de pagamento também não estão listadas na lei nº 9.718/1998, quais sejam, emitir moeda eletrônica, credenciar instituições para aceitar instrumentos de pagamento pós-pago e iniciar transações de pagamento, é imperioso reconhecer a aplicabilidade do entendimento firmado na Solução de Consulta COSIT nº 208/2014 também para elas.

Alerta-se que o entendimento em comento foi proferido através de Soluções de Consulta COSIT, o que a torna vinculantes no âmbito da RFB, respaldando o sujeito passivo independentemente de ser o consulente, nos termos do art. 9º da IN nº 1.396/2013. Tal fato garante bastante segurança jurídica para o contribuinte que pleitear aderir ao lucro presumido, que poderá fazê-lo sem precisar recorrer ao judiciário para reconhecer seu direito.

Portanto, ainda que inicialmente o Poder Judiciário tenha apresentado interpretação que amplie o conceito de instituição financeira para fins de aplicação da Lei de Usura (cf. Súmula nº 283 do STJ), a interpretação analógica com intuito de estender a incidência tributária entra em conflito com as regras do sistema tributário nacional, sendo conduta expressamente rechaçada pelo art. 108 do CTN.

Assim, as Instituições de Pagamento, enquanto pessoas jurídicas que exercem atividades econômicas distintas daquelas elencadas no inciso II do art. 14 da Lei nº 9.718/1998, não estão sujeitas (de forma obrigatória) à apuração dos tributos incidentes sobre a renda pelo regime do lucro real, podendo optar pelo lucro presumido, desde que não ultrapasse o limite de faturamento referente a este regime.

3.1.1. Do coeficiente de presunção aplicável no lucro presumido para as receias auferidas por instituições de pagamento

Diferentemente do lucro real, em que a base de apuração é o lucro líquido, ajustado pelas adições, exclusões ou compensações prescritas e autorizadas, a base de cálculo do lucro na modalidade presumida corresponde a um percentual aplicado sobre a receita bruta, que varia a depender da atividade desenvolvida pela empresa.

Deste modo, tendo em vista que restou demonstrada a viabilidade das Instituições de Pagamento aderirem ao lucro presumido, resta saber qual o coeficiente de presunção que será aplicado às suas receitas. Tal informação é ainda mais relevante se considerado que a maioria das *fintechs* obtém receitas através de atividades "acessórias", tal qual delineado no tópico 3.

De início, destaca-se que a Lei nº 9.249/1995, estabelece que a base de cálculo do IRPJ e da CSLL na modalidade de lucro presumido será a receita bruta definida nos termos do art. 12 do Decreto-Lei nº 1.598/1977, reduzida através da aplicação do coeficiente de presunção. A conferir:

> Art. 15. A base de cálculo do imposto, em cada mês, será determinada mediante a aplicação do percentual de 8% (oito por cento) sobre a receita bruta auferida mensalmente, **observado o disposto no art. 12 do Decreto-Lei no 1.598, de 26 de dezembro de 1977**, deduzida das devoluções, vendas canceladas e dos descontos incondicionais concedidos, sem prejuízo do disposto nos arts. 30, 32, 34 e 35 da Lei no 8.981, de 20 de janeiro de 1995. (...)
>
> Art. 20. A base de cálculo da Contribuição Social sobre o Lucro Líquido devida pelas pessoas jurídicas que efetuarem o pagamento mensal ou trimestral a que se referem os arts. 2º, 25 e 27 da Lei no 9.430, de 27 de dezembro de 1996, corresponderá a 12% (doze por cento) **sobre a receita bruta definida pelo art. 12 do**

> **Decreto-Lei no 1.598, de 26 de dezembro de 1977**, auferida no período, deduzida das devoluções, vendas canceladas e dos descontos incondicionais concedidos, exceto para as pessoas jurídicas que exerçam as atividades a que se refere o inciso III do § 1o do art. 15, cujo percentual corresponderá a 32% (trinta e dois por cento).[38]

Sobre o coeficiente de presunção, cumpre ressaltar que ele varia a depender da atividade exercida pela empresa.

Para o IRPJ, a regra-geral é a aplicação do coeficiente de 8% (oito por cento), e, caso a atividade desenvolvida seja de prestação de serviços, o coeficiente será aumentado para 32% (trinta e dois por cento), conforme preceitua o art. 15, da Lei nº 9.249/1995. Já para a CSLL, a regra-geral é a aplicação do coeficiente de 12% (doze por cento), também sendo majorado para 32% (trinta e dois por cento) nos casos de receitas decorrentes de prestação de serviços, nos termos do art. 20, da Lei nº 9.249/1995.

Vale ressaltar que caso a empresa atue em diversos segmentos econômicos, possuindo atividades diversificadas, o coeficiente de presunção será aplicado de maneira segregada para cada uma das atividades desempenhadas pela empresa, nos termos do §2º do art. 15da Lei nº 9.249/1995[39].

[38] BRASIL. Decreto-Lei nº 1.598 de 26 de dezembro de 1977. Altera a legislação do imposto sobre a renda. Palácio do Planalto da Presidência da República. Brasília, 26 de dezembro de 1977. Disponível em < http://www.planalto.gov.br/ccivil_03/decreto-lei/del1598.htm> último acesso em 20 de novembro de 2020.

[39] Art. 15. A base de cálculo do imposto, em cada mês, será determinada mediante a aplicação do percentual de 8% (oito por cento) sobre a receita bruta auferida mensalmente, observado o disposto no art. 12 do Decreto-Lei nº 1.598, de 26 de dezembro de 1977, deduzida das devoluções, vendas canceladas e dos descontos incondicionais concedidos, sem prejuízo do disposto nos arts. 30, 32, 34 e 35 da Lei no 8.981, de 20 de janeiro de 1995. (Redação dada pela Lei nº 12.973, de 2014)

Pois bem, conforme mencionado acima, o coeficiente de presunção apenas será aplicado sobre a receita bruta da empresa definida de acordo com o art. 12 do Decreto-Lei nº 1.598/1977.

Por sua vez, o art. 12 do Decreto-Lei nº 1.598/1977 determina que se entende como receita bruta o produto da venda de bens nas operações de conta própria, o preço da prestação de serviços em geral, o resultado auferido nas operações de conta alheia e as demais receitas provenientes da exploração da atividade ou objeto principal da entidade[40]. Veja-se:

> Art. 12. A receita bruta compreende: (Redação dada pela Lei nº 12.973, de 2014) (Vigência)
>
> I – o produto da venda de bens nas operações de conta própria; (Incluído pela Lei nº 12.973, de 2014) (Vigência)
>
> II – o preço da prestação de serviços em geral; (Incluído pela Lei nº 12.973, de 2014) (Vigência)
>
> III – o resultado auferido nas operações de conta alheia; e (Incluído pela Lei nº 12.973, de 2014) (Vigência)
>
> IV – as receitas da atividade ou objeto principal da pessoa jurídica não compreendidas nos incisos I a III. (Incluído pela Lei nº 12.973, de 2014) (Vigência)

A definição de determinado rendimento como receita bruta nos termos do art. 12 do Decreto-Lei nº 1.598/1977 é de extrema importância na apuração do resultado com base no lucro presumido.

Sendo considerada receita bruta, aplicar-se-á sobre o montante auferido o percentual de presunção estipulado pelo art.

§ 2º No caso de atividades diversificadas será aplicado o percentual correspondente a cada atividade.

40 BRASIL. Decreto-Lei nº 1.598 de 26 de dezembro de 1977. Altera a legislação do imposto sobre a renda. Palácio do Planalto da Presidência da República. Brasília, 26 de dezembro de 1977. OPCIT.

15 da Lei nº 9.249/1995, tributando apenas o valor resultante da aplicação deste percentual de presunção; ao passo em que, não sendo receita bruta, o IRPJ e a CSLL incidirão sobre a integralidade da receita auferida. Sobre o tema, merece destaque o comentário de Edmar Oliveira Andrade Filho:

> A partir de 2014 (ou a partir de 2015, por opção dos contribuintes), a determinação da base de cálculo do IRPJ e da CSLL com base no lucro presumido deverá ser feita com observância da lei nº 12.973/14, que modificou o texto do art. 25 da Lei nº 9.430/96. De acordo com as novas regras, serão tributados integralmente (isto é, sem aplicação dos percentuais previstos em lei para as diversas atividades) os valores relativos aos ganhos de capital, os rendimentos e ganhos líquidos auferidos em aplicações financeiras, as demais receitas, os resultados positivos decorrentes de receitas não abrangidas no conceito normativo de receita bruta (art. 12 do Decreto-lei nº 1.598/77), com os respectivos valores decorrentes do ajuste a valor presente previsto no inciso VIII do art. 183 da Lei nº 6.404/76.[41]

Portanto, sendo considerada como receita bruta, os rendimentos das *fintechs* estarão sujeitos aos coeficientes de presunção, para fins de redução da base tributável. Já as receitas que não forem enquadradas no conceito de receita do art. 12 do Decreto-Lei nº 1.598/1977 serão tributadas em sua integralidade, sem que seja possível reduzir a base de cálculo com a aplicação do coeficiente de presunção.

Findado estes esclarecimentos gerais acerca da aplicação dos coeficientes de presunção do lucro presumido, resta saber quais os coeficientes que devem ser efetivamente aplicados sobre as receitas auferidas pelas *fintechs*.

[41] Edmar. OP CIT. Fls. 647

Como visto, as principais receitas das *fintechs* variam a depender de sua modalidade de atuação.

As fintechs emissoras de moeda eletrônica usualmente são remuneradas pela tarifa de intercâmbio nas compras efetuadas com cartões de débito, taxas pagas pelas instituições financeiras parceiras no pagamento de boletos e QR Code, pelo recebimento de comissão por serviços integrados a plataforma (recarga de celular, recarga de cartão de transporte), por *floating* e, eventualmente, mediante a cobrança de tarifas para transferência de recursos para outras instituições de pagamento.

Já as *fintechs* que atuam como emissoras de instrumento de pagamento pós-pago são remuneradas pela tarifa de intercâmbio paga pela bandeira de cartão de crédito e pelos juros incidentes, em caso de atraso no pagamento da fatura.

Por fim, as instituições credenciadoras são remuneradas pela venda/aluguel de máquinas de cartão de crédito, e por uma taxa percentual incidente sobre o valor recebido do adquirente, denominada no mercado de *take rate*.

Delineado a forma de remuneração destas entidades, resta saber se as atividades descritas anteriormente se enquadram em algum dos conceitos do art. 12 do Decreto-Lei nº 1.598/1977, para fins de aplicação do coeficiente de presunção no lucro presumido.

Vale lembrar que tal artigo estipula que será considerado como receita bruta o produto da venda de bens nas operações de conta própria, o preço da prestação de serviços em geral, o resultado auferido nas operações de conta alheia e as demais receitas provenientes da exploração da atividade ou objeto principal da empresa.

Considerando as atividades realizadas pelas instituições de pagamento, é possível que a maioria das suas receitas sejam classificadas como preço pago em virtude de serviço prestado, razão pela qual este será o primeiro conceito analisado.

Tanto na doutrina quanto na jurisprudência a definição de serviço é matéria extremamente controversa, que vem se modificando cada vez mais em virtude do desenvolvimento tecnológico.

De acordo com a teoria clássica defendida pelo STF, a distinção entre prestação de serviços e venda de mercadoria era feita através da verificação da natureza da obrigação firmada entre as partes, sendo a prestação de serviços caracterizada em função da obrigação de "fazer" ao passo em que na venda de mercadoria preponderava a obrigação de "dar"[42].

Mais recentemente, no julgamento do RE651.703-PR, a corte superior alterou seu entendimento, reconhecendo que na maioria dos serviços existe simultaneamente uma obrigação de dar e de fazer, de modo que a classificação de uma atividade como serviço não deveria levar em conta este critério. No entender do STF, uma atividade seria classificada como serviço para fins tributários caso esteja listada na lista anexa da Lei Complementar nº 116/2003. A conferir:

> CONCEITO CONSTITUCIONAL DE SERVIÇOS DE QUALQUER NATUREZA.
>
> 21. Sob este ângulo, o conceito de prestação de serviços não tem por premissa a configuração dada pelo Direito Civil, mas relacionado ao oferecimento de uma utilidade para outrem, a partir de um conjunto de atividades materiais ou imateriais, prestadas com habitualidade e intuito de lucro, podendo estar conjugada ou não com a entrega de bens ao tomador. 22. A LC nº 116/2003 imbricada ao thema decidendum traz consigo lista anexa que esta-

[42] Entendimento firmado pelo STF no julgamento do RE 116.121-3/SP. Brasil. Supremo Tribunal Federal. Recurso Extraordinário nº 116.121-3/SP. Relator Min. Octavio Gallotti. Julgado em 11/110/2000. Diário de Justiça, Brasília, 25/5/2001. Disponível em http://portal.stf.jus.br/processos/detalhe.asp?incidente=1474346 último acesso 20 de novembro de 2020.

belece os serviços tributáveis pelo ISSQN, dentre eles, o objeto da presente ação, que se encontra nos itens 4.22 e 4.23, [...][43]

Em verdade, é imperioso reconhecer que a conceituação de determinada atividade como prestação de serviço ou não, é, por si, matéria de extrema complexidade, e que foge ao escopo do presente trabalho.

Deste modo, sem aprofundar no mérito do entendimento do STF proferido no RE nº RE651.703-PR, para fins de realização da presente análise considerar-se-á como serviço prestado as atividades incluídas na lista anexa da Lei Complementar nº 116/2003.

Esta definição de que serviços são as atividades descritas na lista anexa da Lei Complementar nº 116/2003, inclusive, é uma das mais aceitas pela Receita Federal do Brasil, conforme demonstra diversas soluções de consulta que utilizam este critério para fins de determinação do coeficiente de presunção do lucro presumido[44].

Consultando a lista anexa da Lei Complementar nº 116/2003, verifica-se que estão enquadrados como serviços financeiros as seguintes atividades[45]:

[43] BRASIL. Supremo Tribunal Federal. Recurso Extraordinário nº 651.703-PR. Relator Ministro Luiz Fux. Julgado em 29/9/2016. Diário da justiça Eletrônico, Brasília, 26/4/2017. Disponível em < http://portal.stf.jus.br/processos/detalhe.asp?incidente=4117105> último acesso 20 de novembro de 2020

[44] Neste sentido, SOLUÇÃO DE CONSULTA COSIT Nº 193, DE 10 DE JUNHO DE 2019, Solução de Consulta COSIT nº 81 de 26 de junho de 2020 e Solução de Consulta COSIT nº 208 de 30 de julho de 2014.

[45] BRASIL. Lei Complementar nº 116 de 31 de julho de 2003. Dispõe sobre o imposto sobre serviços de qualquer natureza. Palácio do Planalto da Presidência da República. Brasília, 31 de julho de 2003. Disponível em < http://www.planalto.gov.br/ccivil_03/leis/lcp/lcp116.htm> último acesso em 20 de novembro de 2020.

15 – Serviços relacionados ao setor bancário ou financeiro, inclusive aqueles prestados por instituições financeiras autorizadas a funcionar pela União ou por quem de direito.

15.01 – Administração de fundos quaisquer, de consórcio, de cartão de crédito ou débito e congêneres, de carteira de clientes, de cheques pré-datados e congêneres. (Vide Lei Complementar nº 175, de 2020)

15.02 – Abertura de contas em geral, inclusive conta-corrente, conta de investimentos e aplicação e caderneta de poupança, no País e no exterior, bem como a manutenção das referidas contas ativas e inativas.

15.03 – Locação e manutenção de cofres particulares, de terminais eletrônicos, de terminais de atendimento e de bens e equipamentos em geral.[...]

15.07 – Acesso, movimentação, atendimento e consulta a contas em geral, por qualquer meio ou processo, inclusive por telefone, fac-símile, internet e telex, acesso a terminais de atendimento, inclusive vinte e quatro horas; acesso a outro banco e a rede compartilhada; fornecimento de saldo, extrato e demais informações relativas a contas em geral, por qualquer meio ou processo. [...]

15.10 – Serviços relacionados a cobranças, recebimentos ou pagamentos em geral, de títulos quaisquer, de contas ou carnês, de câmbio, de tributos e por conta de terceiros, inclusive os efetuados por meio eletrônico, automático ou por máquinas de atendimento; fornecimento de posição de cobrança, recebimento ou pagamento; emissão de carnês, fichas de compensação, impressos e documentos em geral. [...]

15.12 – Custódia em geral, inclusive de títulos e valores mobiliários.

15.14 – Fornecimento, emissão, reemissão, renovação e manutenção de cartão magnético, cartão de crédito, cartão de débito, cartão salário e congêneres. [...]

> 15.15 – Compensação de cheques e títulos quaisquer; serviços relacionados a depósito, inclusive depósito identificado, a saque de contas quaisquer, por qualquer meio ou processo, inclusive em terminais eletrônicos e de atendimento.
>
> 15.16 – Emissão, reemissão, liquidação, alteração, cancelamento e baixa de ordens de pagamento, ordens de crédito e similares, por qualquer meio ou processo; serviços relacionados à transferência de valores, dados, fundos, pagamentos e similares, inclusive entre contas em geral.

Verifica-se dos itens anteriormente transcritos que serão enquadrados como rendimentos provenientes de serviços os valores recebidos a título de taxa de intercâmbio, *take rate*, taxas pagas pelas instituições financeiras para pagamento de boletos e QR Codes e tarifas para realização de transferência, pois se enquadram no 15.16.

Também será classificada como serviço a locação das maquinhas realizadas pelas credenciadoras, conforme determina o item 15.03.

Além disso, as comissões recebidas em função da integração de outros serviços à plataforma da *fintech* (recarga de celular, recarga de cartão de transporte etc) também são enquadradas como rendimentos recebidos em função de prestação de serviços, posto que a atividade de intermediação está descrita no item 10.05 da lista anexa da Lei Complementar nº 116/2003.

Logo, todas essas receitas descritas anteriormente estarão sujeitas ao coeficiente de presunção de 32% (trinta e dois por cento), tanto para o IRPJ quanto para CSLL, nos termos do art. 15, inciso III, alínea "a" e art. 20, inciso I, ambos da Lei nº 9.249/1995.

Das principais fontes de receita das *fintechs* descritas no capítulo 3 deste trabalho, apenas as receitas com juros, com floating e com venda de máquinas não se enquadram como frutos de prestação de serviços.

Dentre as três fontes de receitas remanescentes, não há dúvidas de que a receita obtida com venda de máquinas se enquadra no conceito enquadrado no art. 12, inciso I do Decreto-Lei nº 1.598/1977, já que se trata de receita obtida com venda de mercadoria e que, ainda, é objeto da atividade desenvolvida pela empresa. Neste toar, constata-se que estes rendimentos estarão sujeitos ao coeficiente de presunção de 8% (oito por cento), para fins de apuração do IRPJ, e de 12% (doze por cento), para a CSLL, nos termos do art. do art. 15, caput e art. 20, inciso IIII, ambos da Lei nº 9.249/1995.

Com relação às duas fontes de receitas remanescentes (juros e *floating*), resta saber se tais atividades podem ser enquadradas como resultante da exploração do objeto principal das *fintechs*.

A princípio, destaca-se que tanto os juros quanto as receitas de *floating* são usualmente classificadas como receitas financeiras. Sobre o tema, vale a pena ressaltar que expressão "receitas financeiras" não tem uma definição própria na legislação, tampouco em pronunciamentos contábeis, sendo usualmente definidas como: (i) os descontos obtidos, usualmente oriundos de pagamentos antecipados de duplicadas de fornecedores; (ii) os juros auferidos; (iii) receitas de títulos vinculados ao mercado aberto; (iv) receitas sobre investimentos temporários; (v) e o prêmio de resgate de títulos e debêntures.[46]

Até a entrada em vigor da Lei nº 12.973/14, as receitas financeiras não se enquadravam em nenhuma das hipóteses de receita bruta prevista no art. 12 do Decreto-Lei nº 1.598/1977, razão pela qual entendia-se que toda receita financeira deveria ser tributada integralmente, não sendo aplicado o coeficiente de presunção do lucro presumido. Este entendimento pode ser demonstrado através da Solução de Consulta COSIT nº 208/2014:

[46] GELBCKE, Ernesto Rubens. **Manual de Contabilidade societária: aplicável a todas as sociedades de acordo com as normas internacionais e do CPC**. 3ed. São Paulo, Atlas. 2018.pp. 1735

> ADMINISTRADORA DE CARTÕES DE CRÉDITO. TRIBUTAÇÃO COM BASE NO LUCRO PRESUMIDO. POSSIBILIDADE DE OPÇÃO. BASE DE CÁLCULO. COEFICIENTE DE PRESUNÇÃO. [...]
>
> Por outro lado, as receitas provenientes de juros e multas de mora, cobrados em razão de inadimplência de clientes, devem ser integralmente adicionadas à base de cálculo, para efeito da incidência do tributo.[47]

Contudo, com a modificação instituída pela Lei nº 12.973/14, o simples fato de determinada receita ser enquadrada como receita financeira não é suficiente para afastá-la do conceito de receita bruta, sendo necessário investigar qual o objeto social principal da empresa.

Deste então, é perfeitamente possível que para determinados setores, uma receita financeira seja considerada receita bruta e para outros setores não o seja. Tal circunstância pode ser exemplificada pela Solução de Consulta COSIT nº 84/2016, adiante ementada:

> REGIME DE APURAÇÃO CUMULATIVA. BASE DE CÁLCULO. FATURAMENTO. RECEITA BRUTA. PARTICIPAÇÃO EM OUTRAS SOCIEDADES. JUROS SOBRE CAPITAL PRÓPRIO.
>
> A partir da publicação da Lei nº 11.941, de 2009, ocorrida em 28 de maio de 2009, a base de cálculo da Contribuição para o PIS/Pasep e da Cofins no regime de apuração cumulativa ficou restrita ao faturamento auferido pela pessoa jurídica, que corresponde à receita bruta de que trata o art. 12 do Decreto-Lei nº 1.598, de 26 de dezembro de 1977, nos termos do art. 2º e caput do art. 3º da Lei nº 9.718, de 1998;

[47] BRASIL. **Solução de consulta COSIT nº 208 de 11 de julho de 2014.** Lex: Coordenação-Geral de Tributação. DOU de 30/7/2014, seção 1, p 23.

> A receita bruta sujeita à Cofins compreende as receitas oriundas do exercício de todas as atividades empresariais da pessoa jurídica, e não apenas aquelas decorrentes da venda de mercadorias e da prestação de serviços.
>
> **As receitas decorrentes do recebimento de juros sobre o capital próprio auferidas por pessoa jurídica cujo objeto social seja a participação no capital social de outras sociedades compõem sua receita bruta para fins de apuração da Cofins devidas no regime de apuração cumulativa.**[48]

Na solução de consulta acima a Receita Federal do Brasil determinou que os juros sob o capital próprio, a despeito de serem uma receita financeira, deveriam ser incluídos na base de cálculo do PIS e da COFINS caso o investimento em participações societárias estivesse incluído no objeto social da pessoa jurídica recebedora. Isto porque, neste caso, esta receita financeira estaria diretamente relacionada com a atividade principal desenvolvida pela empresa.

Nas operações de emissão de instrumento pós-pago, a atividade principal desenvolvida pelas instituições é emitir cartões de crédito em favor dos interessados. Como cediço, tais cartões permitem que os beneficiários consumam bens e serviços, mas apenas pague por eles após o encerramento de determinado período. Caso a fatura não seja paga na data estipulada, a instituição que emitiu o cartão de crédito adimplirá a obrigação com a credenciadora, e caberá ao beneficiário pagar o débito para a instituição de pagamento acrescido de juros.

Percebe-se, portanto, que os juros recebidos em função do atraso no pagamento da fatura de cartão de crédito possuem intrínseca relação com a atividade principal desempenhada pela empresa.

[48] BRASIL. **Solução de consulta COSIT nº 84, de 08 de junho de 2016.** Lex: Coordenação-Geral de Tributação. DOU de 16/06/2016. p8-9.

Sobre o tema, merece destaque o posicionamento do STJ:

> PROCESSUAL CIVIL. AGRAVO REGIMENTAL. RECURSO ESPECIAL. **TRIBUTÁRIO. IRPJ. CSLL. LUCRO PRESUMIDO. ADMINISTRADORA DE CARTÃO DE CRÉDITO. PRESTAÇÃO DE SERVIÇOS. ENCARGOS DE FINANCIAMENTO E DE MORA.** ALÍQUOTA APLICÁVEL PARA EFEITO DE APURAÇÃO DA BASE DE CÁLCULO. **INCLUSÃO NA RECEITA BRUTA DOS ENCARGOS DE MORA.** 1. As empreses administradoras de cartão de crédito podem optar por apurar o IRPJ e a CSLL pelo lucro presumido e pela base de cálculo presumida, respectivamente, na condição de prestadoras de serviço (art. 15, §1º, III, "a"da Lei n. 9.249/95). 2. **Nessa situação, os encargos de financiamento como os juros e encargos de mora integram o conceito de receita bruta (faturamento da prestação de serviços) para todos os efeitos legais, aplicando-se o disposto no art. 25, I, da Lei n. 9.430/96 e não o art. 25, inciso II, da Lei nº 9.430/96, já que não se enquadram no conceito de "demais receitas". 3. Se a correção monetária, a multa e os juros (receitas financeiras) decorrem diretamente das operações de administração do cartão de crédito realizadas pela empresa (prestação de serviços) – operações essas que constituem o seu objeto social – tais rendimentos devem ser considerados como um produto da venda de bens e/ou serviços, ou seja, constituem faturamento.** Aplica-se a lógica de que o acessório segue o principal consoante o fundamento determinante do precedente REsp. n. 1.432.952-PR, Segunda Turma, Rel. Min. Mauro Campbell Marques, julgado em 25.02.2014. 4. Agravo regimental não provido.[49]

[49] BRASIL. Superior Tribunal de Justiça. Agravo Regimental em Recurso Especial nº 1.260.812/RS. Segunda Turma de julgamento. Relator: Mauro Campbell Marques. Julgamento em 19/4/2016 e publicação no DJE 26/4/2016. Disponível em < https://processo.stj.jus.br/processo/pesquisa/?tipoPesquisa=

No precedente acima, a razão de decidir utilizada pelo STJ foi que as receitas acessórias decorrentes da exploração do objeto social de determinada empresa também devem ser entendidas como fruto do resultado da exploração da atividade ou objeto principal da empresa, ante a existência do princípio jurídico que determina que o acessório segue o principal. Vale ressaltar que o precedente em comento foi proferido ao analisar justamente a inclusão dos juros recebidos por administradoras de cartões de crédito no coeficiente de presunção do lucro presumido.

Assim, tendo em vista que estes juros foram recebidos única e exclusivamente em função da atividade principal desempenhada de emissão de instrumento de pagamento pós-pago, é imprescindível reconhecer sua correlação direta com o objeto social da empresa, ainda que se trate de receita financeira.

Além disto, sendo uma receita diretamente vinculada à prestação do serviço de administração de cartões de crédito e, utilizando o mesmo princípio empregado pelo STJ de que o acessório segue o principal, sobre tais receitas deverá ser aplicado o coeficiente de presunção de 32% (trinta e dois por cento), tanto para o IRPJ quanto para a CSLL, já que este é o coeficiente que será aplicado à atividade principal.

O mesmo raciocínio delineado para os juros também deve ser aplicado às receitas auferidas com *floating*.

Apesar da receita de floating não ser contraprestacional, isto é, paga pelo usuário final como contrapartida ao serviço prestado, a obtenção deste rendimento só é possível em virtude da exploração do objeto social das instituições emissoras de moeda eletrônica, qual seja, de operacionalizar pagamentos.

Exemplificando, se a *fintech* não desenvolvesse a atividade de emissão de conta de pagamento, nenhum recurso seria depositado aos seus cuidados e nenhum valor poderia ser rentabilizado.

tipoPesquisaNumeroRegistro&termo=201101379397&totalRegistrosPorPagina=40&aplicacao=processos.ea > ultimo acesso 20/11/2020.

Logo, imperioso reconhecer também pela possibilidade de incluir este rendimento na base de cálculo do lucro presumido, mediante a aplicação do coeficiente de presunção de 32% (trinta e dois por cento).

Ante o exposto, conclui-se que a maior parte dos rendimentos auferidos por *fintechs* estará sujeita, no lucro presumido, ao coeficiente de presunção de 32% (trinta e dois por cento), haja vista se enquadrarem como receitas decorrentes de prestação de serviços ou receitas acessórias relacionadas a prestação de serviços.

3.2. Da alíquota da CSLL aplicável às Instituições de Pagamento

3.2.1. Das instituições emissoras de instrumento de pagamento pós-pago

A segunda grande controvérsia que será abordada no presente trabalho diz respeito à alíquota da CSLL aplicável às instituições de pagamento.

Desde o ano de 2008, com a entrada em vigor da Lei nº 11.727/2008[50], a alíquota da CSLL incidente sobre as instituições financeiras foi majorada de 9% (nove por cento) para 15% (quinze por cento). A conferir

> Art. 17. O art. 3º da Lei nº 7.689, de 15 de dezembro de 1988, passa a vigorar com a seguinte redação: (Produção de efeitos)
>
> "Art. 3º A alíquota da contribuição é de:
>
> I – 15% (quinze por cento), no caso das pessoas jurídicas de seguros privados, das de capitalização **e das referidas nos incisos**

[50] BRASIL. Lei nº 11.727, de 23 de junho de 2008. Dispõe sobre medidas tributárias destinadas a estimular os investimos e dá outras providências. Palácio do Planalto da Presidência da República. Brasília, 23 de julho de 2008. Disponível em < http://www.planalto.gov.br/ccivil_03/_ato2007-2010/2008/lei/l11727.htm> último acesso em 20 de novembro de 2020.

I a VII, IX e X do § 1o do art. 1o da Lei Complementar no 105, de 10 de janeiro de 2001; e

Segundo a exposição de motivos da referida lei, a majoração da alíquota desta contribuição era necessária para adequar a tributação deste setor à capacidade contributiva das instituições financeiras. Veja-se:

> 9. A seu turno, o art. 18 estabelece as alíquotas da Contribuição Social sobre o Lucro Líquido – CSLL, fixando-as de forma diferenciada para as pessoas jurídicas em geral e aquelas de que tratam os §§ **6º e 8º do art. 3º da Lei nº 9.718, de 27 de novembro de 1998**, conforme faculta o § 9º do art. 195 da Constituição Federal.
>
> 10. A medida proposta no art. 18 visa estabelecer incidência tributária compatível com a capacidade contributiva dos setores econômicos abrangidos. Esses setores vêm apresentando forte dinamismo, expansão e lucratividade, proporcionados pelo crescimento econômico do País, fruto das medidas macroeconômicas adotadas.[51]

Apesar da exposição de motivos fazer referência às instituições de que tratam os §§6º e 8º do art. 3º da Lei nº 9.718/1998, que é o mesmo conceito utilizado pela legislação do PIS e da COFINS para determinar que as instituições financeiras permanecem submetidas ao regime cumulativo[52], a versão final da

[51] MINISTÉRIO DA FAZENDA. Exposição de Motivos nº 003/2008 de 2 de janeiro de 2008. Brasília,. Disponível em: < http://www.planalto.gov.br/ccivil_03/_ato2007-2010/2008/Exm/EM-3-MF-MPV-413.htm. > último acesso em 20 de novembro de 2020.

[52] Neste sentido, segue a redação do art. 10 das leis 10.833/2003 e do art. 8º da Lei nº 10.637/2002

Art. 10. Permanecem sujeitas às normas da legislação da COFINS, vigentes anteriormente a esta Lei, não se lhes aplicando as disposições dos arts. 1º a 8º (Produção de efeito)

lei optou por elencar como instituição financeira, para fins de CSLL, como sendo aquelas nos incisos I a VII, IX e X do § 1º do art. 1º da Lei Complementar número 105/2001.

O propósito inicial de utilizar a mesma redação empregada pela da legislação do PIS e COFINS na majoração da alíquota da CSLL era garantir que este aumento apenas atingiria as instituições que eram beneficiadas pela obrigatoriedade do regime cumulativo.

Em linhas gerais, haveria certa neutralidade tributária, na medida em que o regime cumulativo tem uma diferença de alíquota de aproximadamente 6% (seis por cento), se comparado com o regime não-cumulativo, justamente o percentual que foi majorado da CSLL.

Ocorre que, como visto, a versão final que entrou em vigor com a Lei nº 11.727/2008 optou por fazer referência aos incisos I a VII, IX e X do § 1º do art. 1º da Lei Complementar número 105/2001, que assim dispõe:

> § 1º São consideradas instituições financeiras, para os efeitos desta Lei Complementar:
> I – os bancos de qualquer espécie;
> II – distribuidoras de valores mobiliários;
> III – corretoras de câmbio e de valores mobiliários;
> IV – sociedades de crédito, financiamento e investimentos;
> V – sociedades de crédito imobiliário;

I – as pessoas jurídicas referidas nos §§ 6º, 8º e 9º do art. 3º da Lei nº 9.718, de 1998, e na Lei nº 7.102, de 20 de junho de 1983;
Art. 8º Permanecem sujeitas às normas da legislação da contribuição para o PIS/Pasep, vigentes anteriormente a esta Lei, não se lhes aplicando as disposições dos arts. 1º a 6º:
I – as pessoas jurídicas referidas nos §§ 6º, 8º e 9º do art. 3º da Lei nº 9.718, de 27 de novembro de 1998 (parágrafos introduzidos pela Medida Provisória nº 2.158-35, de 24 de agosto de 2001), e Lei nº 7.102, de 20 de junho de 1983;

> **VI – administradoras de cartões de crédito;**
> VII – sociedades de arrendamento mercantil; ´[...]
> IX – cooperativas de crédito;
> X – associações de poupança e empréstimo;[53]

De todas as instituições listadas acima, as administradoras de cartões de crédito são as únicas que não estão englobadas pelo benefício de permanecerem sujeitos ao regime cumulativo do PIS e COFINS. Assim, tais instituições estão sujeitas a regime tributário mais gravoso, na medida em que recolhem, simultaneamente, o PIS e a COFINS com base no regime não cumulativo, cuja alíquota total é 9,25% (nove inteiros e vinte e cinco centésimos), e a CSLL majorada no percentual de 15% (quinze por cento).

Alerta-se que, no ano de 2015, houve uma nova alteração na CSLL incidente sobre o setor financeiro. Para as entidades listadas na Lei nº 105/2001 a alíquota foi majorada temporariamente de 15% (quinze por cento) para 20% (vinte por cento), com exceção das cooperativas de crédito, que tiveram a alíquota temporariamente majoradas para 17% (dezessete por cento), conforme determinou o art. 1º da Lei nº 13.169/2015.

Em que pese os referidos aumentos tenham sido julgados constitucionais pelo STF ao apreciar as ADI's nº 4.104 e 5.485, a questão levada à apreciação da corte foi a suposta violação ao art. 62 da Constituição Federal, ante a majoração de tributo através de Medida Provisória e ao art. 195, §9º, também da Constituição Federal, em virtude da utilização de critério indevido para fins de diferenciação de alíquota de contribuição social.

[53] BRASIL. Lei Complementar nº 105 de 10 de janeiro de 2001. Dispõe sobre sigilo das operações de instituições financeiras e dá outras providências. Palácio do Planalto da Presidência da República. Brasília, 10 de janeiro de 2001. Disponível em < http://www.planalto.gov.br/ccivil_03/leis/lcp/lcp105.htm> último acesso em 20 de novembro de 2020.

Contudo, especificamente no que diz respeito às empresas administradoras de cartão de crédito, há um argumento constitucional que não foi apreciado pela corte, qual seja, a vedação de que seja instituído tratamento desigual entre contribuintes em situação equivalente. Tal garantia está contida no art. 150, inciso II da Constituição Federal:

> Art. 150. Sem prejuízo de outras garantias asseguradas ao contribuinte, é vedado à União, aos Estados, ao Distrito Federal e aos Municípios: [...]
>
> II – instituir tratamento desigual entre contribuintes que se encontrem em situação equivalente, proibida qualquer distinção em razão de ocupação profissional ou função por eles exercida, independentemente da denominação jurídica dos rendimentos, títulos ou direitos[54]

A importância das garantias ao poder de tributar é tão grande que este supracitado art. 150 da Constituição Federal é tido por boa parte da doutrina como cláusula pétrea, conforme observa o Professor e Juiz Federal Leandro Paulsen:

> As garantias constitucionais do contribuinte que o protegem contra o arbítrio e abusos do ente tributante, estabelecendo limites a serem observados na instituição dos tributos, têm nível de direito fundamental, configurando cláusulas pétreas. Assim, não podem ser revogadas tampouco excepcionadas sequer por emenda constitucional.[55]

[54] BRASIL. Constituição da República Federativa do Brasil de 1988. Brasília Disponível em < http://www.planalto.gov.br/ccivil_03/constituicao/constituicao.htm > último acesso em 20 de novembro de 2020.

[55] PAULSEN, Leandro. Direito Tributário: Constituição e Código Tributário Nacional à luz da doutrina e da jurisprudência. 16ª edição. Livraria do Advogado Editora. Pág. 322.

Na prática, este princípio é reiteradamente utilizado pelo STF para afastar normas tributárias que culminem em diferença de tratamento entre contribuintes que atuem na mesma atividade e/ou setor econômico. Veja-se

> AÇÃO DIRETA DE INCONSTITUCIONALIDADE. LEI ESTADUAL 356/97, ARTIGOS 1º E 2º. TRATAMENTO FISCAL DIFERENCIADO AO TRANSPORTE ESCOLAR VINCULADO À COOPERATIVA DO MUNICÍPIO. **AFRONTA AO PRINCÍPIO DA IGUALDADE E ISONOMIA**. CONTROLE ABSTRATO DE CONSTITUCIONALIDADE. POSSIBILIDADE. CANCELAMENTO DE MULTA E ISENÇÃO DO PAGAMENTO DO IPVA. MATÉRIA AFETA À COMPETÊNCIA DOS ESTADOS E À DO DISTRITO FEDERAL. **TRATAMENTO DESIGUAL A CONTRIBUINTES QUE SE ENCONTRAM NA MESMA ATIVIDADE ECONÔMICA**. INCONSTITUCIONALIDADE. 1. Norma de efeitos concretos. Impossibilidade de conhecimento da ação direta de inconstitucionalidade. Alegação improcedente. O fato de serem determináveis os destinatários da lei não significa, necessariamente, que se opera individualização suficiente para tê-la por norma de efeitos concretos. Preliminar rejeitada. 2. Lei Estadual 356/97. Cancelamento de multa e isenção do pagamento do IPVA. Matéria afeta à competência dos Estados e à do Distrito Federal. Benefício fiscal concedido exclusivamente àqueles filiados à Cooperativa de Transportes Escolares do Município de Macapá. Inconstitucionalidade. A Constituição Federal outorga aos Estados e ao Distrito Federal a competência para instituir o Imposto sobre Propriedade de Veículos Automotores e para conceder isenção, mas, ao mesmo tempo, proíbe o tratamento desigual entre contribuintes que se encontrem na mesma situação econômica. Observância aos princípios da igualdade, da isonomia e da liberdade de associação.[56]

[56] BRASIL. Supremo Tribunal Federal. Ação Direta de Inconstitucionalidade nº 1655-5/AP. Relator Ministro Maurício Corrêa. Julgado em 10.09.1997, in

É justamente o que ocorre com as instituições de pagamento que atuam como emissora de instrumento de pagamento pós-pago.

Como mencionado anteriormente, o § 1º do art. 6º da Lei nº 12.865/2013 autoriza que instituições financeiras integrem arranjos de pagamento, podendo atuar emitindo cartões de crédito. Neste cenário, a empresa permanece com sua qualificação como instituição financeira, de modo que suas receitas auferidas com a atividade de administração de cartões de crédito serão tributadas pelo PIS e COFINS com base no regime cumulativo.

Por outro lado, caso o serviço de instituição de pagamento seja executado por uma *fintech* do lucro real, ela estará sujeita ao regime não-cumulativo das contribuições para o PIS e COFINS, ao passo em que também estará submetida a alíquota majorada da CSLL.

Este é um cenário típico de tratamento desigual entre dois sujeitos que atuam no mesmo segmento econômico, violando o princípio contido no art. 150, inciso II da Constituição Federal.

3.2.2. Das demais instituições de pagamento

Ainda sobre a alíquota da CSLL aplicável às instituições de pagamento, cumpre destacar que apenas as emissoras de instrumento de pagamento pós-pago estão sujeitas à alíquota majorada, estando as demais classificações sujeitas a alíquota geral de 9% (nove por cento).

Isto porque, tal qual mencionado no tópico anterior, a legislação elencou que apenas estariam sujeitos à alíquota majorada da CSLL as instituições previstas nos incisos I a VII, IX e X do § 1º do art. 1º da Lei Complementar número 105/2001, que assim dispõe:

DJU 24.10.97. Disponível em < http://portal.stf.jus.br/processos/detalhe.asp?incidente=1680192 > último acesso 20/11/2020

> § 1º São consideradas instituições financeiras, para os efeitos desta Lei Complementar:
> I – os bancos de qualquer espécie;
> II – distribuidoras de valores mobiliários;
> III – corretoras de câmbio e de valores mobiliários;
> IV – sociedades de crédito, financiamento e investimentos;
> V – sociedades de crédito imobiliário;
> **VI – administradoras de cartões de crédito;**
> VII – sociedades de arrendamento mercantil; '[...]
> IX – cooperativas de crédito;
> X – associações de poupança e empréstimo;[57]

A empresa que atua como emissora de moeda eletrônica, a que atua como credenciadora bem como a empresa que atua como iniciadora de transação de pagamentos não se enquadram nas definições de instituições financeiras prevista no artigo em comento.

Da mesma forma que as instituições de pagamento não são instituições financeiras para fins de obrigatoriedade de aplicação do lucro real, elas também não o são para fins de determinação da aplicação majorada da CSLL.

Não há, em nenhum dos incisos referenciados pelo art. 3º da Lei nº 7.689/1988 qualquer menção as atividades desempenhadas pelas instituições de pagamento.

Vale ressaltar que à luz do artigo do art. 109 do Código Tributário Nacional, o direito privado não pode ser utilizado para definição dos respectivos efeitos tributários dos institutos, a conferir:

> Art. 109. Os princípios gerais de direito privado utilizam-se para pesquisa da definição, do conteúdo e do alcance de seus ins-

[57] BRASIL. Lei Complementar nº 105 de 10 de janeiro de 2001. Dispõe sobre sigilo das operações de instituições financeiras e dá outras providências. OP CIT.

titutos, conceitos e formas, mas não para definição dos respectivos efeitos tributários.[58]

Eduardo Sabbag, ao interpretar este artigo, afirma que apesar dos institutos jurídicos serem conceituados pelo direito privado, os efeitos tributários dos mesmos serão oriundos tão somente da lei tributária[59].

Por sua vez, Rubens Gomes de Souza defende que o intérprete, apesar de levar em conta as características gerais do ordenamento jurídico, deve sempre considerar, na aplicação das normas tributárias, o sistema jurídico tributário em particular[60].

Complementando tal definição, afirma Schoueiri:

> Hoje, entende-se caber ao intérprete verificar se o legislador levou em conta, ou não, a estrutura de Direito Privado na definição da hipótese tributária. O legislador é livre para se vincular, ou não, às formas daquele. O fato de o legislador utilizar uma expressão que também surge no Direito Privado não implica que aquela expressão exija que se considere o instituto do último que com aquele se designa[61].

Desta leitura, conclui-se que o simples fato de o direito privado fazer menção a certo conceito ou forma, não quer dizer

[58] BRASIL. Lei nº 5.172 de 25 de outubro de 1996. Aprova o Código Tributário Nacional. Palácio do Planalto da Presidência da República. Brasília, 25 de outubro de 1966. Disponível em < http://www.planalto.gov.br/ccivil_03/leis/l5172compilado.htm> último acesso em 20 de novembro de 2020.

[59] Sabbag, Eduardo. Código Tributário Nacional Comentado / Eduardo Sabbag. – 2. ed. rev., atual. e ampl. – Rio de Janeiro: Forense; São Paulo: MÉTODO, 2018.Fls. 330

[60] SOUSA, Rubens Gomes de. Normas de Interpretação do Código Tributário Nacional. In: MORAES, Bernardo Ribeiro de. Interpretação no Direito Tributário. São Paulo: Saraiva/EDUC, 1975, p. 364.

[61] SCHOUERI. Luís Eduardo. Direito Tributário – 8 ed. São Paulo, Saraiva. Fls. 748.

que ela terá efeitos tributários, pois apenas a legislação tributária pode defini-los.

Geraldo Ataliba, tomando como base os ensinamentos de Alcides Jorge Costa, aduz que existem 4 (quatro) formas de correlação da legislação tributária com o direito privado, quais sejam: (i) recepção expressa da norma através da legislação tributária, (iI) recepção implícita do conceito de direito privado, quando a norma tributária faz referência a estes institutos; (iii) alteração expressa, que é quando a lei tributária expressamente faz menção ao direito privado, mas atribuindo contornos distintos a norma e, por fim, (iv) aplicação analógica das normas de direito privado, ante a lacuna na esfera tributária[62] .

Portanto, ainda que no direito privado as atividades desenvolvidas pelas instituições de pagamento possam ser classificadas no inciso XIII da Lei Complementar nº 105/2001, o fato deste inciso não ser expressamente referenciado pela legislação como apto a ensejar a tributação mais grave da CSLL impede a aplicação da alíquota majorada.

Vale lembrar que no ordenamento jurídico brasileiro, não é permitida a utilização da analogia para fins de exigência de tributo não previsto em lei, nos termos do art. 108, §º do CTN. Esta circunstância corrobora a impossibilidade das demais instituições de pagamento serem tributadas pela alíquota majorada da CSLL.

Assim, caso a instituição de pagamento não realize a atividade de emissão de instrumento de pagamento pós-pago, ela poderá ser tributada pela CSLL com base na alíquota geral de 9% (nove por cento).

Conclusões

Através da análise regulatória realizada foi possível constatar que, juridicamente, as *fintechs* que atuam operacionalizando

[62] Ataliba, Geraldo. Hipótese de incidência tributária. 2018. Malheiros p. 30.

meios de pagamento são classificadas como instituições de pagamento, conceito que não se confunde com o de instituição financeira.

Os principais fundamentos para atestar que as instituições de pagamento não são instituições financeiras para fins regulatórios e tributários são: (i) a existência de disposição legal atribuindo regimes jurídicos distintos para as duas instituições, qual seja, o art. 6º, §§1º e 2º da Lei nº 12.865/2013; (ii) a solução de consulta COSIT nº 208/2014 da Receita Federal do Brasil; (iii) o posicionamento do STJ, proferido no Agravo Regimental em Recurso Especial nº 1.260.812/RS.

Não sendo classificadas como instituições financeiras, não há subsunção entre a hipótese prevista no inciso II do art. 14 da Lei nº 9.718/1998 e a atividade desempenhada pelas instituições de pagamento.

Portanto, ainda que inicialmente o Poder Judiciário tenha apresentado interpretação que amplie o conceito de instituição financeira para fins de aplicação da Lei de Usura (cf. Súmula nº 283 do STJ), a interpretação analógica com intuito de estender a incidência tributária entra em conflito com as regras do sistema tributário nacional, sendo conduta expressamente rechaçada pelo art. 108 do CTN.

Assim, as Instituições de Pagamento, enquanto pessoas jurídicas que exercem atividades econômicas distintas daquelas elencadas no inciso II do art. 14 da Lei nº 9.718/1998, não estão sujeitas (de forma obrigatória) à apuração dos tributos incidentes sobre a renda pelo regime do lucro real, podendo optar pelo lucro presumido, desde que não ultrapasse o limite de faturamento referente a este regime.

Caso tais empresas optem pelo recolhimento com base no lucro presumido, a grande maioria de suas receitas estará sujeita ao coeficiente de presunção de 32% (trinta e dois por cento) aplicável tanto ao IRPJ quanto a CSLL, nos termos do art. 15, inciso III, alínea "a" e art. 20, inciso I, ambos da Lei nº 9.249/1995.

Isto porque, a maior parte das atividades desempenhados pelas *fintechs* de pagamento se enquadram nos conceitos previstos nos itens 15.01 a 15.16 da lista anexa à Lei Complementar nº 116/2003. Circunstância que atrai a classificação destas atividades como serviços, de acordo com o posicionamento do STF fixado no nº RE 651.703/PR.

Além disto, as receitas financeiras auferidas pelas *fintechs* com a prática de *floating* e a cobrança de juros por não pagamento da fatura de cartão de crédito também estarão sujeitas ao coeficiente de presunção de 32% (trinta e dois por cento).

A inclusão destas receitas no coeficiente de presunção decorre da disposição contida no art. 12, inciso IV, do Decreto-Lei nº 1.598/1977, que determina que será considerado como receita bruta todos os rendimentos auferidos em decorrência da exploração do objeto social da empresa. Logo, considerando eu a prática destas atividades decorre do exercício das atividades inerentes às instituições de pagamento, é imperioso reconhecer a necessidade de incluí-las na receita bruta destas empresas e, consequentemente, no coeficiente de presunção do lucro presumido.

Por fim, constatou-se que a grande maioria das atividades exercidas por instituições de pagamento não se enquadram no rol previsto nos incisos I a VII, IX e X do § 1º do art. 1º da Lei Complementar nº 105/2001, que por sua vez foi utilizado pelo art. 3º da Lei nº 7.689/1988 para fins de determinação das instituições obrigadas a recolher a CSLL à alíquota de 15% (quinze por cento).

Portanto, tendo em vista que no ordenamento jurídico brasileiro não é permitida a utilização da analogia para fins de exigência de tributo não previsto em lei, nos termos do art. 108, §º do CTN, verificou-se a impossibilidade de as instituições de pagamento serem tributadas pela alíquota majorada da CSLL.

Tal conclusão apenas não se aplica às instituições de pagamento que atuam como emissoras de instrumento de pagamento pós-pago, haja vista que há menção expressa no inciso VI do §1º do art. 1º da Lei nº 105/2001 classificando como instituição financeira as empresas administradoras de cartões de crédito.

Logo, as empresas que atuem neste segmento estarão sujeitas à alíquota majorada da CSLL.

Contudo, há fortes indícios que a tributação majorada da CSLL incidente sobre as instituições de pagamento viola o princípio da isonomia, previsto no art. 150, inciso II da Constituição Federal.

Isto porque, como "contrapartida" à majoração da CSLL, foi concedido às instituições financeiras o direito de permanecer recolhendo as contribuições para o PIS e a COFINS no regime não-cumulativo. Todavia, este benefício não foi estendido para as empresas administradoras de cartões de crédito.

Neste cenário, tendo em vista que é facultado às instituições financeiras integrarem arranjos de pagamento, caso uma instituição financeira atue neste mercado, ela estará sujeita a uma tributação global inferior à das *fintechs*. A despeito de ambas estarem submetidas à alíquota majorada da CSLL, a instituição financeira recolherá o PIS e a COFINS na alíquota de 3,65 %(três inteiros e sessenta e cinco décimos por cento) ao passo em que a instituição de pagamento, caso submetida ao lucro real, recolherá tais contribuições no percentual de 9,25% (nove inteiros e vinte e cinco centésimos por cento).

Este é caso típico de tratamento desigual entre dois sujeitos que atuam no mesmo segmento econômico, violando o princípio contido no art. 150, inciso II da Constituição Federal.

Dessa forma, a legislação nacional tem evoluído significativamente no tocante à regulamentação da atividades desempenhadas pelas instituições de pagamento, mas este avanço regulatório não vem sendo demonstrado no tocante à regulamentação da matéria tributária, podendo gerar situações discrepantes e que acarretem majoração indireta da carga tributária incidente sobre as atividades econômicas desenvolvidas pelas Instituições de Pagamento, o que, sem dúvida, está em dissonância com os valores da livre concorrência e livre desempenho da atividade econômica encartados no art. 170 da CF/88.

Referências

ANDRADE FILHO, Edmar Oliveira. Imposto de renda das empresas. 13ª ed. São Paulo: Atlas, 2018;

ARRUY. Larissa, KANAREK, Luciana. A Lei nº 12.865/13 e os parâmetros de volumetria mínima para a concorrência. Disponível em < https://www.jota.info/opiniao-e-analise/artigos/lei-meios-pagamentos-parametros-volumetria-concorrencia-16102020 > último acesso 20 de novembro 2020;

ATALIBA, Geraldo. Hipótese de incidência tributária. 2018. Malheiros;

BANCO CENTRAL DO BRASIL. Relatório de Economia Bancária 2017. Disponível em < https://www.bcb.gov.br/pec/depep/spread/reb2018/REB_2017_ed_12_jun_18.pdf > última consulta em 8/7/2020;

BANCO CENTRAL DO BRASIL. Diretoria Colegiada. Circular nº 3.682, de 4 de novembro de 2013. Aprova o regulamento que disciplina a prestação de serviço de pagamento no âmbito dos arranjos de pagamento integrantes do Sistema de Pagamento Brasileiro (SPB),e dá outras providências. Diário Oficial da União de 6 de novembro de 2013, fls. 18-20. Disponível em < https://www.bcb.gov.br/pre/normativos/circ/2013/pdf/circ_3682_v2_L.pdf > último acesso 20 de novembro de 2020;

BANCO CENTRAL DO BRASIL. Diretoria Colegiada. Circular nº 3.885, de 26 de março de 2018. Estabelece os requisitos e procedimentos para autorização e funcionamento de instituições de pagamento. Diário Oficial da União de 27 de março de 2018, fls. 10. Disponível em < https://www.in.gov.br/materia/-/asset_publisher/Kujrw0TZC2Mb/content/id/8041070/do1-2018-03-27-circular-n-3-885-de-26-de-marco-de-2018-8041066 > último acesso 20 de novembro de 2020;

BEZERRA, Ricardo Ramos. Análise do setor bancário a presença dos bancos espanhóis no Brasil. Disponível em http://bibliotecadigital.fgv.br/dspace/bitstream/handle/10438/5621/76212.pdf?sequen ce=1&isAllowed=y. Acesso em 4 de abril de 2019;

BIGNARDI. Silva, e PIACENTE, Fabricio. Fintech, a inovação no segmento bancário e o uso da tecnologia blockchain, uma análise bibliométrica do estado da literatura. São Paulo, 16 – 19 de outubro de 2018 ISSN: 2175-1897;

BRASIL. Constituição da República Federativa do Brasil de 1988. Brasília Disponível em < http://www.planalto.gov.br/ccivil_03/constituicao/constituicao.htm > último acesso em 20 de novembro de 2020;

BRASIL. Decreto-Lei nº 1.598 de 26 de dezembro de 1977. Altera a legislação do imposto sobre a renda. Palácio do Planalto da Presidência da República. Brasília, 26 de dezembro de 1977. Disponível em < http://www.planalto.gov.br/ccivil_03/decreto-lei/del1598.htm> último acesso em 20 de novembro de 2020;

BRASIL. Lei nº 4.595 de 31 de dezembro de 1964. Dispõe sobre a Política e as Instituições Monetárias, Bancárias e Creditícias, Cria o conselho Monetário Nacional e dá outras providências. Palácio do Planalto da Presidência da República. Brasília,31 de dezembro de 1964. Disponível em < http://www.planalto.gov.br/ccivil_03/leis/l4595.htm> último acesso em 20 de novembro de 2020;

BRASIL. Lei nº 5.172 de 25 de outubro de 1996. Aprova o Código Tributário Nacional. Palácio do Planalto da Presidência da República. Brasília, 25 de outubro de 1966. Disponível em < http://www.planalto.gov.br/ccivil_03/leis/l5172compilado.htm> último acesso em 20 de novembro de 2020;

BRASIL. Lei nº 9.718 de 27 de novembro de 1998. Altera a legislação tributária federal. Palácio do Planalto da Presidência da República. Brasília, 27 de novembro de 1998. Disponível em < http://www.planalto.gov.br/ccivil_03/leis/l9718.htm > último acesso em 20 de novembro de 2020;

BRASIL. Lei nº 11.727, de 23 de junho de 2008. Dispõe sobre medidas tributárias destinadas a estimular os investimos e dá outras providências. Palácio do Planalto da Presidência da República. Brasília, 23 de julho de 2008. Disponível em < http://www.planalto.gov.br/ccivil_03/_ato2007-2010/2008/lei/l11727.htm> último acesso em 20 de novembro de 2020;

BRASIL. Lei nº 12.865 de 9 de outubro de 2013. Dispõe sobre os arranjos de pagamento e as instituições de pagamento integrantes do Sistema de Pagamento Brasileiro (SPB). Palácio do Planalto da Presidência da República. Brasília, 9 de outubro de 2013. Disponível em < http://www.planalto.gov.br/ccivil_03/_ato2011-2014/2013/lei/l12865.htm > último acesso em 20 de novembro de 2020;

BRASIL. Lei Complementar nº 105 de 10 de janeiro de 2001. Dispõe sobre sigilo das operações de instituições financeiras e dá outras providências.

Palácio do Planalto da Presidência da República. Brasília, 10 de janeiro de 2001. Disponível em < http://www.planalto.gov.br/ccivil_03/leis/lcp/lcp105.htm> último acesso em 20 de novembro de 2020;

BRASIL. Lei Complementar nº 116 de 31 de julho de 2003. Dispõe sobre o imposto sobre serviços de qualquer natureza. Palácio do Planalto da Presidência da República. Brasília, 31 de julho de 2003. Disponível em < http://www.planalto.gov.br/ccivil_03/leis/lcp/lcp116.htm> último acesso em 20 de novembro de 2020;

BRASIL. Solução de consulta COSIT nº 208 de 11 de julho de 2014. Lex: Coordenação-Geral de Tributação. DOU de 30/7/2014, seção 1, p 23;

BRASIL. Solução de consulta COSIT n°84, de 08 de junho de 2016. Lex: Coordenação-Geral de Tributação. DOU de 16/06/2016. P 8-9;

BRASIL. Superior Tribunal de Justiça. Súmula nº 283. Disponível em < https://ww2.stj.jus.br/docs_internet/revista/eletronica/stj-revista--sumulas-2011_21_capSumula283.pdf > último acesso 20 de novembro de 2020;

BRASIL. Superior Tribunal de Justiça. Agravo Regimental em Recurso Especial nº 1.260.812/RS. Segunda Turma de julgamento. Relator: Mauro Campbell Marques. Julgamento em 19/4/2016 e publicação no DJE 26/4/2016. Disponível em < https://processo.stj.jus.br/processo/pesquisa/?tipoPesquisa=tipoPesquisaNumeroRegistro&termo=201101379397&totalRegistrosPorPagina=40&aplicacao=processos.ea > ultimo acesso 20/11/2020;

BRASIL. Supremo Tribunal Federal. Ação Direta de Inconstitucionalidade nº 1655-5/AP. Relator Ministro Maurício Corrêa. Julgado em 10.09.1997, in DJU 24.10.97. Disponível em < http://portal.stf.jus.br/processos/detalhe.asp?incidente=1680192 > último acesso 20/11/2020;

BRASIL. Supremo Tribunal Federal. Recurso Extraordinário nº 116.121-3/SP. Relator Min. Octavio Gallotti. Julgado em 11/110/2000. Diário de Justiça, Brasília, 25/5/2001. Disponível em http://portal.stf.jus.br/processos/detalhe.asp?incidente=1474346 último acesso 20 de novembro de 2020;

BRASIL. Supremo Tribunal Federal. Recurso Extraordinário nº 651.703-PR. Relator Ministro Luiz Fux. Julgado em 29/9/2016. Diário da justiça Eletrônico, Brasília, 26/4/2017. Disponível em < http://portal.stf.jus.br/processos/detalhe.asp?incidente=4117105> último acesso 20 de novembro de 2020;

Bruzzi, Eduardo. FinTech e desconexão regulatória sistemática relevantes: novos riscos sistêmicos ao mercado financeiro. Disponível em <https://www.jota.info/paywall?redirect_to=//www.jota.info/opiniao-e-analise/

colunas/regulacao-e-novas-tecnologias/fintech-e-a-desconexao-regulatoria-sistemicamente-relevante-13042019 > último acesso 8/7/2020;

Capucio, Ricardo. Tributação das fintechs: A garantia de um ambiente inovador e acessível passa por incentivos fiscais. Disponível em < https://www.jota.info/opiniao-e-analise/artigos/tributacao-das-fintechs-03072017> último acesso em 10/7/2020;

Faria, Emerson. Fintechs de crédito e intermediários financeiros: uma análise comparativa de eficiência. Dissertação (Mestrado) Universidade de São Paulo, 2018;

Gelbcke, Ernesto Rubens. Manual de Contabilidade societária: aplicável a todas as sociedades de acordo com as normas internacionais e do CPC. 3ed. São Paulo, Atlas. 2018;

Holmes Jr, Oliver Wendell. The Common Law. London; Macmillan CO. 1882;

Köche, Isaque Guilhermando. A inovação do modelo de negócio em fintechs do rio grande do sul. Dissertação (mestrado) – Universidade Federal de Santa Maria, Centro de Ciências Sociais e Humanas, Programa de pós graduação em administração RS. Fls. 38-51. Disponível em < https://repositorio.ufsm.br/bitstream/handle/1/19127/DIS_PPGADMINISTRACAO_2019_KOCHE_ISAQUE.pdf?sequence=1&isAllowed=y > último acesso 20 de novembro de 2020;

Lima, Iran Siqueira, Andrezo, Andrea Fernandes. Mercado Financeiro: Aspectos Conceituais Históricos. 3ed. São Paulo, Atlas, 2007;

Maximiliano, Carlos. Hermenêutica e Aplicação do Direito, 8ª ed., Freitas Bastos, 1965, p. 262;

Mazánek, Paula. O Papel dos Bancos no Fomento À Fintechs. In Fintechs, Bancos Digitais e Meios de Patamento, Aspectos Regulatórios das novas tecnologias financeiras. Coordnador Pedro Eroles. São Paulo: Quartier Latin, 2019;

Miragem, Bruno. Direito Bancário. Thomson Reuters Brasil. Ed. 2019. Localização RB-2.2, livro virtual sem paginação;

MINISTÉRIO DA FAZENDA. Exposição de Motivos nº 003/2008 de 2 de janeiro de 2008. Brasília,. Disponível em: < http://www.planalto.gov.br/ccivil_03/_ato2007-2010/2008/Exm/EM-3-MF-MPV-413.htm. > último acesso em 20 de novembro de 2020;

Mosquera, Roberto Quiroga. Tributação no Mercado Financeiro e de Capitais. São Paulo: Dialética. 1998;

Neto, Alexandre Assaf. Mercado financeiro. São Paulo: Atlas, 2015;

Paulsen, Leandro. Direito Tributário: Constituição e Código Tributário Nacional à luz da doutrina e da jurisprudência. 16ª edição. Livraria do Advogado Editora;

PINTO, Alexandre Evaristo, e PISCITELLI, Tathiane dos Santos. Desafios na Tributação das Fintechs de Créditos. In Fintechs, Bancos Digitais e Meios de Patamento, Aspectos Regulatórios das novas tecnologias financeiras. Coordnador Pedro Eroles. São Paulo: Quartier Latin, 2019;

REVISTA de Iniciação Científica, Tecnológica e Artística Edição Temática em Gestão, Internacionalização e Desenvolvimento Vol. 7 no 3 – Agosto de 2019, São Paulo: Centro Universitário Senac;

SABBAG, Eduardo. Código Tributário Nacional Comentado / Eduardo Sabbag. – 2. ed. rev., atual. e ampl. – Rio de Janeiro: Forense; São Paulo: MÉTODO, 2018;

SCHOUEFFEL, Patrick. Taming the BEast: A scientific Definition on Fintech. Journal of Innovation Management. 4.32-54.10.2139/ssrn.3097312;

SCHOUERI. Luís Eduardo. Direito Tributário – 8 ed. São Paulo, Saraiva;

SOUSA, Rubens Gomes de. Normas de Interpretação do Código Tributário Nacional. In: MORAES, Bernardo Ribeiro de. Interpretação no Direito Tributário. São Paulo: Saraiva/EDUC, 1975.

PROVAS: IMPACTOS DO NOVO CÓDIGO DE PROCESSO CIVIL NO PROCESSO ADMINISTRATIVO TRIBUTÁRIO

Paulo Antonio Balduino Filho

Introdução

A produção de provas no âmbito administrativo, desde o lançamento tributário até o processo tributário administrativo, e os seus reflexos no processo tributário judicial, quando não encerrada a discussão no âmbito administrativo e levada ao crivo Poder Judiciário, adquiriu um novo olhar, ou melhor dizendo, teve traduzido pelo atual Código de Processo Civil (CPC) os anseios de melhorias intentadas pela doutrina e aplicadores do direito. Entretanto, fomentada antes mesmo da vigência do referido *Codex*, diante de sua aplicação subsidiária ao "processo tributário", ainda não deixa de pairar na processualística a incerteza dos limites das inovações trazidas para a sua aplicação no "processo tributário".

Inicialmente, destaca-se que o atual Código de Processo Civil (CPC), instituído pela Lei nº 13.105, de 16 de março de 2015, completará o seu quinquênio no exercício de 2021. Tal lei ordinária veio a substituir o anterior Código de Processo Civil (CPC), instituído pela Lei nº 5.869, de 11 de janeiro de 1973, cuja vigência foi de aproximadamente 43 (quarenta e três) anos.

Em que pese seja relativamente novo em comparação às demais normas existentes no ordenamento jurídico brasileiro, o Código de Processo Civil (CPC) de 1973 é anterior à atual Constituição da República Federativa do Brasil (CRFB), de 05 de outubro de 1988, a qual desde a sua vigência sofreu em torno de aproximadamente 105 (cento em cinco) alterações e, ainda, possui 119 (cento e dezenove) dispositivos a serem regulamentados[1].

Dentre as emendas relevantes, está a que reformou o Poder Judiciário e, em relação aos dispositivos ainda não regulamentados, está o famigerado Imposto sobre Grandes Fortunas (IGF), previsto no artigo 153, inciso VII, da Constituição da República Federativa do Brasil (CRFB), *ex vi*: "Art. 153. Compete à União instituir impostos sobre: (...). VII – grandes fortunas, nos termos de lei complementar"[2].

Cabe aqui destacar que é possível depreender que o processo legislativo brasileiro é sabidamente moroso, de modo que, quando da entrada em vigência da lei, torna-se praticamente imediata a necessária da realização de alterações ou até mesmo o pronunciamento do Poder Judiciário para definição do modo da sua aplicação e dos conceitos nesse constante (e, aqui, portanto, fala-se no sentido de revaloração), dada a velocidade em que a sociedade tem se transformado não apenas por fatores tecnológicos, mas também sociais.

Não diferente acontece com o atual Código de Processo Civil, que é chamado de Novo Código tanto pelos doutrinadores, quanto pelos aplicadores do direito, por trazer em seus dispositivos a concretização dos anseios sociais, acadêmicos,

[1] Disponibilizado em: <https://g1.globo.com/politica/noticia/2018/09/22/constituicao-30-anos-alterado-105-vezes-texto-ainda-tem-119-dispositivos-para-regulamentar.ghtml>. Acessado em 08/11/2020.

[2] BRASIL. Constituição (1988). Constituição da República Federativa do Brasil: promulgada em 5 de outubro de 1988. Disponível em: <http://www.planalto.gov.br/ccivil_03/constituicao/constituicao.htm>. Acessado em 09.11.2020.

doutrinários e judiciais com a introdução de uma certa renovação e até mesmo inovação na processualística. Em especial, por sempre apresentar uma visão da efetividade no provimento administrativo e judicial a ser concretizado de modo cooperativo, ainda que, na maioria dos casos, paire a ideia do antagonismo entre as partes.

A comprovação do acima exposto é percebida pela clareza trazida nos primeiros parágrafos da Exposição de Motivos[3] do atual Código de Processo Civil (CPC), expedida em 08 de junho de 2010. Nessa é destacado que "não há fórmulas mágicas", mas sim uma necessidade da adaptação das normas do processo judicial (e, também, administrativo) às mudanças ocorridas na sociedade brasileira e no efetivo funcionamento das suas instituições, *ex vi*:

> "Um sistema processual civil que não proporcione à sociedade o reconhecimento e a realização[4] dos direitos, ameaçados ou violados, que têm cada um dos jurisdicionados, não se harmoniza com as garantias constitucionais[5] de um Estado Democrático de Direito[6].

[3] https://www2.senado.leg.br/bdsf/bitstream/handle/id/512422/001041135.pdf . Acessado em 08.11.2020.

[4] Essencial que se faça menção a efetiva satisfação, pois, a partir da dita terceira fase metodológica do
direito processual civil, o processo passou a ser visto como instrumento, que deve ser idôneo para o reconhecimento e a adequada concretização de direitos.

[5] Isto é, aquelas que regem, eminentemente, as relações das partes entre si, entre elas e o juiz e, também, entre elas e terceiros, de que são exemplos a imparcialidade do juiz, o contraditório, a demanda, como ensinam CAPPELLETTI e VIGORITI (I diritti costituzionali delle parti nel processo civile italiano. Rivista di diritto processuale, II serie, v. 26, p. 604-650, Padova, Cedam, 1971, p. 605).

[6] Os princípios e garantias processuais inseridos no ordenamento constitucional, por conta desse movimento de "constitucionalização do processo", não se limitam, no dizer de LUIGI PAOLO COMOGLIO, a "reforçar do exterior uma mera 'reserva legislativa' para a regulamentação desse método [em referência

Sendo ineficiente o sistema processual, **todo o ordenamento jurídico passa a carecer de real efetividade**. De fato, as normas de direito material se transformam em pura ilusão, sem a garantia de sua correlata realização, no mundo empírico, por meio do processo[7]

Não há fórmulas mágicas. O Código vigente, de 1973, operou satisfatoriamente durante duas décadas. A partir dos anos noventa, entretanto, sucessivas reformas, a grande maioria delas lideradas pelos Ministros Athos Gusmão Carneiro e Sálvio de Figueiredo Teixeira, introduziram no Código **revogado significativas alterações, com o objetivo de adaptar as normas processuais a mudanças na sociedade e ao funcionamento das instituições**"[8] (grifos acrescidos).

Entretanto, de igual modo à implementação de uma nova norma do ordenamento jurídico brasileiro, em razão da citada

ao processo como método institucional de resolução de conflitos sociais], mas impõem a esse último, e à sua disciplina, algumas condições mínimas de legalidade e retidão, cuja eficácia é potencialmente operante em qualquer fase (ou momento nevrálgico) do processo" (Giurisdizione e processo nel quadro dele garanzie costituzionali. Studi in onore di Luigi Montesano, v. II, p. 87-127, Padova, Cedam, 1997, p. 92).

[7] É o que explica, com a clareza que lhe é peculiar, Barbosa Moreira: "Querer que o processo seja efetivo é querer que desempenhe com eficiência o papel que lhe compete na economia do ordenamento jurídico. Visto que esse papel é instrumental em relação ao direito substantivo, também se costuma falar da instrumentalidade do processo. Uma noção conecta-se com a outra e por assim dizer a implica. Qualquer instrumento será bom na medida em que sirva de modo prestimoso à consecução dos fins da obra a que se ordena; em outras palavras, na medida em que seja efetivo. Vale dizer: será efetivo o processo que constitua instrumento eficiente de realização do direito material" (Por um processo socialmente efetivo. Revista de Processo. São Paulo, v. 27, n. 105, p. 183-190, jan./mar. 2002, p. 181).

[8] Disponível em: <https://www2.senado.leg.br/bdsf/bitstream/handle/id/512422/001041135.pdf>. Acessado em 08.11.2020.

lentidão da sua criação até a entrada da sua vigência, bem como das inovações por esse trazidas, o atual Código de Processo Civil ainda apresenta parte dos seus dispositivos que estão em fase de "experimentação". Melhor dizendo, em certas hipóteses, pende a delimitação da sua extensão quanto aos pontos inovadores trazidos, que, por muitas vezes, vem a ser realizada pelo Poder Judiciário.

Em demonstração ao acima exposto, cita-se a discussão levantada quanto ao artigo 1.015, do Código de Processo Civil[9] apresentar um rol taxativo para interposição do recurso de Agravo de Instrumento (AgInt).

A solução para a questão levantada veio tão somente após 3 (três) anos da entrada em vigência do atual Código de Processo Civil, quando a Colenda Corte Especial do Superior Tribunal de Justiça (STJ), no julgamento dos Recursos Especiais sob os nº

[9] "Art. 1.015. Cabe agravo de instrumento contra as decisões interlocutórias que versarem sobre:
I – tutelas provisórias;
II – mérito do processo;
III – rejeição da alegação de convenção de arbitragem;
IV – incidente de desconsideração da personalidade jurídica;
V – rejeição do pedido de gratuidade da justiça ou acolhimento do pedido de sua revogação;
VI – exibição ou posse de documento ou coisa;
VII – exclusão de litisconsorte;
VIII – rejeição do pedido de limitação do litisconsórcio;
IX – admissão ou inadmissão de intervenção de terceiros;
X – concessão, modificação ou revogação do efeito suspensivo aos embargos à execução;
XI – redistribuição do ônus da prova nos termos do art. 373, § 1º ;
XII – (VETADO);
XIII – outros casos expressamente referidos em lei
Parágrafo único. Também caberá agravo de instrumento contra decisões interlocutórias proferidas na fase de liquidação de sentença ou de cumprimento de sentença, no processo de execução e no processo de inventário".

1.696.396 e nº 1.704.520, com a sistemática dos recurso repetitivos, pacificou o entendimento com o voto vencedor da Relatora Ministra Fátima Nancy Andrighi, de que "o rol do artigo 1.015 do CPC é de taxatividade mitigada, por isso admite a interposição de agravo de instrumento quando verificada a urgência decorrente da inutilidade do julgamento da questão no recurso de apelação"[10]:

> "RECURSO ESPECIAL REPRESENTATIVO DE CONTROVÉRSIA. DIREITO PROCESSUAL CIVIL. NATUREZA JURÍDICA DO ROL DO ART. 1.015 DO CPC/2015. IMPUGNAÇÃO IMEDIATA DE DECISÕES INTERLOCUTÓRIAS NÃO PREVISTAS NOS INCISOS DO REFERIDO DISPOSITIVO LEGAL. POSSIBILIDADE. TAXATIVIDADE MITIGADA. EXCEPCIONALIDADE DA IMPUGNAÇÃO FORA DAS HIPÓTESES PREVISTAS EM LEI. REQUISITOS.
>
> 1 – O propósito do presente recurso especial, processado e julgado sob o rito dos recursos repetitivos, é definir a natureza jurídica do rol do art. 1.015 do CPC/15 e verificar a possibilidade de sua interpretação extensiva, analógica ou exemplificativa, a fim de admitir a interposição de agravo de instrumento contra decisão interlocutória que verse sobre hipóteses não expressamente previstas nos incisos do referido dispositivo legal.
>
> 2 – Ao restringir a recorribilidade das decisões interlocutórias proferidas na fase de conhecimento do procedimento comum e dos procedimentos especiais, exceção feita ao inventário, pretendeu o legislador salvaguardar apenas as "situações que, realmente, não podem aguardar rediscussão futura em eventual recurso de apelação".

[10] Superior Tribunal de Justiça. Recurso Especial nº 1.696.396/MT (2017/0226287-4). Ministra Relatora Nancy Andrighi. Data de Julgamento: 05/12/2018.

3 – A enunciação, em rol pretensamente exaustivo, das hipóteses em que o agravo de instrumento seria cabível revela-se, na esteira da majoritária doutrina e jurisprudência, insuficiente e em desconformidade com as normas fundamentais do processo civil, na medida em que sobrevivem questões urgentes fora da lista do art. 1.015 do CPC e que tornam inviável a interpretação de que o referido rol seria absolutamente taxativo e que deveria ser lido de modo restritivo.

4 – A tese de que o rol do art. 1.015 do CPC seria taxativo, mas admitiria interpretações extensivas ou analógicas, mostra-se igualmente ineficaz para a conferir ao referido dispositivo uma interpretação em sintonia com as normas fundamentais do processo civil, seja porque ainda remanescerão hipóteses em que não será possível extrair o cabimento do agravo das situações enunciadas no rol, seja porque o uso da interpretação extensiva ou da analogia pode desnaturar a essência de institutos jurídicos ontologicamente distintos.

5 – A tese de que o rol do art. 1.015 do CPC seria meramente exemplificativo, por sua vez, resultaria na repristinação do regime recursal das interlocutórias que vigorava no CPC/73 e que fora conscientemente modificado pelo legislador do novo CPC, de modo que estaria o Poder Judiciário, nessa hipótese, substituindo a atividade e a vontade expressamente externada pelo Poder Legislativo.

6 – Assim, nos termos do art. 1.036 e seguintes do CPC/2015, fixa-se a seguinte tese jurídica: **O rol do art. 1.015 do CPC é de taxatividade mitigada, por isso admite a interposição de agravo de instrumento quando verificada a urgência decorrente da inutilidade do julgamento da questão no recurso de apelação.**

7 – Embora não haja risco de as partes que confiaram na absoluta taxatividade serem surpreendidas pela tese jurídica firmada neste recurso especial repetitivo, pois somente haverá preclusão

> quando o recurso eventualmente interposto pela parte venha a ser admitido pelo Tribunal, modulam-se os efeitos da presente decisão, a fim de que a tese jurídica apenas seja aplicável às decisões interlocutórias proferidas após a publicação do presente acórdão.
>
> 8 – Na hipótese, dá-se provimento em parte ao recurso especial para determinar ao TJ/MT que, observados os demais pressupostos de admissibilidade, conheça e dê regular prosseguimento ao agravo de instrumento no que se refere à competência, reconhecendo-se, todavia, o acerto do acórdão recorrido em não examinar à questão do valor atribuído à causa que não se reveste, no particular, de urgência que justifique o seu reexame imediato.
>
> 9 – Recurso especial conhecido e parcialmente provido"[11] (grifos acrescidos).

De igual modo à definição do rol do recurso do Agravo de Instrumento, os autuantes do direito ainda aguardam a estabilização do entendimento da aplicação e, portanto, a forma que será aceita boa parte inovações trazidas pelo atual Código de Processo Civil; que, conforme será melhor delineado a seguir, tais questionamentos circundam o "processo tributário".

Entretanto, antes de adentrar na sua aplicação ao "processo tributário", é importante introduzir a intrínseca diferenciação realizada pelos doutrinadores do instituto "processo" quando na seara do Direito Tributário. Pois bem. O "processo tributário" apresenta legislação específica (federal, estadual, municipal e das respectivas autarquias) para a constituição (lançamento tributário) e a cobrança do ônus fiscal, que ocorre inicial na esfera administrativa, podendo ser levada até à esfera judicial.

[11] Superior Tribunal de Justiça. Recurso Especial nº 1.696.396/MT (2017/0226287-4). Ministra Relatora Nancy Andrighi. Data de Julgamento: 05/12/2018.

Conforme defende parte da doutrina, não se fala apenas do direito tributário específico, mas também do direito processual tributário, o qual apresenta uma composição peculiar – ou seja, há uma reconhecida diferença quanto ao processo civil comum e penal.

Nos procedimentos tributários administrativos e judiciais, sempre contarão em posições antagônicas as figuras do Contribuinte e da União, dos Estados, do Distrito Federal, dos Municípios e, ainda, das respectivas Autarquias, responsáveis pela cobrança dos denominados créditos não tributários.

Nesse sentido, há a quem defenda que o direito processual tributário é um dos também existentes ramos do direito processual. Rubens Gomes de Sousa, em 1950, introduziu a discussão do "processo tributário", ao apresentar que:

> "(...) instaurada a fase contenciosos do processo, com ou sem a suspensão liminar da executoriedade, teria ela o seu prosseguimento normal, por um ordenamento semelhante ao atual (...). **estas as idéias que tenho para uma concepção unitária e orgânica do processo fiscal**, e que acredito sinceramente possam contribuir, não só para a simplificação formal da marcha dos processos, mas também para uma melhoria substancial na **autuação concreta do ideal de justiça tributária**"[12] (grifos acrescidos).

Regina Helena Costa pontua de forma clara acerca da diferenciação do direito processual tributário quanto aos demais que "(...) o que se convencionou de chamar de "processo tributário" **não apresenta peculiaridades suficientes que justifiquem a denominação**, nem o tratamento como tema

[12] SOUSA, Rubens. Gomes de. Idéias gerais para uma concepção unitária e orgânica do processo fiscal. Conferência provida no Auditório do Ministério da Fazenda em 21/07/1953. Justiça e processo fiscal. Rio de Janeiro: Instituto Brasileiro de Direito Financeiro, 1954. p. 31-32.

didaticamente autônomo, destacado do processo civil"[13] – destaques acrescidos.

Isabela Bonfá de Jesus defende que foi desenvolvido o ramo juridicamente autônomo do processo judicial tributário em decorrência da complexidade da matéria tributária, *ipsis litteris*:

> "(...) em razão das muitas peculiaridades dos processos judiciais que envolvem lides tributárias, **desenvolveu-se o ramo juridicamente autônomo do processo judicial tributário**. Ressalta-se que constituem elementos essenciais ada ação as partes, o pedido e a causa de pedir. Nas ações tributárias, **a causa de pedir e o pedido adstringem-se sempre a uma relação jurídica tributária, o mesmo ocorrendo com as partes que são as mesmas envolvidas no vínculo obrigacional**"[14] (grifos acrescidos).

Para elucidar a autonomia acima ventilada, ressalta-se que as ações tributárias exacionais apresentam regramentos especiais. Por exemplo, o Decreto sob nº 70.235, de 6 de março de 1972, que dispõe sobre o Processo Administrativo Fiscal (PAF) e dá outras providências no âmbito federal, a Lei sob o nº 6.830, de 22 de setembro de 1980, que regulamenta as ações de Execução Fiscal, e, ainda, a Lei nº 8.397, 06 de janeiro de 1992, que trata da medida cautelar fiscal e dá outras providências.

Renato Lopes Becho entende que:

> "**Há processos administrativos e judiciais específicos para as causas tributárias**, assim como a solução de conflitos decorrentes da tributação utiliza todo o arsenal oferecido pelo direito processual: ações de conhecimento cautela, executiva e manda-

[13] COSTA, Regina Helena. Curso de direito tributário: constituição e código tributário nacional. 7ª ed. rev., atual., amp.. São Paulo: Saraiva, 2017. p. 430.

[14] JESUS, Isabela Bonfá de. Manual do direito e processo tributário. 3ª ed. rev. atual. e amp.. São Paulo: Editora Revista dos Tribunais, 2016. P. 381

mental. **Mas elas vão além, como se comprovam os destaques – e desenvolvimentos – do direito processual tributário**, em duas vertentes igualmente importantes: processo administrativo e processo judicial."[15] (grifos acrescidos).

Considerando que é de conhecimento que essas leis específicas prevalecem sobre a lei geral, fato é que a aplicação do Novo Código de Processo Civil ocorre de forma subsidiária ao "processo tributário". E, na presente análise, será proposta uma visão da importância da aplicação das inovações trazidas pela lei geral quanto à produção de provas, em especial, em decorrência da acentuação da cooperação entre as partes para a efetividade do processo, ao "processo tributário".

Portanto, sendo certa a aplicação subsidiária do Código de Processo Civil (CPC), considerando a sabida morosidade na atualização das normas (regras e princípios), não sendo diferente para as leis tributárias, questionável é aplicação das inovações trazidas pelo atual Código de Processo Civil que traduzem, ainda que de forma tortuosa, a necessidade de inovação nos regramentos dos procedimentos tributários.

Ou seja, ainda que não se possa ignorar todo o debate acima exposto em torno do "processo tributário", também não é possível que deixar de destacar que mencionada controvérsia é amenizada em algumas situações em que a própria legislação especial apresenta em seu texto legal de forma explícita a possiblidade da aplicação do Código de Processo Civil de forma subsidiária.

O artigo 1º, da Lei nº 6.830, de 22 de setembro de 1980, denominada Lei de Execução Fiscal (LEF), é claro ao dispor que "A execução judicial para cobrança da Dívida Ativa da União,

[15] Becho, Renato Lopes. Lições de direito tributário. 3ª. ed.. São Paulo: Saraiva, 2015. p. 61.

dos Estados, do Distrito Federal, dos Municípios e respectivas autarquias será regida por esta Lei e, **subsidiariamente**, pelo Código de Processo Civil"[16] – destaques acrescidos no original.

Porém, a problemática surge quando o regramento especial não apresenta nenhuma disposição expressa quanto à possibilidade de aplicação do Código de Processo Civil (CPC), que é o caso do Decreto sob nº 70.235, de 06 de março de 1972, o qual dispõe sobre o Processo Administrativo Fiscal (PAF).

Nesse caso, os doutrinadores e aplicadores do direito propõe uma leitura do dispositivo constante do próprio Código de Processo Civil (CPC), especificamente, o seu artigo 15, que dispõe "Na ausência de normas que regulem processos eleitorais, trabalhistas ou **administrativos**, as disposições deste Código lhes serão aplicadas supletiva e subsidiariamente" – destaques acrescidos no original.

O exposto representa uma tentativa do legislador suprir determinadas omissões em relação à normativa (ausência de norma para aplicação), ontológica (existência de norma, porém incompatível com a conjuntura atual) e axiológica (aplicação da lei injusta), considerando que, nos termos do que tem sido demonstrado, a norma não mais atende aos anseios da sociedade.

Hugo de Brito Machado Segundo destaca que:

> "É sabido que as **funções do Estado não são divididas entre os "Três Poderes" de firma absoluta e estanque, mas de modo precípuo e não exclusivo. Assim, o poder judiciário tem por função preponderante julgar, mas também administra e edita normas. O Poder Legislativo tem por função preponderante editar normas, mas também administra, e também julga. Do mesmo modo , o Poder Executivo tem por função precípua a**

[16] Disponível em: <http://www.planalto.gov.br/ccivil_03/leis/l6830.htm>. Acessado em 09.11.2020.

> **administração da coisa pública, mas também edita normas, e também julga. Seus julgamentos ocorrem no âmbito dos processos administrativos, por meio dos quais é exercida de modo *atípico* a função de julgar.** Como não se trará de um julgamento com todas as características daquele proferido no âmbito da função jurisdicional propriamente dita, diz-se que o executivo exerce aí atividade que tem apenas uma "*feição*" *jurisdicional.*
>
> Dão precisamente essas pequenas diferenças entre o processo administrativo e o processo judicial que fazem com que cada um deles, embora submetidos a um núcleo comum de princípios constitucionais processuais, reclame a aplicação também de princípios específicos, condizentes com suas peculiaridades"[17] (grifos acrescidos).

Desta dúvida, surge a questão a ser aprofundada na presente análise e que há tempos tem sido objeto de discussão dos atuantes do direito e doutrinadores, a dinamicidade da produção de provas no processo presente no atual Código de Processo Civil, com destaca em sua distribuição de forma diversa à costumeira com busca na efetividade do lançamento e, em realidade, da própria cobrança tributária, poderia ser aplicada ao processo tributário.

Concentrando a análise ao processo administrativo tributário, a realidade é que tal disposição não é recepcionada em sua integralidade pelo Fisco e pelos Ilustríssimos Julgadores dos Tribunais e Conselhos Administrativos Fiscais, ao considerar que a medidas e os atos administrativos apresentam presunção relativa de veracidade, bem como legitimidade.

A relutância na aplicação do atual Código de Processo Civil ao Processo Administrativo Fiscal (PAF) Federal é observada

[17] Machado Segundo, Hugo de Brito. Processo Tributário. 10ª ed. rev. e atual.. São Paulo: Atlas, 2018. p. 43.

desde sua vigência, conforme se observa do decidido no Processo Administrativo sob o nº 15582.720351/2015-07, que julgou que "Não há, nas regras de procedimento do Processo Administrativo Fiscal (decreto 70.235/72) nenhuma previsão a respeito de litisconsórcio ou aplicação subsidiária das regras do CPC", *ipissis literris*:

> **"ASSUNTO: IMPOSTO SOBRE A RENDA DE PESSOA JURÍDICA IRPJ**
> Anocalendário: 2000, 2001, 2002
> RECURSO VOLUNTÁRIO INTEMPESTIVO. APLICAÇÃO SUBSIDIÁRIA DO CPC. DESCABIMENTO.
> **Não há, nas regras de procedimento do Processo Administrativo Fiscal** (Decreto nº. 70.235, de 1972) **nenhuma previsão a respeito de litisconsórcio ou aplicação subsidiária das regras do CPC"**[18] (grifos acrescidos).

Importante destacar que, em que pese o voto vencedor do Relator em indigitado Processo Administrativo reconhecer a possibilidade de aplicação subsidiária, em realizada, essa não ocorre sob o entendimento de inexistência de lacuna, conforme se observa do seguinte trecho:

> "A subsidiariedade do Código de Processo Civil, em relação ao Decreto nº 70.235/1972, que trata do Processo Administrativo Fiscal, é amplamente reconhecida na doutrina e na jurisprudência, cabendo invocar dispositivos daquele diploma legal sempre que necessário o preenchimento de lacunas deste, de situações não expressamente dispostas. **Na situação sob**

[18] Conselho Administrativo de Recursos Fiscais. Processo Administrativo nº 1301001.969. 3ª Câmara. 1ª Turma Ordinária. Relator Conselheiro Paulo Jakson da Silva Lucas. Data do Julgamento: 05/04/2016.

exame, entretanto, não vislumbro lacuna a ser preenchida"[19] (grifos acrescidos).

Ocorre, porém, nos termos do já explanado, também há precedentes favoráveis do Conselho Administrativo de Recursos Fiscais, referentes a aplicação do Código de Processo Civil de 1973, ou seja, Código de Processo Civil anterior ao atual:

> **"ASSUNTO: IRRF - ÔNUS DA PROVA - CPC ARTIGO 333 - APLICAÇÃO SUBSIDIÁRIA.**
> **A regra contida no artigo 333 do CPC é de aplicação subsidiária ao PAF.**
> Cabe ao contribuinte a prova quanto à existência de fato impeditivo, modificativo ou extintivo do direito do fisco.
> Não comprovada à retenção pela fonte pagadora, tampouco o recolhimento por parte do beneficiário dos rendimentos, incabível o aproveitamento do respectivo valor na
> Declaração de Ajuste Anual"[20] (grifos acrescidos).

Assim, o presente trabalho analisará a legitimidade da produção de provas no âmbito do processo administrativo tributário após o advento do novo Código de Processo Civil, com a apresentação dos impactos em sua adoção e, ainda, os efeitos do seu afastamento.

Com efeito, é a disposição que permite ao juiz atribuir ao Fisco o ônus de provar, considerando as peculiaridades do caso, ao passo que, em muitas vezes, tal encargo ao contribuinte é cla-

[19] Conselho Administrativo de Recursos Fiscais. Processo Administrativo nº 1301001.969. 3ª Câmara. 1ª Turma Ordinária. Relator Conselheiro Paulo Jakson da Silva Lucas. Data do Julgamento: 05/04/2016.

[20] Conselho Administrativo de Recursos Fiscais. Processo Administrativo nº 11030.001431/2008-18. Relator Rodrigo Santos Masset Lacombe, Acórdão nº 2201-001.980.

ramente excessivo, enquanto a maior facilidade para sua produção pela administração é mais fácil (ainda mais se considerada a facilidade no acesso de informações e seus cruzamentos com os avanços tecnológicos e sistêmicos dos entes – o que nos fazer questionar, por exemplo, o exagerado prazo de cinco anos para conferência e lançamento de determinado tributo não recolhido ou recolhido a menor).

Desse modo, será proposto um questionamento quanto ao uso do Novo Código de Processo Civil (seus princípios e preceitos, portanto) e, ao final, apresentar uma possível saída, ainda que paliativa, na superação da realidade problemática existente na conduta tanto do contribuinte, quanto do ente fiscal.

1. Lançamento tributário

A importância da produção da prova no lançamento tributário, que compreende a fase administrativa tem sua importante destacada por Helena Marques Junqueira, ao preceituar que, "desde a sua fase procedimental, com o lançamento tributário, o processo administrativo fiscal é rica fonte de informações e provas que deverão servir à defesa do crédito tributário, até sua final satisfação"[21].

Por primeiro, frisa-se que a Constituição Federal prevê a organização social, bem como jurídica, por meio de regramentos, capazes de formarem um sistema robusto e harmônico. Nesse sentido, Geraldo Ataliba preceitua que a:

> "**Constituição forma um sistema** e, esse, entendimento como um conjunto ordenado e cismático de normas, **constituídos em tono de princípios coerentes e harmônicos**, em **função de objetivos socialmente consagrados**

[21] JUNQUEIRA, Helena Marques. A importância da prova produzida no processo administrativo fiscal. in PIZOLIO, Reinaldo (org.). Processo administrativo tributário. São Paulo: Quartier Latin, 2007. p.95.

Nesse raciocínio, o conjunto de normas da Carta Magna que versa matéria tributária, forma o sistema (parcial) constitucional tributário"[22] (grifos acrescidos).

Ainda a respeito do "sistema tributário", Tércio Sampaio Ferraz Júnior aduz que:

"**O ordenamento**, cuja relação de pertinência é importante para identificar a norma válida, **além de ser um conjunto de elementos normativos** (normas) **e não normativos, é também estrutura**, isto é, um conjunto de regras que determinam as relações entre os elementos.

Nota-se bem a diferença: uma sala de aula é um conjunto de elementos, as carteiras, a mesa do professor, o quadro-negro, o giz, o apagador, a porta, etc.; mas estes elementos, todos juntos não formam uma sala de aula, pois pode trata-se de um depósito da escola; é a disposição deles, uns em relação aos outros, que nos permite identificar a sala de aula; esta disposição depende de regras de relacionamento; o conjunto destas regras e das relações por elas estabelecidas é a estrutura.

O conjunto de elementos é apenas o repertório. Assim, quando dizemos que dizemos que a sala de aula é um conjunto de relações (estruturas) e de elementos (repertório) nela pensamos como um sistema. **O sistema é um complexo que se compõe de uma estrutura e um repertório**"[23] (grifos acrescidos).

Assim, a Constituição Federal da República do Brasil enquanto marco apresenta diversos conceitos e preceitos fundamentais. O denominado Sistema Tributário Nacional apre-

[22] ATALIBA, Geraldo. Sistema constitucional tributário. São Paulo: Editora Revista dos Tribunais, 2001. p. 03.

[23] FERRAZ JÚNIOR, Tércio Sampaio. Introdução ao Estudo do Direito – Técnica, Decisão, Dominação. São Paulo: Atlas, 2019. p. 03.

senta como núcleo o tributo, cuja apuração dependerá de um "processo", que também está na Constituição Federal incialmente delineado e aprofundado nas leis específicas.

Posto isso, antes de chegar a ideia de "processo", é importante a definição e, por consequência, a contextualização do termo "lançamento tributário". Tal auxiliará na compreensão dos efetivos impactos que a ora analisada (e defendida) dilação probatório repercute na constituição do crédito tributário.

Pois bem. O artigo 139, do Código Tributário Nacional (CTN) dispõe que "o crédito tributário decorre da obrigação principal e tem a mesma natureza desta". Regina Helena Costa faz leitura crítica a respeito do indigitado dispositivo, por considerar que:

> "**A dicção do Código não é técnica**, porquanto sugere que **o crédito nasce em consequência da obrigação**, quando, **em verdade, o crédito, aliado ao débito, consubstancia a própria obrigação**.
>
> No entanto, assim o afirma porque, na concepção adotada pelo legislador, o crédito tributário somente "nasce" após sai *constituição* pelo lançamento.
>
> Em sequência, prescreve o art. 140:
>
> Art. 140. As circunstâncias que modificam o crédito tributário, sua extensão ou seus efeitos, ou as garantias ou os privilégios a ele atribuídos, ou que excluem sua exigibilidade não afetam a obrigação tributária que lhe deu origem.
>
> Insistindo na mesma ilogicidade quanto à desvinculação entre obrigação e crédito, uma vez mais a redação do Código Tributário Nacional é inadequada: se o crédito é uma das faces da própria obrigação tributária, como entender-se que as modificações por ele experimentadas pelo crédito são alterações promovidas no próprio liame obrigacional e, portanto, dependendo de sua natura, pode afetá-lo"[24] (grifos acrescidos).

[24] FERRAZ JÚNIOR, Tercio Sampaio. Introdução ao estudo do direito – técnica, decisão, dominação. 11ª ed. São Paulo: Editora Atlas, 2019. p. 165.

Depreende-se, portanto, que, ao se utilizar do termo "constituição do crédito tributário", o Código Tributário Nacional faz referência ao próprio lançamento tributário. Tal concepção é também evidenciada e corroborada pela essência trazida no artigo 141, do Código Tributário Nacional (CTN), o qual determina que:

> "Art. 141. O crédito tributário **regularmente constituído** somente se modifica ou extingue, ou tem sua exigibilidade suspensa ou excluída, nos casos previstos nesta Lei, fora dos quais não podem ser dispensadas, sob pena de responsabilidade funcional na forma da lei, a sua efetivação ou as respectivas garantias" (grifos acrescidos).

Desse modo, certo é que, quando verificada a hipótese de incidência tributária, há o nascimento do ônus fiscal, ou melhor dizendo, o surgimento da obrigação do responsável tributário pelo pagamento de determinado tributo.

A respeito da hipótese de incidência tributária, não se pode deixar de pincelar as ponderações de Paulo de Barros Carvalho:

> "O problema normativo não é o mais importante, se bem que haja limites semânticos para a escolha das designações que o observador atribui aos fenômenos. Tratando-se de entidades lógicas que estão presentes ali onde houver uma norma jurídica de qualquer espécie, tanto faz chamarmos de hipótese, antecedente, suposto, antesuposto, ou pressuposto à previsão fática, pois todos esses vocabulários têm a chancela dos mais renomados cultores da Teoria Geral do Direito. Há de significar, sempre, a descrição normativa de um evento que, concretizado no nível das realidades materiais e relatado no antecedente de norma individual e concreta, fará interromper o vínculo abstrato que o legislador estipulou na consequência.

Opinamos por *hipótese tributária*, aproximando o adjetivo para qualificar o campo de atuação sobre o qual, agora centralizamos nossa atenção.

A respeito do fato que realmente sucede o quadro de relacionamento social, dentro de específicas condições de espaço e de tempo que podemos captar por meio de nossos órgãos sensoriais, e até dele participar fisicamente, preferimos denominar *evento jurídico* tributário, reservando a locução *fato jurídico* tributário para o relato linguístico desse acontecimento, Fato jurídico porque tem o condão de irradiar efeitos de direito. E tributário pela simples razão de que sua eficácia está diretamente ligada à instituição do tributo.

Quanto ao *fato imponível*, ainda que corresponda, razoavelmente, à situação do mundo exterior que pretende simbolizar, traz um pequeno obstáculo de ordem semântica.

Em princípio, fato imponível seria aquela ocorrência que estivesse sujeita à imposição tributária, por isso imponível, quer dizer, passível de sofrer imposição. Não é, propriamente, o que se passa. Apenas surge o fato, constituído pela linguagem competente, e a incidência se dá, automaticamente, e infalível, fazendo desabrochar a relação jurídica. **Não existe o fato anteriormente à instituição, de tal modo que, enquanto *imponível*, não é ainda fato e, após a incidência, de modo concomitante com seu nascimento, já assumiu, na plenitude, os dons da sua juridicidade.**"[25] (grifos acrescidos).

Do acima exposto, depreende-se que a própria redação do Código Tributário Nacional (CTN) permite colocar em questão se a obrigação tributária decorre do lançamento ou se a obrigação é antecedente ao próprio lançamento tributário. Inde-

[25] Carvalo, Paulo de Barros. Curso de direito tributário. 27ª ed.. São Paulo, Saraiva, 2016. p. 259/260.

pendentemente da resposta, fato é que a sua cobrança somente será possível por meio da prévia constatação administrativa da obrigação, ao passo que a sua atividade é vinculada ao tributo.

Desse modo, ainda que haja situações em que a legislação atribua a responsabilidade ao próprio responsável tributário da apuração do tributo (e, portanto, nesta situação, não seria possível falar em ato administrativo da autoridade administrativa vinculada), a dilação probatória do procedimento administrativo deve ser produzida com a maior atenção aos princípios constitucionais, que sustentam não apenas o lançamento, mas também resguardam o contribuinte, com a devida técnica de coleta e de preservação dos dados do contribuinte.

Isso porque a sua cobrança somente será permitida com a formalização do "lançamento tributário", a qual deve realizada pela Autoridade Administrativa sob pena da ocorrência da decadência do direito fazendário, ainda que haja em curso eventual ação judicial de natureza preventiva, nos termos do disposto no artigo 150[26] e no artigo 173[27], ambos do Código Tributário Nacional.

[26] "Art. 150. O lançamento por homologação, que ocorre quanto aos tributos cuja legislação atribua ao sujeito passivo o dever de antecipar o pagamento sem prévio exame da autoridade administrativa, opera-se pelo ato em que a referida autoridade, tomando conhecimento da atividade assim exercida pelo obrigado, expressamente a homologa.
§ 1º O pagamento antecipado pelo obrigado nos termos deste artigo extingue o crédito, sob condição resolutória da ulterior homologação ao lançamento.
§ 2º Não influem sobre a obrigação tributária quaisquer atos anteriores à homologação, praticados pelo sujeito passivo ou por terceiro, visando à extinção total ou parcial do crédito.
§ 3º Os atos a que se refere o parágrafo anterior serão, porém, considerados na apuração do saldo porventura devido e, sendo o caso, na imposição de penalidade, ou sua graduação.
§ 4º Se a lei não fixar prazo a homologação, será ele de cinco anos, a contar da ocorrência do fato gerador; expirado esse prazo sem que a Fazenda Pública se tenha pronunciado, considera-se homologado o lançamento e definitivamente

A regulamentação do lançamento está no Capítulo II Constituição de Crédito Tributário, Seção I Lançamento, do Código Tributário Nacional (CTN), que, em artigo 142, assim determina:

> "Art. 142. Compete privativamente à autoridade administrativa constituir o crédito tributário pelo lançamento, assim entendido o procedimento administrativo tendente a verificar a ocorrência do fato gerador da obrigação correspondente, determinar a matéria tributável, calcular o montante do tributo devido, identificar o sujeito passivo e, sendo caso, propor a aplicação da penalidade cabível.
>
> Parágrafo único. **A atividade administrativa de lançamento é vinculada e obrigatória, sob pena de responsabilidade funcional**"[28] (grifos acrescidos).

Atribuindo certo grau de colaboração do contribuinte tanto na apuração quanto na formalização, o Código Tributário Nacional (CTN) apresenta três modalidades de lançamento,

extinto o crédito, salvo se comprovada a ocorrência de dolo, fraude ou simulação." Disponível em: <http://www.planalto.gov.br/ccivil_03/leis/l5172compilado.htm>. Acessado em: 09/11/2020.

[27] "Art. 173. O direito de a Fazenda Pública constituir o crédito tributário extingue-se após 5 (cinco) anos, contados:
I – do primeiro dia do exercício seguinte àquele em que o lançamento poderia ter sido efetuado;
II – da data em que se tornar definitiva a decisão que houver anulado, por vício formal, o lançamento anteriormente efetuado.
Parágrafo único. O direito a que se refere este artigo extingue-se definitivamente com o decurso do prazo nele previsto, contado da data em que tenha sido iniciada a constituição do crédito tributário pela notificação, ao sujeito passivo, de qualquer medida preparatória indispensável ao lançamento". Disponível em: <http://www.planalto.gov.br/ccivil_03/leis/l5172compilado.htm>. Acessado em: 09/11/2020.

[28] Disponível em: <http://www.planalto.gov.br/ccivil_03/leis/l5172compilado.htm>. Acessado em 09/11/2020.

tais quais o lançamento de ofício, o lançamento por declaração (misto) e o lançamento por homologação (autolançamento):

> "Art. 147. O lançamento é efetuado com base na declaração do sujeito passivo ou de terceiro, quando um ou outro, na forma da legislação tributária, presta à autoridade administrativa informações sobre matéria de fato, indispensáveis à sua efetivação.
>
> § 1º A retificação da declaração por iniciativa do próprio declarante, quando vise a reduzir ou a excluir tributo, só é admissível mediante comprovação do erro em que se funde, e antes de notificado o lançamento.
>
> § 2º Os erros contidos na declaração e apuráveis pelo seu exame serão retificados de ofício pela autoridade administrativa a que competir a revisão daquela.
>
> Art. 148. Quando o cálculo do tributo tenha por base, ou tome em consideração, o valor ou o preço de bens, direitos, serviços ou atos jurídicos, a autoridade lançadora, mediante processo regular, arbitrará aquele valor ou preço, sempre que sejam omissos ou não mereçam fé as declarações ou os esclarecimentos prestados, ou os documentos expedidos pelo sujeito passivo ou pelo terceiro legalmente obrigado, ressalvada, em caso de contestação, avaliação contraditória, administrativa ou judicial.
>
> Art. 149. O lançamento é efetuado e revisto de ofício pela autoridade administrativa nos seguintes casos:
>
> I – quando a lei assim o determine;
>
> II – quando a declaração não seja prestada, por quem de direito, no prazo e na forma da legislação tributária;
>
> III – quando a pessoa legalmente obrigada, embora tenha prestado declaração nos termos do inciso anterior, deixe de atender, no prazo e na forma da legislação tributária, a pedido de esclarecimento formulado pela autoridade administrativa, recuse-se a prestá-lo ou não o preste satisfatoriamente, a juízo daquela autoridade;

IV – quando se comprove falsidade, erro ou omissão quanto a qualquer elemento definido na legislação tributária como sendo de declaração obrigatória;

V – quando se comprove omissão ou inexatidão, por parte da pessoa legalmente obrigada, no exercício da atividade a que se refere o artigo seguinte;

VI – quando se comprove ação ou omissão do sujeito passivo, ou de terceiro legalmente obrigado, que dê lugar à aplicação de penalidade pecuniária;

VII – quando se comprove que o sujeito passivo, ou terceiro em benefício daquele, agiu com dolo, fraude ou simulação;

VIII – quando deva ser apreciado fato não conhecido ou não provado por ocasião do lançamento anterior;

IX – quando se comprove que, no lançamento anterior, ocorreu fraude ou falta funcional da autoridade que o efetuou, ou omissão, pela mesma autoridade, de ato ou formalidade especial.

Parágrafo único. A revisão do lançamento só pode ser iniciada enquanto não extinto o direito da Fazenda Pública.

Art. 150. O lançamento por homologação, que ocorre quanto aos tributos cuja legislação atribua ao sujeito passivo o dever de antecipar o pagamento sem prévio exame da autoridade administrativa, opera-se pelo ato em que a referida autoridade, tomando conhecimento da atividade assim exercida pelo obrigado, expressamente a homologa.

§ 1º O pagamento antecipado pelo obrigado nos termos deste artigo extingue o crédito, sob condição resolutória da ulterior homologação ao lançamento.

§ 2º Não influem sobre a obrigação tributária quaisquer atos anteriores à homologação, praticados pelo sujeito passivo ou por terceiro, visando à extinção total ou parcial do crédito.

§ 3º Os atos a que se refere o parágrafo anterior serão, porém, considerados na apuração do saldo porventura devido e, sendo o caso, na imposição de penalidade, ou sua graduação.

> § 4º Se a lei não fixar prazo a homologação, será ele de cinco anos, a contar da ocorrência do fato gerador; expirado esse prazo sem que a Fazenda Pública se tenha pronunciado, considera-se homologado o lançamento e definitivamente extinto o crédito, salvo se comprovada a ocorrência de dolo, fraude ou simulação"[29].

James Martins afirma a respeito da divisão do lançamento em modalidades, afirma que:

> "A atividade lançadora está intrinsicamente relacionada com a funções de fiscalização e aplicação de penalidades e também com o momento crítico da relação jurídica tributária, em que se verifica a etapa litigiosa. Por isso, o *ato de lançamento tributário* não pode ser compreendido isoladamente no âmbito da atividade administrativa fiscal.
>
> Muito frequentemente será precedido de *procedimento fiscal preparatório do ato de lançamento* (denominado simplificadamente de procedimento de lançamento, que inclui a *fiscalização e apuração*) e não raro terá seus efeitos suspensos por força de *Processo Administrativo Tributário de julgamento*, ou menos, já no âmbito judicial, por força de ato jurisdicional.
>
> a. *Três momentos no* inter *tributário*. Há três momentos ontologicamente distintos no *iter* administrativo tributário que devem ser analisados com relação ao seu regime jurídico, suas diferenças e pontos de contado:
>
> i) ***procedimento fiscal preparatório* do ato de lançamento** (fiscalização e apuração);
>
> ii) ***ato de lançamento* de tributos** e/ou de **aplicação de penalidades administrativas** (obrigação principal, multa pelo não pagamento, multa de mora, sanção instrumental);

[29] Disponível em: <http://www.planalto.gov.br/ccivil_03/leis/l5172compilado.htm>. Acessado em 09/11/2020.

iii) ***Processo Administrativo Tributário de julgamento*** (julgamento da impugnação ai lançamento)"[30] (grifos acrescidos).

Ocorre que a divisão do lançamento em modalidades é criticada pela doutrina, em especial, por essa considerar a inexistência de compatibilidade lógica no fato do Código Tributário Nacional considerar o lançamento um procedimento administrativo e, em certos casos, contar com a colaboração do contribuinte em sua realização. Regina Helena da Costa bem esclarece essa situação ao afirmar que:

> "Tal incongruência exsurge com maior veemência ao analisarmos a figura do lançamento por homologação, visto que, nessa hipótese, **a apuração do crédito é feita pelo próprio sujeito passivo, sendo apenas a *homologação* ato da Administração, que pode até nem mesmo ser praticada (homologação tácita)**" (grifos acrescidos).

Ainda assim, superando as problemáticas acima apontadas, considerando as modalidades de competência privativa da Autoridade Administrativa, o lançamento tributário deverá verificar a ocorrência do fato gerado (e, neste momento, é possível afirmar a importância da prova), por meio de procedimento administrativo.

Luís Eduardo Schoueri destaca a importância desse procedimento ao afirmar que:

> "Embora instaurada uma relação jurídica, em virtude da qual o sujeito passivo deverá recolher o tributo, o sujeito ativo não tem

[30] Martins, James. Direito processual tributário brasileiro: administrativo e judicial. Natália Brasil Dib (atualizadora). 12ª ed. rev. atual.. São Paulo: Thomson Reuters Brasil, 2019. p. 202.

como, de imediato, conhecer as circunstâncias em que se deu aquele fato nem tampouco qual o momento que será reconhecido.

Assim, **o ordenamento jurídico tributário prevê um procedimento administrativo**, o lançamento, para que aquele fato jurídico seja formalmente apurado, quantificando-se o montante devido. Esta é **a condição para que a autoridade administrativa possa exigir o tributo**. Por isso mesmo, o Código Tributário Nacional, ao definir, em seu art. 3º, o tributo, dispõe ser ele "cobrado mediante atividade administrativa plenamente vinculada"[31] (grifos acrescidos).

Outrossim, importante trazer a visão de Paulo César Conrado que delimita a diferença de "processo" e "procedimento". Nesta ocasião, aponta que, antes da constituição da obrigação tributária, há uma impossibilidade de "processualidade administrativa", pois considera que:

"(...) a processualidade antiexacional desafia duas específicas formas (a administrativa e a judicial) cada qual comportando um tipo de processo (...). O critério utilizado para tal distinção reside, basicamente, na identificação do sujeito que responde pelo papel de julgador num e noutro caso, Administração ou Judiciário, ambos encarnando a posição de Estado-juiz um para o processo dito administrativo, outro para o judicial (...).

Conclusão: (i) **embora não habilite a produção de norma individual e concreta (decisão) que se possa dizer capaz de compor, *absolutamente*,** o conflito posto pelo contribuinte (porque carecedora, tal decisão, de atributos inerentes à coisa julgada), a impugnação administrativa é veículo indutor do fato *conflito*; (ii) **impugnação que não revele conflito não é impugnação.** (...).

[31] Schoueri, Luís Eduardo. Direito tributário. 8ª ed. São Paulo: Saraiva Educação, 2018. p. 625.

> Mais: enquanto "processo", visto de uma maneira geral, é relação jurídica implicada pelo fato *conflito*, **"processo administrativo" (tributário) é relação jurídica implicada por *conflito* especialmente qualificado pela prévia fixação da norma individual e concreta do lançamento ou do "autolançamento""**[32] (grifos acrescidos).

Ou seja, apesar de toda a discussão em torno do acima apontado, em realidade, não se pode deixar de, em ambas as situações, buscar a defesa do devido processo legal, seja no procedimento anterior ao lançamento, seja no procedimento que for instaurado em momento posterior ao lançamento por meio da impugnação do suposto responsável tributário.

Rogério Lauria Tucci e José Rogério Cruz e Tucci assim afirma:

> "(...) *garantia* conferida pela Magna Carta, objetivando a consecução dos direitos denominado *fundamentais* através da efetivação do *direito ao processo*, **materializado num *procedimento regularmente desenvolvido*, com a imprescindível concretização de todos os seus respectivos corolários, e num *prazo razoável*"** (grifos acrescidos).

Apesar do entendimento do Conselho Administrativo de Recursos Fiscais ter sido no sentido de que, "No procedimento de fiscalização não há que se falar em cerceamento do direito de defesa"[33], clara é a sua importância ao considerar que, nos termos do já mencionado, as provas são essenciais para a fun-

[32] CONRADO, Paulo Cesar. Processo tributário. 3ª ed. atual. com base no novo acordo ortográfico. São Paulo: Quartier Latin, 2012. p. 97 e p. 101.

[33] Conselho Administrativo de Recursos Fiscais. Processo Administrativo nº 16327.000572/2006-40. 4ª Câmara. 1ª Turma Ordinária. Acórdão nº 1401-004.061. Conselheiro Relator Nelson Kichel. Data de Julgamento: 11/12/2019.

damentação do ônus fiscal a ser atribuído ao suposto contribuinte, sob pena do cancelamento do lançamento realizado em razão da falta da materialidade necessária para sua manutenção.

Neste ponto, a título exemplificativo, destaca-se o recente julgamento proferido pela 4ª Câmara da 1ª Turma Ordinária do Conselho Administrativo de Recursos Fiscais, assim ementado:

> "Assunto: Imposto sobre a Renda Retido na Fonte - IRRF
> Período de apuração: 12/09/2001 a 22/09/2001
> AUTO DE INFRAÇÃO. DESCRIÇÃO DOS FATOS. FUNDAMENTO LEGAL. NULIDADE. CERCEAMENTO DE DEFESA. INOCORRÊNCIA.
>
> O auto de infração deverá conter, obrigatoriamente, entre outros requisitos formais, a capitulação legal e a descrição dos fatos. Somente a ausência total dessas formalidades é que implicará na invalidade do lançamento, por cerceamento do direito de defesa.
>
> O auto de infração lavrado por agente competente, que apresenta descrição, narrativa dos fatos de forma completa, clara, objetiva, enquadramento legal, ainda que incompleto, matéria tributável, base de cálculo e demonstrativo dos valores apurados, preenche os ditames do art. 10 do Decreto nº 70.235/72 e art. 142 do CTN., pois permite o pleno conhecimento da imputação fiscal.
>
> A capitulação legal incompleta da infração ou mesmo a sua ausência não acarreta nulidade do auto de infração, quando a descrição dos fatos nele contida é exata, possibilitando ao sujeito passivo defender-se de forma detalhada das imputações que lhe foram feitas.
>
> **No procedimento de fiscalização não há que se falar em cerceamento do direito de defesa, pois tem caráter inquisitório; é realizado no interesse exclusivo do Fisco (investigação para colheita de provas de possível infração). Nessa fase, ainda não há acusação fiscal. Não há lide. Não há processo. Os princípios do contraditório e da ampla defesa são cânones constitucionais de observância obrigatória no processo legal**

administrativo, que se instaura com a impugnação após ciência do auto de infração (ciência da acusação formal de ocorrência de infração tributária).

Ademais, se o sujeito passivo revela conhecer plenamente as acusações que lhe foram imputadas, rebatendo-as, uma a uma, de forma meticulosa, mediante defesa, abrangendo não só outras questões preliminares como também razões de mérito, descabe a proposição de cerceamento do direito de defesa.

DECISÃO RECORRIDA. ANÁLISE DE PROVAS. MOTIVAÇÃO SUFICIENTE. NULIDADE NÃO CONFIGURADA.

Tendo enfrentado as questões suscitadas na peça de defesa com perfeita compreensão da descrição dos fatos que ensejaram o procedimento e estando a decisão motivada de forma explícita, clara e congruente, não há que se falar em nulidade dos atos em litígio.

O julgador não está obrigado a responder a todas as questões suscitadas pelas partes, quando já tenha encontrado motivo suficiente para proferir a decisão.

O julgador possui o dever de enfrentar apenas as questões capazes de infirmar (enfraquecer) a conclusão adotada na decisão recorrida.

Assim, não há que se falar em nulidade de decisão que não se pronunciou sobre determinado argumento que era incapaz de infirmar a conclusão adotada.

As provas ou documentos juntados pela defesa, quando analisadas, sopesadas pela decisão recorrida e não acatadas, com expressa fundamentação, por serem provas ou documentos não hábeis, imprestáveis para comprovar os fatos objetados contra o lançamento fiscal, não implicam cerceamento do direito de defesa.

A mera discordância dos fundamentos da decisão recorrida pelo contribuinte não é causa de nulidade, que apenas ocorre se demonstrada qualquer das hipóteses do artigo 59 do Decreto-lei nº 70.235/72, que não é o caso.

PEDIDO GENÉRICO DE REALIZAÇÃO DE DILIGÊNCIA E PERÍCIA TÉCNICO-CONTÁBIL. INDEFERIMENTO.

Indefere-se o pedido de diligência ou perícia, cujo objetivo é instruir o processo com as provas documentais que o recorrente deveria produzir em sua defesa, juntamente com a peça impugnatória ou recursal.

A perícia técnico-contábil se reserva à elucidação de pontos duvidosos que requeiram conhecimentos especializados para deslinde do litígio, não se justificando quando o fato puder ser demonstrado pela juntada de documentos.

Por se tratar de prova especial, subordinada a requisitos específicos, a perícia só pode ser admitida, pelo Julgador, quando a apuração do fato litigioso não se puder fazer pelos meios ordinários de convencimento.

A diligência fiscal, perícia técnico-contábil, não têm o condão de substituir a parte recorrente na sua atividade de produção de prova.

É ônus do sujeito passivo comprovar a existência de fato impeditivo, modificativo ou extintivo do direito constitutivo do Fisco (Decreto nº 70.235/72, arts. 15 e 16 e CPC – Lei nº 13.105/2015, art. 373, II).

Considera-se inexistente o pedido de diligência e perícia técnica, quando não atender aos ditames do art. 16, IV, do Decreto 70.235/72. Aplicação da inteligência do § 1º do art. 16 do mesmo diploma legal.

Não constitui cerceamento do direito de defesa o indeferimento do pedido de diligência ou perícia considerada desnecessária, prescindível e formulado sem atendimento aos requisitos do art. 16, IV, do Decreto nº 70.235/72. (...)" – destaques acrescidos no original"[34] (grifos acrescidos).

[34] Conselho Administrativo de Recursos Fiscais. Processo Administrativo nº 16327.000572/2006-40. 4ª Câmara. 1ª Turma Ordinária. Acórdão nº 1401-004.061. Conselheiro Relator Nelson Kichel. Data de Julgamento: 11/12/2019.

Importante mencionar que, ao longo do tempo, a máxima *dura lex sed lex* concedeu espaço à uma interpretação sistemática, em que há clara valorização da intenção dos agentes da finalidade a ser alcançada. Ou seja, há uma valorização dos postulados da razoabilidade e da proporcionalidade na atuação da Autoridade Fiscal, bem como nas decisões administrativas.

Lúcia Valle Figueiredo esclarece a respeito do tema:

> "**A razoabilidade vai se atrelar à congruência lógica entre as situações postas e as decisões administrativas**. Vai se atrelar às necessidades da coletividade, à legitimidade, à economicidade.
>
> **Ao lado da razoabilidade traz-se à colação, também como princípio importantíssimo, o da proporcionalidade**. Com efeito, resume-se o princípio da proporcionalidade em que **as medidas tomadas pela Administração estejam na direta adequação das necessidades administrativas**.
>
> Vale dizer: só se sacrificam interesses individuais em função de interesses coletivos, de interesses primários, na medida da estrita necessidade, não se desbordando do que seja realmente indispensável para a implementação da necessidade pública.
>
> **Traduz o princípio da razoabilidade a relação de congruência lógica entre o fato (motivo) e a atuação concreta da Administração**"[35] (grifos acrescidos).

Em igual sentido Odete Medauar, obtempera que o princípio da proporcionalidade engloba o da razoabilidade:

> "**O princípio da proporcionalidade** consiste, principalmente, **no dever de não serem impostas, aos indivíduos em geral, restrições ou sanções em medida superior àquela estritamente**

[35] FIGUEIREDO, Lúcia Valle. Curso de Direito Administrativo. São Paulo: Malheiros Editores, 2ª edição, p. 46.

necessária ao atendimento do interesse público, segundo critério de razoável adequação dos meios aos fins. **Aplica-se a todas as atuações administrativas para que sejam tomadas decisões equilibradas**, refletidas, com avaliação adequada da relação custo-benefício, aí incluindo o custo social"[36] (grifos acrescidos).

Porém, ainda que transpareça certa equivalência nos conceitos de proporcionalidade e de razoabilidade, Humberto Ávila bem destaca que:

> "(...) 4.10. **O postulado da razoabilidade aplica-se, primeiro, como diretriz que exige a relação das normas gerais com as individualidades do caso concreto**, quer mostrando sob qual perspectiva a norma deve ser aplicada, quer indicando em quais hipóteses o caso individual, em virtude de suas especificidades, deixa de se enquadrar na norma geral. **Segundo**, como diretriz que exige **uma vinculação das normas jurídicas com o mundo ao qual elas fazem referência, seja reclamando a existência de um suporte empírico e adequado a qualquer ato jurídico, seja demandando uma relação congruente entre a medida adotada e o fim que ela pretende atingir. Terceiro**, como diretriz que exige a relação de equivalência entre duas grandezas.
>
> 4.11. O postulado da proporcionalidade aplica-se nos casos em que exista uma relação de causalidade entre um meio e um fim concretamente perceptível. A exigência de realização de vários fins, todos constitucionalmente legitimados, implica a adoção de medidas adequadas, necessárias e proporcionais em sentido estrito"[37]" (grifos acrescidos).

[36] MEDAUAR, Odete. Direito Administrativo Moderno. São Paulo: Revista dos Tribunais, 1996, p. 146.

[37] ÁVILA, HUMBERTO. Teoria dos Princípios da definição à aplicação dos princípios jurídicos. 2.ed. São Paulo: Malheiros. p. 182.

Assim, a **proporcionalidade** não deixa de ser um **critério decisório** para decorrentes da concretização dos direitos do Contribuinte, cujos efeitos muitas vezes representaram óbice à atuação do ente federativo; já a **razoabilidade** representa uma baliza na aplicação das normas e dos princípios constitucionais e infraconstitucionais com o objetivo de alcançar a finalidade do ato administrativo.

O Colendo Superior Tribunal de Justiça tem decidido pela necessidade de observância da **razoabilidade e a proporcionalidade** quando da atuação da Autoridade Fiscal, bem como quando da prolação das decisões, tanto no âmbito administrativo, quanto no próprio âmbito judicial.

A título de exemplo, tal posicionamento é evidenciado com a manutenção do Contribuinte em parcelamento especial, ainda que não atendido um dos requisitos constantes na norma que o regulamente, considerando a teleologia da norma instituidora do benefício fiscal, *ex vi*:

> "TRIBUTÁRIO. RECURSO ESPECIAL. DEFICIÊNCIA NA ALEGAÇÃO DE CONTRARIEDADE AO ART. 1.022 DO CPC/2015. INCIDÊNCIA DA SÚMULA 284/STF. **PROGRAMA DE PARCELAMENTO TRIBUTÁRIO**. REFIS. **PRINCÍPIOS DA PROPORCIONALIDADE E DA RAZOABILIDADE. BOA-FÉ DO CONTRIBUINTE**. EXCLUSÃO. IMPOSSIBILIDADE. (...).
>
> 2. "**A jurisprudência do STJ reconhece a viabilidade de incidirem os princípios da razoabilidade e da proporcionalidade no âmbito dos parcelamentos tributários, quando tal procedência visa evitar práticas contrárias à própria teleologia da norma instituidora do benefício fiscal, mormente se verificada a boa-fé do contribuinte e a ausência de prejuízo do erário**" (REsp 1.671.118/RS, Rel. Ministro Herman Benjamin, Segunda Turma, DJe 9/10/2017).

3. Recurso especial parcialmente conhecido e, nessa extensão, não provido"[38] (grifos acrescidos).

"PROCESSUAL CIVIL. AGRAVO INTERNO NO RECURSO ESPECIAL. CÓDIGO DE PROCESSO CIVIL DE 2015. APLICABILIDADE. PARCELAMENTO TRIBUTÁRIO. **PRINCÍPIOS DA RAZOABILIDADE E PROPORCIONALIDADE. BOA-FÉ DO CONTRIBUINTE.** EXCLUSÃO. IMPOSSIBILIDADE. ARGUMENTOS INSUFICIENTES PARA DESCONSTITUIR A DECISÃO ATACADA.

I – Consoante o decidido pelo Plenário desta Corte na sessão realizada em 09.03.2016, o regime recursal será determinado pela data da publicação do provimento jurisdicional impugnado. Assim sendo, in casu, aplica-se o Código de Processo Civil de 2015.

II – **Esta Corte adota posicionamento segundo o qual devem ser observados os princípios da razoabilidade e da proporcionalidade no âmbito dos parcelamentos tributários, a fim de se evitarem práticas contrárias à própria teleologia da norma instituidora do benefício fiscal, mormente se verificada a boa-fé do contribuinte e a ausência de prejuízo ao erário.**

III – A Agravante não apresenta, no agravo, argumentos suficientes para desconstituir a decisão recorrida.

IV – Agravo Interno improvido"[39] (grifos acrescidos).

Pacificando o acima demonstrado, a Primeira Seção do Colendo Superior Tribunal de Justiça, quando do julgamento

[38] Superior Tribunal de Justiça. Recurso Especial nº 1.676.935 (2017.01.35345-9). Ministro Relator OG Fernandes. Segunda Turma. Data de Julgamento: 05/12/2017.

[39] Superior Tribunal de Justiça. Agravo Interno no Recurso Especial nº 1.650.052/RS. Ministra Relatora Regina Helena Costa. Primeira Turma. Data de Julgamento: 02/05/2017.

do Recurso Especial sob nº 1.143.216/RS, na sistemática dos recursos repetitivos, prevista no artigo 543-C, do CPC/73[40], atual artigo 1.036[41], do CPC/15, firmou o entendimento de que:

[40] "Art. 543-C. Quando houver multiplicidade de recursos com fundamento em idêntica questão de direito, o recurso especial será processado nos termos deste artigo.
§1º Caberá ao presidente do tribunal de origem admitir um ou mais recursos representativos da controvérsia, os quais serão encaminhados ao Superior Tribunal de Justiça, ficando suspensos os demais recursos especiais até o pronunciamento definitivo do Superior Tribunal de Justiça.
§2º Não adotada a providência descrita no § 1 o deste artigo, o relator no Superior Tribunal de Justiça, ao identificar que sobre a controvérsia já existe jurisprudência dominante ou que a matéria já está afeta ao colegiado, poderá determinar a suspensão, nos tribunais de segunda instância, dos recursos nos quais a controvérsia esteja estabelecida.
§3º O relator poderá solicitar informações, a serem prestadas no prazo de quinze dias, aos tribunais federais ou estaduais a respeito da controvérsia.
§4º O relator, conforme dispuser o regimento interno do Superior Tribunal de Justiça e considerando a relevância da matéria, poderá admitir manifestação de pessoas, órgãos ou entidades com interesse na controvérsia.
§5º Recebidas as informações e, se for o caso, após cumprido o disposto no § 4 o deste artigo, terá vista o Ministério Público pelo prazo de quinze dias.
§5º Recebidas as informações e, se for o caso, após cumprido o disposto no § 4 o deste artigo, terá vista o Ministério Público pelo prazo de quinze dias.
§6º Transcorrido o prazo para o Ministério Público e remetida cópia do relatório aos demais Ministros, o processo será incluído em pauta na seção ou na Corte Especial, devendo ser julgado com preferência sobre os demais feitos, ressalvados os que envolvam réu preso e os pedidos de habeas corpus .
§7º Publicado o acórdão do Superior Tribunal de Justiça, os recursos especiais sobrestados na origem:
I – terão seguimento denegado na hipótese de o acórdão recorrido coincidir com a orientação do Superior Tribunal de Justiça; ou
II – serão novamente examinados pelo tribunal de origem na hipótese de o acórdão recorrido divergir da orientação do Superior Tribunal de Justiça.
§8º Na hipótese prevista no inciso II do §7 o deste artigo, mantida a decisão divergente pelo tribunal de origem, far-se-á o exame de admissibilidade do recurso especial.

"(...) a existência de interesse do próprio Estado no parcelamento fiscal (conteúdo teleológico da aludida causa suspensiva de exigibilidade do crédito tributário) acrescida da boa-fé do contribuinte que, **malgrado a intempestividade da desistência da impugnação administrativa**, efetuou, oportunamente, o pagamento de todas as prestações mensais estabelecidas, por mais de quatro anos (de 28.08.2003 a 31.10.2007), sem qualquer oposição do Fisco, **caracteriza comportamento contraditório perpetrado pela Fazenda Pública, o que conspira contra o princípio da razoabilidade, máxime em virtude da ausência de prejuízo aos cofres públicos**" (grifos acrescidos).

§9º O Superior Tribunal de Justiça e os tribunais de segunda instância regulamentarão, no âmbito de suas competências, os procedimentos relativos ao processamento e julgamento do recurso especial nos casos previstos neste artigo".

[41] "Art. 1.036. Sempre que houver multiplicidade de recursos extraordinários ou especiais com fundamento em idêntica questão de direito, haverá afetação para julgamento de acordo com as disposições desta Subseção, observado o disposto no Regimento Interno do Supremo Tribunal Federal e no do Superior Tribunal de Justiça.

§ 1º O presidente ou o vice-presidente de tribunal de justiça ou de tribunal regional federal selecionará 2 (dois) ou mais recursos representativos da controvérsia, que serão encaminhados ao Supremo Tribunal Federal ou ao Superior Tribunal de Justiça para fins de afetação, determinando a suspensão do trâmite de todos os processos pendentes, individuais ou coletivos, que tramitem no Estado ou na região, conforme o caso.

§ 2º O interessado pode requerer, ao presidente ou ao vice-presidente, que exclua da decisão de sobrestamento e inadmita o recurso especial ou o recurso extraordinário que tenha sido interposto intempestivamente, tendo o recorrente o prazo de 5 (cinco) dias para manifestar-se sobre esse requerimento.

§ 3º Da decisão que indeferir o requerimento referido no § 2º caberá apenas agravo interno.

§ 4º A escolha feita pelo presidente ou vice-presidente do tribunal de justiça ou do tribunal regional federal não vinculará o relator no tribunal superior, que poderá selecionar outros recursos representativos da controvérsia.

§ 5º O relator em tribunal superior também poderá selecionar 2 (dois) ou mais recursos representativos da controvérsia para julgamento da questão de direito

Ainda que não exaurido a definição do lançamento tributário, importante foi a sua exposição para ressaltar a sua importância em relação à produção de provas. Isso porque, no cotidiano jurídico, é sabido que, em muitos casos, a Autoridade Administrativo não apresenta o cuidado necessário durante o procedimento fiscal, em especial, quanto a coleta de provas que, atualmente, diante dos avanços tecnológicos e modernização dos sistemas, permitem maior respaldo no lançamento realizado.

Assim, superado o lançamento tributário, passa a analisar o processo administrativo tributário dele decorrente.

2. Processo administrativo tributário

James Martins destaca que, no campo da tributação, "o surgimento do Processo Administrativo brasileiro remonte de 1889, mas sua revigoração constitucional dê-se somente a partir da Constituição Federal de 1988 que consagrou o Processo Administrativo"[42]. Tal consagração decorre de indigitado artigo que amparou os princípios do contraditório e da ampla defesa:

> "Assim como ocorreu nos países europeus e em diversos países latino-americanos no campo da denominada "justiça administrativa", **o sistema brasileiro de solução administrativa das lides tributárias é fato de lenta evolução legislativa que vem defendendo, de forma desordenada e tímida**, à edição de normas especificamente destinadas ao *processo administrativo* – o que

independentemente da iniciativa do presidente ou do vice-presidente do tribunal de origem.

§ 6º Somente podem ser selecionados recursos admissíveis que contenham abrangente argumentação e discussão a respeito da questão a ser decidida".

[42] MARTINS, James. Direito processual tributário brasileiro: administrativo e judicial. Natália Brasil Dib (atualizadora). 12ª ed. rev. atual.. São Paulo: Thomson Reuters Brasil, 2019. p. 140.

se observa especialmente pela edição da Lei nº 9.784/199 – sem que, no entanto, verifique-se o necessário empenho na criação da norma geral (nacional) que regulamente a matéria de forma ampla e sistemática. Subsistem entre nós as normas processuais existentes na Constituição Federal de 1988 no Código Tributário Nacional, no Dec. 70.235/1972, na Lei 9.984/1999 (LGPAF) e nas legislações estaduais e municipais e, a parte da entrada em vigor da Lei 13.105/2015, no Código de Processo Civil"[43] (grifos acrescidos).

Paulo Cesar Conrado aduz que:

"**Processo é uma relação jurídica**. Mais: é relação jurídica **instrumental** – defluente que é do fato jurídico *conflito*, supõe a preexistência de um'a outra relação (jurídica), efetiva ou potencial. Por isso instrumental: processo é relação que em outra relação encontra o seu fim; é seu instrumento, portanto.

Sobre a relação jurídica, efetiva ou potencial, da qual o processo é instrumento é que incide a noção de *conflito*. Mais: é essa relação (de direito material, onde o *conflito* se põe) que revela, adotado um certo modo de classificar, a natureza do processo. Falaremos, com efeito, ora em processo *civil*, ora em processo *penal*, sempre de acordo com a índole das relações jurídicas conflituosas. Regra: *a natureza da relação jurídica onde a noção de conflito se põe denuncia a natureza da relação processual*. (...) Reafirmando: ***processo tributário* é, em princípio, *processo civil*** (segue, destarte, os parâmetros do direito positivo correspondente), particularizado, **todavia, em função da específica natureza da relação que pressupõe** – tudo a significar que aquele específico ramo do direito positivo processual (civil) deve ser interpretado mediante

[43] MARTINS, James. Direito processual tributário brasileiro: administrativo e judicial. Natália Brasil Dib (atualizadora). 12ª ed. rev. atual.. São Paulo: Thomson Reuters Brasil, 2019. p. 139/140.

necessário cruzamento com o ramo do direito positivo material de que tratamos, o tributário."[44] (grifos acrescidos).

Assim, a presente etapa processual tem início com a notificação do contribuinte do lançamento realizada, com a finalidade de que, caso necessário, no prazo legal, apresente a defesa cabível. De igual modo que a etapa anterior é revestida de diversos princípios como o da inquisitoriedade, cientificação, formalismo moderado, fundamentação, acessibilidade, celeridade e gratuidade, a presente etapa é amparada por complementares princípios, dentre os quais é elencado o do devido processo legal, do contraditório, da ampla defesa, da ampla instrução probatória, do duplo grau de cognição, do julgador competente, da ampla competência decisória, da razoável duração do processo.

Dentre tais princípios, se atendo ao contexto da produção de prova, analisamos os principais a seguir.

2.1. Princípio do devido processo legal

Helena Marques Junqueira ressalta que:

> "Não basta, portanto, que o processo administrativo tributário tenha um rito estabelecido em lei e que esse rito seja seguido a risca.
>
> Para que o devido processo legal seja efetivamente respeitado, é **imprescindível o cumprimento do devido processo legal material ou substantivo**, no sentido que o rito processual adotado respeite absolutamente o princípio do contraditório e **todas as garantias da ampla defesa**"[45] (grifos acrescidos).

[44] CONRADO, Paulo Cesar. Processo tributário. 3ª ed. atual. com base no novo acordo ortográfico. São Paulo: Quartier Latin, 2012. p. 25.

[45] JUNQUEIRA, Helena Marques. A importância da prova produzida no processo administrativo fiscal. in PIZOLIO, Reinaldo (org.). Processo administrativo tributário. São Paulo: Quartier Latin, 2007. p. 95.

James Marins afirma:

> "No campo *processual* administrativo, além dos princípios gerais que governam a Administração Pública, projetam-se constitucionalmente normas valiosas e de ostensivo alcance, que fazem expressas *as garantias inerentes à* "autoridade julgadora competente", **ao "devido processo legal" e à "ampla defesa", *clausulas constitucionais consagradas respectivamente no art. 5º, LII, LIV e LV, da CF/1988 e que galvanizam princípios fundamentais da liberdade da propriedade, pilares fundamentais do Estado de Direito que estão profundamente permeados aos assuntos relativos à tributação*"** [46] (grifos acrescidos).

O artigo 5º, inciso LV, da Constituição Federal da República do Brasil (CFRB) garante ao contribuinte, no processo judicial ou administrativo, os princípios do contraditório e da ampla defesa, *ipsis litteris*:

> "Art. 5º Todos são iguais perante a lei, sem distinção de qualquer natureza, garantindo-se aos brasileiros e aos estrangeiros residentes no País a inviolabilidade do direito à vida, à liberdade, à igualdade, à segurança e à propriedade, nos termos seguintes: (...).
>
> LV – **aos litigantes**, em processo judicial ou **administrativo**, e aos acusados em geral são assegurados o **contraditório e ampla defesa**, com os **meios e recursos a ela inerentes**; (...)"[47] (grifos acrescidos).

[46] MARTINS, James. Direito processual tributário brasileiro: administrativo e judicial. Natália Brasil Dib (atualizadora). 12ª ed. rev. atual.. São Paulo: Thomson Reuters Brasil, 2019. p. 152.

[47] Disponível em: <http://www.planalto.gov.br/ccivil_03/constituicao/constituicao.htm>. Acessado em 09/11/2020.

Ainda, o artigo 37, *Caput*, da Constituição Federal da República do Brasil (CFRB) estabelece que "A administração pública direta e indireta de qualquer dos Poderes da União, dos Estados, do Distrito Federal e dos Municípios obedecerá aos princípios de legalidade, impessoalidade, moralidade, publicidade e eficiência (...)"[48].

Ou seja, a atividade da Administração Pública também deve ser lastreada no **princípio constitucional da eficiência**, que, nas esclarecedoras palavras de Isabela Bonfá de Jesus, significa dizer que:

> **"A obrigação da Administração não é escolher o meio menos custoso, mas aquele, dentre os quais realizam a finalidade, que seja eficiente e tenha menor custo entre os que tenham a mesma função.**
>
> **Pode-se defender que a eficiência constitui diretriz, um mandamento de otimização na atividade administrativa, sem perder de vista a realização do bem comum.**
>
> Com mais força, há quem defenda que a eficiência constitui exigência do princípio da finalidade pública ou da supremacia do interesse público sobre o particular.
>
> Percebe-se uma estreita ligação do princípio da eficiência com os princípios da razoabilidade, moralidade e praticidade: aplicação a todos os poderes e atividades do Estado. (...).
>
> **O princípio da eficiência na seara tributária também tem aplicabilidade no prazo para encerramento do processo administrativo fiscal. Nos termos do art. 5º, LXXVII, da CF/1988: "a todos, no âmbito judicial e administrativo, são assegurados a razoável duração do processo e os meios que garantem a celeridade de sua tramitação".**

[48] Disponível em: <http://www.planalto.gov.br/ccivil_03/constituicao/constituicao.htm>. Acessado em 09/11/2020.

A luz do disposto no art. 49 da Lei 9.784/199, e no art. 24 da Lei 11.48/2007, a Administração Tributária tem um prazo para proferir decisão em sede de processo administrativo"[49] (grifos acrescidos).

Em igual sentido, Thais Helena Morando ressalta:

"O que ocorre na vida fiscal do dia a dia, em especial das pessoas jurídicas de direito privado é **uma série interminável de contínua de uma gama ilegitimada de procedimentos fiscais, tidos como deveres instrumentais ou obrigações acessórias que nada se assemelham à simplicidade franciscanada propugnada pela nossa melhor doutrina pátria**. Isso já é passado. Hoje, o que se tem muito presente em todas as estruturas fazendárias dos nossos entendes políticos tributantes, seja a da União Federal, as dos Estados federados , a dos respectivos municípios com maior expressão econômico-financeira, **são procedimentos tributários, de natureza instrumental, eminentemente complexa, para não dizer muito sofisticada, sob a ótica da ciência do direito e da tecnologia**"[50] (grifos acrescidos).

Miguel Reale destaca que "são enumeras as normativas de valor genérico, que condicionam e orientam a compreensão do ordenamento jurídico, quer para a sua aplicação e integração, que para a elaboração de novas normas"[51]. Portanto, deve estar claro

[49] Jesus, Isabela Bonfá de. Manual de direito e processo tributário. 3ª ed. rev. atual. e ampl.. São Paulo: Editora Revista dos Tribunais, 2016. p. 55.

[50] Morando, Thais Helena. A natureza jurídica da obrigação tributária acessória e os princípios constitucionais informadores. Tese de doutorado defendida na PUC/SP, 2020, in Jesus, Isabela Bonfá de. Manual de direito e processo tributário. 3ª ed. rev. atual. e ampl.. São Paulo: Editora Revista dos Tribunais, 2016. p. 56.

[51] Reale, Miguel. Lições preliminares de direito. 2017ª ed., rev. e atual.. Editora Saraiva, 2013. p. 299/300.

que a ideia do princípio trazido ao processo administrativo tributário deve estar fundada na ideia de fundamento, de orientação.

O Conselho Administrativo de Recurso Fiscais (CARF) tem demonstrado caminhar no sentido de reconhecer o devido processo legal no âmbito do processo administrativo. Nos termos do julgamento a seguir ementado, os Membros da Sexta Câmara do Primeiro Conselho de Contribuintes, demonstram a primazia do princípio do devido processo legal:

> "DEVIDO PROCESSO LEGAL - PROCEDIMENTO ADMINISTRATIVO
>
> **- No âmbito do procedimento administrativo fiscal vigora o princípio do devido processo legal** que impõe o dever de julgamento do pedido de retificação/restituição pela autoridade competente, segundo o procedimento legal previsto, garantida a cognição formal e material ampla"[52] (grifos acrescidos).

Para além da efetividade da atividade da Autoridade Tributária, nos termos do que vem sendo demonstrado, apesar de transparecer que os princípios constitucionais representam apenas uma garantia dos contribuintes, fato é que os benefícios de eventual aperfeiçoamento na produção de provas não apenas os beneficia, mas também ao próprio ente ou autarquia administrativo que, em seu lançamento, terá lastreado a verdade material capaz de o tornar inquestionável e, por consequência, satisfazer o interesse público em si.

James Martins ressalva que:

> "O processo administrativo fiscal será inválido por aviltamento a garantias constitucionais individuais do cidadão-contribuinte se

[52] Conselho Administrativo de Recursos Fiscais. Processo Administrativo nº 11080.002379/2001-55. Acórdão nº 106-12.808. Conselheiro Relator Wilfrido Augusto Marques. 6ª Câmara. Data de Julgamento: 08/02/2003.

> não observar eficazmente quaisquer de suas garantias principiológicas, que assumem estrutura de regras: será inválido o processo que deixe de assegurar a ampla defesa ao contribuinte; **será inválido se não se prestar para a produção de provas necessárias ao conhecimento da matéria alegada**; será inválido se não for assegurado o princípio do duplo grau de cognição e se deixar de observar o julgador competente"[53] (grifos acrescidos).

Assim, para que o devido processo legal material e substantivo seja atingido deve ser um rito processual que também resguarde o princípio do contraditório e da garantia da ampla defesa, os quais serão melhor apresentados a seguir.

2.2. Princípio do contraditório

O Conselho Administrativo de Recursos Fiscais tem adotado a premissa de que os princípios da ampla defesa e do contraditório são observados pela autoridade administrativa por meio da oportunidade concedida ao contribuinte em oferecer a respectiva impugnação, nos termos da ementa de julgamento colecionada a seguir:

> "ASSUNTO: PROCESSO ADMINISTRATIVO FISCAL
> Ano-calendário: 2007
> NULIDADES. ALEGADA FALTA DE OPORTUNIZAÇÃO DE PRODUÇÃO DE PROVAS EM FASE INVESTIGATIVA. INOCORRÊNCIA.
> **Não há nulidade por cerceamento de defesa quando à empresa, a despeito de ter sido intimada a trazer elementos e provas na fase instrutória, é franqueada a possibilidade de**

[53] Martins, James. Direito processual tributário brasileiro: administrativo e judicial. Natália Brasil Dib (atualizadora). 12ª ed. rev. atual.. São Paulo: Thomson Reuters Brasil, 2019. p. 190.

se opor ao ato administrativo por meio de impugnação administrativa que, a teor do art. 14 do Decreto 70.235/72, é que inaugura a fase litigiosa do processo tributário administrativa e, na qual, **devem ser observadas as garantias da ampla defesa e do contraditório**"[54] (grifos acrescidos).

Tanto o é que houve a edição da Súmula CARF nº 46, que determina que "O lançamento de ofício pode ser realizado sem prévia intimação ao sujeito passivo, nos casos em que o Fisco dispuser de elementos suficientes à constituição do crédito tributário".

Ainda que mencionada as modalidades de lançamento e as problemáticas em torno dela, a edição da indigitada Súmula evidencia ainda mais a importância da produção da prova no âmbito administrativo tributário.

Porém, certo é que a existência e a qualidade do contraditório deve ser consideradas como um dos requisitos essenciais para apontamento de que um processo tributário administrativo ou judicial tenha obedecido o devido processo legal substancial. Ou seja, não servirá apenas para um momento processual, mas sim para a constituição do próprio lançamento tributário.

Nas palavras de Cleide Previtalli Cais:

> "(...) importante lembrar que, por diversas vezes, **a Administração Pública apresenta documentos que sintetizam uma série de provas realizadas no curso dos procedimentos administrativos que precedem o ato administrativo do lançamento**. Tais documentos serão aceitos apenas se as diligências, quando

[54] Conselho Administrativo de Recursos Fiscais. Processo Administrativo nº 13971.722799/2011-14. Acórdão nº 1302-004.968. 1ª Seção de Julgamento. 3ª Câmara. 2ª Turma Ordinária. Conselheiro Relator Gustavo Guimarães da Fonseca. Data de Julgamento: 16/10/2020.

realizadas, contaram com a cientificação do sujeito passivo"[55] (grifos acrescidos).

Posto isso, em breve definição, Isabela Bonfá de Jesus, apresenta que o princípio do contraditório e da ampla defesa representa "garantia constitucional que assegura ao contribuinte acesso a todos os meios de defesa, sem limitações e mediante célere tramitação, quando postulado em relação à Fazenda Pública via processo administrativo"[56].

Aprofundando o tema, Helena Marques Junqueira aponta que:

> "(...) é a garantia ao contraditório, com a ciência do sujeito passivo, **desde o primeiro ato que o envolva e das primeiras diligências são tomadas pelas autoridades fiscais** e, principalmente, da origem dessas é que darão ao procedimento fiscal a legitimidade para que o crédito tributário seja definitivamente constituído"[57] (grifos acrescidos).

Desse modo, o contraditório representa que, por meio da devida forma de manifestação, as partes poderão (e aqui cabe falar em poder-dever) influir no resultado final do processo, quando da decisão. Nesse momento, terá sido concretizado o devido processo legal material.

Pois bem. É permitir que àquele que será imputado o ônus fiscal seja permitido o direito de estar envolvido desde as pri-

[55] CAIS, Cleide Previtalli. O processo tributário. São Paulo: Revista dos Tribunais, 2001. p. 106.

[56] JESUS, Isabela Bonfá de. Manual de direito e processo tributário. 3ª ed. rev. atual. e ampl.. São Paulo: Editora Revista dos Tribunais, 2016. p. 372.

[57] JUNQUEIRA, Helena Marques. A importância da prova produzida no processo administrativo fiscal. in PIZOLIO, Reinaldo (org.). Processo administrativo tributário. São Paulo: Quartier Latin, 2007. p. 98.

meiras diligências adotadas pela autoridade administrativa na apuração da responsabilidade tributária efetiva, de modo a dar legitimidade ao procedimento administrativo fiscal e, por consequência, ao crédito tributário.

Tal premissa representa também a garantia de que todos os atos praticados pelo particular devem ser dotados de publicidade, nos termos do artigo 5º, inciso XXXIII, e do artigo 37, *Caput*, ambos da Constituição Federal:

> "Art. 5º Todos são iguais perante a lei, sem distinção de qualquer natureza, garantindo-se aos brasileiros e aos estrangeiros residentes no País a inviolabilidade do direito à vida, à liberdade, à igualdade, à segurança e à propriedade, nos termos seguintes: (...).
>
> XXXIII – **todos têm direito a receber dos órgãos públicos informações de seu interesse particular, ou de interesse coletivo ou geral, que serão prestadas no prazo da lei, sob pena de responsabilidade, ressalvadas aquelas cujo sigilo seja imprescindível à segurança da sociedade e do Estado**;"[58] (grifos acrescidos).
>
> "Art. 37. A administração pública direta e indireta de qualquer dos Poderes da União, dos Estados, do Distrito Federal e dos Municípios **obedecerá** aos princípios de legalidade, impessoalidade, moralidade, **publicidade** e eficiência e, também, ao seguinte: (...)"[59] (grifos acrescidos).

Assim, a publicidade do processo administrativo não deve ser menosprezada pela Autoridade Administrativo. Bianca Del Pilar de Souza Lara bem destaca:

[58] Disponível em http://www.planalto.gov.br/ccivil_03/constituicao/constituicao.htm. Acessado em 09/11/2020.

[59] Disponível em http://www.planalto.gov.br/ccivil_03/constituicao/constituicao.htm. Acessado em 09/11/2020.

> "Pela informação, assegura-se que nenhum ato estatal seja praticado sem o conhecimento daqueles que suportarão seus efeitos, constituindo a publicidade requisito de eficácia do próprio ato. (...).
>
> **Nos processos administrativos, onde haverá uma sujeição final das pretensões dos particulares a uma decisão administrativa, deve-se conceder a mais ampla publicidade em cada uma das etapas da contenda aos administradores que suportarão seus efeitos, seja para garantir-lhes o conhecimento das razões de decidir, com a oportunidade de sobre elas influir de suas contra-razões, seja para assegurar-lhes a legitimidade do resultado final, que deverá ter percorrido o caminho que prestigie a participação das partes envolvidas na relação processual administrativa.**
>
> Por fim, cumpre registrar que jamais haverá sigilo legítimo em relação às partes envolvidas no processo administrativo. **Nenhuma atividade estatal, por mais importantes que sejam seus objetivos e objetos, poderá valer-se do segredo de trâmites em face daqueles que serão diretamente atingidos pelo ato administrativo final. Tal conduta seria inadmissível de um Estado Democrático de Direito**"[60] (grifos acrescidos).

Importante mencionar que, quando do julgamento do Recurso Extraordinário nº 1.055.941, sob a sistemática de repercussão geral, o Supremo Tribunal Federal (STF) entendeu pela legitimidade na operação entre o Ministério Público (MP) e as Autoridades Policiais de compartilhamento de dados dos contribuintes, quando a investigação apresente cunho criminal, sem prévia autorização judiciária.

[60] LARA DE SOUZA, Bianca Del Pilar. Dos princípios do processo administrativo fiscal. in Processo Administrativo fiscal federal (coord. Rodrigo Francisco de Paulo). Belo Horizonte: Del Rey, 2006. p. 25.

Assim, tanto os dados bancários, quanto os dados fiscais dos contribuintes obtidos por meio do sistema da Secretaria da Receita Federal ou pela atual Unidade de Inteligência Financeira (UIF), antigo Conselho de Controle de Atividades Financeiras (COAF)[61], não é necessária a prévia autorização do Poder Judiciário para sua realização, ao passo que, por exemplo, destinadas à prevenção de crimes de lavagem de dinheiro.

Nessa linha, o Supremo Tribunal Federal também tinha pacificado o entendido de ser possível o uso de informações dos contribuintes obtidas pela Autoridade Administrativa, através do processo administrativo fiscal regular, para fins de carear o processual penal, nos termos do julgamento do Recurso Extraordinário nº 601.314, com repercussão geral, ocasião em que foi declarada a constitucionalidade disposto no artigo 6º, da Lei Complementar 105, de 2001, ao também considerar necessária a prévia autorização judicial para coleta de informações do contribuinte perante a Secretaria da Receita Federal do Brasil.

James Martins aduz que:

> "O *direito à impugnação administrativa*, enquanto concreção do devido processo legal, deve ser apto a impedir que o contribuinte seja "privado de seus bens" sem o devido processo legal (material e processual), o que somente se realiza plenamente quando a solução do litígio atender aos imperativos decorrentes da ampla defesa no contexto do Processo Administrativo Tributário, sobre-

[61] "O Conselho de Controle de Atividades Financeiras – Coaf é a Unidade de Inteligência Financeira (UIF) do Brasil e recebe, examina e identifica ocorrências suspeitas de atividade ilícita e comunica às autoridades competentes para instauração de procedimentos. "Pessoas obrigadas" são aquelas para as quais existe uma obrigação legal para a prevenção e combate ao crime de lavagem de dinheiro e financiamento ao terrorismo". Disponível em: < http://fazenda.gov.br/assuntos/prevencao-lavagem-dinheiro/inteligencia-financeira>. Acessado em 09/11/2020.

> tudo a relação tributária apresenta-se como modalidade *sui generis* no campo obrigacional (a obrigação tributária, por prescindir do consentimento direto do sujeito passivo, reclama a implementação de grande conjunto de garantias para que se aperfeiçoe e gere efeitos patrimoniais). (...).
>
> **Ruma nesse sentido importante acórdão do STJ, que firmou entendimento em julgamento de recurso especial repetitivo, de que não é lícita a inclusão do nome o contribuinte no Cadin, sem que antes tenha sido dada a ele a prévia ciência da respectiva inscrição.**
>
> De fato, não é lícito à Administração, no âmbito processual, produzir informações, argumentos ou elementos de fato ou de direito, sem que seja concedida ao contribuinte a oportunidade de se manifestar. Tal prerrogativa, doutra parte, quando não exercida transmuda-se em ônus para o contribuinte. **Nos termos da teoria dos princípios, o contraditório tem estrutura de regra, isto é, se não for observado o contraditório o processo não será valido"**[62] (grifos acrescidos).

Portanto, resguardada a publicidade dos atos da Autoridade Administrativa ao contribuinte nas fases decorrentes do processo administrativo, em especial, os atos que o geraram, restará garantido o próprio crédito tributário, que foi devidamente lançado, oportunizando a defesa legal do contribuinte, tanto na cobrança administrativa, quando já na esfera judicial.

2.3. Princípio da ampla defesa

Com efeito, o ato de lançamento, mediante o qual é constituído o crédito tributário, à exceção da hipótese em que praticado pelo próprio contribuinte (lançamento por homologação), ape-

[62] MARTINS, James. Direito processual tributário brasileiro: administrativo e judicial. Natália Brasil Dib (atualizadora). 12ª ed. rev. atual.. São Paulo: Thomson Reuters Brasil, 2019. p. 192.

nas aperfeiçoa-se com a devida ciência do autuado, ainda que ficta, a fim de que lhe seja oportunizado o direito à ampla defesa.

Na seara do lançamento tributário, portanto, a garantia da ampla defesa é condição *sine qua non*. Portanto, somente haverá o aperfeiçoamento do lançamento se ao Contribuinte tenha sido oportunizada a defesa, estabelecendo-se, portanto, o contraditório acima tratado.

Mas também, conforme bem destaca James Martins:

> "Todo Processo Administrativo, para que se afigure constitucionalmente válido, deve ensejar ao particular a possibilidade de ver conhecidas e apreciadas todas as suas alegações de caráter formas e material e de produzir todas as provas necessárias à comprovação de suas alegações.
>
> A ampla defesa, desse modo, biparte-se no *direito à cognição formal e material ampla* (que corresponde ao princípio da ampla competência decisória) e **no direito à produção de provas (que corresponde ao princípio da ampla produção probatória)** (...).
>
> **Igualmente, a ampla defesa é princípio cuja estrutura denota a condição de regra processual, o que significa dizer que se o contribuinte não puder produzir defesa ampla, com todos os meios de prova indispensáveis, então o processo será inválido**"[63] (grifos acrescidos).

Nesse sentido, o Conselho Administrativo de Recursos Fiscais (CARF), defendeu o direito à prova, coibindo que a legislação processual administrativa e o órgão julgador limitem o exercício da prova pelo contribuinte, sob pena de incorrência de cerceamento de defesa:

[63] MARTINS, James. Direito processual tributário brasileiro: administrativo e judicial. Natália Brasil Dib (atualizadora). 12ª ed. rev. atual.. São Paulo: Thomson Reuters Brasil, 2019. p. 193.

> "**NULIDADE DA DECISÃO DE PRIMEIRA INSTÂNCIA** – nula é, **por cerceamento do direito de defesa**, a decisão de primeira instância que deixe de motivar a não **aceitação dos documentos juntados ao expediente impugnatório**"[64] (grifos acrescidos).

O entendimento decorreu do disposto no artigo 31, do Decreto nº 70.235/72, que dispõe sobre o processo administrativo fiscal, e dá outras providências:

> "Art. 31. A decisão conterá relatório resumido do processo, fundamentos legais, conclusão e ordem de intimação, devendo referir-se, expressamente, a todos os autos de infração e notificações de lançamento objeto do processo, **bem como às razões de defesa suscitadas pelo impugnante contra todas as exigências.** (Redação dada pela Lei nº 8.748, de 1993)"[65] (grifos acrescidos).

Nesse ponto, é destacada a necessidade da ciência do contribuinte em ser alvo de fiscalização, consoante bem destaca Lucia Valle Figueiredo:

> "Lembremos apenas que não há que se deixar de lado a necessidade de cientificação do contribuinte também acerca de provas eventualmente produzidas durante o procedimento de fiscalização, **sob pena de se estar diante de ofensa direta aos direitos e garantias aqui estudados, assegurados constitucionalmente**"[66] (grifos acrescidos).

[64] Conselho Administrativo de Recursos Fiscais. Processo Administrativo nº 10120.002551/96-57. Acórdão nº 106-10701. Conselheiro Relator Elder Montoro. Data do Julgamento: 26/02/1999.

[65] Disponível em: <http://www.planalto.gov.br/ccivil_03/decreto/d70235cons.htm>. Acessado em 09/11/2020.

[66] FIGUEIREDO, Lucia Valle (org.). Devido Processo Legal na Administração Pública. DABUL, Alessandra. Contraditório e invalidação administrativa no âmbito da administração pública federal. São Paulo: Max Liminad., 2001. p. 54.

De igual modo, deve ser assegurado à Autoridade Administrativa igualdade de condições para produção de provas, em especial, os meios lícitos de obtenção. Posto isso, a produção de prova será melhor detalhada nos tópicos subsequentes, de modo que, neste momento, será introduzida as inovações trazidas pelo Novo Código de Processo Civil, de modo a demonstrar o quanto a sua aplicação pode auxiliar na garantia dos mencionados princípios, em especial, considerando que a legislação de regência do processo administrativo fiscal é antiga, nos termos do já apontado.

3. Dilação probatória

Lorenzzo Carnelli aduz que o resultado da dilação probatória deve servir ao julgador de modo a clarear e a permitir a apuração da verdade dos fatos, em busca da aplicação do direito ao contribuinte:

> "A finalidade do processo consiste, praticamente, em proporcionar ao juiz, para a atualização pertinente, o material de que lhe necessite; em fazê-lo chegar ao seu conhecimento, fundamentando-lhe as convicções respectivas.
>
> Todo processo e tudo no processo é, nesta primeira acepção, prova. O resto, não *existe*. A prova , em tal sentido, compreender o material da decisão em suas duas realidades: uma composta pelo direito; outra, pelo fato. Da primeira, é senhor o juiz; da segunda, a parte.
>
> Agora bem; o juiz tem já conhecimento do direito. Deve tê-lo em razão do cargo que desempenha pela índole oficial de sua função. **A prova de tal direito, cujo resultado não seria outro que o respectivo conhecimento, torna-se, então, desnecessária e improcedente. Não se prova o direito, porque está provado. A única prova a produzir é, em conclusão, a que se refere aos fatos**"[67] (grifos acrescidos).

[67] CARNELLI, Lorenzo. O fato notório (trad. Érico Maciel). Rio de Janeiro: José Confílio Editor, 1957. p. 142/143.

Reinaldo Pizzolo também destaca a necessária construção do lançamento tributário e, por consequência, do próprio processo administrativo, com rica produção de provas:

> "Desde a sua **fase procedimental**, com o lançamento tributário, o **processo administrativo fiscal é rica fonte de informações e provas** que deverão servir à defesa do crédito tributário, até a sua final satisfação.
>
> Seja para garantir a definitividade administrativa do crédito lançado pela autoridade fiscal, seja para fundamentar a execução fiscal ou, ainda, para permitir a sua defesa em ações propostas pelo sujeito passivo tributário, as provas produzidas no processo administrativo fiscal devem ser produzidas com o máximo zelo, obedecidos os princípios constitucionais e a técnica necessária à preservação dos dados que informam."[68] (grifos acrescidos).

Resta evidenciado que, conforma já delimitado nos tópicos anteriores, que o resultado decorrente da dilação probatório (ou seja, as provas) servem para fundamentar a convicção da Autoridade Administrativa que realizada o lançamento, bem como das Autoridades Administrativas que, no caso de instaurado o contencioso administrativo por meio do processo tributário administrativo, das Autoridades Julgadoras para manutenção ou desconstituição do crédito tributário.

Desse modo, o respeito formal dos princípios que resguardam tanto o lançamento tributário quanto o processo administrativo tributário por representar a verdadeira oportunidade na participação do contribuinte nesses. E, nesse ponto, entra a questão do atual Código de Processo Civil ter promovido diversas

[68] PIZOLIO, Reinaldo (org.). Processo Administrativo Tributário. JUNQUEIRA, Helena Marques. A importância da prova produzida no processo administrativo fiscal. São Paulo: Quartier Latin, 2007. p. 95/96.

inovações e, por consequência, debates no âmbito jurídico quanto à sua aplicação ao processo administrativo tributário.

Isso porque, consoante bem destaca Tathiane Piscitelli não é permitido mais abertura de espaço para "perda de tempo e energia" com as antigas discussões das questões formais nos processos tributários, tendo em vista que a atual tendência é que o mérito seja enfrentado de forma prioritária[69]. E, por essa razão, é que tem sido discutida a necessidade de redimensionar a dilação provatória e aperfeiçoar os dispositivos de regência do processo administrativo fiscal, os quais tem sido buscado pelo atual Código de Processo Civil, conforme melhor delineado a seguir.

3.1. Meios lícitos e hábeis da obtenção da prova no âmito do processo administrativo tributário

Helena Marques Junqueira destaca que, no processo administrativo tributário, a eficácia da prova está atrelada à sua licitude, sendo que:

> "No processo tributário, **a importância da licitude da prova e do meio como foi obtida é indiscutível, uma vez que será ela produzida, inicialmente, pela própria autoridade fiscal.**
>
> Cada vez mais, **o Estado adquire poderes mais amplos e quase ilimitados de investigação, seja pelo avanço tecnológico, seja pela maior permissibilidade da lei**, e isso pode gerar a falsa ideia de que tudo é possível e permitido.
>
> O cidadão contribuinte fica à mercê e totalmente desprotegido em relação a um poder invasivo e de cujos meios de acesso às informações ele nem ao menos tem conhecimento.
>
> Fundamenta, portanto, o controle do uso que os órgãos investigativos farão de tais informações. **Esse controle cabe ao Poder**

[69] https://www.conjur.com.br/2016-set-21/fgv-mda-debatem-reformas-processo-administrativo-tributario

Judiciário, que vai avaliar se o meio de obtenção das informações é lícito e se o seu uso como prova obedece às normas constitucionais e legais.

Antes de avaliar o conteúdo dos dados careados ao processo judicial, deverá o juiz analisar a validade da forma como os representantes do sujeito ativo tributário obtiveram as informações e o uso que lhe foi dado"[70] (grifos acrescidos).

Do acima exposto, é evidenciada a importância da produção da prova no lançamento tributário, bem como caso instaurado o processo administrativo tributário, em especial, quando levada a discussão ao Poder Judicial com a instauração de eventual processo tributário judicial.

André Santos Zanon afirma que:

"A instrução da exigência fiscal (lançamento, auto de infração ou ambos) deve conter, em anexo, todos os meios de **provas utilizados para a compreensão do raciocínio da autoridade lançadora, ainda que esses meios de provas sejam, exclusivamente, indicativos e presuntivos, em quantidade e qualidade suficientes para formação de convencimento.**

Entendemos que **meras referências a documentos apenas são válidas quando se analisam documentos que ficam em poder do próprio contribuinte, sendo permitido e sugerido, porém, que se juntem aos autos do processo administrativo fiscal cópias dos documentos.**

Quaisquer outros documentos, quer em poder da Administração, quer em poder de terceiros, devem ser trasladados aos autos do processo administrativo tributário, não somente para supeda-

[70] JUNQUEIRA, Helena Marques. A importância da prova produzida no processo administrativo fiscal. in PIZOLIO, Reinaldo (org.). Processo administrativo tributário. São Paulo: Quartier Latin, 2007. p. 100.

near a exigência fiscal, mas também para permitir a ampla defesa do contribuinte"[71] (grifos acrescidos).

Nesse ponto, o Conselho Administrativo de Recursos Fiscais passou a admitir a juntada de provas e o requerimento de produção de provas em direito admitidas, essenciais para a solução da lide até data anterior ao julgamento do processo administrativo tributário:

> "Assunto: Normas Gerais de Direito Tributário
> Exercício: 2005
> **VERDADE REAL E VERDADE FORMAL.**
> **A não apreciação de documentos juntados aos autos depois da impugnação tempestiva e antes da decisão fere o princípio da verdade material com ofensa ao princípio constitucional da ampla defesa.** No processo administrativo predomina o princípio da verdade material, no sentido de que aí se busca descobrir se realmente ocorreu ou não o fato gerador, pois o que está em jogo é a legalidade da tributação. **O importante é saber se o fato gerador ocorreu e se a obrigação teve seu nascimento.**
> MULTA QUALIFICADA.
> Se os fatos apurados pela Autoridade Fiscal permitem caracterizar o intuito deliberado do contribuinte de subtrair valores à tributação, é cabível a aplicação, sobre os valores apurados a título de omissão de receitas, da multa de ofício qualificada de 150%.
> DECADÊNCIA. LANÇAMENTO POR HOMOLOGAÇÃO. DOLO.
> A teor do disposto no art. 150 do Código Tributário Nacional, o denominado lançamento por homologação opera-se pelo ato em que a autoridade administrativa, tomando conhecimento da ati-

[71] ZANON, André Santos. O regime das provas no processo administrativo fiscal. *in* Processo administrativo fiscal federal. (coord. Rodrigo Francisco de Paula). Belo Horizonte: Del Rey, 2006. p. 170.

vidade exercida pelo contribuinte no sentido de apurar o tributo devido, expressamente a homologa. O referido artigo fixa o prazo de cinco anos, a contar da ocorrência do fato gerador, para que a autoridade administrativa promova essa homologação. Contudo, se comprovada a ocorrência de dolo, tal prazo, tido como decadencial, não é aplicável. Nesse caso, a decadência é regida pelas disposições do art. 173 do mesmo diploma legal.

MUDANÇA DE CRITÉRIO JURÍDICO. LANÇAMENTO VERSUS DILIGÊNCIA.

É vedada qualquer alteração no critério jurídico adotado pela autoridade administrativa no exercício do lançamento, quer pela autoridade responsável pela diligência, quer pela própria autoridade julgadora.

ASSUNTO: IMPOSTO SOBRE A RENDA DE PESSOA JURÍDICA IRPJ

OMISSÃO DE RECEITAS. RECEITAS DE COMISSÕES E DEPÓSITOS BANCÁRIOS DE ORIGEM NÃO IDENTIFICADA.

Na análise da documentação apresentada com a impugnação para comprovar a origem dos recursos depositados na conta corrente da contribuinte autuada deve ser adotado o mesmo critério jurídico adotado pela autoridade administrativa no exercício do lançamento.

Deve ser mantida a exigência apenas quando a divergência de valores entre os depósitos e a documentação comprobatória não passar pelo crivo adotado pela autoridade fiscal responsável pelos lançamentos.

ASSUNTO: PROCESSO ADMINISTRATIVO FISCAL

TRIBUTAÇÃO REFLEXA. CONTRIBUIÇÃO SOCIAL SOBRE O LUCRO LÍQUIDO -CSLL. CONTRIBUIÇÃO PARA O PROGRAMA DE INTEGRAÇÃO SOCIAL – PIS. CONTRIBUIÇÃO PARA O FINANCIAMENTO DA SEGURIDADE SOCIAL – COFINS.

Verificada a omissão de receita, o valor da receita omitida será considerado na determinação da base de cálculo para o lançamento da contribuição social sobre o lucro líquido, da contribuição para a seguridade social COFINS e da contribuição para os Programas de Integração Social e de Formação do Patrimônio do Servidor Público PIS/PASEP.

PIS. COFINS. LUCRO ARBITRADO. REGIME CUMULATIVO.

As pessoas jurídicas tributadas pelo imposto de renda com base no lucro arbitrado sujeitam-se ao regime cumulativo de tributação do PIS e da COFINS.

Não havendo prejuízo à defesa e/ou agravamento da exigência inicial, os lançamentos podem e devem ser aperfeiçoados para a sistemática da cumulatividade prevista na Lei"[72] (grifos acrescidos).

Assim, é possível identificar, ainda que aos poucos, a inserção de um novo pensamento que destoa do anteriormente aplicado pelos Órgãos Administrativos Fiscais, em que há a publicidade dos meios em que são coletados os dados a embasarem o lançamento tributário, de modo a afastar qualquer possibilidade de alegação e ilicitude e, ainda, abuso de autoridade em si na coleta de tais informações.

3.2. Verdade material no processo administrativo tributário

Quando é falado de prova no processo administrativo fiscal, não há como não se aprofundar quando a aplicação do princípio da verdade material. Tal princípio é fundado na satisfação do próprio interesse público, prescrevendo que a Autoridade Administrativa deve considerar em toda a prova em toda a sua

[72] Conselho Administrativo de Recursos Fiscais. Processo Administrativo nº 19515.005831/2009-42. Acórdão nº 1301-001.958. 3ª Câmara. 1ª Turma Ordinária. Conselheiro Relator Helio Eduardo De Paiva. Data de Julgamento: 03/03/2016.

extensão – ou seja, na busca pela verdade substancial, devem ser asseguradas todas as garantias e as prerrogativas constitucionais do contribuinte.

Celso Antônio Bandeira de Mello destaca com clareza que o:

> "Princípio da verdade material.
>
> Consiste em que a Administração, a**o invés de ficar restrita ao que as partes demonstrem no procedimento, deve buscar aquilo que é realmente a verdade, com procedência do que os interessados hajam alegado e provado**, como bem diz Héctor Jorge Escola.
>
> Nada importa, pois, que a parte aceite como verdadeiro algo que não o é ou que negue a veracidade do que é, pois no procedimento administrativo, independentemente do que haja sido aportado aos autos pela parte ou pelas partes, a Administração deve sempre buscar a verdade substancial"[73] (grifos acrescidos).

O princípio da verdade material está relacionado ao princípio da legalidade, previsto no artigo 5º, inciso II[74] e artigo 150, inciso I[75], ambos da Constituição da República Federativa do Brasil.

Isso porque vincula a Autoridade Administrativa à observância dos fatos, ao considerar que somente haverá a obrigação tributária se a realidade fática se amoldar à hipótese de incidência descrita na lei.

[73] Curso de Direito Administrativo. 11ª Edição, São Paulo, Malheiros, pág. 363.

[74] "Art. 5º Todos são iguais perante a lei, sem distinção de qualquer natureza, garantindo-se aos brasileiros e aos estrangeiros residentes no País a inviolabilidade do direito à vida, à liberdade, à igualdade, à segurança e à propriedade, nos termos seguintes: (...).
II – ninguém será obrigado a fazer ou deixar de fazer alguma coisa senão em virtude de lei;".

[75] "Art. 150. Sem prejuízo de outras garantias asseguradas ao contribuinte, é vedado à União, aos Estados, ao Distrito Federal e aos Municípios: (...).
I – exigir ou aumentar tributo sem lei que o estabeleça;".

Com efeito, Luis Eduardo Schoueri e Gustavo Emílio Contrucci A. de Souza afirmam que:

> "No direito tributário, onde a obrigação nasce da lei, cabe à autoridade administrativa ater-se única e exclusivamente ao disposto na lei: com ou sem o auxílio do contribuinte, deve proceder à verificação da ocorrência do fato gerador e declarar a sua ocorrência através do lançamento.
>
> (...) Sendo o lançamento vinculado à descrição legal do fato – e aqui cabe repisar a definição do art. 142 do CTN, que impõe ao lançamento a missão de verificar a ocorrência do fato gerador – **não se abre à autoridade administrativa outra alternativa que não a de perquirir exaustivamente se de fato ocorreu a hipótese que o legislador contemplara e, em caso de impugnação do contribuinte, verificar efetivamente a ocorrência ou não do fato**: a subsunção ou ocorre ou não ocorre, independentemente das manifestações do contribuinte, razão pela qual o lançamento declara a ocorrência dos fatos"[76] (grifos acrescidos).

E, continua, Luis Eduardo Schoueri e Gustavo Emílio Contrucci A. de Souza:

> "(...) o processo fiscal tem por finalidade "**garantir a legalidade da apuração da ocorrência do fato gerador e a constituição do crédito tributário, devendo o julgador pesquisar exaustivamente se, de fato, ocorreu a hipótese abstratamente prevista na norma e, em caso de impugnação do contribuinte, verificar aquilo que é realmente verdade, independente do alegado e provado**"[77] (grifos acrescidos).

[76] Verdade Material no "Processo" Administrativo Tributário. in Processo Administrativo Fiscal. 3º vol. Valdir de Oliveira Rocha (coord.). São Paulo: Dialética, 1998, p. 141.

[77] Neder, Marcos Vinicius; López, Maria Teresa Martínez. Processo Administrativo Fiscal Federal Comentado. São Paulo: Dialética, 2004.

Desse modo, conquanto decorrente do princípio da legalidade, o princípio da verdade material consiste no reconhecimento pela Autoridade Administrativa da veracidade dos fatos, com utilização dos mais diversos meios lícitos de prova.

O Conselho Administrativo de Recursos Fiscais (CARF) destaca que a Autoridade Administrativa deve observar ao princípio da verdade material, *ex vi*:

> "DIREITO CREDITÓRIO. RESTITUIÇÃO. COMPENSAÇÃO. DISTRIBUIÇÃO DO ÔNUS DA PROVA.
>
> No processo administrativo de restituição e compensação de créditos tributários, incumbe ao contribuinte provar o fato constitutivo do seu direito (a certeza e liquidez do direito creditório) e, ao Fisco, para indeferir o pleito, provar fatos que evidenciem a inexistência do direito afirmado pelo contribuinte ou que constituam impedimento, modificação ou extinção desse direito.
>
> PROVA INDIRETA. INDÍCIOS. PRESUNÇÃO SIMPLES. VALIDADE. VERDADE MATERIAL.
>
> **A Administração Pública tem o poder-dever de investigar livremente a verdade material diante do caso concreto, analisando todos os elementos necessários à formação de sua convicção acerca da existência e conteúdo do fato jurídico.** Esse poder-dever é ainda mais presente na seara tributária, em que é usual a prática de atos simulatórios por parte do contribuinte, visando diminuir ou anular o encargo fiscal. A liberdade de investigação do Fisco pressupõe o direito de considerar fatos conhecidos não expressamente previstos em lei como indícios de outros fatos, cujos eventos são desconhecidos de forma direta.
>
> DIREITO CREDITORIO. ORIGEM REMOTA. NEGÓCIO JURÍDICO SIMULADO. INDEFERIMENTO.
>
> Provado nos autos, por indícios fartos, graves, precisos e convergentes, que o **negócio jurídico que constituiria a causa remota do direito creditório pleiteado pelo contribuinte não**

teve lugar no mundo ático, cumpre indeferir o direito creditório e não homologar as compensações declaradas. (...)"[78] (grifos acrescidos).

"ERRO FORMAL PRINCÍPIO DA VERDADE MATERIAL PREVALÊNCIA. Embora a DCTF seja o documento válido para constituir o crédito tributário, se o contribuinte demonstra que as informações nela constantes estão erradas, **pois foram por ele prestadas equivocadamente, deve ser observado o princípio da verdade material, afastando quaisquer atos da autoridade fiscal que tenham se baseado em informações equivocadas.**

DCTF COM INFORMAÇÕES ERRADAS. TRIBUTO PAGO INDEVIDAMENTE. CRÉDITO EXISTENTE. HOMOLOGAÇÃO DA COMPENSAÇÃO. A COFINS apurada e recolhida sob a sistemática cumulativa, quando o contribuinte submetia-se a não cumulatividade, em competência cujo saldo de COFINS a pagar, segundo esta sistemática foi zero, consubstancia-se em recolhimento indevido. Crédito apto a ser utilizado em compensação, cuja homologação deve ser reconhecida"[79] (grifos acrescidos).

Tanto assim o é que, em muitos casos, o Conselho Administrativo de Recursos Fiscais (CARF) tem convertido em diligência para que a Autoridade Fiscal da instância *a quo* apure efetivamente o quanto se alega neste petitório.

3.3. Implicações do novo código de processo civil na produção de provas no processo administratvo tributário

Paulo Cesar Conrado e Rodrigo Dalla Pria afirmam que:

[78] Conselho Administrativo de Recursos Fiscais. Acórdão nº 1402-002.485. Data de Sessão 12/04/2017.

[79] Conselho Administrativo de Recursos Fiscais. Acordão nº 3201-002.518. Processo nº 13971.902781/2009-80. Data da sessão 21/02/2017.

"Possível dizem – e assim parece ficou muito claro com o Código de Processo Civil de 2015 – que, a despeito da pluralidade de órgãos exercentes de jurisdição (algo típico dos regimes em que voga a noção de interpenetrabilidade das funções estatais), não é dado distinguir, ontologicamente, a função por cada qual exercida. **Não é menos jurisdicional a atividade do CARF, por exemplo, só porque sua posição orgânica não nos leva ao Poder Judiciário; por isso é que, no exercício de sua "jurisdição", deve esse órgão servir-se, e assim todos os outros, das regras processuais apostas no Código de Processo Civil de 2015**, fazendo-o supletiva ou subsidiariamente."[80] (grifos acrescidos).

E, continuam, aduzindo que:

"Na primeira situação, a da supletividade, o que se supõe é a total ausência de especial norma regulamentadora do processo administrativo, caso em que o Código de Processo Civil **acaba por assumir função "normativa-substitutiva"**.

Na segunda hipótese, quando o assunto é subsidiariedade, pressupõe-se alguma regulamentação, **ostentando o Código de Processo Civil de 2015 função "normativo-complementar"**.

Numa ou noutra realidade, partamos, sempre, **de uma mesma certeza: norma regulamentadora de "processo administrativo" não se confunde com norma reguladora de "processo administrativo"**.

Procedimento é vocabulário que serve para designar, com efeito, o meio de expressão da função administrativa; nada que ver com "jurisdição", função que se exerce a partir de outro instrumento, o "processo".

[80] CONRADO, Paulo Cesar; PRIA, Rodrigo Dalla. Aplicação do CPC ao processo administrativo tributário. In O novo CPC e seu impacto no direito tributário. (coord. Paulo Cesar Conrado e Juliana Furtado Costa Araujo). 2ª ed. São Paulo: Fiscosoft, 2016. p. 256.

Como ressaltado, não importa se o "processo" de que se está a cuidar firmou-se na órbita administrativa ou judicial; em ambos os casos, o "processo" expressa "jurisdição", vinculando-se, portanto, às correspondentes normas, as "processuais", e não as normas "procedimentais" (expressão da função propriamente administrativa).

Essa, vale repetir, é uma das maiores virtudes do Código de Processo Civil de 2015: radicar sob um mesmo conceito o processo judicial e administrativo, dando ombros para as circunstâncias orgânicas, de modo a se preocupar com a função, ontologicamente considerada."[81] (grifos acrescidos).

Paulo Celso Bonilha destaca que, quanto ao ônus da produção de provas, quando se trata de processo administrativo, é tão somente do contribuinte, tendo em vista que lançamento tributário, teoricamente, representaria um prévio esforço da Autoridade Administrativa para sua fundamentação:

> "(...). Como é fácil perceber, **denotava uma tendência de circunscrever o ônus da prova da Fazenda à fase procedimental do lançamento**, admitindo-o apenas em caráter restritivo na fase contenciosa, onde se o atribuía, naturalmente, em maior proporção, ao contribuinte. Consequência lógica desta postura doutrinária consistia, outrossim, em reduzir ao mínimo a atribuição do órgão julgador de requisitar novos elementos de prova à Administração, sob o fundamento de que esta já envidara todos os esforços no procedimento antecedente e, por via de conseqüência, já coligira todos os elementos de prova disponíveis e hábeis para a feitura do lançamento. (...);

[81] CONRADO, Paulo Cesar; PRIA, Rodrigo Dalla. Aplicação do CPC ao processo administrativo tributário. In O novo CPC e seu impacto no direito tributário. (coord. Paulo Cesar Conrado e Juliana Furtado Costa Araujo). 2ª ed. São Paulo: Fiscosoft, 2016. p. 256.

Não há, portanto, em decorrência da presunção da legitimidade do ato de lançamento, qualquer relação direta com a repartição do ônus da prova na relação processual tributária. Não se pode pretender que a carga probatória venha a ser atribuída em função da posição processual de quem está na contingência de agir.

O que importa é **perquirir sobre os fatos relacionados com a situação material a que se refere a relação processual e deduzir a quem cabe o ônus da prova.**

Sob esta perspectiva, a pretensão da Fazenda funda-se na ocorrência do fato gerador, cujos elementos configuradores supõem-se presentes e comprovados, atestando a identidade de sua matéria fática com o tipo legal.

Se um desses elementos ressentir a certeza, ante o contraste da impugnação, incumbe à Fazenda o ônus de comprovar a sua existência"[82] (grifos acrescidos).

Entretanto, em realidade, todos que movimentam o "processo administrativo" devem apresentar a sua cooperação. Nesse sentido, Cassio Scarpinella Bueno destaca:

"Assim é que, dentre outras providências, **a cooperação entre todos os sujeitos do processo deve significar colaboração na identificação das questões de fato e de direito de abster-se de provocar incidentes desnecessários e procrastinatórios. Essa vedação, aliás, decorre da expressa do "princípio da boa-fé" pelo art. 5 do CPC de 2015.**

Observação importante que deve ser feita é que a cooperação prevista no dispositivo em comento dever ser praticada por todos os sujeitos do processo. Não se trata, portanto, de envol-

[82] BONILHA, Paulo Celso. Da prova no processo administrativo tributário. Editora Dialética: São Paulo, 1997. p. 75/76.

vimento apenas entre as partes (em qualquer uma das diversas modalidades de intervenção de terceiros), do próprio magistrado, de auxiliares da Justiça e, evidentemente, do próprio Ministério Público quando atue na qualidade de fiscal da ordem jurídica"[83] (grifos acrescidos).

Desse modo, um dos maiores avanços trazidos pelo atual Código de Processo Civil (e que deve ser aplicado no âmbito administrativo tributário) é a proposta de que "todos os sujeitos do processo devem cooperar entre si para que se obtenha, em tempo razoável, decisão de mérito justa e efetiva" (art. 6º), devendo "aquele que de qualquer forma participa do processo deve comportar-se de acordo com a boa-fé" (art. 5º).

Apesar de indigitados artigos aparentarem constar orientação à condução do processo judicial tributário, em realidade muito se aplica ao processo administrativo tributário. Isso porque, em que pese muitos afirmam que o lançamento apresenta por si só robusta prova produzida pela Autoridade Administrativa para imputação do ônus fiscal, não é isso que os precedentes dos tribunais administrativos e judiciais mostram.

Tal alteração de comportamento pode ser evidenciada pela queda do "voto de qualidade", com a vigência da Lei nº 13.988, de 14 de abril de 2020, conversão da Medida Provisória nº. 889, de 16 de outubro de 2019, que, dentre outras coisas, alterou a Lei nº 10.522, de 19 de julho de 2002 para constar no artigo 19-E:

> "CAPÍTULO V
> DAS ALTERAÇÕES LEGISLATIVAS
> Art. 28. A Lei nº 10.522, de 19 de julho de 2002, passa a vigorar acrescida do seguinte art. 19-E:

[83] BUENO, Cassio Scarpinella. Novo código de processo civil anotado. 2ª ed. rev. atual. e ampl.. São Paulo: Saraiva, 2016. p. 63.

> "Art. 19-E. **Em caso de empate no julgamento do processo administrativo de determinação e exigência do crédito tributário, não se aplica o voto de qualidade a que se refere o § 9º do art. 25 do Decreto nº 70.235, de 6 de março de 1972, resolvendo-se favoravelmente ao contribuinte.**"[84] (grifos acrescidos).

Em primeiro, esclarece-se que o voto de qualidade não representava um "voto de desempate", mas sim quando, verificado um empate na votação pelo Conselho ou Tribunal Administrativo, imediatamente adquire o voto do presidente duplo peso, de modo a indicar o resultado final. A respeito do voto de qualidade, César Eduardo Temer Zalaf aduz que:

> "Alardeia-se a queda do voto de qualidade como se tivesse sido extinto no CARF, mas na prática não foi. **Ao transferir o resultado do empate a favor do contribuinte o que se vê é a manutenção do voto de qualidade porque o valor duplo do voto que estava na mão do presidente (sempre fazendário) passou para a mão de um dos conselheiros (ou de todos) que votou a tese contrária da Fazenda, notadamente naqueles casos onde há polarização.**
>
> Daí porque não vinga o argumento de que se abortou os eventuais abusos, no caso, dos conselheiros da Fazenda, **porque, agora, os abusos podem ser praticados por conselheiros dos contribuintes e, parafraseando Sepulveda Pertence, abusos não se compensam.**
>
> **Uma terceira conclusão, portanto, é a de que não houve, na prática, queda do voto de qualidade, houve transferência, mas uma transferência muda como explicarei mais adiante.**

[84] Disponível em: < https://legislacao.presidencia.gov.br/atos/?tipo=LEI&numero=13988&ano= 2020&ato=3aeITQ61EMZpWTe14>. Acessado em: 09/11/2020.

> Consigno, em tempo, que no TIT a celeuma sobre o voto de qualidade é bem menos reluzente porque as presidências estão distribuídas nas Câmaras Julgadores entre os juízes fazendários (Câmaras Impares) e os juízes contribuintes (Câmaras pares).
>
> Na Câmara Superior, a presidência é da Fazenda, mas a vice é do Contribuinte, oportunizando situações em que o desempate possa mudar de lado.
>
> **Não por isso, a maioria dos casos acaba sendo resolvida nas Câmaras Julgadoras porque adentram à matéria de fato, cabendo à Câmara Superior decidir apenas sobre o conflito de teses**"[85] (grifos acrescidos).

Assim, conforme se depreende do acima exposto, ainda que estranho ao processo administrativo (e também ao processo judicial tributário), o antigo antagonismo entre a Autoridade Fiscal e o suposto sujeito passivo da obrigação passa a dar espaço à uma tentativa da manutenção do lançamento lastreado em provas concretas, a serem obtidas, se necessário, de forma conjunta pelas partes.

Rita Dias Nolasco bem destaca a cooperação mencionada:

> "O **princípio da cooperação deriva do devido processo legal e está consagrado no artigo 6º, do Código de Processo Civil, ao determinar que todos os sujeitos do processo devem cooperar entre si para que se obtenha, em tempo razoável, decisão de mérito justa e efetiva**. Na ampliação do princípio de cooperação, as decisões judiciais passam a ser fruto de uma atividade conjunta"[86] (grifos acrescidos).

[85] Disponível em: < https://legislacao.presidencia.gov.br/atos/?tipo=LEI&numero=13988&ano=2020&ato=3aeITQ61EMZpWTel4>. Acessado em 09/11/2020.

[86] Nolasco, Rita Dias. Garcia, Victor Menezes. Execução fiscal à luz da jurisprudência: lei 6.830/1980 comentada por artigo: de acordo com o novo

Destaca-se que a mencionada cooperação (art. 6, do CPC)[87] em nenhum momento busca afastar a antiga máxima de que incumbe à cada parte comprovar o fato por ela alegado (art. 373, do CPC)[88]. A respeito dessa visão flexível da produção de prova Hugo de Brito Machado Segundo afirma:

> "(...). é noção elementar da teoria da prova a afirmação de que, em princípio, o ônus da prova compete a quem alega. A parte que faz uma afirmação quanto à ocorrência de um fato deve, para ter sua afirmação aceita, comprová-la.
>
> **O ônus de provar, portanto, estará repartido de acordo com o ônus de alegar. Ao autor cumpre provar a ocorrência dos fatos dos quais decorre o seu direito, e ao réu incumbe provar suas afirmações quanto a fatos impeditivos, extintivos ou modificativo do direito do autor.**

CPC. São Paulo: Revista dos Tribunais, 2015. p. 61.

[87] "Art. 6º Todos os sujeitos do processo devem cooperar entre si para que se obtenha, em tempo razoável, decisão de mérito justa e efetiva".

[88] "Art. 373. O ônus da prova incumbe:
I – ao autor, quanto ao fato constitutivo de seu direito;
II – ao réu, quanto à existência de fato impeditivo, modificativo ou extintivo do direito do autor.
§ 1º Nos casos previstos em lei ou diante de peculiaridades da causa relacionadas à impossibilidade ou à excessiva dificuldade de cumprir o encargo nos termos do caput ou à maior facilidade de obtenção da prova do fato contrário, poderá o juiz atribuir o ônus da prova de modo diverso, desde que o faça por decisão fundamentada, caso em que deverá dar à parte a oportunidade de se desincumbir do ônus que lhe foi atribuído.
§ 2º A decisão prevista no § 1º deste artigo não pode gerar situação em que a desincumbência do encargo pela parte seja impossível ou excessivamente difícil.
§ 3º A distribuição diversa do ônus da prova também pode ocorrer por convenção das partes, salvo quando:
I – recair sobre direito indisponível da parte;
II – tornar excessivamente difícil a uma parte o exercício do direito.
§ 4º A convenção de que trata o § 3º pode ser celebrada antes ou durante o processo.".

> Essa divisão, porém, não se dá de forma inteiramente dual e estanque, como a legislação parece sugerir"[89] (grifos acrescidos).

Desse modo, não deve soar estranho ao processo administrativo o instituto da inversão do ônus da prova, desde que respeitado o contraditório. Tal fato é lastreado por outros princípios do processo administrativo tributário, quais sejam o princípio do informalismo moderado, que representa uma exigência somente das essenciais formalidades em vista da preservação da segurança jurídica. Assim, deve ser aplicado ao caso concreto, ao ponto de a participação do contribuinte no processo administrativo tributário não ser prejudicada por eventual excesso de formalismos:

> Assunto: Imposto sobre a Renda de Pessoa Jurídica – IRPJ
> Ano-calendário: 2003
>
> **DESPACHO DECISÓRIO. CERCEAMENTO DO DIREITO DE DEFESA. INOCORRÊNCIA DE VÍCIO. PRELIMINAR DE NULIDADE REJEITADA.**
>
> No processo de compensação tributária é válido o despacho decisório lavrado por autoridade competente e quando se verificam presentes no ato administrativo os elementos fático-jurídicos suficientes, fundamentação, razões, motivação da rejeição – como crédito – na formação do saldo negativo das parcelas do IRRF não demonstradas, não comprovadas pelo contribuinte, embora intimado previamente pelo Fisco a fazer a comprovação não se desincumbiu do ônus probatório.
>
> **O contribuinte que apurar crédito, inclusive os judiciais com trânsito em julgado, relativo atributo e/ou contribuição administrados pela Secretaria da Receita Federal**

[89] SEGUNDO, Hugo de Brito Machado. Processo tributário. 10ª ed. rev. e atual.. São Paulo: Atlas, 2018. p. 516.

do Brasil, passível de restituição ou de ressarcimento, po-derá utilizá-lo na compensação de débitos próprios relativos a quaisquer tributos e contribuições administrados por esse órgão.

No processo de compensação tributária, o contribuinte é autor do pedido de aproveitamento de crédito contra a Fazenda Nacional, na declaração de compensação informada/entregue ao Fisco.

O ônus probatório do fato constitutivo do alegado direito creditório contra a Fazenda Nacional é do contribuinte, ex vi do art. 373, I, da Lei nº 13.105, de 2015 (CPC/2015), de aplicação subsidiária ao processo administrativo fiscal, e arts. 15 e 16 do Decreto nº 70.235/72

O reconhecimento de direito creditório, a título de saldo negativo de IRPJ, reclama a efetividade de quitação das antecipações calculadas por estimativa mensal, das retenções pela fonte pagadora e a oferta ou oferecimento à tributação das respectivas receitas ou rendimentos que ensejaram as retenções, mediante juntada de cópia da escrituração contábil e fiscal com documentos de suporte dos fatos contábeis registrados, conforme art. 923 do RIR/99, atual art. 967 do RIR/2018.

COMPENSAÇÃO TRIBUTÁRIA. REVISÃO DO SALDO NEGATIVO DO IMPOSTO. POSSIBILIDADE. DECADÊNCIA. FALTA DE PREVISÃO LEGAL.

Não se submetem à homologação tácita ou prazo decadencial os saldos negativos do IRPJ e da CSLL apurados nas declarações apresentadas, a serem regularmente comprovados, quando objeto de pedido de restituição ou compensação, desde que o lapso temporal decorrido entre a data de transmissão da DCOMP e a data de ciência do despacho decisório seja inferior a cinco anos.

MATÉRIA FÁTICA NÃO IMPUGNADA NA INSTÂNCIA A QUO. INCABÍVEL AGITAÇÃO NA INSTÂNCIA RECURSAL. PRECLUSÃO.

Não cabe discutir, revolver, na instância recursal matéria de fato não agitada na instância a quo, em face da ocorrência da preclusão[90] (grifos acrescidos).

Entretanto, ainda tem sofrido o contribuinte relutância pelo Conselho Administrativo de Recursos Fiscais, que, em muitas vezes entende que "não cabe ao órgão julgador diligenciar ou determinar a realização de perícia para fins de, de ofício, promover a produção de prova cujo ônus cabia à Recorrente":

"**ASSUNTO: IMPOSTO SOBRE PRODUTOS INDUSTRIALIZADOS (IPI)**

Período de apuração: 01/07/1997 a 31/03/2004

RECLASSIFICAÇÃO FISCAL DE MERCADORIA IMPORTADA. ÔNUS DA PROVA.

Havendo litígio no que se refere à identificação do produto importado, a ausência, nos autos, de elementos capazes de afastar a reclassificação proposta pelo próprio contribuinte, implica na manutenção do auto de infração.

COMPENSAÇÃO. LIQUIDEZ E CERTEZA DO CRÉDITO. COMPROVAÇÃO. OBRIGATORIEDADE.

Para fazer jus à compensação pleiteada, o contribuinte deve comprovar a existência do crédito reclamado à Secretaria da Receita Federal do Brasil, sob pena de restar seu pedido indeferido.

PEDIDO DE PERÍCIA/DILIGÊNCIA. PRESCINDIBILIDADE. INDEFERIMENTO.

Não cabe ao órgão julgador diligenciar ou determinar a realização de perícia/diligência para fins de, de ofício, promover a

[90] Conselho Administrativo de Recursos Fiscais. Processo Administrativo nº 12448.944382/2011-76. Acórdão nº 1401-004.693. 4ª Câmara. 1ª Turma Ordinária. Conselheiro Relator Nelso Kichel. Data de Julgamento: 15/09/2020.

produção de prova cujo ônus cabia às partes, nos termos do art. 373, do CPC/15.

Recurso Voluntário Negado"[91] (grifos acrescidos).

ASSUNTO: CONTRIBUIÇÕES SOCIAIS PREVIDENCIÁRIAS

Período de apuração: 01/01/2014 a 31/12/2015

NULIDADE. INOCORRÊNCIA.

O atendimento aos preceitos estabelecidos no art. 142 do CTN, a presença dos requisitos do art. 10 do Decreto nº 70.235/1972 e a observância do contraditório e do amplo direito de defesa do contribuinte afastam a hipótese de nulidade do lançamento.

NULIDADE. CERCEAMENTO DO DIREITO DE DEFESA. INOCORRÊNCIA.

Não há falar em cerceamento do direito de defesa, se o Relatório Fiscal e os demais anexos que compõem **o Auto de Infração contêm os elementos necessários à identificação dos fatos geradores do crédito lançado e a legislação pertinente, possibilitando ao sujeito passivo o pleno exercício do direito ao contraditório e à ampla defesa.**

CERCEAMENTO DE DEFESA. NULIDADE. INEXISTÊNCIA

O cerceamento do direito de defesa se dá pela criação de embaraços ao conhecimento dos fatos e das razões de direito à parte contrária, ou então pelo óbice à ciência do auto de infração, impedindo a contribuinte de se manifestar sobre os documentos e provas produzidos nos autos do processo.

JUROS. TAXA SELIC. LEGITIMIDADE.

[91] Conselho Administrativo de Recursos Fiscais. Processo Administrativo nº 10380.720085/2009-19. Acórdão nº 3301-008.830. 3ª Seção de Julgamento. 3ª Câmara. 1ª Turma Ordinária. Conselheiro Relator Semíramis de Oliveira Duro. Data de Julgamento: 22/09/2020.

Súmula CARF nº 04: A partir de 1º de abril de 1995, os juros moratórios incidentes sobre débitos tributários administrados pela Secretaria da Receita Federal são devidos, no período de inadimplência, à taxa referencial do Sistema Especial de Liquidação e Custódia – SELIC para títulos federais.

DO FUNDO DE PARTICIPAÇÃO DE MUNICÍPIOS.

Termo assinado de parcelamento, com base na Lei nº 12.810/13, onde constava expressamente a autorização ao INSS para que efetuasse a retenção diretamente no Fundo de Participação dos Municípios, dos valores correspondentes às suas obrigações previdenciárias correntes, não exime à Prefeitura do recolhimento daquelas contribuições. Isso porque os parágrafos 10 e 12 incluídos ao art. 38 da Lei 8.212/1991 pela MP 2.187-13/2001, dispõem que a retenção decorre de inadimplemento de débitos vencidos ou de prestações de parcelamento. Assim, por óbvio que se os lançamentos não estavam constituídos à época dos fatos geradores, não podem ser descontados pela Previdência.

ERRO DE CÁLCULO OU DE APURAÇÃO. DEMONSTRAÇÃO DO FATO.

A alegação de erro de cálculo ou de apuração deve ser específica, sendo o fato objetivamente demonstrado, sob pena de se tornar genérica a alegação, insuscetível, portanto, de ser verificada.

AUTO DE INFRAÇÃO EXIGÊNCIA CND. CONTRATAÇÃO PODER PÚBLICO.

O servidor deve exigir Certidão Negativa de Débito – CND, da empresa, quando da licitação, da contratação com o poder público, ou no recebimento de benefícios ou de incentivo fiscal ou creditício concedidos por ele.

TERÇO CONSTITUCIONAL DE FÉRIAS, AVISO PRÉVIO INDENIZADO E OS QUINZE DIAS QUE ANTECEDEM O AUXÍLIO-DOENÇA. NÃO INCIDÊNCIA CONTRIBUIÇÕES PREVIDENCIÁRIAS. JURISPRUDÊNCIA UNÍSSONA. OBSERVÂNCIA OBRIGATÓRIA.

Em face da natureza eminentemente não remuneratória das verbas denominadas terço constitucional de férias, aviso prévio indenizado e os quinze dias que antecedem o auxílio-doença, na forma reconhecida pelo Superior Tribunal de Justiça nos autos do Recurso Especial nº 1.230.957/RS, julgado sob a indumentária do artigo 543-C, do CPC, não há que se falar em incidência de contribuições previdenciárias sobre aludidas rubricas. Contudo, não há comprovação de que a diferença objeto do lançamento diz respeito às referidas rubricas.

COMPENSAÇÃO DE OFÍCIO. IMPOSSIBILIDADE.

A compensação de ofício somente é autorizada nas hipóteses de verificação de débitos do requerente em favor da Fazenda Pública quando da análise de pedido de restituição.

ALEGAÇÃO DE INCONSTITUCIONALIDADE. APRECIAÇÃO. INCOMPETÊNCIA.

É vedado aos membros das turmas de julgamento do Conselho Administrativo de Recursos Fiscais afastar a aplicação ou deixar de observar tratado, acordo internacional, lei ou decreto, sob fundamento de inconstitucionalidade. Súmula CARF nº 2. O CARF não é competente para se pronunciar sobre a inconstitucionalidade de lei tributária.

PRODUÇÃO DE PROVAS. MOMENTO PRÓPRIO. JUNTADA DE NOVOS DOCUMENTOS APÓS PRAZO DE DEFESA. REQUISITOS OBRIGATÓRIOS.

A impugnação deverá ser formalizada por escrito e mencionar os motivos de fato e de direito em que se fundamentar, bem como os pontos de discordância, e vir instruída com todos os documentos e provas que possuir, precluindo o direito de o impugnante fazê-lo em outro momento processual, salvo nas hipóteses taxativamente previstas na legislação, sujeita a comprovação obrigatória a ônus do sujeito passivo.

ÔNUS DA PROVA. FATO CONSTITUTIVO DO DIREITO NO QUAL SE FUNDAMENTA A AÇÃO. INCUMBÊNCIA DO INTERESSADO.

> **Cabe ao interessado a prova dos fatos que tenha alegado. A realização de diligência não se presta para a produção de provas que toca à parte produzir.**
>
> PERÍCIA. INDEFERIMENTO. CERCEAMENTO DE DEFESA. INOCORRÊNCIA.
>
> A prova produzida em processo administrativo tem, como destinatária final, a autoridade julgadora, a qual possui a prerrogativa de avaliar a pertinência de sua realização para a consolidação do seu convencimento acerca da solução da controvérsia objeto do litígio, sendo-lhe facultado indeferir aquelas que considerar prescindíveis ou impraticáveis. Nesse sentido, sua realização não constitui direito subjetivo do contribuinte[92] (grifos acrescidos).

Pelo exposto, resta evidente que as discussões trazidas em diversas plataformas por doutrinadores e aplicadores do direito, buscam a utilização dos avanços trazidos pelo Código de Processo Civil (CPC) ao processo administrativo tributário, ao passo que não representa apenas um avanço ao resguardo dos direitos do contribuinte, mas também ao próprio lançamento tributário, consoante bem pontuado.

Conclusões

Primeiramente, ainda que não aprofundada na presente análise, é importante destacar a diferença entre procedimento e processo administrativo. Ainda que elencadas diferentes correntes doutrinárias, tem-se que o procedimento seria o próprio lançamento tributário a ser realizado pela Autoridade Administrativa competente. Enquanto, o processo surgiria quando

[92] Conselho Administrativo de Recursos Fiscais. Processo Administrativo nº 10380.730402/2017-15. Acórdão nº 2401-007.451. 2ª Seção de Julgamento. 4ª Câmara. 1ª Turma Ordinária. Conselheiro Relator Semíramis de Oliveira Duro. Data de Julgamento: 04/02/2020.

instaurado o contraditório pelo contribuinte quando da imposição do ônus fiscal à seu sujeito.

Independentemente do acima exposto, certo é que ambos os institutos apresentam seus princípios, os quais estão amparados na Constituição da República Federativa do Brasil, em especial, em uma tentativa, no caso do processo administrativo tributário, resguardar o devido processo legal, com a atenção ao contraditório e a ampla defesa.

Nesse sentido, a prova apresenta ponto fundamental para a manutenção ou não do lançamento tributário realizado, ao considerar que, o lastro do lançamento tributário é muitas vezes na presunção – ou seja, sem que tenha ocorrido a devida apuração da responsabilidade tributária do sujeito passivo da obrigação tributária à que se pretende impor.

Diante disso, considerando que o ordenamento jurídico brasileiro, especificamente, as normas tributárias apresentam grande morosidade em sua atualização, com procedimentos muitas vezes burocráticos e inefetivos, foi proposta a aplicação de inovações trazidas por lei geral à lei específica.

Ou seja, apesar do processo administrativo fiscal, bem como o processo judicial tributário, apresentarem legislação específica, não pode deixar de considerar os anseios dos operadores do direito na aplicação subsidiaria do Código de Processo Civil em tais.

Isso porque, por exemplo, as demandas tributárias somam a maior parte dos processos submetidos ao Poder Judiciário. Os dados divulgados em relatório emitido pelo Conselho Nacional de Justiça (CNJ), demonstram que no ano-base é 2017, as execuções fiscais correspondiam à maior causa de congestionamento do Judiciário:

> "Historicamente as execuções fiscais têm sido apontadas como o principal fator de morosidade do Poder Judiciário. (...) Os pro-

> cessos de execução fiscal representam, aproximadamente, 39% do total de casos pendentes e 74% das execuções pendentes no Poder Judiciário, com taxa de congestionamento de 91,7%. Ou seja, de cada cem processos de execução fiscal que tramitaram no ano de 2017, apenas 8 foram baixados"[93].

Tão certo quanto à obrigatoriedade da Fazenda Pública cobrar o ônus fiscal do responsável tributário, é a certeza de que, em sua maioria das vezes, em razão da deficiência na produção de prova que comprove a efetiva responsabilidade tributária, referida cobrança se estende pelo tempo, em malefício não apenas ao Fisco, mas também ao próprio contribuinte.

Diante disso, por mais estranho que transpareça em razão da visão antagônica entre Fisco e Contribuinte, em realidade, o problema acima mencionado pode vir a ser reduzido se aplicada as inovações trazidas pelo atual Código de Processo Civil, que, em sua Exposição de Motivos, muito esclarece a respeito dessa necessidade de mudança de visão e, por consequência, comportamento.

Tal fato está atrelado ao avanço social e tecnológico, onde atualmente falamos de setores especializados na coleta de dados, que cruzam informações com outros entes, muitas vezes sem qualquer ciência do contribuinte a que é atribuída a responsabilidade.

Conforme brilhantemente destaca Rui Barbosa:

> "Não vos mistureis com os togados, que contraíram a doença de achar sempre razão ao Estado, ao Governo, à Fazenda; por onde os condecora o povo com o título de "fazendeiros". Essa presunção

[93] Brasil. Conselho Nacional de Justiça (CNJ). "Justiça em Números 2018", p. 125. Disponível em: <http://www.cnj.jus.br/pesquisas-judiciarias/justicaemnumeros/2016-10-21-13-13-04/pj-justica-em-numeros>. Acesso em: 04/06/2019.

de terem, de ordinário, razão contra o resto do mundo, nenhuma lei reconhece à Fazenda, ao Governo, ou ao Estado."[94]

Assim, permitir o aprimoramento com as inovações decorrentes do atual Código de Processo Civil da produção de provas no processo administrativo tributário representa, em realidade, a garantia dos direitos constitucionais do contribuinte, bem como a melhor efetividade na cobrança do ônus fiscal pela Autoridade Administrativa.

Referências

ATALIBA, Geraldo. Sistema constitucional tributário. São Paulo: Editora Revista dos Tribunais, 2001

ÁVILA, HUMBERTO. Teoria dos Princípios da definição à aplicação dos princípios jurídicos. 2.ed. São Paulo: Malheiros.

BARBOSA, Rui. Oração aos Moços. Rio de Janeiro: Cada de Rui Barbosa, 1949.

BECHO, Renato Lopes. Lições de direito tributário. 3ª. ed.. São Paulo: Saraiva, 2015.

BONILHA, Paulo Celso. Da prova no processo administrativo tributário. Editora Dialética: São Paulo, 1997.

BUENO, Cassio Scarpinella. Novo código de processo civil anotado. 2ª ed. rev. atual. e ampl.. São Paulo: Saraiva, 2016. p.

CAIS, Cleide Previtalli. O processo tributário. São Paulo: Revista dos Tribunais, 2001.

CONRADO, Paulo Cesar; PRIA, Rodrigo Dalla. Aplicação do CPC ao processo administrativo tributário. In O novo CPC e seu impacto no direito tributário. (coord. Paulo Cesar Conrado e Juliana Furtado Costa Araujo). 2ª ed. São Paulo: Fiscosoft, 2016.

CARVALO, Paulo de Barros. Curso de direito tributário. 27ª ed.. São Paulo, Saraiva, 2016.

CARNELLI, Lorenzo. O fato notório (trad. Érico Maciel). Rio de Janeiro: José Confílio Editor, 1957.

COSTA, Regina Helena. Curso de direito tributário: constituição e código tributário nacional. 7ª ed. rev., atual., amp.. São Paulo: Saraiva, 2017.

[94] BARBOSA, Rui. Oração aos Moços. Rio de Janeiro: Cada de Rui Barbosa, 1949. p. 71.

FERRAZ JÚNIOR, Tércio Sampaio. Introdução ao Estudo do Direito – Técnica, Decisão, Dominação. São Paulo: Atlas, 2019.

FIGUEIREDO, Lúcia Valle. Curso de Direito Administrativo. São Paulo: Malheiros Editores, 2005.

FIGUEIREDO, Lucia Valle (org.). Devido Processo Legal na Administração Pública. DABUL, Alessandra. Contraditório e invalidação administrativa no âmbito da administração pública federal. São Paulo: Max Limi-nad., 2001.

CONRADO, Paulo Cesar. Processo tributário. 3ª ed. atual. com base no novo acordo ortográfico. São Paulo: Quartier Latin, 2012.

JESUS, Isabela Bonfá de. Manual do direito e processo tributário. 3ª ed. rev. atual. e amp.. São Paulo: Editora Revista dos Tribunais, 2016.

JUNQUEIRA, Helena Marques. A importância da prova produzida no processo administrativo fiscal. in PIZOLIO, Reinaldo (org.). Processo administrativo tributário. São Paulo: Quartier Latin, 2007.

LARA DE SOUZA, Bianca Del Pilar. Dos princípios do processo administrativo fiscal. in Processo Administrativo fiscal federal (coord. Rodrigo Francisco de Paulo). Belo Horizonte: Del Rey, 2006.

MACHADO SEGUNDO, Hugo de Brito. Processo Tributário. 10ª ed. rev. e atual.. São Paulo: Atlas, 2018.

MARTINS, James. Direito processual tributário brasileiro: administrativo e judicial. Natália Brasil Dib (atualizadora). 12ª ed. rev. atual.. São Paulo: Thomson Reuters Brasil, 2019. p. 202.

MEDAUAR, Odete. Direito Administrativo Moderno. São Paulo: Revista dos Tribunais, 1996.

MORANDO, Thais Helena. A natureza jurídica da obrigação tributária acessória e os princípios constitucionais informadores. Tese de doutorado defendida na PUC/SP, 2020, in JESUS, Isabela Bonfá de. Manual de direito e processo tributário. 3ª ed. rev. atual. e ampl.. São Paulo: Editora Revista dos Tribunais, 2016.

NEDER, Marcos Vinicius; LÓPEZ, Maria Teresa Martínez. Processo Administrativo Fiscal Federal Comentado. São Paulo: Dialética, 2004.

NOLASCO, Rita Dias. GARCIA, Victor Menezes. Execução fiscal à luz da jurisprudência: lei 6.830/1980 comentada por artigo: de acordo com o novo CPC. São Paulo: Revista dos Tribunais, 2015.

REALE, Miguel. Lições preliminares de direito. 2017ª ed., rev. e atual.. Editora Saraiva, 2013.

SCHOUERI, Luís Eduardo. Direito tributário. 8ª ed. São Paulo: Saraiva Educação, 2018.

SOUSA, Rubens. Gomes de. Idéias gerais para uma concepção unitária e orgânica do processo fiscal. Conferência provida no Auditório do Ministério da Fazenda em 21/07/1953. Justiça e processo fiscal. Rio de Janeiro: Instituto Brasileiro de Direito Financeiro, 1954.

ZANON, André Santos. O regime das provas no processo administrativo fiscal. *in* Processo administrativo fiscal federal. (coord. Rodrigo Francisco de Paula). Belo Horizonte: Del Rey, 2006.

A APLICAÇÃO DA TEORIA DOS SISTEMAS NA RESOLUÇÃO DE DEMANDAS JURÍDICAS-TRIBUTÁRIAS SOBRE O ÁGIO

PEDRO CAVALCANTI AMARANTE

Introdução

Ao longo de 2017, muitas das decisões proferidas pelos Tribunais Superiores – Supremo Tribunal Federal (STF)[1] e Superior Tribunal de Justiça (STJ)[2] – e pelo Conselho Administrativo de Recursos Fiscais (CARF)[3] dispuseram sobre institutos essencialmente contábeis incorporados ao sistema do direito, em específico, ao sistema jurídico-tributário.

O sistema jurídico-tributário, assim como o sistema da contabilidade, cria a sua própria realidade, a qual independe da realidade de outros sistemas. Esses sistemas vivem em constante comunicação. Para que conceitos do sistema contábil surtam efeitos diretos no sistema jurídico-tributário, faz-se imprescindível a existência de um procedimento de internalização conceitual para recepção dos códigos emanados daquele sistema.

[1] Decisão proferida no RE 574.706/PR, que dispôs sobre o conceito de Receita Bruta, excluindo o ICMS da base de cálculo do PIS e da COFINS.

[2] Igualmente, destaca-se a decisão proferida pela Primeira Seção do STJ, no EREsp 1.517.492/PR, ocasião em que se previu a não incidência do IRPJ e da CSLL sobre o crédito presumido do ICMS.

[3] As decisões do CARF serão abordadas ao longo do estudo.

A teoria que estuda a comunicação entre dois ou mais sistemas, é denominada como teoria dos sistemas comunicacionais, que tem como expoente os renomados professores Gregório Robles e Paulo de Barros Carvalho. Essa teoria é, inegavelmente, uma importante ferramenta para a resolução de demandas, notadamente aquelas que são tributárias, em razão das constantes comunicações entre os sistemas jurídico-tributário e o contábil.

Dentre os conceitos essencialmente contábeis que são valorados pelo direito, especificamente pelo direito tributário, encontra-se o ágio gerado por expectativa de rentabilidade futura, contabilmente denominado de "goodwill", que, em resumo, é o sobrepreço pago pela investidora, quando da realização de combinação de negócios (fusão, incorporação e cisão), que vai além do valor patrimonial registrado na contabilidade da empresa investida. Esse valor gerado a título de "goodwill", desde 1997, passou a ser amortizado da base de cálculo do Imposto sobre a Renda Pessoa Jurídica (IRPJ), reduzindo-a.

O ágio, a partir desse momento, passou a ser um grande instrumento no planejamento tributário empresarial. A Receita Federal do Brasil (RFB) intensificou a fiscalização sobre os contribuintes que se aproveitaram fiscalmente dos valores correspondentes ao ágio. Dentre as razões que elevaram o número de procedimentos fiscalizatórios relacionados a esta matéria, podemos destacar duas: (i) a compreensão dos planejamentos tributários como ilícitos por falta de propósito negocial, dentre outros – tema que, particularmente, não se pretende abordar neste trabalho, sob pena de fugir ao seu escopo; e (ii) a divergência conceitual existente entre o ágio previsto nos sistemas contábil e jurídico-tributário, que perdurou até o advento da Lei 12.973/14, tema que, sim, será abordado neste trabalho.

A discussão sobre o aproveitamento fiscal do ágio no Conselho Administrativo de Recursos Fiscais (CARF) está mensurada, pelo plano anual de fiscalização da RFB (2017, p. 31), em, aproximadamente, R$ 41 bilhões de reais. Esse número vultoso é o que justifica o estudo deste instituto denominado de ágio. Se tentará desvendar os porquês das instaurações de tantos procedimentos fiscais.

Analisar-se-á se há, de fato, dois conceitos de ágio, um para o sistema contábil e outro para o jurídico-tributário. Se esses conceitos são divergentes. Se há uma antinomia entre eles. Se os dois sistemas apresentados, de fato, se comunicaram por meio deste código (ágio), se sim, a partir de que momento. Ademais, ver-se-á se essa suposta divergência conceitual influenciou nas lavraturas de tantos autos de infrações e, consequentemente, nas instaurações de tantos processos administrativos fiscais envolvendo cifras bilionárias. Por fim, será visto como a teoria comunicacional pode ajudar na resolução das demandas tributárias que versam sobre institutos que são, essencialmente, de outras ciências (sistemas), delimitando-se ao ágio.

Para melhor abordagem deste estudo, utilizar-se-á o estudo bibliográfico e o método hipotético-dedutivo de abordagem, fazendo-se, quando possível, associações de ordem pragmática, ocasião onde se verificará precedente que trata do aproveitamento fiscal do ágio, se aplicando o conceito jurídico-tributário ou o conceito contábil deste instituto.

1. A comunicação entre os sistemas contábil e jurídico-tributário

1.1. O direito como texto e as formas de comunicação entre o sistema contábil e jurídico-tributário

O direito é produto do homem, em um dado espaço, que evidencia suas escolhas, preferências e cautelas. Por meio dele, o homem chancela aquilo que valora. Assim o faz por meio das palavras, sejam elas escritas ou orais. Retirada as palavras do direito, resulta-se algo vazio, sem expressão e linguagem. Essa premissa, do direito como texto, é alvo de estudo por grandes filósofos jurídicos, como Gregório Hobbles Marchon e Paulo de Barros Carvalho. Nos termos das lições de HOBBLES (2005. p. 48):

> O direito surge com o homem, como expressão de sua capacidade de configurar a vida em sociedade. Aparece em sociedade; é um fenômeno social. Mas sua essência consiste em palavras, sem as quais não é nada. Retiremos as palavras do código civil: nada sobra. Suprimamos as palavras da constituição: nada sobra. Esqueçamos as palavras de um contrato ou escritura pública: nada sobra. E não se trata de uma prova contundente apenas em relação ao direito escrito, que é a parte mais substancial do direito moderno. Retiremos as palavras do costume, o que resta dele? Um comportamento carente de significado porque o que configura o costume não é o comportamento habitual de uma comunidade, as o significado obrigatório de tal comportamento, e o significado só é possível mediante sua vinculação às palavras.

O direito se evidencia por meio da linguagem. É ela a responsável pela constituição da norma jurídica decorrente da junção: suporte físico (marcas do texto no papel), significado (objeto introduzido) e significação (interpretações desse objeto, de acordo com sua posição em um dado sistema). Para concretização da linguagem, se faz imprescindível a apresentação de provas. É por meio delas que se demonstra a ocorrência da hipótese de incidência, perfectibilizando o fato jurídico (TOMÉ, 2016, p. 115), ensejando o consequente normativo na seguinte lógica: dada a ocorrência de um fato comprovado previsto na norma X – antecedente, deve ser a consequência prevista na norma Y – consequente.

Retomando as já citadas lições de HOBBLES (2012, p. 07), o ordenamento jurídico é composto por vários textos jurídicos positivados pelo legislador. A dogmática é a ciência responsável pelo refino das normas frias (brutas ou em sentido amplo), previstas no ordenamento jurídico, assim o faz pela separação de normas por instituições. São exemplos de instituições: a família, o parlamento, uma sociedade ou mesmo as disciplinas existentes no direito e etc. O produto desse refino realizado pela dogmática, por meio do estudo das denominadas instituições, é o sistema, aqui visto, como diferente de ordenamento[4]. O ordenamento jurídico é, assim, o texto que, organizado pela dogmática em instituições, forma o sistema proposicional (lato sensu) do direito, vertido em linguagem prescritiva (norma jurídica em sentido estrito, presente no ordenamento jurídico) e descritiva (ciência do direito + dogmática).

Assim como universo físico, que é composto por diversos sistemas (são eles: solar, lunar, orbital, planetário e etc.), o universo dos seres humanos, habitantes do planeta terra, notadamente do ponto de vista linguístico, possui diversos sistemas, os quais, assim como ocorre em uma operação de conjuntos matemáticos (será abordado no "subtópico 3.1"), apresentam pontos de intersecção, união e diferença.

A comunicação nada mais é do que o contato realizado por dois ou mais indivíduos. Este trabalho não compreende os indivíduos apenas como pessoas, embora seja por meio delas que se inicia todo o processo comunicacional, mas, sim, compreende-se como indivíduos, integrantes do processo de comunicação, as pessoas e, também, os próprios sistemas. Em síntese, compreende-se aqui que primeiro as pessoas introduzem mensagens dentro de um respectivo sistema, realizando a primeira etapa da comunicação, e, só depois, as mensagens implantadas nesse respectivo sistema se irradiam aos demais sistemas realizando-se,

[4] Em sentido contrário, de ordenamento ser inevitavelmente sistema, encontram-se as lições de GAMA (2012, p. 346).

nesse momento, a segunda etapa da comunicação. O foco deste trabalho é justamente essa segunda etapa.

O sistema econômico está constantemente enviando códigos aos demais sistemas, que integram o universo comunicacional da linguagem humana. Portanto, ele está a todo momento enviando códigos aos sistemas do direito, social, político, dentre outros. Esses outros sistemas poderão, ou não, recepcionar os códigos expedidos por aquele, bastam estarem abertos ou dispostos a internalizar as mensagens decorrentes dos mencionados códigos, recepcionando-as, sendo o caso, por meio de procedimento próprio de internalização.

O sistema do direito é bem peculiar neste aspecto. Isso porque, diferente dos demais sistemas, ele possui procedimentos de internalização das mensagens previstas no próprio direito, que se dá por meio de normas. São as denominadas normas de competência, que estruturam o processo legislativo, possibilitando a criação de outras normas jurídicas, que são utilizadas para recepcionar as mensagens dos outros sistemas, como do sistema econômico.

É importante, nesse ponto, a transcrição das valiosas lições de Tomé (2016, p. 66):

> Vimos que o sistema social e constituído por complexas redes de comunicação, num processo dinâmico constante. E, à medida que o sistema vai aumentando a sua complexidade, formam-se subsistemas, cada qual com seu código próprio, autonomizando-se uns em relação aos outros. É o que acontece com o sistema jurídico: (i) sistema social diferencia-se do seu ambiente por produzir-se segundo o código comunicação/não-comunicação; (ii) ao adotar o código lícito/ilícito, o sistema jurídico distingue-se das demais comunicações sociais, pois mediante esse código o direito passa a construir seus próprios componentes, estabelecendo as normas reguladoras das suas operações, estruturas e processos.

O foco deste trabalho são os códigos emitidos pelo sistema contábil que atingem, ou tem potencial para tanto, o sistema jurídico-tributário. Antes, demonstrar-se-á o escopo de cada uma dessas ciências para, apenas sucessivamente, se estudar as formas que esses sistemas se comunicam.

A contabilidade é a ciência que estuda o patrimônio empresarial, com a finalidade de divulgar as informações úteis e fidedignas para os empresários e terceiros interessados. Para tanto, utiliza-se de métodos próprios para o reconhecimento, registro, mensuração e divulgação das informações patrimoniais de uma empresa (Iudícibus, 2010, p. 1).

O direito, por sua vez, é a ciência que estuda a norma jurídica em si, as quais – quando se relacionam – formam um sistema, com a finalidade de controlar e, consequentemente, pacificar as relações interpessoais, por meio de padrões de condutas instituídos pelo poder legislativo e avaliado, sucessivamente, pelo poder judiciário (Carvalho, 2015, p. 226).

Antes de adentrar na comunicação, em espécie, entre esses dois sistemas, é importante fazer esclarecimentos acerca da terminologia "sistema", e suas formas de aplicação neste estudo, a fim de evitar divergências e confusões interpretativas. Para tanto, serão expostas as formas que poderão ser interpretadas a afirmação "sistema contábil" e "sistema jurídico-tributário".

Como premissa, este estudo considera que dentro do sistema jurídico (lato sensu) encontram-se diversos microssistemas (subsistemas) jurídicos, separados por áreas de estudo (ex. normas contábeis positivadas, comerciais e tributárias). Neste trabalho, porém, esses subsistemas, como é o jurídico-tributário, serão denominados de sistemas, sob a ótica estrita, que integram o sistema jurídico em sentido amplo.

O sistema contábil, por sua vez, será apresentado neste trabalho sob duas perspectivas: (i) ampla: onde se encontram as normas jurídicas contábeis (v.g. as diversas normas contábeis, que serão adiante destacadas, previstas na Lei das SA's), que são aquelas essencialmente contábeis chancelada pelo direito, de viés prescritivo, emitidas por órgão legiferante competente, integrantes dos sistemas contábil e jurídico (ponto de intersecção entre os dois). Portanto, portadoras de código binário lícito/ilícito – inerente ao sistema jurídico. Além das normas jurídicas contábeis, ainda se encontrarão nesta perspectiva as normas técnicas contábeis (v.g. pronunciamentos contábeis) – as quais têm sua eficácia adstrita ao sistema contábil, não se confundindo, portanto, com as normas jurídicas (ausente o código lícito/ilícito) – bem como as lições contábeis, de ordem descritiva, que não integram o sistema jurídico; (ii) estrita: onde se encontram apenas e tão somente as normas jurídicas contábeis (intersecção entre os sistemas contábil e jurídico).

Tanto o sistema da contabilidade quanto o sistema jurídico-tributário possuem, por serem sistemas diversos, códigos comunicacionais e, assim, mensagens próprias. Como regra, após a prática da primeira etapa da comunicação, esses códigos binários tendem a surtir efeitos apenas internamente, isto é, dentro do respectivo sistema. É que, via de regra, os sistemas são fechados aos demais presentes no universo comunicacional. Há, neles, um fechamento organizacional, de modo que as informações do ambiente só ingressam em outro sistema se ele permitir. Essa técnica é denominada de clausura organizacional e encontra-se evidenciada pela teoria da autopoiese dos sistemas, que é muito bem abordada na doutrina de TOMÉ (2016, p.62), que se encontra adiante transcrita:

> Sistema autopoiético é aquele que produz a sua própria organização, conservando a identidade do sistema e, ao mesmo tempo, fazendo-o sofrer transformações indispensáveis à sua sobrevivência. De forma simplificada, podemos dizer que autopoiético é o sistema que reproduz seus elementos valendo-se de seus próprios componentes, por meio de operações internas.

> A peculiaridade do sistema autopoiético confere-lhe as seguintes características: (i) autonomia: é capaz de subordinar toda a mudança de modo que permaneça sua auto-organização; (ii) identidade: mantém sua identidade em relação ao ambiente, diferenciando-se deste ao determinar o que é e o que não é próprio do sistema; (iii) não possui *inputs e outputs*: o ambiente não influi diretamente no sistema autopoiético; (...)
>
> A autorreferencialidade também se apresenta como pressuposto da autoprodução do sistema, pois, para que este possa autogerar-se, isto é, substituir seus principais componentes por outros, é necessário que haja elementos que tratem de elementos. (...)
>
> A clausura organizacional, caracterizadora da autopoisese do sistema, decorre do fato de que a informação advinda do ambiente é processada no interior do sistema, só ingressando neste porque ele assim determina e na forma por ele estabelecida.

Portanto, para que os conceitos dos institutos do sistema contábil surtam efeitos no sistema jurídico-tributário faz-se imprescindível a existência de um procedimento de internalização decorrente das suas clausuras operativas e aberturas cognitivas. Na prática, para se tributar um instituto contábil, o legislador tributário tem que, primeiramente, valorá-lo, dentro do sistema jurídico-tributário, para, só assim, conceder efeitos tributários ao mesmo.

O processo de valoração da norma contábil no subsistema jurídico-tributário poderá ocorrer de três maneiras: (i) a primeira é a recepção integral – ocasião em que o sistema jurídico (em sentido amplo) internaliza o instituto contábil exatamente nos termos em que ele se encontra previsto na norma técnica contábil, incluindo-o no subsistema tributário. Essa inclusão poderá se dar por meio da positivação conceitual, hipótese em que a Lei fiscal (ex. art. 12 da Lei 1.598/77) repete expressamente o conceito de um determinado instituto contábil (ex.

Receita Bruta), previsto em norma técnica ou mesmo na doutrina contábil, atribuindo-lhe os efeitos fiscais inerentes; ou por meio de reenvio necessário, ocasião em que a Lei Fiscal (ex. art. 7º do DL 1.598/77) dispõe sobre um determinado instituto contábil (determinação do lucro real com base na escrituração do lucro real contábil), concedendo-lhe os efeitos fiscais inerentes. Nessa última hipótese, uma alteração da norma contábil pode repercutir diretamente na norma jurídica tributária. É o caso, por exemplo, de se alargar o conceito de receita contábil por meio de pronunciamento contábil, afetando, por conseguinte, vide art. 7º do DL 1.598/77, apuração do lucro real de uma empresa.

(ii) a segunda maneira de recepção é a parcial, ocasião em que o sistema jurídico-tributário valora um determinado instituto contábil pré-existente de maneira ampliativa ou restritiva, modificando, em parte, a sua definição contábil originária. Os efeitos tributários irão recair sobre o conceito valorado pelo subsistema tributário.

O ágio, que é um instituto essencialmente contábil, por exemplo, conforme será visto ao longo deste estudo, já foi valorado pelo direito tributário de duas formas. Em um primeiro momento, até o advento da Lei 12.973/14, foi valorado *parcialmente* pelo subsistema jurídico-tributário, ampliando o seu conceito para além do que se encontra previsto no sistema contábil. Já no segundo momento, após a publicação da Lei 12.973/14, o subsistema jurídico-tributário passou a valorar esse instituto *integralmente*, por positivação, nos exatos termos em que ele se encontra conceituado no sistema contábil, em específico, pelos pronunciamentos contábeis CPC's 15 e 18 (a seguir tratado densamente) e pela doutrina contábil.

Por fim, há de se destacar ainda (iii) a terceira forma de valoração, que é a recepção terminológica, ocasião em que apenas o termo do instituto contábil (suporte físico da palavra despido de axiologia) é internalizado pelo subsistema jurídico-tributário sendo-lhe concedido conteúdo completamente diverso pela norma tributária ou mesmo mantendo-se vagamente o seu termo – hipótese essa que, conforme será visto no próximo item, contará com o auxílio interpretativo dos arts. 109 e 110 do Código Tributário Nacional (CTN). Exemplo de valoração terminológica ocorreu no art. 3º da Lei 9.718/98, Lei fiscal que equiparou o conceito de faturamento ao conceito de receita bruta, para determinação da base de cálculo do PIS e da COFINS. Embora se tratem de dois conceitos essencialmente contábeis e econômicos que são distintos, para fins tributários (mensuração do PIS e da COFINS), o legislador tributário os tornou iguais (o que, após a EC 20 de 1998, ganhou tons de constitucionalidade).

1.2. A interpretação da norma jurídica tributária e sua função no processo comunicacional

Constantemente, os indivíduos estão em trabalho de interpretação dos acontecimentos cotidianos. Por exemplo, a frase "não gosto mais de você" pode ser interpretada de diversas formas, as quais se diversificarão de acordo com os interlocutores. Se expressada em um grupo de amigos, a chance de ser interpretada como piada é muito maior do que em um grupo de trabalho ou da universidade. Isso porque esses dois últimos grupos, via de regra, impõem maior decoro e formalidade, diversamente do grupo de amigos, dentro do qual há maiores margens para brincadeiras.

Assim como ocorre com todo evento, as normas jurídicas são constantemente interpretadas. Pode-se afirmar que o jurista é o grande intérprete de toda e qualquer norma. A interpretação normativa, contudo, não pode ser infinita (embora ela assim aparente). Nesse sentido, Carvalho (2015, P. 477) dispõe sobre o papel do intérprete na sua interpretação e sobre as limitações existentes ao realizar este papel:

> O jurista aparece como intérprete, por excelência, dos textos prescritivos do direito posto, atravessando, com sua análise construtiva, o sistema das normas positivadas, em que os comportamentos interpessoais se encontram modalizados em obrigatório, proibido e permitido. (...) A interpretação toma por base o texto: nele tem início se conduz e, até o intercâmbio com outros discursos se instaura a partir dele. Ora, o texto que estamos falando é o jurídico-positivo e o ingresso no plano de seu conteúdo tem de levar em conta as diretrizes do sistema.

A técnica legislativa de nossos congressistas, como regra, não é das mais refinadas, sobretudo diante da especificidade e da variação dos temas que são legislados. Não são raras as vezes que, ao se observar uma norma, se verifica expressões vagas, lacônicas e imprecisas. Diante da possibilidade de ocorrência de alguma dessas atecnias legislativas, o legislador tributário, sabiamente, presou por conservar, por meio do art. 109 do CTN, a essência dos conceitos previstos pelos demais subsistemas de direito privado (comercial, contábil, societário e etc.).

Em específico, para interpretação das normas jurídicas tributárias, nos termos do art. 109 do Código Tributário Nacional (CTN)[5], deverão ser utilizados os princípios gerais de direito privado, decorrentes de outros subsistemas, a fim de medir o alcance que os institutos de direito privado terão no direito tributário.

Nesse sentido, Amaro (2009, P. 227), inclusive completando as lições já transcritas de Carvalho, afirma que, ao legislador tributário, será facultada a competência de alterar conceitos essencialmente dos sistemas jurídicos privados, nos seguintes termos:

[5] "Art. 109. Os princípios gerais de direito privado utilizam-se para pesquisa da definição, do conteúdo e do alcance de seus institutos, conceitos e formas, mas não para definição dos respectivos efeitos tributários".

> Não se nega ao direito tributário a prerrogativa de dar efeitos iguais para diferentes institutos de direito privado (p. ex. pode a lei dar, para fins tributários, à doação, ao aporte na integralização de capital etc., os mesmos efeitos da compra e venda). Mas é a lei tributária que (se quiser) deve dá-los, e não o intérprete.

O art. 110 do CTN[6] é outro dispositivo que baliza a liberdade interpretativa do legislador/intérprete, ao dispor que a lei tributária não pode usurpar os conceitos de direito privado fixados, expressamente, pela CF/88 e, em seus devidos graus, as Constituições estaduais e as Leis orgânicas municipais, em decorrência do princípio da supremacia constitucional. A razão parece simples, a CF/88, sobretudo quando trata do sistema tributário nacional, dispõe sobre normas de competência, inclusive aquelas relativas às materialidades dos tributos, as quais não podem ser usurpadas.

Souza e Favacho (2017, p. 142 e 143) fazem interessante ponderação acerca da compatibilização entre esses dois dispositivos e a teoria da comunicação:

> Como dissemos linhas atrás, a realidade jurídica incide sobre a realidade social, mas com ela não coincide. Dessa afirmação, podemos formular o raciocínio de que os conceitos jurídicos podem ser não somente mais abrangentes ou restritivos que os sociais, como ainda poderão deles divergir: eis a autonomia da linguagem jurídica!
>
> Do mesmo modo, essa divergência poderá ocorrer internamente, ou seja, no universo do direito positivo, considerado aqui

[6] "Art. 110. A Lei tributária não pode alterar a definição, o conteúdo e o alcance de institutos, conceitos e formas de direito privado, utilizados, expressa ou implicitamente, pela Constituição Federal, pelas Constituições dos Estados, ou pelas Leis Orgânicas do Distrito Federal ou dos Municípios, para definir ou limitar competências tributárias".

> um dado ordenamento jurídico, que regula as ações de uma sociedade, historicamente situada no tempo e no espaço, sobre a qual não há como garantir a ausência de contradição. (...)
>
> Nesses casos, em que o legislador não queira utilizar do sentido "comum" ou "vulgar" concernente a um conceito, este (o legislador) deverá fazer a ressalva. Isso implica afirmar não haver uma atribuição de sentido diferente do tradicional, seja ele mais restritivo ou ampliativo, que se dê de forma implícita.

Sobre as constantes comunicações existentes entre o sistema jurídico-tributário e o sistema contábil, Navarro e Junqueira (2015, p. 75) dispõem:

> O Direito Tributário importa do Direito Privado certos conceitos, que, por sua vez, podem sofrer alterações para fins de definição de seus efeitos no âmbito da tributação, desde que não ocorram deformações ou ampliações da competência tributária constitucionalmente definida e distorções das hipóteses de incidências que delas retirem o grau suficiente de especificidade a suportar a tributação. É que, ao conferir às ordens jurídicas parciais da Federação a competência para instituir tributos, a Constituição já predetermina e delimita o campo material de abrangência e as espécies de manifestações de riqueza aptas a ser alcançadas por cada ente tributante (União, Estados e Municípios), vinculando a cada tributo a competente pessoa jurídica de Direito Público com o poder de instituí-lo.

Em resumo das lições apresentadas, pode-se concluir que os arts. 109 e 110 do CTN devem ser interpretados da seguinte forma: (i) premissa geral: se o conceito essencialmente privado for normatizado pela constituição no sistema tributário nacional, o legislador tributário, responsável pelo processo de internalização dos códigos binários dos demais sistemas, não poderá fazer a ressalva àquela norma, haja vista ser limitado constitucional e culturalmente; (ii) premissa específica: por outro lado, se a CF/88 não faz a ressalva ao referido instituto, isto quer dizer que eventual ofensa a ela será apenas reflexa e não direta, tendo o legislador ordinário a liberdade de fazer ressalvas, ampliativas ou restritivas, aos conceitos essencialmente de direito privado (não integrante do subsistema jurídico-tributário), desde que não venha atingir a materialidade tributária constitucional.

Esses dispositivos desempenham, importante função na higidez do processo comunicação entre o sistema jurídico-tributário e os demais sistemas, incluindo o contábil (em sentido amplo ou estrito), ao impor balizas importantes ao legislador tributário, que é o grande responsável pelo processo de internalização de mensagens dos outros sistemas, bem como aos intérpretes, na hora de se realizar interpretações da norma jurídica-tributária.

2. As aproximações e distanciamentos entre as normas contábeis e tributárias que tratam sobre o ágio

2.1. O conceito do ágio para o sistema contábil

Para o sistema contábil, o ágio ("goodwill") é o sobrepreço pago por uma entidade que se justifica pela expectativa de rentabilidade futura, gerado após uma combinação de negócio (fusão, incorporação e cisão) ocorrida entre a empresa investidora, denominada de adquirente/cindida/fundida, e a empresa investida, também, denominada de adquirida/cindida/fundida. Essa parcela será registrada no ativo intangível da empresa investidora, na subconta de investimentos.

Martins e Iudicíbus (2010, p.193 e 194), explicam como se determina o ágio contábil:

> Já comentamos que a diferença entre o valor pago e o valor contábil adquirido pode vir de: 1. Diferença de valor dos ativos

> líquidos da investida: determinado pela diferença entre a soma do valor justo dos ativos líquidos identificáveis (determinado com base no CPC de 2015 – Combinação de Negócios) e o valor contábil do patrimônio líquido da investida. 2. Rentabilidade futura (goodwill): Diferença entre o valor justo atribuído ao negócio e o valor justo dos ativos líquidos da investida

Em resumo, (i) a parcela do custo de aquisição que se justifica pela diferença entre (i.i) a soma dos valores históricos e (i.ii) a soma dos valores de mercado do patrimônio da investida é denominada de *mais valia*. (ii) já a parcela do custo de aquisição que se justifica pela diferença entre (ii.i) essa parcela correspondente à mais valia; e (ii.ii) o custo total de aquisição (a integralidade do pagamento) da empresa investida é denominada de *ágio contábil*.

Em resumo, as equações que originam a mais valia e o ágio são as seguintes:

Imagem 01

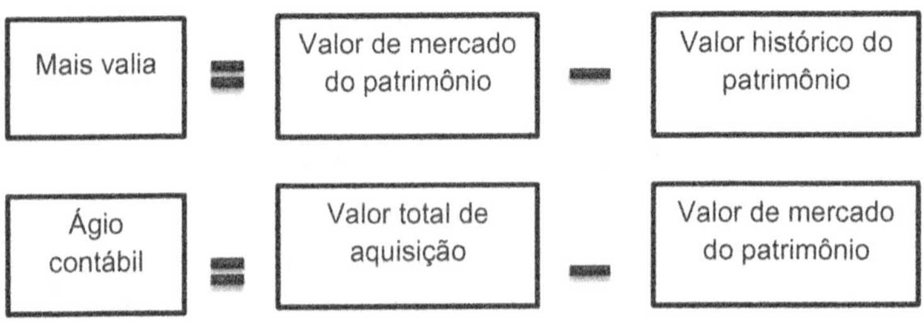

Fonte: autoral (2020)

O ágio, gerado após uma combinação de negócio, se justifica no valor pago que exceder o valor do patrimônio líquido da investida após ter seus ativos e passivos avaliados a valor justo (de mercado). Essa quantia é paga, em tese, pela expectativa de lucro societário futuro da empresa investida, em decorrência de fatores intangíveis, que não são facilmente explicáveis. BRODEL e MARTINS (2012, p. 37), exemplificam esses fatores que podem gerar essa expectativa de rentabilidade futura nos seguintes termos:

> Ou seja, inúmeros fatores, tais como localização, fidelidade da clientela, qualidade da administração, qualidade do treinamento da mão de obra, conhecimento tecnológico, capacidade mercadológica anormal e (...) os efeitos sinérgicos desses e tantos outros fatores, podem gerar, e o fazem frequentemente, capacidade de produção de lucro acima do normal (acima da remuneração do capital total como já dito, incluindo, obviamente, a do capital próprio). Quando isso está presente existe o goodwill. E quando alguém compra uma sociedade comercial com esse atributo, ou pelo menos parte dela, acaba pagando por isso.

O processo de convergência das normas contábeis nacionais ao padrão internacional, definidos pela "International Accounting Standard Board" (IASB), se aprimorou, no Brasil, após o advento da Lei 11.638/07, a qual, sem exageros, revolucionou a contabilidade nacional e realizou diversas alterações na legislação societária para fins de avaliação patrimonial das empresas, sobretudo as de capital aberto. Após o advento da Lei 11.638/07, as normas contábeis passaram a aderir aos padrões internacionais de contabilização[7], por meio de emissão de normas técnicas (pronunciamentos) realizadas pelo Comitê de Pronunciamento Contábil (CPC)[8], responsável pela convergência às normas internacionais emitidas pelo IASB.

[7] Vide inclusão do §5º ao art. 177, que dispõe: "As normas expedidas pela Comissão de Valores Mobiliários a que se refere o § 3o deste artigo deverão ser elaboradas em consonância com os padrões internacionais de contabilidade adotados nos principais mercados de valores mobiliários"

[8] O seu objetivo, inclusive, foi bem delineado quando da sua criação pela Resolução 1.055/05, que assim dispôs: "O estudo, o preparo e a emissão de Pronun-

O CPC foi criado antes da Lei 11.638/07, em 2005, por meio da Resolução CFC nº 1.055/05, e detém suma importância nesse avanço da contabilidade brasileira. É um órgão autônomo, cuja representação se faz por membros de diversas entidades, tais como: RFB, Banco Central do Brasil (BACEN), CVM, dentre outros.

Mas foi apenas após a edição da Lei 11.638/07 que o CPC passou a emitir, constantemente, pronunciamentos, orientações e interpretações técnicas contábeis. Essas normas contábeis, integrantes do sistema contábil, conforme já delineado no primeiro capítulo, não se confundem com as normas jurídicas, integrantes do sistema jurídico. Elas afetam, via de regra, apenas a contabilidade das empresas. Ocorre que muitas vezes, em razão do já explicado reenvio conceitual realizado pelo legislador jurídico aos institutos contábeis (ex. apuração do lucro real partindo-se do lucro líquido contábil), a contabilização das empresas na forma imposta pelo CPC pode afetar diretamente o lucro líquido contábil, consequentemente, a tributação do IRPJ (ex. a modificação do conceito de receita contábil).

Em 03 de junho de 2011 foi aprovado o pronunciamento nº 15 do CPC, que trata de combinação de negócios, e, em 07 de dezembro de 2012, foi aprovado o pronunciamento nº 18 do CPC, que dispõe sobre o Investimento em Coligada, em Controlada e em "joint venture". O ágio contábil foi tecnicamente abordado em ambos os pronunciamentos, sendo, pois, uma norma técnica contábil que, até o advento da Lei 12.973/14 (nos termos que serão expostos adiante), não se encontrava ainda internalizada no sistema jurídico.

ciamentos Técnicos sobre procedimentos de Contabilidade e a divulgação de informações dessa natureza, para permitir a emissão de normas pela entidade reguladora brasileira, visando à centralização e uniformização do seu processo de produção, levando sempre em conta a convergência da Contabilidade Brasileira aos padrões internacionais"

Em específico no pronunciamento 18, no seu item 32, encontra-se a positivação técnica do ágio contábil para o sistema da contabilidade, nos seguintes termos:

> 32. O investimento em coligada, em controlada e em empreendimento controlado em conjunto deve ser contabilizado pelo método da equivalência patrimonial a partir da data em que o investimento se tornar sua coligada, controlada ou empreendimento controlado em conjunto. Na aquisição do investimento, quaisquer diferenças entre o custo do investimento e a participação do investidor no valor justo líquido dos ativos e passivos identificáveis da investida devem ser contabilizadas como segue:
>
> (a) o ágio fundamentado em rentabilidade futura (goodwill) relativo a uma coligada, a uma controlada ou a um empreendimento controlado em conjunto (neste caso, no balanço individual da controladora) deve ser incluído no valor contábil do investimento e sua amortização não é permitida [*contabilmente*]
>
> (b) qualquer excedente da participação do investidor no valor justo líquido dos ativos e passivos identificáveis da investida sobre o custo do investimento (ganho por compra vantajosa) deve ser incluído como receita na determinação da participação do investidor nos resultados da investida no período em que o investimento for adquirido.
>
> Ajustes apropriados devem ser efetuados após a aquisição, nos resultados da investida, por parte do investidor, para considerar, por exemplo, a depreciação de ativos com base nos respectivos valores justos da data da aquisição. Da mesma forma, retificações na participação do investidor nos resultados da investida devem ser feitas, após a aquisição, por conta de perdas reconhecidas pela investida em decorrência da redução ao valor recuperável (impairment) de ativos, tais como, por exemplo, para o ágio fundamentado em rentabilidade futura (goodwill) ou para o ativo imobilizado (grifos não originais)

Nos termos do didático pronunciamento, assim como já se antecipou nas lições transcritas, o ágio contábil é apenas aquele gerado por expectativa de rentabilidade, exatamente como previsto pela doutrina contábil, que não se confunde com a mais valia, alocada, vide o referido pronunciamento, diretamente nos ativos.

2.2. O conceito do ágio para o sistema tributário, antes da lei 12.973/14, e a previsão de amortização

A prática contábil, por muito tempo, se norteou pela legislação fiscal, típica do sistema jurídico-tributário. A doutrina contábil, preocupada, desde sempre, com a independência do sistema contábil, fazia severas críticas às aproximações impostas pela legislação contábil às normas fiscais – ocasião em que a contabilização dos institutos contábeis, típica do sistema contábil, se respaldava nas normas fiscais do sistema jurídico-tributário. É o que se verifica nas lições de Iudicibus (2010, p.1 e14):

> A contabilidade sempre foi muito influenciada pelos limites e critérios fiscais, particularmente os da legislação do Imposto de Renda. Esse fato, ao mesmo tempo que trouxe à contabilidade algumas contribuições importantes e de bons efeitos, limitou a evolução dos Princípios Fundamentais da Contabilidade ou, ao menos, dificultou a adoção prática de princípios contábeis adequados, já que a Contabilidade era feita pela maioria das empresas, com base nos preceitos e formas da legislação fiscal, a qual nem sempre se baseava em critérios contábeis corretos. (...)
>
> E tudo piorou quando o estatuído no parágrafo segundo do seu art. 177 não produziu os frutos que levaram à sua introdução nessa Lei de nº 6.404/76, conforme já explicado. Criado para separar a contabilidade fiscal da societária, obrigou ao surgimento, que se formalizou pelo DL. 1.598/77, do Lalur – Livro de Apuração do Lucro Real (tributável). Só que as normatizações posteriores

tornaram esse objetivo quase nulificado pelas resistências, bem conhecidas de todos nós, de se ter as diferenças todas entre a contabilidade societária e a fiscal registradas nesse livro.

Em razão da ausência de normas societárias e, como visto, contábeis (até os CPC's 15 e 18) sobre o tema, a contabilização do ágio se baseava apenas e tão somente nos termos previstos pela legislação tributária, em específico DL 1.598/77, mesmo a contragosto da doutrina contábil. As lições de MARTINS (2012, p. 49-50) deixam nítido tal descontentamento da doutrina contábil:

> O grande problema começou exatamente com a nossa Lei inovando ao chamar de ágio à diferença total entre o valor pago e o patrimônio líquido da adquirida. E, a seguir, com a Lei também usando essa mesma palavra dentro da expressão "ágio por expectativa de rentabilidade futura". Isso trouxe visivelmente, muitos problemas porque passamos a ter, como será melhor detalhado à frente, a palavra ágio sendo usada para mais de um conceito. O que ocorreu foi a adoção de uma concepção para a palavra ágio que aparece primeiramente no parágrafo atrás que nada tem a ver com o conceito de goodwill (...) ao definir esse todo não escriturado como ágio criou-se o problema, já que, no conceito contábil original, antigo, o goodwill é apenas a parte não escriturada na investida que deriva de uma capacidade anormal de geração de lucros

O art. 20 do DL 1.598/77, em sua redação originária, conceituou o ágio, *para fins tributários*, como a diferença entre o (i) custo de aquisição e (ii) o valor do patrimônio líquido (valor histórico do patrimônio) à época da realização da combinação de negócios (conceito replicado pela Lei Societária – arts. 10, 13 e 14 da Instrução CVM nº 247/96). Nesse sentido, transcreve-se o mencionado dispositivo:

Art. 20 – O contribuinte que avaliar investimento em sociedade coligada ou controlada pelo valor de patrimônio líquido deverá, por ocasião da aquisição da participação, desdobrar o custo de aquisição em:

I – valor de patrimônio líquido na época da aquisição, determinado de acordo com o disposto no artigo 21; e

II – ágio ou deságio na aquisição, que será a diferença entre o custo de aquisição do investimento e o valor de que trata o número I.

§ 1º – O valor de patrimônio líquido e o ágio ou deságio serão registrados em subcontas distintas do custo de aquisição do investimento.

§ 2º – O lançamento do ágio ou deságio deverá indicar, dentre os seguintes, seu fundamento econômico:

a) valor de mercado de bens do ativo da coligada ou controlada superior ou inferior ao custo registrado na sua contabilidade;

b) valor de rentabilidade da coligada ou controlada, com base em previsão dos resultados nos exercícios futuros;

c) fundo de comércio, intangíveis e outras razões econômicas.

§ 3º – O lançamento com os fundamentos de que tratam as letras a e b do § 2º deverá ser baseado em demonstração que o contribuinte arquivará como comprovante da escrituração.

Em resumo, pode-se evidenciar que o ágio internalizado no sistema jurídico-tributário decorre da diferença entre o custo de aquisição e o valor histórico do patrimônio líquido, demonstrado na seguinte fórmula:

Imagem 02

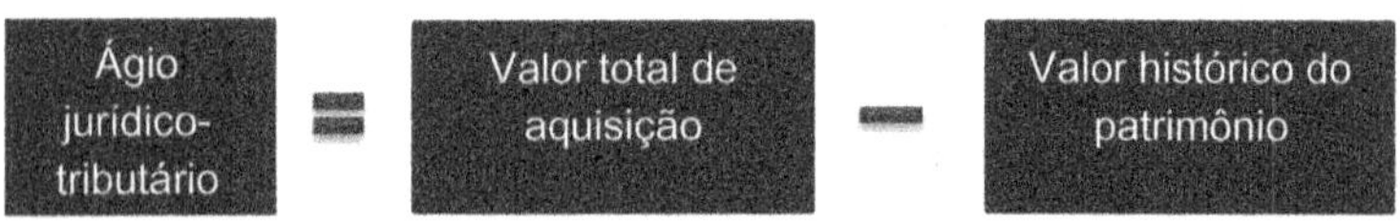

Fonte: autoral (2020)

O ágio, para fins tributários, nos termos do §2º do art. 20 do DL 1.598/77, é gênero que pode ser fundamentado economicamente em três espécies. São elas: valor de mercado dos bens do ativo da investida ("a"), valor da expectativa de rentabilidade futura ("b") e a ultrapassada denominação de fundo de comércio ("c").

NAVARRO (2015, p. 80 e 83), em suas lições, foi bem enfático ao expor a diferenciação entre o ágio contábil e aquele internalizado no sistema jurídico-tributário:

> O Decreto-Lei nº 1.598/77, ao definir o ágio como a diferença entre o custo de aquisição de investimento e o valor do patrimônio líquido contábil da investida, indiferente ao valor de marcado da participação, além de estabelecer três fundamentos para o ágio, acabou por nomear como ágio valores que pela contabilidade são classificados de forma diversa. (...) Ao passo que a teoria contábil considera como causa para o ágio fundado em rentabilidade futura a existência de circunstâncias pelas quais a sinergia dos ativos tomados em conjunto leva a uma avaliação superior à soma dos valores de mercado dos ativos individualmente considerados, a legislação tributária optou por criar uma divisão tripartida do fundamento econômico do ágio, sem qualquer ordem de precedência de um em relação ao outro.

Esse conceito é, nitidamente, *mais amplo* do que o previsto pela doutrina e, sucessivamente, pela legislação contábil (CPC 18), uma vez que o valor do ágio internalizado no sistema jurídico-tributário incorpora (i) a parcela que é denominada pela contabilidade de mais valia; e (ii) a parcela que é aceita pelo sistema contábil como ágio.

Este trabalho não dispenderá esforços para criticar ou detalhar a expressão fundo de comércio, fundamentação do ágio que, desde muito antes, já era tida como superada, ponto que foi muito bem abordado por outros artigos, como o de OLIVEIRA (2011, p. 221). O foco aqui é tratar da fundamentação do ágio na mais-valia e na expectativa de rentabilidade futura, uma vez que a compreensão desses dois conceitos é imprescindível para compreender a diferença do ágio contábil e o jurídico.

O efeito prático de se considerar o ágio gênero dessas três espécies de fundamento, é que o contribuinte poderá, nos termos da sua demonstração arquivada como comprovante da escrituração do ágio em cartório, vide redação – já transcrita – original do §3 do art. 20 do DL 1.598/77, justificar o ágio em qualquer das formas.

O Governo de Fernando Henrique Cardoso, ao instituir o Plano Nacional de Desestatização (PND), por meio da Lei 9.532/97, visando estimular a privatização de empresas públicas, previu, no art. 7º dessa norma, a possibilidade de amortização, na proporção 1/60 (um sessenta avos), do ágio fundamentado na expectativa de rentabilidade futura, ou seja, na segunda espécie do gênero do ágio jurídico-tributário, quando da realização de uma combinação de negócios entre investida e investidora (incorporação, cisão ou fusão), nos seguintes termos:

> Art. 7º A pessoa jurídica que absorver patrimônio de outra, em virtude de incorporação, fusão ou cisão, na qual detenha participação societária adquirida com ágio ou deságio, apurado segundo o disposto no art. 20 do Decreto-Lei nº 1.598, de 26 de dezembro de 1977:
>
> I – deverá registrar o valor do ágio ou deságio cujo fundamento seja o de que trata a alínea "a" do § 2º do art. 20 do Decreto-Lei nº 1.598, de 1977, em contrapartida à conta que registre o bem ou direito que lhe deu causa;
>
> II – deverá registrar o valor do ágio cujo fundamento seja o de que trata a alínea "c" do § 2º do art. 20 do Decreto-Lei nº 1.598, de 1977, em contrapartida a conta de ativo permanente, não sujeita a amortização;

> III – poderá amortizar o valor do ágio cujo fundamento seja o de que trata a alínea "b" do § 2º do art. 20 do Decreto-Lei nº 1.598, de 1977, nos balanços correspondentes à apuração de lucro real, levantados posteriormente à incorporação, fusão ou cisão, à razão de um sessenta avos, no máximo, para cada mês do período de apuração;

Dentre as três formas de se justificar o ágio jurídico-tributário, passou a existir uma mais vantajosa perante as demais, qual seja, a da justificação do ágio na expectativa de rentabilidade futura, comprovada por meio de demonstração arquivada em cartório. Isso porque, repise-se, essa rubrica passou a ser deduzida da base de cálculo do IRPJ, apurado pela base de cálculo real, em específico, na parte "B" do Livro de Apuração do Lucro Real (Lalur).

NAVARRO e JUNQUEIRIA (2015, p. 91), explicam, com primazia, as consequências fiscais da justificativa do ágio na "mais valia" ("valor de mercado de bens do ativo da coligada ou controlada superior ou inferior ao custo registrado na sua contabilidade" – vide alínea "a" do §2º do art. 20º do DL 1.598/77) e da justificativa do ágio na rentabilidade futura ("valor de rentabilidade da coligada ou controlada, com base em previsão dos resultados nos exercícios futuros", vide alínea "b" do §2º do art. 20º do DL 1.598/77), nos seguintes termos:

> Os efeitos fiscais, portanto, pressupõem a absorção do patrimônio da investida pela investidora, ou vice-versa e variam de acordo com o fundamento econômico do ágio, que deverá ser indicado pelo investidor dentre os critérios previstos do Decreto-Lei nº 1.598/77.
>
> O ágio fundado em mais-valia dos ativos deverá ser incorporado aos bens que lhe deram causa, passando a integrar o custo de aquisição e seguirá o regime de depreciação do bem a ele relacionado. O ágio fundado em expectativa de rentabilidade futura

> poderá ser amortizado à razão de 1/60 (um sessenta avos), no mínimo, para cada mês do período de apuração. Finalmente, o ágio fundado em intangíveis, ou em outras razões econômicas, não poderá ser amortizado. Este é o regime da Lei 9.532/97, tal como vigorou até o advento da Lei nº 12.973/14

Logo, (i) se havia três fundamentos possíveis para justificar o ágio tributário; (ii) se apenas um deles poderia ser utilizado para fins de abatimento da base de cálculo do IRPJ (que era a rentabilidade futura); (iii) se inexistia grandes formalismos para a comprovação da justificativa da parcela da expectativa de rentabilidade futura do ágio (bastava o arquivamento da demonstração); é intuitivo que os contribuintes, com frequência, passassem a realizar operações de negócios, com geração de ágio, justificando o seu valor, por meio de cálculo arquivado em cartório, na maioria das vezes fidedigno, na expectativa de rentabilidade futura. O ágio, portanto, passou a ser um importante instrumento no planejamento tributário empresarial. Este trabalho não pretende dispor sobre as formas de planejamentos tributários consideradas lícitas (legítimas) ou ilícitas (abusivas). O foco aqui é estudar a possibilidade de se existir conceitos contábeis e tributários distintos, sob a ótica da teoria da comunicação entre os sistemas. A análise é abstrata e não casuística ("ceteris paribus"). Do contrário, diversas variáveis do planejamento tributário deveriam ser levadas em consideração para obtenção de uma melhor conclusão. Mas um fato é certo, a referida desoneração tributária provocou a elevação de planejamentos tributários utilizando o ágio.

É natural que, em contrapartida da "vulgarização" do aproveitamento fiscal do ágio, por diminuir o caixa do governo federal, a Receita Federal do Brasil tenha intensificado a fiscalização sobre este tipo de operação. Não é à toa que, conforme se verifica do plano anual de fiscalização da RFB (2017, p. 31), no seu item 5, o valor em disputa no CARF relacionado ao ágio é bilionário, transcreve-se:

> 5. Principais operações que serão objeto de fiscalização em 2017:5.1. Planejamentos tributários vinculados a eventos de reorganização societária com geração de ativos amortizáveis: Trata-se de operações praticadas majoritariamente por contribuintes de maior capacidade contributiva, apresentadas como reorganizações societárias que geram, após conclusão dos atos societários, ativos amortizáveis (ágios) que não encontram respaldo na legislação. Apenas nessa irregularidade relacionada à amortização de ágio, a Programação identificou nos últimos anos duas centenas de casos, os quais implicaram a lavratura de auto de infração superior a R$ 41,1 bilhões em 149 procedimentos, e há novos casos em andamento, além de outros a serem iniciados. Também serão investigados eventos de fusão e aquisição societárias, com ou sem troca de ações, onde não houve tributação dos ganhos de capital auferidos. Considerando casos de planejamento tributário abusivo, a Receita Federal, nos últimos anos, concluiu 409 procedimentos, com lavratura de auto de infração em montante global superior a R$65,7 bilhões (grifos do autor)

Este amplo debate que existe sobre o ágio na esfera administrativa, que já se alonga para a esfera judicial, conforme será melhor abordado no último capítulo, poderá ser minorado pela compreensão da teoria comunicacional entre o sistema contábil e jurídico-tributário.

2.3. A aproximação entre os conceitos jurídico-tributário e contábil de ágio provocada pela lei 12.973/14: o fim da controvérsia sobre o tema?

A Lei 12.973/14 fez diversas modificações na legislação fiscal, sobretudo a que se relaciona com a apuração do IRPJ pela base de cálculo real. Em suma, essa Lei (i) atribuiu eficácia às alterações provocadas pela Lei 11.638/07, revogando o já mencionado RTT e, em tese[9], internalizando juridicamente os pronunciamentos contábeis já aprovados (vide art. 58 da Lei 12.973/14[10]); e (ii) positivou diversos conceitos jurídicos, adaptando-os aos conceitos contábeis, como é o caso da receita bruta (vide inovações ao art. 12 do DL 1.598/77) e do próprio ágio.

Até a vigência da Lei 12.973/14, como visto, o ágio tributário, previsto no sistema jurídico-tributário, gerado na aquisição de participação societária em valor superior ao do patrimônio líquido registrado contabilmente, poderia ser fundamentado de três formas, quais sejam: ágio por mais valia ("a"), ágio por expectativa de rentabilidade futura ("goodwill") ("b") e fundo de comércio ("c"), havendo repercussão fiscal, tão somente, na segunda justificativa (vide art. 7º da Lei 9.532/97).

Após o advento da Lei 12.973/14, o ágio passou a ser fundamentado apenas na expectativa de rentabilidade futura ("goodwill"), compreendido como a diferença entre o valor pago pelo investimento e o valor justo dos ativos e passivos do patrimônio, justamente como se encontra previsto nas normas contábeis (CPC 15 e CPC 18)[11]. A mais valia, que antes era uma das

[9] Particularmente, este autor discorda desse posicionamento, o que, sem embargos, poderá ser alvo de um novo estudo, haja vista acreditar que o processo de internalização jurídica-tributária tem que ser específico, sobretudo quando afetar a materialidade de um tributo, o que não ocorreu com essa pretensa positivação dos CPC's aprovados, em lote, pelo art. 58 da Lei 12.973/14.

[10] "Art. 58. A modificação ou a adoção de métodos e critérios contábeis, por meio de atos administrativos emitidos com base em competência atribuída em lei comercial, que sejam posteriores à publicação desta Lei, não terá implicação na apuração dos tributos federais até que lei tributária regule a matéria. "Parágrafo único. Para fins do disposto no caput, compete à Secretaria da Receita Federal do Brasil, no âmbito de suas atribuições, identificar os atos administrativos e dispor sobre os procedimentos para anular os efeitos desses atos sobre a apuração dos tributos federais"

[11] É o que se verifica da atual redação do "caput" do art. 20 do DL 1.598/77, concedida pela Lei 12.973/14, a seguir destacado "Art. 20. O contribuinte que

hipóteses de justificação do ágio, passou a ser compreendida como rubrica autônoma. Por fim, o fundo de comércio deixou de existir como rubrica autônoma, sendo atualmente compreendida dentro do "goodwill".

Essas alterações aproximaram o conceito jurídico-tributário ao conceito contábil de ágio, atualmente compreendido apenas como expectativa de rentabilidade futura ou "goodwill", consequentemente, aproximam os sistemas jurídico-tributário e contábil. Além dessas aproximações, a Lei 12.973/14 instituiu diversas normas antielisivas relacionadas ao aproveitamento do ágio, destacam-se:

O legislador instituiu, no novo §5º do art. 20 do DL 1.598/77[12], uma ordem de preferência, que antes inexistia, para o registro do fundamento econômico do sobrepreço pago na aquisição de ações (diferença entre o valor pago e o valor contábil do patrimônio líquido, que atualmente não se pode mais chamar de ágio), destaca-se: (i) O primeiro fundamento a ser escriturado na contabilidade é o valor dos ativos e passivos adquiridos da investida, nos termos do seu balanço patrimonial e balancete. (ii) O segundo registro a ser realizado na contabilidade da empresa

avaliar investimento pelo valor de patrimônio líquido deverá, por ocasião da aquisição da participação, desdobrar o custo de aquisição em: I – valor de patrimônio líquido na época da aquisição, determinado de acordo com o disposto no artigo 21; e II – mais ou menos-valia, que corresponde à diferença entre o valor justo dos ativos líquidos da investida, na proporção da porcentagem da participação adquirida, e o valor de que trata o inciso I do caput; e III – ágio por rentabilidade futura (goodwill), que corresponde à diferença entre o custo de aquisição do investimento e o somatório dos valores de que tratam os incisos I e II do caput. § 1º Os valores de que tratam os incisos I a III do caput serão registrados em subcontas distintas"

[12] "§ 5º A aquisição de participação societária sujeita à avaliação pelo valor do patrimônio líquido exige o reconhecimento e a mensuração: I – primeiramente, dos ativos identificáveis adquiridos e dos passivos assumidos a valor justo; e II – posteriormente, do ágio por rentabilidade futura (goodwill) ou do ganho proveniente de compra vantajosa"

investidora é da mais-valia, como rubrica autônoma, correspondente à diferença entre o valor justo dos ativos e passivos adquiridos da investida e os valores contábil. A mais valia passou a integrar as contas próprias de cada ativo. Por fim, como o último registro, se ainda sobejar alguma quantia, será registrado (iii) o ágio por expectativa de rentabilidade futura ("goodwill").

No §3º do art. 20 do DL 1.598/77[13], o legislador elevou o formalismo na evidenciação do ágio (doravante, justificado apenas na expectativa de rentabilidade futura) ao prever que o mesmo tem que ser justificado, não mais por uma "demonstração que o contribuinte arquivará como comprovante da escrituração", mas sim por um "laudo elaborado por perito independente que deverá ser protocolado na Secretaria da Receita Federal do Brasil ou cujo sumário deverá ser registrado em Cartório de Registro de Títulos e Documentos", tendo como marco temporal de entrega, antes igualmente inexistente, "até o último dia útil do 13º (décimo terceiro) mês subsequente ao da aquisição da participação", sob pena de impossibilidade de aproveitamento fiscal dessa rubrica. Por fim, passou-se a exigir que as partes sejam independentes, vide art. 22 e 25 da Lei 12.973/14[14].

[13] "§ 3º O valor de que trata o inciso II do caput deverá ser baseado em laudo elaborado por perito independente que deverá ser protocolado na Secretaria da Receita Federal do Brasil ou cujo sumário deverá ser registrado em Cartório de Registro de Títulos e Documentos, até o último dia útil do 13º (décimo terceiro) mês subsequente ao da aquisição da participação"

[14] "Art. 22. A pessoa jurídica que absorver patrimônio de outra, em virtude de incorporação, fusão ou cisão, na qual detinha participação societária adquirida com ágio por rentabilidade futura (goodwill) decorrente da aquisição de participação societária entre partes não dependentes, apurado segundo o disposto no inciso III do caput do art. 20 do Decreto-Lei no 1.598, de 26 de dezembro de 1977, poderá excluir para fins de apuração do lucro real dos períodos de apuração subsequentes o saldo do referido ágio existente na contabilidade na data da aquisição da participação societária, à razão de 1/60 (um sessenta avos), no máximo, para cada mês do período de apuração".

A inobservância de um desses requisitos destacados pela atual redação do DL 1.598/77 pode gerar consequência jurídica grave, como, por exemplo, a glosa do aproveitamento fiscal do ágio.

Embora devidamente destacadas as barreiras instituídas pela Lei 12.973/14 à justificativa do ágio na rentabilidade futura (ágio propriamente dito), afetando, consequentemente, o seu aproveitamento fiscal, para este estudo o ponto nodal consiste na compreensão de que a referida Lei aproximou o sistema jurídico-tributário ao sistema contábil, no que toca ao ágio (o que antes era inexistente).

3. A teoria comunicacional dos sistemas na resolução de demandas tributárias

3.1. A teoria dos sistemas matemáticos aplicada à teoria comunicacional dos sistemas

Tanto o direito quanto a contabilidade são ciências demasiadamente positivadas, compostas por normas de cunho prescritivo. O direito, integrante do sistema jurídico, é composto por normas jurídicas e diversos subsistemas, como o jurídico-tributário. Já a contabilidade, integrante do sistema contábil, é composta por normas técnicas, as quais só se tornam jurídicas, com código binário lícito/ilícito (inerente ao direito), quando internalizadas pelo direito, o que ocorrerá por meio das formas de valorações abordadas no capítulo 1 (integral, parcial ou terminológica).

Não são poucos os exemplos de normas jurídicas que prescrevem, atualmente, conteúdo contábil no ordenamento jurídico pátrio. Destacam-se, especificamente, a Lei 6.404/66 (Lei das SA's), ao dispor sobre a forma de contabilização dos ativos, passivos, patrimônio líquido, apuração do lucro líquido, livros contábeis, avaliação dos ativos e passivos, dentre outros itens; e a Lei 11.638/07, que fez diversas alterações na Lei das SA's.

Essas normas jurídicas citadas foram internalizadas no sistema jurídico, em específico, por opção legislativa, no subsistema jurídico-societário (contabilização das SA's). Por si só, elas não afetam diretamente o subsistema tributário, ou seja, a forma de tributação dos institutos contábeis previstos na legislação societária. Como já visto neste trabalho, os subsistemas jurídicos, embora pertençam a um mesmo sistema (jurídico), possuem autonomia com relação aos demais subsistemas. Eles valorizam os institutos que lhes são de interesse (clausura operacional). No subsistema jurídico-tributário, a valorização respeitará os arts. 109 e 110 do CTN (subcapítulo 1.2). É por isso que sucessivamente à publicação das citadas normas jurídicas, advieram normas jurídicas tributárias, concedendo efeitos fiscais àquelas, v.g. DL 1.598/77 (concede efeitos fiscais à Lei das SA's) e a Lei 12.973/14 (concede efeitos fiscais à Lei 11.638/07).

Na prática, é difícil de se desenhar a estrutura entrelaçada de todos os sistemas que compõem o universo comunicacional. A lógica sistemática comunicacional se assemelha demasiadamente com a lógica dos sistemas na matemática, em que os sistemas são denominados de conjuntos e são separados entre si (ex. conjunto A e conjunto B). A união entre dois ou mais sistemas (∪) ocorre quando os elementos contidos em um dado conjunto "A" (1, 2 e 3) se juntam aos elementos contidos em um dado conjunto "B" (2, 3, 4), resultando o conjunto $A \cup B$ (1, 2, 3, 4). A intersecção entre dois ou mais sistemas (∩) ocorre quando os elementos contidos em um dado conjunto "A" (1, 2, 3) se repetem em dado conjunto "B" (2, 3, 4), resultando o conjunto $A \cap B$ (2, 3). Tais conjuntos, na matemática, encontram-se a seguir demonstrado:

Imagem 03

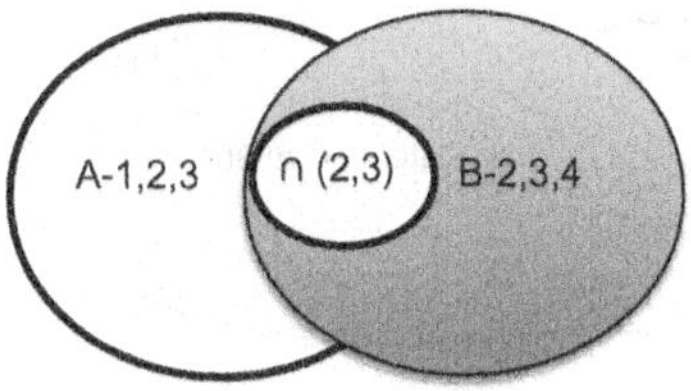

Figura 1: intersecção

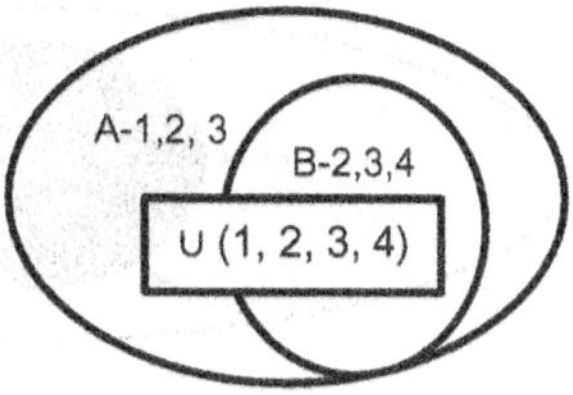

Figura 2: União

Fonte: autoral (2020)

Subsumindo essas premissas à teoria dos sistemas comunicacionais, em específico com relação à comunicação existente entre os sistemas contábil e o jurídico-tributário, pode-se afirmar que o sistema do direito (conjunto A), em sentido amplo, possui pontos de intersecção (∩) com o sistema contábil (conjunto B), em sentido amplo, representado pelo conjunto intersecção $A \cap B$. O sistema jurídico (conjunto A) possui uma verdadeira união (∪) com o subsistema jurídico-tributário (conjunto C), evidenciado pelo conjunto união $A \cup B$. A comunicação entre esses sistemas, em vez de números, como na matemática, se dá por mensagens, transmitida por meio de códigos binários próprios de cada sistema comunicacional, as quais poderão, ou não, ser recepcionadas pelos demais sistemas e subsistemas. Os pontos de intersecção do sistema contábil com o sistema jurídico denotam as mensagens contábeis que foram valoradas pelo sistema jurídico.

Esses conjuntos, com suas uniões e intersecções, e as suas mensagens (representados por setas) se encontram demonstrados a seguir:

Imagem 04

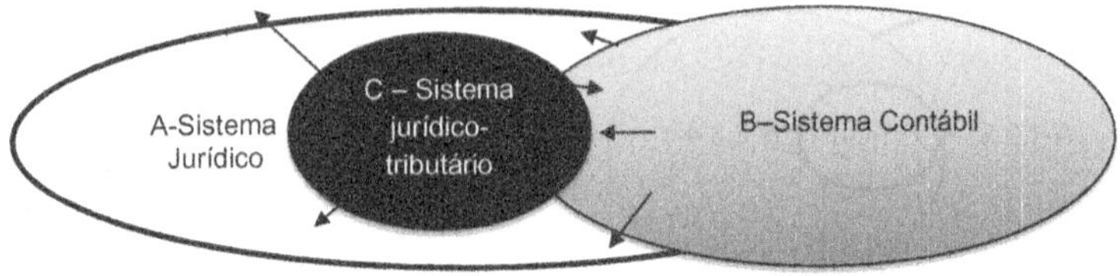

Fonte: autoral (2020)

O sistema contábil possui mensagens próprias, que vinculam a forma contabilização das empresas. É o caso das já denominadas normas técnicas contábeis (pronunciamentos CPC nº 15 e 18). O sistema jurídico pode se aproximar ou se distanciar do sistema contábil. A aproximação ocorre justamente quando ele valora as mensagens contábeis integralmente, ou seja, nos exatos termos que elas são postas pelo sistema contábil, o que, como explicado no capítulo 01, poderá ocorrer por positivação (repetição em texto legal) ou reenvio conceitual (remissão às lições contábeis, ex. lucro líquido contábil). O distanciamento entre os sistemas jurídico e contábil, por outro lado, ocorrerá, na maioria das vezes, quando a valoração ocorre de maneira parcial ou terminologicamente (nesta ocasião, quando não aplicado o art. 110 do CTN – explicação no "subcapítulo 1.2"), visto que determinado conceito contábil poderá ser modificado parcial (por muito tempo, o que ocorreu com o ágio) ou integralmente (equiparação do instituto do faturamento ao instituto da receita bruta). Não bastam ser integradas ao sistema jurídico, as mensagens contábeis têm que ser internalizadas no subsistema jurídico-tributário, o qual integra (conjunto união) o sistema jurídico, para ganhar força fiscal.

3.2. Como se deve interpretar normas tributárias que valorizam institutos contábeis. Caso prático: aproveitamento fiscal do ágio gerado por expectativa de rentabilidade futura

Os sistemas jurídico e contábil são dissociados, independentes e, portanto, não se comunicam automaticamente entre si. Conforme amplamente fundamentado neste estudo, inclusive por meio de exemplos, poderá um instituto essencialmente contábil ser valorado de uma forma no seu sistema originário (contábil) e ser recepcionado de maneira diversa no sistema jurídico. Este estudo ainda defende que, ainda que se trate de dois subsistemas jurídicos (ex. tributário e societário), poderá haver valorações distintas de um mesmo instituto sem que haja antinomia jurídica (ex. lucro líquido societário, que é igual ao lucro líquido contábil, e o lucro tributável pelo IRPJ).

Essa afirmação encontra respaldo no art. 177 da Lei 6.404/76[15], que prevê a desvinculação da escrituração contábil da legislação tributária. Para tanto, separa as informações contábeis das informações fiscais em livros distintos, como por exemplo, a escrituração do lucro contábil na Demonstração de Resultado de Exercício (DRE), que deverá respeitar a legislação comercial, a normatização técnica contábil e os princípios contábeis geralmente aceitos, e o lucro tributável no Livro de Apuração do Lucro Real (Lalur).

Embora se aceite doutrinariamente que possam existir dois lucros, um para a contabilidade e outro para o direito tributá-

[15] "Art. 177. A escrituração da companhia será mantida em registros permanentes, com obediência aos preceitos da legislação comercial e desta Lei e aos princípios de contabilidade geralmente aceitos (...) § 2º A companhia observará em registros auxiliares, sem modificação da escrituração mercantil e das demonstrações reguladas nesta Lei, as disposições da Lei tributária, ou de legislação especial sobre a atividade que constitui seu objeto, que prescrevam métodos ou critérios contábeis diferentes ou determinem a elaboração de outras demonstrações financeiras".

rio, no caso da diferenciação do ágio jurídico e do ágio contábil, se verifica que renomados doutrinadores discordam poder existir diferentes espécies de ágio. Nas lições, a seguir transcritas, observam-se severas críticas, proferidas por Iudicíbus e Martins (2011, p. 76), à antiga (pré Lei 12.973/14) conceituação tributária ampliativa do ágio (justificado como: valor de mercado dos bens do ativo da investida – "a"-, valor da expectativa de rentabilidade futura – "b" – e a ultrapassada denominação de fundo de comércio – "c"), uma vez que, pretensamente, não guardava intimidade com a conceituação contábil desse instituto:

> Ora, a letra "a" contém o que não é genuinamente ágio, mas sim mais-valia (como regra) de ativos mensurados a mercado com relação a seus valores contábeis. Essa diferença é decorrente das mensurações contábeis fundamentadas na Teoria da Manutenção do Capital Monetário, que suporta o custo histórico para os ativos não monetários. *Jamais deveria haver essa terminologia de "ágio'.*
>
> A letra "b" é exatamente o goodwill, ou melhor, é a prova de existência de fatores e sinergias que o provocam. A rentabilidade em si não é o goodwill, ela é consequência de inúmeros fatores e sinergias conforme tentativa e parcialmente listados atrás. Mas ambos se vinculam totalmente.
>
> A letra "c" é um desastre em termos contábeis. Em primeiro lugar, fundo de comércio é uma expressão complicadíssima para ser utilizada nesse contexto, *já que possui significados diferentes em direito e em Contabilidade,* ou pelo menos junto à maioria dos seus profissionais e estudiosos. (...) (g.n)

Com o devido respeito ao afirmado pelos renomados teóricos da contabilidade, afirmar que o ágio jurídico não pode ser chamado de ágio por não guardar respeito com as normas e ensinamentos contábeis, é a mesma coisa que dizer que o lucro tributável não pode ser chamado de lucro. Nos parece, por tudo que já foi defendido neste estudo, que o conceito de um determinado instituto contábil, como o ágio, poderá sim ser valorado juridicamente de maneira ampliativa (contendo a parcela de mais valia e, ainda que de nomenclatura criticável, de fundo de comércio). Tal situação é o retrato da internalização parcial do conceito de ágio, que decorre da aplicação da teoria comunicacional dos sistemas, aqui defendida como importante ferramenta na resolução de demandas tributárias. Didaticamente, para melhor compreender este estudo, demonstrar-se-á o passo a passo de como se deve interpretar instituto contábil que, como o ágio, é valorado pelo sistema tributário diversamente:

Primeiro passo: verificar se o instituto contábil, cujo conceito advém essencialmente do sistema contábil, foi valorado (internalização conceitual) *parcial ou integralmente* pelo sistema jurídico-tributário, vide positivação ou remissão de conceito. Em outras palavras, será verificada se a legislação fiscal fez remissão, restrição ou ampliação do instituto contábil, hipóteses bem delineadas no subcapítulo "1.1". *Segundo passo*: verificar se o conceito do instituto contábil foi expressado apenas terminologicamente (sem restrição, remissão ou ampliação) pela legislação jurídico-tributária – hipótese em que, geralmente, o mesmo se encontrará vago e lacônico. Nessa ocasião, a interpretação desse dado instituto contábil positivado obscuramente ocorrerá da forma prevista no Código Tributário Nacional, vide seu art. 109, ou seja, nos termos previstos no sistema contábil. *Terceiro passo*: verificar se esse determinado instituto contábil, cujo conceito advém essencialmente do sistema contábil, foi valorizado terminologicamente pela Constituição Federal de 1988, ocasião em que o conceito poderá estar definido nela ou apenas expressado terminologicamente nela. Na primeira hipótese, se a Constituição Federal positivou dada definição, a mesma prevalecerá sobre as demais previsões legais, que deverão guardar respeito àquela. Em paralelo, se a CF/88 expressou um dado conceito apenas terminologicamente, sem conteúdo axiológico, caberá ao intérprete, como regra o aplicador da Lei que se encontra empossado no cargo de Ministro do STF, quando instado, a definição do referido conceito, o que deverá ocorrer de acordo com os métodos hermenêuticos, como, por exemplo, a teleologia e a sistemática constitucional.

Dadas as premissas, cabe-nos analisar como deve ser interpretado o instituto do ágio, instituto que decorre essencialmente do sistema contábil (doutrina e legislação), internalizado no sistema jurídico-tributário, primeiramente, por meio do DL 1.598/77, sucessivamente, aprimorado pela Lei 12.973/14.

Primeiro passo da interpretação do ágio: o ágio teve seu conceito ampliado pela legislação fiscal, inerente ao subsistema jurídico-tributário, vide redação originária do art. 20 do DL 1.598/7. Nessa ocasião, foi valorado parcialmente pelo subsistema jurídico-tributário. Em resumo, é que o sistema jurídico-tributário conceituou o ágio, *para fins tributários*, como a diferença entre o (i) custo de aquisição; e (ii) o valor histórico do patrimônio líquido à época da realização da combinação de negócios; sendo o ágio tributário o resultado desta operação, que poderia ser justificado por laudo arquivado em cartório de três formas: a) mais-valia; b) expectativa de rentabilidade futura (a única parcela amortizável da base de cálculo do IRPJ, na proporção de 1/60, após a Lei 9.532/77); e c) fundo de comércio; **enquanto** o ágio, *previsto pelo sistema contábil*, seria decorrente do seguinte desdobramento: (i) custo de aquisição; subtraído: (ii) da parcela correspondente à mais valia, que é a soma dos valores de mercado do patrimônio líquido da investida. Exemplificativamente, em uma combinação de negócios em que o custo total da aquisição, por incorporação patrimonial, foi de R$ 1.000.000,00 (um milhão de reais); o valor de mercado do Patrimônio Líquido (mais-valia) da incorporada foi de R$ 800.000,00 (oitocentos mil reais); e o valor histórico do Patrimônio Líquido da empresa incorporada foi de R$ 400.000,00 (quatrocentos mil reais), o ágio, jurídico e contábil, encontrar-se-iam da seguinte forma delimitados:

Quadro 01

Quadro comparativo do Ágio contábil e Ágio jurídico (antes da Lei 12.973/14)						
Ágio contábil (CPC18)	Fórmula =	Valor total da aquisição	-	Valor de mercado do PL		
	Exemplo numérico:	R$ 1.000.000,00	-	R$ 800.000,00	=	R$200.000,00
Ágio jurídico (DL. 1.598/77 antes da Lei 12.973/14)	Fórmula =	Valor total da aquisição	-	Valor histórico do PL		
	Exemplo numérico:	R$ 1.000.000,00	-	R$ 400.000,00	=	R$600.000,00

Fonte: autoral (2020)

Após a Lei 12.973/14, o subsistema jurídico-tributário, como visto no item 2.3 do capítulo 2, valorou integralmente, por remissão, o conceito contábil de ágio, repetindo a definição há tempos prevista no sistema contábil.

Segundo passo da interpretação do ágio: encontra-se prejudicado tendo em vista que, no caso específico do ágio, não ocorreu a recepção conceitual por meio da valoração terminológica, seja antes ou após a Lei 12.973/14. Ademais, o conceito desse instituto não é vago. Portanto, não haverá a incidência do art. 109 do CTN à interpretação tributária do mesmo.

Por fim, *terceiro passo da interpretação do ágio:* encontra-se igualmente prejudicada a análise, haja vista o instituto do ágio não estar previsto na CF/88 (antes ou após a Lei 12.973/14). Ainda que sua amortização possa afetar a "renda" – grosso modo, base de cálculo do IRPJ – qualquer violação à CF/88 seria apenas reflexa. Portanto, inaplicável o art. 110 do CTN à interpretação do referido instituto.

Feito esses três testes, verifica-se que a norma jurídica tributária pode sim ampliar o conceito de ágio sem afetar o art. 109 e 110 do CTN, como foi, de fato, realizado pelo art. 20 do DL 1.598/77 (redação originária) – antes da Lei 12.973/14. Deve o intérprete, administrativo ou judicial, respeitar, pois, o conceito positivado.

Para finalizar, nesse sentido, apresentam-se trechos da recente sentença (17/05/2018) proferida no processo de nº 5058075-42.2017.4.04.7100/RS (Gerdau SA):

> O conceito jurídico de ágio, portanto, era "a diferença entre o custo de aquisição do investimento" e o "valor de patrimônio líquido na época da aquisição", com base em três possíveis fundamentos econômicos, indicados nas alíneas do §2º. No caso dos autos, o ágio em debate surgiu a partir da diferença entre o valor de avaliação indicado nos laudos realizados pela empresa (...)e aquele até então contabilizado, com base na expectativa de rentabilidade futura (alínea "b"), conceito também conhecido como goodwill. O fundamento jurídico para amortização deste ágio é o inciso III do caput do art. 7º da Lei 9.532/97, já citado acima. (...) Tais alterações, inclusive, vieram a influenciar o legislador ordinário na produção de novas normas jurídicas tributárias relacionadas à escrituração contábil para fins fiscais, o que teve início com as Leis 11.638/07 e 11.941/09, que instituíram o regime tributário de transição, e teve seu último passo com a Lei 12.973/2014. (...) Inobstante, os movimentos societários que levaram ao surgimento do ágio glosado ocorreram entre 2004 e 2005, conforme já exposto anteriormente. Assim, não é possível aplicar o que dispõe a Lei 12.973/2014 – ou os princípios contábeis que lhe fundamentaram, por afronta aos artigos 106 e 109 do CTN

Ainda que haja uma divergência conceitual entre o ágio compreendido contábil e juridicamente, apresentou-se, neste estudo, com amparo na teoria comunicacional dos sistemas, importante ferramenta, especificada em passo a passo, para dirimir eventuais controvérsias sobre a interpretação que deve ser conferida, tributariamente, não apenas ao ágio, mas a qualquer instituto contábil ou mesmo de outro sistema, positivado ou não, que seja valorado pelo subsistema jurídico-tributário.

Conclusões

Conforme verificado ao longo deste estudo, no universo comunicacional existem vários sistemas linguísticos. São exemplos desses sistemas: o social, jurídico, contábil, tributário, religioso, político, dentre diversos outros. O sistema jurídico, diferente dos demais sistemas, apresenta como peculiaridade a sua organização por meio de normas jurídicas prescritivas. Sucede que o sistema jurídico é composto por diversos subsistemas (sistema em sentido estrito), são eles: tributário, comercial, trabalhista, dentre diversos outros.

Na prática, tanto os sistemas como os subsistemas estão a todo tempo se relacionando. Eles valoram os institutos uns dos outros, ampliando, restringindo, replicando ou mesmo repaginando os conceitos dos demais sistemas. Por isso, é aceitável o fato de que dentro de um dado sistema, como o jurídico, possa haver dois conceitos de um mesmo instituto distintos, sem que haja conflito, no caso do direito, a antinomia jurídica.

É o caso justamente do ágio, instituto que ganha relevo por ser amortizável da base de cálculo do IRPJ (Lei 9.532/97). O ágio, que é um instituto essencialmente contábil, foi, como visto, valorado pelo subsistema tributário de maneira diversa daquela prevista no sistema contábil. Houve, até o advento da Lei 12.973/14 (que aproximou o conceito jurídico ao conceito contábil de ágio), uma ampliação do seu conceito. Eis uma das razões da existência de elevado conflito administrativo sobre o tema.

Embora essa ampliação conceitual, para fins de desoneração tributária, seja passível de críticas no sistema político, sobretudo por parte da Fazenda, ela não se encontra, "de per si", eivada por ilegalidade ou inconstitucionalidade, não podendo ser desconsiderada pelo sistema jurídico, o que se justifica pela teoria comunicacional. Não há, como visto no estudo, qualquer vício na referida ampliação conceitual.

Compreender que institutos, como o ágio, podem ser valorados no direito tributário de maneira diversa daquela prevista no seu sistema originário, como é o caso do contábil, reduzirá as demandas tributárias, administrativa e judicialmente. Para tanto, este estudo, na tentativa de colaborar academicamente, desenvolveu, com base na teoria comunicacional, formas de valoração sistemática (internalização conceitual) e, ainda, se desenhou um roteiro a ser seguido pelo intérprete do direito na tentativa de lhe nortear quando, em sua frente, estiver casos deste tipo.

Referências

ALVES, Raquel de Andrade Vieira; FRANCO, Fernando Raposo. **O Ágio Fundado em Expectativa de Rentabilidade Futura e a Efetiva Geração de Lucros: "caso DASA"**. In MANEIRA, Eduardo; SANTIAGO, Igor Mauler. Ágio no direito tributário e societário: questões atuais. 1ª ed. São Paulo/SP: Quarter Latin, 2015.

AMARO, Luciano. **Direito Tributário Brasileiro**. 15ª ed., São Paulo: Saraiva, 2009.

BARRETO, Paulo Aires. **Comunicação, linguagem e direito.** In Teoria Comunicacional do Direito – Diálogo entre Brasil e Espanha. 1ª ed. Volume 1. São Paulo: Noesis, 2011.

CABRAL, Pedro Henrique de Araújo. **Norma jurídica como inference ticket – ausência de representação de intencionalidade pela norma jurídica geral e abstrata e sua função inferenciadora.** In ROBLES, Gregório; CARVALHO, Paulo de Barros. Teoria Comunicacional do Direito – Diálogo entre Brasil e Espanha. 1ª ed. Volume 2. São Paulo: Noesis, 2017.

CARVALHO, Aurora Tomazini de. **A ideia de texto e sua potencialidade analítica para a teoria comunicacional do direito.** Teoria Comunicacional do Direito – Diálogo entre Brasil e Espanha. 1ª ed. Volume 1. São Paulo: Noesis, 2011.

CARVALHO, Paulo de Barros. **Curso de Direito Tributário**. 26ª ed. São Paulo: Editora Saraiva, 2015

CARVALHO, Paulo de Barros. **Linguagem e Método.** 6ª ed. São Paulo: Editora Noesis, 2015.

CARVALHO, Paulo de Barros. **Regras técnicas ou procedimentais no direito tributário.** Teoria Comunicacional do Direito – Diálogo entre Brasil e Espanha. 1ª ed. Volume 1. São Paulo: Noesis, 2011.

COELHO, Sacha Calmon Navarro. **Curso de Direito Tributário Brasileiro.** 14ª ed. Rio de Janeiro: Editora Forense, 2015

_____, Sacha Calmon Navarro; COELHO, Eduardo Junqueira. **O conceito Tributário de Ágio Previsto no Decreto-Lei 1.598/77 e os Requisitos para a sua Amortização com Base no Art. 7º da Lei 9.532/1997**. MANEIRA, Eduardo; SANTIAGO, Igor Mauler. Ágio no direito tributário e societário: questões atuais. 1ª ed. São Paulo/SP: Quarter Latin, 2015.

COSTA, Hugo Marcondis Rosestolato da. **Amortização Fiscal do Ágio já Amortizado Contabilmente: Caso Volvo**. MANEIRA, Eduardo; SANTIAGO, Igor Mauler. Ágio no direito tributário e societário: questões atuais. 1ª ed. São Paulo/SP: Quarter Latin, 2015.

FAVACHO, Fernando Gomes; SOUZA, Cecília Priscila. **Intertextualidade entre subsistemas jurídicos: a experiência tributária brasileira sobre "receita", "tributo" e "insumos"**. In ROBLES, Gregório; CARVALHO, Paulo de Barros. Teoria Comunicacional do Direito – Diálogo entre Brasil e Espanha. 1ª ed. Volume 2. São Paulo: Noesis, 2017.

FONSECA, Fernando Daniel de Moura; LIMA, Daniel Serra. **A relação entre os Conceitos Jurídico e Contábil de Ágio antes e depois da Reforma da Lei das S/A: O problema da interdisciplinaridade no Direito Tributário**. In: MANEIRA, Eduardo; SANTIAGO, Igor Mauler. Ágio no direito tributário e societário: questões atuais. 1ª ed. São Paulo/SP: Quarter Latin, 2015.

GAMA, Tácio Lacerda. **Competência Tributária e a sua estrutura normativa.** In ROBLES, Gregório; CARVALHO, Paulo de Barros. Teoria Comunicacional do Direito – Diálogo entre Brasil e Espanha. 1ª ed. Volume 2. São Paulo: Noesis, 2017.

GAMA, Tácio Lacerda. **Uma proposta dialógica para os atributos da unidade, coerência e consistência do Sistema Jurídico.** In Teoria Comunicacional do Direito – Diálogo entre Brasil e Espanha. 1ª ed. Volume 1. São Paulo: Noesis, 2011.

Iudícibus, Sérgio. **Contabilidade Introdutória**. 11ª ed. São Paulo/SP: Atlas, 2010.

_____, Sérgio; Martins, Eliseu. **Intangível – Sua Relação Contabilidade/Direito – teoria, estruturas Conceituais e Normas – Problemas Fiscais de Hoje**. in: Lopes, Alexsandro Broedel; Mosqueira, Roberto Quiroga (coord.). Controvérsias jurídico-contábeis (aproximações e distanciamentos. São Paulo: Dialética, 2011.

_____, Sérgio; Martins, Eliseu; Gelbcke, Ernesto Rubens; Dos Santos, Ariovaldo. **Manual de Contabilidade Societária – aplicável a todas as sociedades**. São Paulo: Atlas, 2010.

Lobato, Valter de Souza. **O Novo Regime Jurídico do Ágio na Lei 12.973/2014**. In: Ágio no direito tributário e societário: questões atuais. 1ª ed. São Paulo/SP: Quarter Latin, 2015.

Lopes. Alexsandro Brodel; Martins, Eliseu. **Do ágio Baseado em Expectativa de Rentabilidade Futura – Algumas Considerações Contábeis**. In Mosqueira, Roberto Quiroga; Lopes, Alexsandro Brodel. Controvérsias Jurídico-Contábeis (aproximações e distanciamentos): 3º Volume. São Paulo: Dialética, 2012.

Mello, Henrique. **Teoria Comunicacional do direito e a tipologia da legitimidade jurídica.** In Robles, Gregório; Carvalho, Paulo de Barros. Teoria Comunicacional do Direito – Diálogo entre Brasil e Espanha. 1ª ed. Volume 2. São Paulo: Noesis, 2017.

Moraes, Guilherme Lopes. **Teoria comunicacional do direito e informatização fiscal.** In Robles, Gregório; Carvalho, Paulo de Barros. Teoria Comunicacional do Direito – Diálogo entre Brasil e Espanha. 1ª ed. Volume 2. São Paulo: Noesis, 2017.

Mosqueira, Roberto Quiroga; De Freitas, Rodrigo. **Aspectos polêmicos do Ágio na Aquisição de Investimentos: (i) Rentabilidade Futura; e (ii) Ágio Interno**. In Mosqueira, Roberto Quiroga; Lopes, Alexsandro Brodel (coord). Controvérsias Jurídico-Contábeis (aproximações e distanciamentos): 3º Volume. São Paulo: Dialética, 2012.

Moussallem, Tárek Moysés. **A enunciação e os enunciados: A performatividade do direito.** In Teoria Comunicacional do Direito – Diálogo entre Brasil e Espanha. 1ª ed. Volume 1. São Paulo: Noesis, 2011.

Oliveira, Alexandre. **Princípios da legalidade e anterioridade no Direito Tributário.** Disponível em <http://www.ambito-juridico.com.br/site/index.php?n_link=revista_artigos_Leitura&artigo_id=7864 >acessado em 08/10/2018.

OLIVEIRA, Ricardo Mariz. **Questões atuais sobre o ágio – Ágio interno – Rentabilidade Futura e Intangível – Dedutibilidade das amortizações – As inter-relações entre o Direito e a Contabilidade.** In MOSQUEIRA, Roberto Quiroga; LOPES, Alexsandro Brodel. Controvérsias Jurídico-Contábeis (aproximações e distanciamentos): 2º Volume. São Paulo: Dialética, 2011.

PAULSEN, Leandro. **Direito Tributário:** Constituição e Código Tributário Nacional à luz da doutrina e jurisprudência.16ª ed. Porto Alegre/RS: livraria do advogado, 2014.

PEIXOTO; Marcelo Magalhães; FARO, Maurício Pereira. **Análise de casos sobre aproveitamento de ágio: IRPJ e CSLL: À luz da jurisprudência do CARF – Conselho Administrativo de Recursos Fiscais.** 1ª ed. São Paulo/SP: MP editora, 2016.

PISCITELLI Tathiane dos Santos. **A natureza da dogmática jurídica como ciência prática e construtivista.** In Teoria Comunicacional do Direito – Diálogo entre Brasil e Espanha. 1ª ed. Volume 1. São Paulo: Noesis, 2011.

RIBEIRO, Ricardo Lodi; DOS SANTOS, Flávio Mattos. **Natureza jurídica da Amortização Fiscal do Ágio: despesa necessária, benefício fiscal ou norma antielisiva?** MANEIRA, Eduardo; SANTIAGO, Igor Mauler. Ágio no direito tributário e societário: questões atuais. 1ª ed. São Paulo/SP: Quarter Latin, 2015.

ROBLES, Gregório; CARVALHO, Paulo de Barros. **Teoria Comunicacional do Direito – Diálogo entre Brasil e Espanha.** 1ª ed. Volume 1. São Paulo: Noesis,2011.

______, Gregório; CARVALHO, Paulo de Barros. **Teoria Comunicacional do Direito – Diálogo entre Brasil e Espanha.** 1ª ed. Volume 2. São Paulo: Noesis,2017.

______, Gregório. **Direito como texto.** 1ª ed. São Paulo: Manole, 2005.

SCHOUERI, Luís Eduardo; PEREIRA, Roberto Codorniz Leite. **A figura do "Laudo" nas Operações Societárias com Ágio: do Retrato da Expectativa de Rentabilidade Futura para o Retrato do Valor Justo.** In: MANEIRA, Eduardo; SANTIAGO, Igor Mauler. Ágio no direito tributário e societário: questões atuais. 1ª ed. São Paulo/SP: Quarter Latin, 2015.

SOUZA, Antônio Carlos F. **A permuta de bens da pessoa jurídica e o omomento da aquisição da disponibilidade econômica ou jurídica do ganho ou perda de capital.** Disponível em < https://www.academia.edu/9599754/A_PERMUTA_DE_BENS_DA_PESSOA_JURÍDICA_E_O_MOMENTO_DA_AQUISIÇÃO_DA_DISPONIBILIDADE_ECONÔMICA_OU_JURÍDICA_DO_GANHO_OU_PERDA_DE_CAPITAL> acessado em: 11/09/2018.

TEIXEIRA, Tiago Conde; TEIXEIRA, Yann Santos. **Planejamento Tributário e a Amortização do Ágio**. In: MANEIRA, Eduardo; SANTIAGO, Igor Mauler. Ágio no direito tributário e societário: questões atuais. 1ª ed. São Paulo/SP: Quarter Latin, 2015.

TOMÉ, Fabiana Del Padre. **A prova no direito tributário**. 4ª ed. São Paulo/SP: Noeses:2016.

TOMÉ, Fabiana Del Padre. **O direito como linguagem criadora da realidade jurídica: a importância das provas no sistema comunicacional do direito.** In Teoria Comunicacional do Direito – Diálogo entre Brasil e Espanha. 1ª ed. Volume 1. São Paulo: Noesis, 2011.

WASHINGTON, Eliane A. Dorico. **Teoria Comunicacional do direito e semiótica**. In ROBLES, Gregório; CARVALHO, Paulo de Barros. Teoria Comunicacional do Direito – Diálogo entre Brasil e Espanha. 1ª ed. Volume 2. São Paulo: Noesis, 2017.

Documento jurídico

BRASIL. Planalto. **Código Tributário Nacional, de 26 de outubro de 1966**. Disponível em < http://www.planalto.gov.br/ccivil_03/Leis/L5172Compilado.htm> acessado em: 08/10/2018

_____. Planalto **Constituição Federal, de 05 de outubro de 1988**. disponível em: < http://www.planalto.gov.br/ccivil_03/constituicao/constituicaocompilado.htm > Acessado em: 08/10/2018

_____. Planalto **Decreto-Lei 1.598, de 26 de dezembro de 1977**. Disponível em < www.planalto.gov.br/ccivil_03/decreto-Lei/Del1598.htm> Acesso em: 08/10/2018

_____. Planalto. **Lei 6.404, de 15 de dezembro de 1976**. Disponível em <http://www.planalto.gov.br/ccivil_03/Leis/L6404consol.htm> acessado em: 08/10/2018.

_____. Planalto. **Lei 11.638, de 28 de dezembro de 2007**. Disponível em <http://www.planalto.gov.br/ccivil_03/_ato2007-2010/2007/lei/l11638.htm > acessado em 08/10/2018.

_____. Planalto. **Lei 11.941, de 27 de maio de 2009**. Disponível em <http://www.planalto.gov.br/ccivil_03/_ato2007-2010/2009/lei/l11941.htm> acessado em 08/10/2018.

_____. CARF. **Acórdão de nº 1402-000.342**. Disponível em < https://carf.fazenda.gov.br/sincon/public/pages/ConsultarJurisprudencia/consultarJurisprudenciaCarf.jsf > acessado em 08/10/2018.

_____. CARF. **Acórdão de nº 1102-001.104**. Disponível em <https://carf.fazenda.gov.br/sincon/public/pages/ConsultarJurisprudencia/consultarJurisprudenciaCarf.jsf> acessado em 08/10/2018.

_____. CARF. **Acórdão nº 101-94127**. Disponível em <https://carf.fazenda.gov.br/sincon/public/pages/ConsultarJurisprudencia/consultarJurisprudenciaCarf.jsf > acessado em 08/10/2018

_____. CARF. **Acórdão nº 103-23.290**. Disponível em <https://carf.fazenda.gov.br/sincon/public/pages/ConsultarJurisprudencia/consultarJurisprudenciaCarf.jsf> acessado em 08/10/2018.

_____. CARF. **Acórdão 1402-001.264**. Disponível em <https://carf.fazenda.gov.br/sincon/public/pages/ConsultarJurisprudencia/consultarJurisprudenciaCarf.jsf> acessado em 08/10/2018.

_____. CONJUR. Sentença dos Embargos à Execução Fiscal nº 5058075-42.2017.4.04.7100. Disponível em <https://www.conjur.com.br/dl/empresa-usar-reorganizacao-societaria.pdf> acessado em 10/10/2018.

_____. CPC. **CPC nº 15, de 04 de agosto de 2011**. Disponível em <http://www.cpc.org.br/CPC/Documentos-Emitidos/Pronunciamentos/Pronunciamento?Id=46> acessado em: 08/10/2018.

_____. CPC. **CPC nº 18, de 13 de dezembro de 2012**. Disponível em <http://www.cpc.org.br/CPC/Documentos-Emitidos/Pronunciamentos/Pronunciamento?Id=49> acessado em: 08/10/2018.

_____. CVM. **Instrução CVM 247, de 27 de março de 1996**. Disponível em <http://www.cvm.gov.br/legislacao/instrucoes/inst247.html> acessado em: 08/10/2018.

_____. RFB. **Plano Anual da Fiscalização da Receita Federal do Brasil para 2017 e Resultados de 2016**. Disponível em <http://idg.receita.fazenda.gov.br/dados/resultados/fiscalizacao/arquivos-e-imagens/plano-anual-de-fiscalizacao-2017-e-resultados-2016.pdf> acessado em 08/10/2018.

IMPOSTO SOBRE A RENDA DA PESSOA JURÍDICA: APLICABILIDADE DO BENEFÍCIO FISCAL DA DEPRECIAÇÃO INTEGRAL PREVISTO NO ARTIGO 6º DA MEDIDA PROVISÓRIA Nº 2.159-70/01 PARA BENS CLASSIFICADOS COMO ATIVO BIOLÓGICO, ESPECIALMENTE CANA-DE-AÇÚCAR E EUCALIPTO

Renato Sguerri Fernandes

Introdução

O tema proposto tem como fator principal a avaliação da possibilidade de ser adotada a depreciação integral presente no art. 6º da Medida Provisória (MP) nº 2.159-70/01 para bens do ativo biológico. O citado dispositivo legal trata que "os bens do ativo permanente imobilizado, exceto a terra nua, adquiridos por pessoa jurídica que explore a atividade rural, para uso nessa atividade, poderão ser depreciados integralmente no próprio ano da aquisição."

O aproveitamento de benefícios fiscais pode, como se sabe, representar vantagens àqueles que atuam em um mercado competitivo, ainda mais quando estamos tratando do Imposto sobre a Renda das Pessoas Jurídicas (IRPJ), uma vez que tal tributo incide sobre o patrimônio do contribuinte.

Assim, a partir do momento em que há a possibilidade de utilização da depreciação integral acima exposta para bens considerados como ativos biológicos, empresas que atuam, ainda que parcialmente, com atividade rural podem ser cada vez mais competitivas em seus respectivos mercados de atuação.

A Receita Federal do Brasil (RFB) já se manifestou acerca da impossibilidade de utilização do referido benefício para as lavouras canavieiras e de eucalipto. Há também alguns julgados no Conselho Administrativo de Recursos Fiscais (CARF) sobre o tema e que também se referem ou à cana-de-açúcar ou ao eucalipto. Levando em consideração a manifestação do Fisco, bem como os debates havidos no CARF em relação a esses dois tipos de plantação, delimita- se a presente pesquisa a tais tipos de cultura.

Diante de tais considerações, o tema exige a análise de diversas questões técnicas, sejam elas contábeis, sejam relacionadas ao direito como ciência e, finalmente, também em relação ao direito tributário de forma estrita.

Neste sentido, o presente artigo irá adentrar em questões como (i) a extensão da classificação de "ativo permanente imobilizado", (ii) o conceito de ativo biológico, (iii) as diferenças e afinidades entre depreciação e exaustão, (iv) a possibilidade de os ativos biológicos objeto de estudo estarem vinculados, tecnicamente, à depreciação e não exaustão para fins de aplicação da norma estudada, (v) a técnica contábil-tributária do legislador quando da elaboração da norma, (vi) a forma de interpretação da norma, devendo-se ou não utilizar as determinações do art. 111 do Código Tributário Nacional (CTN), (vii) a possibilidade de aplicação de uma interpretação sistemática à questão, observando como o ordenamento jurídico-tributário se contextualiza quando se direciona a contribuintes que atuem no setor rural e, por fim, (viii) a jurisprudência do CARF em relação ao tema.

A princípio, tem-se que a limitação proposta pela RFB à aplicação do art. 6º da MP nº 2.159-70/01 pode ser discutida sob dois pontos principais, quais sejam, o fato de as culturas de cana-de-açúcar e de eucalipto poderem estar vinculadas à técnica da depreciação em uma análise contábil e também pela possibilidade de se aplicar uma interpretação sistemática do artigo analisado para incluir tais ativos biológicos dentre as possibilidades de aproveitamento do benefício fiscal, afastando-se, assim, a interpretação literal para fins tributários consagrada pelo art. 111 do CTN.

Para contextualizarmos a exposição do artigo, serão expostos os conceitos contábeis concernentes à questão no Capítulo 2, de acordo com as normas técnicas concernentes.

O Capítulo 3 contará com a explanação geral sobre o IRPJ, focando de maneira mais assertiva no Lucro Real e em como os incentivos fiscais relacionados a depreciação integral/incentivada impactam a apuração do IRPJ ao longo de todo o período.

A partir de então, no Capítulo 4, será realizada a comparação de duas das principais formas de interpretação, a literal e a sistemática. A hermenêutica jurídica é um dos fatores que podem ser determinantes para se encontrar o caminho mais adequado para aplicação das regras do art. 6º estudado.

No Capítulo 5 será realizada a análise da norma nos critérios da interpretação sistemática, considerando ainda o efeito indutor aplicado a diversas normas tributárias.

Finalmente, o Capítulo 6 trará a análise da jurisprudência formada no CARF ao longo dos últimos anos sobre o tema.

A relevância do tema apresenta-se diretamente na arrecadação tributária da União e também no "bolso" de grandes contribuintes do Brasil, sendo certo, ainda, que tais valores são expressivos.

Ainda, pela aparente falta de técnica do legislador, quando da realização da norma, há debate em relação à extensão dos termos utilizados no artigo que concede o benefício fiscal. Ao mesmo tempo, as chances de discussão ao que diz respeito à forma de interpretação das disposições normativas também são prováveis.

Nestes termos, é sabido que a técnica legislativa do Brasil nem sempre é a mais apurada, motivo pelo qual pode-se, no trabalho a ser realizado, levantar considerações sobre a real intenção do legislador se, por exemplo, quando ele utilizou tão somente o termo "depreciação", intencionava simplificar a linguagem, considerando que todos os ativos devem se vincular a tal método, independentemente de sofrerem, segundo a melhor técnica contábil, depreciação, exaustão e amortização, a depender do tipo de ativo que se esteja analisando.

Por ser uma Medida Provisória, é capaz que nas exposições de motivos esteja presente alguma consideração que seja relevante para que se chegue a uma conclusão valida sobre a intenção do legislador quando optou por tal redação.

Outro ponto importante na redação do artigo diz respeito ao termo "terra nua", qual a intenção do legislador em ser específico ao tirar a possibilidade de utilizar o benefício fiscal de terrenos, levando em conta que, pela técnica contábil, estes ativos não se submetem a depreciação ou qualquer outro método de redução de seu valor por conta do tempo. – exaustão ou amortização.

Além dessas questões, a existência de debate no CARF já garante, de certa forma, que o tema apresenta uma parcela de polêmica. Neste sentido, também será muito proveitoso a avaliação, a depender do nível de profundidade que os conselheiros apresentaram, de votos que basearam a decisão final de determinado julgado.

Não é raro que se encontre julgados que, apesar de terem sido bem fundamentados e apresentarem um bom nível de aprofundamento técnico, tenham deixado algumas discussões de fora, o que poderia ter trazido ao conselheiro outra visão sobre o tema. Considerando que a questão a ser analisada é extremamente técnica e não está tão presente no dia-a-dia dos julgadores, pode haver a possibilidade de que determinadas linhas argumentativas não tenham sido suficientemente analisadas ou mesmo ignoradas.

Ainda no que se refere às decisões do CARF, aquelas que já foram previamente analisadas trazem votos conflitantes entre si, nestes termos, encontram-se entendimentos diversos sobre pontos relacionados ao caso concreto. Interessante ainda o fato de que determinados conselheiros têm entendimentos diferentes a depender do tipo de cultura que está sendo objeto do julgamento.

Considerando esses pontos, também serão analisados nos capítulos a seguir os motivos pelos quais alguns julgadores entendem aplicável o benefício fiscal para um tipo de plantação e não para o outro.

Questão importante também relacionada às decisões do CARF, diz respeito à evolução das decisões dentro do Tribunal Administrativo, ou seja, se a Câmara Superior de Recursos Fiscais ("CSRF") alterou ou não as decisões da instância anterior, se foi alterado, qual argumento utilizado pelos julgadores para tanto.

Com base em todo o exposto, o presente artigo busca elucidar um pouco a discussão sobre o tema, sem que, evidentemente, esgote a discussão, considerando a amplitude dos elementos a serem avaliados e também a tecnicidade para tanto.

1. Conceitos contábeis vinculados à questão – ativo imobilizado, ativo biológico, depreciação, amortização e exaustão

Logo de início, é necessário o destaque de que o presente trabalho necessita de uma integração entre conceitos de direito tributário e de contabilidade, o que não é, para aqueles que se propõe ao estudo e a realização de trabalhos com questões relacionadas a tributos, nenhuma novidade.

No terceiro tópico deste trabalho analisaremos, de forma mais detalhada, o reflexo que as questões contábeis tratadas neste ponto trazem para fins de apuração do Imposto sobre a Renda da Pessoa Jurídica (IRPJ). Desta feita, os itens relacionados à contabilidade devem ser, necessariamente, expostos antes das questões especificamente relacionadas ao tributo em análise por serem pré-requisitos para o entendimento real dos questionamentos que este artigo pretende analisar.

Em suma, neste tópico apresentaremos os seguintes conceitos contábeis: (i) Ativo (ii) Ativo Imobilizado; (iii) Depreciação; (iv) Ativo Biológico e (vi) Exaustão. Para a correta conceituação, do ponto de vista contábil, imperioso que nos baseemos, além dos textos referentes à doutrina específica, àquilo presente nas publicações realizadas pelo Comitê de Pronunciamentos Contábeis (CPC), órgão criado por diversas entidades do empresariado brasileiro – p.ex. Associação Brasileira das Companhias Abertas (ABRASCA), a então Bolsa de Valores de São Paulo (BOVESPA), Fundação Instituto de Pesquisas Contábeis, Atuariais e Financeiras (FIPECAFI), entre outras. O CPC foi idealizado para que fosse possível realizar, de forma centralizada, a internalização/convergência das normas internacionais de contabilidade ao Brasil, tal tarefa é realizada por meio da emissão de diversos Pronunciamentos Técnicos que tratam de itens contábeis de maneira especificada, sendo que cada um deles recebe uma numeração (p.ex. CPC 00, CPC 04, CPC 47, etc.).

Considerando a breve apresentação do CPC acima e também os itens que propomos classificar neste tópico, é imperioso que nos atentemos, de início, ao conceito contábil do termo "Ativo", uma vez que todos os outros itens de estudo se relacionam a tal classificação. Nestes termos, socorre-se às considerações presentes no Pronunciamento Técnico CPC 00 – "Estrutura Conceitual para Elaboração e Divulgação de Relatório Contábil-Financeiro" que classifica "Ativo" como sendo "um recurso controlado pela entidade como resultado de eventos passados e do qual se espera que fluam futuros benefícios econômicos para a entidade"[1], ou seja, todos aqueles bens e direitos que determinada empresa detenha provenientes de ações próprias ou de terceiros ocorridas no passado e que representam expectativa de gerar benefícios econômicos devem ser registrados contabilmente como "Ativo", como exemplos podemos citar imóveis, participações societárias, dinheiro em conta, ações, veículos, plantações, entre outros.

As contas contábeis registradas dentro do grande grupo "Ativo" serão organizadas no Balanço Patrimonial das empresas de acordo com a liquidez dos bens e direitos que representam, ou seja, com qual a expectativa média de que aquele determinado item pode se transformar em capital. Seguindo essa classificação, as contas de ativo vão ser divididas em Circulante e Não-Circulante, sendo que o primeiro item é o conjunto de bens que, em regra, serão convertidos em dinheiro em um curto período de tempo (365 dias, em geral), enquanto que o segundo grupo traz os itens que terão uma permanência mais duradoura nos registros contábeis das empresas.

Este artigo se atentará mais às questões relacionadas aos bens relativos ao Ativo Não-Circulante, também denominado pela contabilidade como Ativo Fixo ou Ativo Permanente. Dispostas tais questões e, em complemento à breve conceituação acima tratada, analisa-se as considerações do Pronunciamento Técnico CPC 27[2] – "Ativo Imobilizado" quando dispõe o seguinte:

> Ativo imobilizado é o item tangível que:
>
> (a) é mantido para uso na produção ou fornecimento de mercadorias ou serviços, para aluguel a outros, ou para fins administrativos; e

[1] <Disponível em: http://static.cpc.aatb.com.br/Documentos/147_CPC00_R1.pdf> Item 4.4. Acesso em: 22/05/2019 às 14h25min.

[2] <Disponível em: http://static.cpc.aatb.com.br/Documentos/316_CPC_27_rev%2013.pdf> Item 6. Acesso em: 22/05/2019 às 15h00min.

(b) se espera utilizar por mais de um período.

Correspondem aos direitos que tenham por objeto bens corpóreos destinados à manutenção das atividades da entidade ou exercidos com essa finalidade, inclusive os decorrentes de operações que transfiram a ela os benefícios, os riscos e o controle desses bens.

Como se nota, o Pronunciamento conceitua Ativo Imobilizado como sendo o item corpóreo que é mantido por mais de um período para realização das atividades da empresa, sejam operacionais sejam administrativas.

Os itens do Ativo Imobilizado, em sua maioria, não são exceções à desvalorização decorrente do tempo resultante do uso (período de vida útil econômica), desgaste natural e/ou obsolescência, por este fato é que o Pronunciamento Técnico CPC 27, bem como a legislação societária brasileira, por meio da Lei nº 6.404/76, determinam a necessidade do reconhecimento contábil da depreciação vinculada a tais bens. Sendo que, para fins contábeis, "o valor depreciável de um ativo deve ser apropriado de forma sistemática ao longo da sua vida útil estimada"[3], assim, a pessoa jurídica irá definir, com base em estudos técnicos, a vida útil de determinado bem para fins de definição de sua depreciação, a qual será uniforme, salvo exceções, durante todo o período, de acordo com a taxa mensal que será decorrente do estudo citado.

Tendo em vista essa necessidade, a contabilidade exige que seja registrada a depreciação dos bens em conta contábil específica para que, em conjunto com aquela que registra os bens ativados, represente o valor residual de tais bens, por exemplo:

[3] <Disponível em: http://static.cpc.aatb.com.br/Documentos/316_CPC_27_rev%2013.pdf> Item 50. Acesso em: 22/05/2019 às 15h22min.

Tabela 1 – Demonstração do lançamento contábil de depreciação

Conta contábil	Saldo	D/C
Veículo "A"	1.000,00	D
(-) Depreciação acumulada	300,00	C

Fonte: elaborado pelo autor

Com base no singelo exemplo acima, podemos perceber que o Veículo A foi adquirido pela empresa pelo valor de $ 1.000,00, sendo registrado na contabilidade por tal valor. Ao longo do tempo foi sendo registrada a depreciação do bem e, em determinado momento a conta de Depreciação Acumulada vinculada especificamente ao Veículo A estava com o saldo de $ 300,00. Como se percebe, o valor do bem está registrado a débito, representando um aumento no ativo da empresa, enquanto que a depreciação acumulada foi lançada a crédito, diminuindo o valor do ativo. Quando confrontamos os dois registros, encontramos que o valor residual do Veículo A é de $ 700.

Agora, adotando como premissa de que o registro da depreciação acumulada acima foi realizado no período de três anos, podemos afirmar que a taxa de depreciação anual do Veículo A é de 10% ($ 100,00) ao ano ou 0,83% ($ 8,33) ao mês, ou seja, mensalmente a empresa registra um crédito (redução) em seu ativo em contrapartida a um débito (redução) em seu resultado, criando uma despesa com depreciação, conforme:

Tabela 2 – Demonstração da depreciação acumulada após três anos

Conta contábil	Saldo
D – Despesa com Depreciação C – (-) Depreciação Acumulada	8,33

Fonte: elaborado pelo autor

Nesse exemplo, ao final do período anual a conta de "Despesa com Depreciação" registrará o valor acumulado de $ 100,00, o que impactará o resultado contábil e, conforme será demonstrado no próximo tópico, o cálculo do IRPJ.

Tendo sido dispostos os conceitos de Ativo, Ativo Imobilizado e Depreciação, passa-se a tratar da classificação denominada "Ativo Biológico". Logo no início do Pronunciamento Técnico CPC 27 há a indicação expressa de que aquelas previsões não se aplicam aos bens classificados como ativos biológicos, devendo ser aplicável o constante no Pronunciamento Técnico CPC 29 – "Ativo Biológico e Produto Agrícola".

Para o referido Pronunciamento Técnico CPC 29[4], Ativo Biológico é "um animal e/ou uma planta, vivos" e colheita "é a extração do produto de ativo biológico ou a cessação da vida desse ativo biológico". Dessa forma, ainda que os animais e plantas tenham características similares às dos outros bens que são classificados como imobilizados, tecnicamente sua correta classificação é a de ativo biológico.

O objetivo do Pronunciamento Técnico CPC 29 é o de estabelecer os critérios de mensuração dos diversos tipos de ativo biológico, a depender de sua finalidade. Por exemplo, um rebanho bovino pode ser utilizado para produção de leite ou para abate, caso em que o produto será o leite ou o próprio ativo. No caso da cana-de-açúcar, seu ciclo produtivo envolve vários cortes antes do replantio, em média de seis anos com cinco cortes. O eucalipto, por outro lado, leva em média sete anos para ser colhido e comporta até três cortes antes de um novo plantio, conforme explicado no site da Empresa Brasileira de Pesquisa Agropecuária (EMBRAPA)[5].

4 <Disponível em: http://static.cpc.aatb.com.br/Documentos/324_CPC_29_rev%2013.pdf> Item 5. Acesso em: 22/05/2019 às 16h46min.

5 < https://www.embrapa.br/florestas/transferencia-de-tecnologia/eucalipto/perguntas-e-respostas> Resposta 88. Acesso em 22/05/2019 às 11h15min.

Todas essas peculiaridades envolvem diferentes critérios de mensuração e reconhecimento do valor do ativo ao longo no tempo. Para o objetivo deste trabalho, conforme já comentando anteriormente, a análise técnico-contábil será restrita aos conceitos técnicos de depreciação e exaustão. Para tanto e, também em linha com o em complemento com o disposto até o momento, as previsões da Lei nº 6.404/76 em relação aos conceitos de depreciação, amortização e exaustão trazem diferenças de aplicação a cada um deles, sendo que, em resumo, a depreciação se vincula à perda do valor dos direitos que têm por objeto bens físicos, a amortização, quando corresponder à perda do valor do capital aplicado na aquisição de direitos da propriedade industrial ou comercial e quaisquer outros com existência ou exercício de duração limitada e a exaustão, quando corresponder à perda do valor, decorrente da sua exploração, de direitos cujo objeto sejam recursos minerais ou florestais.

A alínea "c" do referido dispositivo traz as disposições sobre a exaustão, estabelecendo ser necessário o reconhecimento da diminuição/perda do valor dos direitos relacionados à exploração de recursos minerais ou **florestais**. Dessa forma, em que pesem sejam institutos distintos, depreciação e exaustão buscam, tecnicamente, a mesma finalidade, qual seja, demonstrar contabilmente as perdas de bens e direitos que integram o ativo não circulante da entidade. Inclusive, apesar de tecnicamente possuírem diferenças, os termos depreciação e exaustão vez ou outra são utilizados de forma intercambiável, tanto é que o Pronunciamento Técnico CPC 29, que trata exclusivamente de ativos biológicos, usa em seu texto apenas o termo depreciação e, em nenhum momento, exaustão, como é possível notar dos exemplos abaixo:

> 30. Há uma premissa de que o valor justo dos ativos biológicos pode ser mensurado de forma confiável. Contudo, tal premissa

pode ser rejeitada no caso de ativo biológico cujo valor deveria ser cotado pelo mercado, porém, este não o tem disponível e as alternativas para mensurá-los não são, claramente, confiáveis. Em tais situações, *o ativo biológico deve ser mensurado ao custo, menos qualquer* ***depreciação*** e perda por irrecuperabilidade acumuladas.

(...)

54. *Se a entidade mensura ativos biológicos pelo custo, menos qualquer* ***depreciação*** e perda no valor recuperável acumuladas (ver item 30), no final do período deve divulgar:

(a) uma descrição dos ativos biológicos;

(b) uma explicação da razão pela qual o valor justo não pode ser mensurado de forma confiável;

(c) se possível, uma faixa de estimativas dentro da qual existe alta probabilidade de se encontrar o valor justo;

(d) *o método de* ***depreciação*** *utilizado*;

(e) *a vida útil ou a taxa de* ***depreciação*** *utilizada*; e

(f) o total bruto e a ***depreciação*** acumulada (adicionada da perda por irrecuperabilidade acumulada) no início e no final do período. (grifado)

Embora a técnica contábil defina que a exaustão se relaciona aos ativos de natureza mineral ou florestal, é possível notar que o CPC 29 não se ateve a tal determinação em sua redação, o que pode levar às seguintes conclusões, (i) ou o Pronunciamento está tecnicamente errado ou (ii) a utilização dos termos "depreciação" e "exaustão" se equivalem por estarem vinculadas a uma mesma finalidade.

2. Conceitos tributários iniciais – IRPJ, lucro real e forma de aplicação da depreciação integral

Dispostas as questões contábeis concernentes ao tema tratado neste artigo, passa-se à análise das dúvidas fiscais relacionadas ao estudo. Como demonstrado no capítulo 2, os bens registrados no Ativo Não-Circulante devem, salvo exceções, ter sua vida útil determinada por técnicas contábeis, refletindo contabilmente o valor "real" do bem com o passar do tempo.

Para que seja possível a realização desse confronto, a contabilidade lança mão de três técnicas (i) depreciação, (ii) amortização e (iii) exaustão. Ainda com base no demonstrado anteriormente, salvo raras exceções, sempre que ocorrem os lançamentos contábeis desses métodos, há o impacto no resultado do período da empresa pelo fato de ser reconhecida, por competência, uma despesa com depreciação/amortização/exaustão no período. É certo dizer que não é só a contabilidade que registra efeitos decorrentes dessa prática contábil, há reflexos também no mundo tributário, especialmente em relação ao IRPJ. O presente capítulo pretende demonstrar a forma com que os lançamentos de ajuste na vida útil dos ativos registrados impactarão a apuração do IRPJ, especialmente no âmbito do Lucro Real. Ainda, busca-se demonstrar qual o impacto que o previsto no art. 6º da MP nº 2.159-70/01 traz àqueles que dele podem usufruir.

O Imposto sobre a Renda é tributo de competência da União e é previsto constitucionalmente no art. 153 da Constituição Federal.

É certo dizer o Imposto sobre a Renda tem como fato gerador precípuo o aumento patrimonial, dessa forma, o conceito de patrimônio está intimamente ligado à análise da incidência do referido imposto. Nestes termos, recorre-se às lições de Ricardo Mariz de Oliveira[6] quando dispõe que "o patrimônio participa intimamente da definição do fato gerador e da base de cálculo do imposto de renda, motivo pelo qual acaba por se vincular e se submeter à exigência constitucional da legalidade.".

[6] OLIVEIRA, Ricardo Mariz de. Fundamentos do Imposto de Renda. São Paulo: Quartier Latin, 2008. P. 48.

Efetivamente, o que se considera patrimônio e como é possível realizar sua mensuração e verificação de evolução que enseje a tributação do Imposto de Renda? O mesmo doutrinador, Mariz de Oliveira[7], nos lembra que o conceito jurídico de "patrimônio" está presente no art. 91 do Código Civil, classificando-o como uma universalidade de direito ou universidade jurídica. Dessa forma, evidencia-se que o patrimônio não está relacionado somente a dinheiro, mas sim a todos os direitos e todas as obrigações que determinada pessoa (física ou jurídica) detenha.

Nesta mesma linha é o posicionamento do Supremo Tribunal Federal (STF) quando da avaliação do conceito constitucional de renda[8] definindo que este "implica reconhecer a existência de receita, lucro, proveito, ganho, acréscimo patrimonial que ocorrem mediante o ingresso ou o auferimento de algo, a título oneroso".

Edmar Oliveira Andrade Filho[9] traz uma importante consideração sobre o conceito de acréscimo patrimonial, conforme abaixo:

> A noção de acréscimo patrimonial, de certo modo, estabelece limites ao poder de configuração do legislador que não pode construir hipótese de incidência que não representa, a partir de um juízo de racionalidade e razoabilidade, a ideia de acréscimo ocorrido num dado lapso temporal. Tal exigência limita a ação do legislador que não pode negar a dedução de despesas normais (úteis) para obtenção da renda, salvo se pretender prestigiar outros princípios constitucionais que possam, eventualmente, justificar alguma discrição.

[7] Conforme: op. cit.. p. 48.

[8] BRASIL. Supremo Tribunal Federal. Depreciação Conceito Constitucional de Renda. Relator: Ministro Carlos Velloso. Brasília, 11 de fev. 1993. Disponível em http://portal.stf.jus.br/. Acesso em 06 jun. 2019.

[9] ANDRADE FILHO, Edmar Oliveira. Imposto de renda das empresas.12. ed, São Paulo: Atlas, 2016. p. 25

Nos termos dos ensinamentos acima, é imperioso atentar para o fato de que a figura do acréscimo patrimonial representa, além do fato gerador e da base de cálculo do tributo, uma limitação ao poder de tributar.

O IR é um tributo que incide tanto sobre o acréscimo patrimonial das pessoas físicas, quanto das pessoas jurídicas. No presente estudo será focada a análise aos efeitos do imposto sobre as pessoas jurídicas, especialmente aquelas que se vinculam ao regime do Lucro Real.

O lucro real está conceituado no Decreto-Lei nº 1.598/77, especificamente em seu art. 6º, como sendo "lucro líquido do exercício ajustado pelas adições, exclusões ou compensações prescritas ou autorizadas pela legislação tributária". Como é possível perceber, o referido artigo vincula conceitos jurídicos e contábeis para que se determine o lucro real.

O primeiro conceito a ser esmiuçado é o de "lucro líquido". Neste sentido, a contabilidade apresenta como um de seus principais objetivos determinar a extensão do patrimônio de determinada entidade. Com o passar dos anos esse patrimônio sofre alterações, para mais ou menos, e em cada período anual há a medição de seu desempenho, chegando-se a uma conclusão matemática se o resultado foi positivo (lucro) ou negativo (prejuízo) transportando tal resultado ao patrimônio da empresa.

Para a determinação deste desempenho as entidades realizam ao final do ano o confronto de suas receitas/ganhos e suas despesas/perdas, dessa comparação surge o resultado contábil, podendo este ser um *lucro líquido* ou um prejuízo. Para esse cálculo é realizada a Demonstração do Resultado do Exercício ("DRE") que apresenta, em linhas gerais, a seguinte estrutura[10]:

[10] Seguindo os preceitos dispostos pelo CPC 26 – Apresentação das Demonstrações Contábeis <Disponível em: http://static.cpc.aatb.com.br/Documentos/312_CPC_26_R1_rev%2013.pdf> Item 82. Acesso em: 23/05/2019 às 10h20min.

Quadro 1 – Demonstração do Resultado do Exercício

DRE – Exemplo
Receita Operacional Bruta
(-) Deduções da Receita Bruta
(=) Receita Operacional Líquida
(-) Custos das Vendas
(=) Resultado Operacional Bruto
(-) Despesas Operacionais
(+/-) Resultado Financeiro Líquido
Outras Receitas e Despesas
(=) Resultado Operacional antes do IRPJ e da CSLL
(-) Provisão IRPJ/CSLL
(=) Resultado Líquido do Período

Fonte: elaborado pelo autor

O quadro acima exemplifica, de maneira sumarizada, o caminho perseguido para se chegar ao Resultado Líquido do Período. É a partir de tal valor que começará a apuração do IRPJ no Lucro Real, havendo ajustes na base de cálculo por meio de adições e exclusões, nos termos da legislação tributária.

Antes de se adentrar especificamente no que diz respeito às adições e exclusões e quais os efeitos que a depreciação integral/acelerada trará na apuração, deve-se destacar que a despesa com depreciação (bem como a referente à exaustão e à amortização) esmiuçada no Capítulo 2 impacta o cálculo do Resultado Líquido do Período, diminuindo-o dentro do grupo "Despesas Operacionais". Dessa forma, é possível afirmar que a apuração do Lucro Real já se inicia impactada pela redução das quotas de depreciação/amortização/exaustão registradas contabilmente no período de apuração.

Pois bem, as regras tributárias referentes ao Lucro Real impõem a conclusão de que as alíquotas do IRPJ (15% mais adicional de 10%) incidirão sobre uma base ajustada, ou seja, há uma dissociação entre o Resultado Líquido do Período e a base de cálculo de tais tributos. Neste sentido, o fato de determinada empresa registrar lucro ou prejuízo contábil não significa que irá apurar Lucro Real ou Prejuízo Fiscal, respectivamente.

Isso ocorre, conforme destacado anteriormente, por conta dos ajustes (adições e exclusões) realizados no Resultado Líquido do Período, Edmar Oliveira Andrade Filho[11] bem leciona sobre o tema:

> Para fins de apuração do lucro real, ao valor do "lucro líquido" devem ser feitos ajustes positivos (adições) e negativos (exclusões ou compensações), segundo as qualificações que lhes são dadas por um vasto conjunto de normas jurídicas que estabelecem critérios gerais relativos: (a) à dedução (integral, parcial ou vedada) de despesas, custos e perdas em geral; (b) à retirada de certos acréscimos patrimoniais do campo de incidência do imposto; e, (c) à imputação temporal decifras positivas ou negativas, inclusive sob a forma de benefícios fiscais. Esses ajustes podem ter caráter

[11] Op. cit. Págs. 75 e 76.

> definitivo ou temporário. O valor de uma despesa cuja necessidade não é comprovada constitui uma adição definitiva, enquanto a dedução de depreciação em valores superiores aos estabelecidos em lei constitui adições temporárias.

Como disposto no excerto acima, as adições são ajustes que aumentam a base de cálculo, enquanto que os ajustes realizados por meio de exclusões diminuem o montante que serão aplicadas as alíquotas do IRPJ.

Anteriormente já foi disposto o fato de que as despesas de depreciação já estão, naturalmente, consideradas no resultado do exercício das empresas pelo fato de constarem em linha específica dentro da DRE. No entanto, quando a legislação permite expressamente, como ocorre no art. 6º da MP nº 2.159-70/01, que determinados contribuintes poderão depreciar, para fins fiscais, integralmente ou de maneira acelerada alguns itens específicos o impacto na apuração do Lucro Real deve ser demonstrado por meio dos ajustes à base de cálculo, inicialmente com uma exclusão e, posteriormente, por meio de adições. Para facilitar a demonstração, usa-se como continuidade o exemplo de depreciação disposto no capítulo anterior, adotando a existência hipotética de uma norma que autoriza a depreciação integral de veículos.

Assim, como demonstrado anteriormente, o veículo foi adquirido pelo valor de $1.000,00 e será depreciado contabilmente em um período de 10 anos, ou seja, $ 100,00 por ano. Considerando a regra hipotética de que há possibilidade de depreciá-lo de maneira integral para fins de IRPJ, assim será o reconhecimento na apuração dos tributos:

Tabela 3 – Período X1 de Apuração do IRPJ

Lucro líquido	500,00
(+) Adições	700,00
(-) Exclusão – depreciação integral – veículo	**(900,00)**
Lucro real	300,00

Fonte: elaborado pelo autor

Da análise da simulação acima é possível notar o efeito que a exclusão da depreciação integral representa na apuração do IRPJ da empresa. De início, percebe-se que, se não existissem regras de ajustes da base de cálculo (adições e exclusões), a base de cálculo seria $ 500,00, sendo que neste valor (Lucro Líquido) já está refletido o impacto da depreciação "normal" do período ($ 100,00). O segundo ponto de percepção é o de que, com as regras de adições, mas sem a previsão hipotética da possibilidade de excluir integralmente a depreciação do veículo, o Lucro Real seria de $ 1.200,00. Por fim, com todas as hipóteses instaladas, a base de cálculo sofre uma redução considerável (justamente os $ 900,00 a serem depreciados contabilmente em períodos futuros) o que, em consequência, representa também redução dos tributos a serem recolhidos pelo contribuinte.

No entanto, é certo dizer que essa "vantagem" do contribuinte é temporal, uma vez que a regra não propõe qualquer isenção, como será melhor verificado no Capítulo 4, ao contribuinte. Assim, o legislador não autorizou o contribuinte a apropriar duas vezes o valor referente à depreciação, se tivesse o feito, o resultado seria o aproveitamento de $ 1.900,00 a título de depreciação ao longo do período de 10 anos, sendo que um pouco mais da metade desse valor seria aproveitado logo no primeiro ano e o restante durante os próximos nove anos, conforme a despesa de depreciação fosse impactando o resultado contábil.

Para evitar essa distorção – aproveitamento da depreciação "em dobro" –, considerando o fato de que as "depreciações" fiscal e contábil se separaram, sendo que esta última continuará sendo registrada linearmente durante 10 anos, há a necessidade de se controlar os ajustes realizados no período inicial (exclusão integral) para que sejam realizadas adições anuais que correspondam à despesa contábil registrada neste período. Tal controle se dá no Livro de Apuração do Lucro Real ("LALUR"), em sua Parte B. Mais uma vez socorre-se às lições de Edmar Oliveira Andrade Filho[12], quando dispõe que "as cifras que têm interferência na apuração das bases de cálculos de mais de um período de incidência devem ser controladas na Parte B do Lalur e ficam sujeitas à lei vigente na data da exclusão e da adição ou vice-versa."

Dessa forma, tudo o que foi excluído no período inicial de apuração (X1 no exemplo acima) deverá ser adicionado ao longo dos 10 períodos de apuração subsequentes, conforme quadro abaixo:

Tabela 3 – Período X2 de Apuração do IRPJ

Lucro líquido	600,00
(+) **Adições diversas**	300,00
(+) **Adição – veículo depreciado integralmente**	**100,00**
(-) **Exclusões**	(200,00)
Lucro real	**800,00**

Fonte: elaborado pelo autor

É possível afirmar, dessa forma, que o principal efeito do benefício fiscal em comento é em termos de caixa, ou seja, a empresa deixa de desembolsar uma quantia maior de IRPJ no primeiro período, mas ajusta essa diferença aos poucos, ao longo dos próximos períodos de apuração.

[12] Op. cit. Pg. 76.

3. Análise das formas de interpretação – literalidade ou sistêmica. aplicabilidade do art. 111 do CTN

Demonstrada a importância do tema para fins de aplicabilidade à apuração do Imposto sobre a Renda das Pessoas Jurídicas optantes/obrigadas ao regime do Lucro Real e que explorem atividades rurais, passa-se à análise dos elementos de interpretação da norma.

Diante de todo o exposto e, considerando a complexidade da legislação tributária pátria, analisa-se a questão sob a aplicabilidade de uma interpretação exclusivamente literal ou complementarmente sistemática do art. 6º da MP nº 2.159-70/01.

Como se sabe, a hermenêutica jurídica representa o mecanismo técnico mais apurado para determinar, como exposto por Carlos Maximiliano[13], "o sentido e o alcance das expressões do Direito". Diversas são os métodos idealizados ao longo dos anos para a devida interpretação das normas positivadas, dos quais citamos os principais:

- Gramatical/literal;
- Lógica ou racional;
- Histórica;
- Teleológica e;
- Sistemática.

Para efeito das considerações que se pretendem trazer neste tópico, as análises serão focadas nas formas literal e sistemática. Neste sentido, apresenta-se a definição de cada uma delas, conforme os ensinamentos de Reis Friedi[14]:

[13] MAXIMILIANO, Carlos. Hermenêutica e aplicação do direito.21. ed, Rio de Janeiro: Forense, 2017. P. 14

[14] FRIEDI, Reis. Ciência do Direito, norma, interpretação, hermenêutica jurídica.. 9. ed, Barueri, São Paulo: Manole, 2015. Pgs. 164 e 166.

> a interpretação gramatical é sempre o primeiro método a ser empregado na busca do verdadeiro significado da norma jurídica
>
> (...)
>
> "As leis, em sua grande maioria, encontram-se organizadas e, até mesmo, codificadas. Seus dispositivos em artigos, por exemplo, estão sempre abaixo de capítulos, títulos, livros etc., indicando, de qualquer forma, o assunto e, por efeito, o direito tutelado.
>
> A interpretação sistemática consiste, assim, no propósito de resolver eventuais conflitos de normas jurídicas, examinando-as sob a ótica de sua localização junto ao direito que tutela.

Em algumas das decisões do CARF que serão demostradas mais adiante há considerações sobre a necessidade de se interpretar literalmente as previsões do referido artigo, levando em consideração o fato deste se tratar um benefício fiscal em consonância com as previsões do art. 111 do CTN, que determina que deve ser interpretado literalmente a legislação tributária que disponha sobre suspensão ou (i) exclusão do crédito tributário, (ii) outorga de isenção ou (iii) dispensa do cumprimento de obrigações tributárias acessórias.:

Ao dissecar o artigo exposto, de pronto é possível afastar para o caso analisado a hipótese presente no inciso III, uma vez que a previsão da MP não trata sobre o afastamento do cumprimento de obrigações acessórias. No que diz respeito ao inciso I, é necessária a análise, por ordem, dos artigos 151 e 175 do CTN. O primeiro dispõe, resumidamente os itens que suspendem a exigibilidade do crédito tributário. Da simples leitura das hipóteses de suspensão de exigibilidade, verifica-se de logo a inaplicabilidade às previsões do art. 6º da MP nº 2.159-70/01. Neste sentido, o artigo estudado neste trabalho não traz qualquer disposição no sentido de suspensão do crédito. O artigo 175 do CTN por sua vez trata que excluem o crédito tributário (i) a isenção e (ii) a anistia.

O referido dispositivo é claro em determinar que excluirá o crédito tributário a isenção e/ou a anistia. Dessa forma, é possível afirmar que o art. 6º da MP nº 2.159-70/01 não é uma norma de anistia, não prevendo qualquer benefício de perdão aos contribuintes, restando somente a análise de entende-la como norma de isenção.

A isenção "atua no próprio campo normativo, mutilando a incidência"[15], ou seja, a incidência tributária ocorre, mas a norma de isenção limita seu alcance. A metodologia de depreciação integral aplicada ao Lucro Real e explicada no tópico anterior não traz elementos que justifiquem sua classificação como uma isenção.

Considerando o fato de que a depreciação integral traz um benefício temporário ao contribuinte (caixa), não há, dessa forma, um efeito permanente como a isenção garante quando aplicada, ou seja, em determinado momento no futuro (mediante as adições ao lucro real), o contribuinte irá aumentar sua base de cálculo do IRPJ, neutralizando o benefício que teve anteriormente ao excluir de maneira mais rápida as despesas que registrou com a depreciação integral.

Neste sentido, em que pese ser necessária a utilização da interpretação literal, ela não deve ser aplicada exclusivamente para fins de observação do alcance do art. 6º da MP nº 2.159-70/01. Assim, é muito mais coerente realizar a interpretação a partir de considerações constitucionais, as quais preveem a necessidade de ser fomentada a atividade rural com o uso de instrumentos fiscais[16], ou seja, utilizando o método da "interpretação sistemática".

[15] SCHOUERI, Luís Eduardo. Direito Tributário. 7. ed, São Paulo: Saraiva, 2017. P. 716.

[16] "Art. 187. A política agrícola será planejada e executada na forma da lei, com a participação efetiva do setor de produção, envolvendo produtores e trabalhadores

Por sistemática, conforme brevemente exposto acima, pretende-se realizar a "comparação da lei interpretada com outras leis e com o ordenamento jurídico como um todo, para que a eles harmonicamente se ajuste"[17]. Nos ensinamentos de Ruy Barbosa Nogueira[18] encontramos a perfeita necessidade de utilizar tal forma de interpretação, uma vez que:

> O Direito não é escrito apenas por meio de textos, mas também de contextos, ou textos interligados, compondo uma estrutura ou sistema de normas gerais, especiais e específicas.

Diante de tal conclusão, passa-se à análise da técnica contábil-tributária quando da propositura da Medida Provisória com base também no apresentado em suas exposições de motivos.

4. Aplicação da interpretação sistemática da norma

Considerando a indicação presente no Capítulo 4 pela aplicabilidade da interpretação sistemática para além da literal, deve-se iniciar a análise do presente Capítulo com as considerações das motivações de benefícios fiscais serem criados a determinados contribuintes, atividades e aquisições.

Por vezes o legislador opta por utilizar-se de normas tributárias para determinar formas de condutas por parte da sociedade. Dessa forma, quando há, por exemplo, a intenção em estimular uma determinada atividade, o legislativo pode lançar mão de regras que diminuem a carga tributária sobre ela ou conceder espécies de benefícios fiscais, tais medidas farão com que os

rurais, bem como dos setores de comercialização, de armazenamento e de transportes, levando em conta, especialmente:
I – os instrumentos creditícios e fiscais;"

[17] SABBAG, Eduardo. Interpretação e aplicação da Lei Tributária / coordenador Hugo de Brito Machado. Dialética. São Paulo, 2010. p. 91.

[18] NOGUEIRA, Ruy Barbosa. Curso de Direito Tributário. Saraiva, 1995. p. 91.

agentes da sociedade comecem a se interessar na realização de tais atividades e, aqueles que já a executam poderão trazer novos benefícios ao seu dia-a-dia. A esse fenômeno dá-se o nome de efeito indutor da norma tributária que é um dos elementos da extrafiscalidade. Lucas Issa Halah[19] dispõe que "a função indutora é uma dentre as demais funções que uma norma tributária pode exercer (como a simplificadora), podendo ser considerada uma espécie da qual a extrafiscalidade é gênero", com base nessas considerações, é possível afirmar que as normas tributárias representam mais uma forma pela qual o Estado pode influenciar nas tomadas de decisões da sociedade.

Para compreensão melhor das questões relacionadas à extrafiscalidade, demonstra-se os ensinamentos de Paulo de Barros Carvalho[20]:

> A experiência jurídica nos mostra, porém, que vezes sem conta a compostura da legislação de um tributo vem pontilhada de inequívocas providências no sentido de prestigiar certas situações, tidas como social, política ou economicamente valiosas, às quais o legislador dispensa tratamento mais confortável ou menos gravoso. A essa forma de manejar elementos jurídicos usados na configuração dos tributos, perseguindo objetivos alheios aos meramente arrecadatórios, dá-se o nome de extrafiscalidade. Alguns exemplos esclarecerão bem o assunto. A lei do Imposto Territorial Rural (ITR), ao fazer incidir a exação de maneira mais onerosa, no caso dos imóveis inexplorados ou de baixa produtividade, bisca atender, em primeiro plano, a finalidades de ordem social e econômica e não ao incremento de receita. A legislação do Imposto sobre a Renda e proventos de qualquer natureza (IR)

[19] HALAH, Lucas Issa. Tributação da Renda no Agronegócio. 1. ed, São Paulo: Quartier Latin, 2018. p. 99.

[20] CARVALHO, Paulo de Barros. Curso de Direito Tributário. 27. ed, São Paulo: Saraiva, 2016. p. 237.

> permite o abatimento de verbas gastas em determinados investimentos, tidos como de interesse social ou econômico, tal o reflorestamento, justamente para incentivar a formação de reservas florestais no país. Em outras passagens, na composição de sua base de cálculo, seja entre as deduções ou entre os abatimentos da renda bruta, insere medidas que caracterizam, com nitidez, a extrafiscalidade.

As lições do doutrinador demonstram que a extrafiscalidade está presente no ordenamento jurídico tributário brasileiro de forma intensa e muitas vezes imperceptível. A regra trazida no art. 6º da MP nº 2.159-70/01 representa mais uma hipótese em que o legislador optou por beneficiar determinada conduta do contribuinte, especificamente, aquele que realiza atividade rural. A própria Constituição Federal traz, em seu art. 187, I, os critérios de extrafiscalidade visando exclusivamente a atividade rural, para explicação deste conceito constitucional, seguem as considerações de Fábio Pallaretti Calcini[21]:

> O destaque do agronegócio pode ser identificado, inclusive, do ponto de vista jurídico, a partir do texto constitucional, no artigo 187, inciso I, ao regular a política agrícola, dispondo que esta "será planejada e executada na forma da lei, com a participação efetiva do setor de produção, envolvendo produtores e trabalhadores rurais, bem como dos setores de comercialização, de armazenamento e de transportes, levando em conta, especialmente", instrumentos "fiscais".

[21] Calcini, Fábio Pallaretti. IRPJ e CSSL: depreciação acelerada incentivada da lavoura canavieira. 10 fev. 2017. Disponível em: <https://www.conjur.com.br/2017- fev-10/direito-agronegocio-irpj-cssl-depreciacao-acelerada-incentivada-lavoura- canavieira>. Acesso em: 17 ago. 2018.

Conforme as disposições tratadas acima, a própria Carta Magna prevê que o planejamento da atividade agrícola deverá observar e utilizar de instrumentos fiscais. Neste contexto, a garantia trazida pelo art. 6º analisado neste estudo traz critérios que se baseiam diretamente com normas constitucionais.

Como se sabe, a atividade rural sempre foi um setor forte no Brasil, considerando as características sociais e econômicas do país. Ao mesmo tempo, com a constante migração de pessoas aos centros urbanos, a atividade rural ficou cada vez mais restrita e com certo desinteresse por grande parte da sociedade. Neste sentido, agrupando a importância dessa atividade ao país com o maior foco às atividades urbanas, são constantes os benefícios fiscais garantidos pelo Poder Público a quem desenvolva as atividades rurais.

Levando em conta todo o contexto acima disposto, é possível notar que o legislador não foi feliz tecnicamente ao dispor no art. 6º da MP nº 2.159-70/01 somente o termo contábil "depreciação". Há diversas atividades no âmbito rural que seriam beneficiadas se tivesse utilizado conjuntamente o termo "exaustão", especialmente por conta do uso dele aos bens biológicos.

A inexatidão técnica é ainda maior quando se observa mais atentamente o art. 6º. Ao permitir a "depreciação" integral no ano de aquisição de todos "os bens do ativo permanente imobilizado, exceto a terra nua", percebe-se que o legislador não contava, de fato, com um entendimento prévio da matéria contábil. Ora, terrenos não são sujeitos, como regra geral, à depreciação, neste sentido destaca-se a previsão do já citado anteriormente CPC 27[22]:

[22] <Disponível em: http://static.cpc.aatb.com.br/Documentos/316_CPC_27_rev%2013.pdf> Item 58. Acesso em: 26/05/2019 às 18h47min.

> Terrenos e edifícios são ativos separáveis e são contabilizados separadamente, mesmo quando sejam adquiridos conjuntamente. **Com algumas exceções, como as pedreiras e os locais usados como aterro, os terrenos têm vida útil ilimitada e, portanto, não são depreciados.** Os edifícios têm vida útil limitada e, por isso, são ativos depreciáveis. O aumento de valor de um terreno no qual um edifício esteja construído não afeta o valor contábil do edifício. (grifado)

A conclusão a que se chega, neste ponto, é de que o legislador não foi apurado tecnicamente e que, por este motivo, parcela da atividade rural não é incentivada como talvez fosse a intenção precípua quando da propositura da norma.

No contexto da norma em análise, a depreciação pode vir a ser enquadrada como um componente acessório e não o objeto do incentivo em si. Por outro lado, se o objetivo do artigo fosse conceder benefício fiscal às despesas de depreciação, no sentido técnico-contábil, não haveria sentido algum excluir da incidência do benefício a terra nua.

5. Análise e avaliação da jurisprudência do CARF

Neste capítulo serão analisadas as decisões do CARF sobre o tema, lembrando, no entanto, que não foram encontrados quaisquer precedentes judiciais sobre o tema, somente administrativos

De início já é possível afirmar que a maior parte das decisões são contrárias ao contribuinte, a exemplo do seguinte acórdão[23]:

> EXAUSTÃO DE RECURSOS FLORESTAIS.DEDUÇÃO DOS DISPÊNDIOS COM FORMAÇÃO DE FLORESTAS.

[23] BRASIL. Conselho Administrativo de Recursos Fiscais. Depreciação Integral aplicada a florestas. Fazenda Nacional e Arcelormittal Bioenergia LTDA. Relator: Conselheiro Rafael Vidal de Araújo. Brasília, 3 de fev. 2016. Disponível em http://idg.carf.fazenda.gov.br/home. Acesso em 11 jun. 2019.

> O benefício consistente na dedução integral dos valores dos bens do ativo permanente imobilizado no próprio ano de aquisição não inclui a amortização nem a exaustão de recursos florestais.
>
> (...)
>
> É certo que o incentivo fiscal acima é específico à atividade rural e abrange restritivamente os gastos efetuados na aquisição de bens que possuam natureza de ativo imobilizado passível de depreciação.
>
> **Desejasse a lei incluir os ativos que podem ser objeto de amortização ou exaustão com certeza não teria se referido apenas ao "instituto da depreciação", razão pela qual, de plano, o benefício fiscal previsto no dispositivo legal acima limita-se apenas à depreciação, não alcançando a amortização e nem a exaustão.**

Na decisão acima, o Tribunal entendeu pela não extensão do art. 6º da MP nº2.159-70/01 às despesas de exaustão vinculadas à floresta. No voto, argumentou-se que se o legislador tivesse a intenção de incluir a exaustão, o teria feito de maneira expressa.

A seguir destacamos outra decisão contrária que é relevante para análise da questão:

> RECURSOS FLORESTAIS
>
> Os valores registrados como ativo pela formação de florestas podem ser baixados como despesa na medida da exploração destes recursos; fato legalmente qualificado como exaustão. **Tais inversões financeiras não formam ativos passíveis de sofrer depreciação e, por conseguinte, não compõem a base para determinação de incentivos fiscais promovidos por meio de depreciação acelerada incentivada.**
>
> (...)
>
> Não é razoável que o legislador, a despeito do uso consagrado dos termos depreciação e exaustão nas searas técnicas, mas tam-

bém por inúmeros diplomas legais de cunho privado e tributário, tenha desejado alterar esses conceitos para imprimir maior amplitude a favores fiscais.

Também não me aparenta que seu intento tenha sido o de abarcar a exaustão e a amortização, mas por mero descuido tenha adotado apenas a flexão de depreciação.

Ademais, trata-se nitidamente de um benefício, o qual, portanto, deve ser interpretado restritivamente.

Concluo, assim, que os dispêndios para a formação de recursos florestais, por não se enquadrarem no conceito legal de depreciação, não estão abarcados pelo incentivo fiscal da depreciação acelerada incentivada.[24] (grifado)

No mesmo sentido da decisão anterior, o CARF seguiu a linha argumentativa de que, sendo a norma específica à depreciação, não há meios de aplicá-la aos bens que sofrem exaustão e, segundo o Tribunal, o artigo que concede o benefício fiscal deveria ser interpretado de maneira restritiva, conforme determinado pelo artigo 111 do CTN. No entanto, como demonstrando no Capítulo 4 deste artigo, a utilização de tal dispositivo legal não se demonstra tecnicamente correta.

A posição do Tribunal Administrativo se mostra clara, quando analisados os precedentes aqui citados, alinhando-se com o próprio entendimento da Receita Federal do Brasil ("RFB") sobre o tema. O argumento principal é que a norma que outorga o benefício deve ser interpretada literalmente e, portanto, não poderia ser estendido à exaustão.

Por outro lado, algumas decisões foram julgadas favoráveis aos contribuintes, a exemplo do seguinte acórdão:

24 BRASIL. Conselho Administrativo de Recursos Fiscais. Depreciação Integral aplicada a florestas. Fazenda Nacional e Nova Era Silicon S.A.. Relator: Conselheiro Guilherme Adolfo dos Santos Mendes. Brasília, 6 de jul. 2011. Disponível em http://idg.carf.fazenda.gov.br/home. Acesso em 11 jun. 2019.

> ATIVIDADE RURAL. CUSTOS DA LAVOURA CANAVIEIRA. DEPRECIAÇÃO INTEGRAL INCENTIVADA. **Os recursos aplicados na formação da lavoura canavieira, integrados ao ativo imobilizado, estão sujeitos à depreciação e, não, à exaustão, portanto podem ser apropriados integralmente como encargos do período correspondente a sua aquisição.**
>
> (...)
>
> Em resumo, temos que a depreciação ocorre quando o bem está sujeito a desgaste ou perda pelo uso na atividade da empresa, enquanto que a exaustão se dá quando, durante o processo, o próprio bem é extinto. Repetimos, a depreciação se aplica quando há desgaste de uso, enquanto que a exaustão se dá quando os próprios bens se esgotam no tempo e, portanto, o bem desaparece. **O esgotamento ou desaparecimento físico do ativo é o elemento que distingue a exaustão da depreciação.**
>
> Como bem ficou demonstrado nas sustentações orais e nos memoriais, os cortes feitos na cana-de-açúcar não extinguem a planta, portanto, o bem não se esgota, logo não se aplica a exaustão. Todavia, o bem é desgastado pelo uso ou emprego na atividade da fonte produtora, perdendo seu valor a cada corte, através da depreciação.[25] (grifado)

Esta e outras decisões semelhantes julgaram casos específicos em que o contribuinte exercia atividade de plantio canavieiro. Nelas, o argumento principal é de que o ativo – no caso, a planta de cana de açúcar – estão, na verdade, sujeitos à depreciação e não à exaustão, pelo fato de que a exploração da plantação não extingue a planta, apesar de reduzir, a cada corte, sua qualidade.

[25] BRASIL. Conselho Administrativo de Recursos Fiscais. Depreciação Integral aplicada a lavoura canavieira. Fazenda Nacional e Jalles Machado S.A.. Relator: Conselheira Viviane Vidal Wagner. Brasília, 21 de jan. 2014. Disponível em http://idg.carf.fazenda.gov.br/home. Acesso em 11 jun. 2019.

Ou seja, nos casos favoráveis, não se discutiu a aplicação do benefício para casos em que houve exaustão, mas sim que a própria colheita do plantio canavieiro era registrada contabilmente por meio de depreciação, e não exaustão.

É importante destacar ainda que de fato os plantios de eucalipto e de cana-de-açúcar exigem técnicas diferentes, bem como apresentam características diversas. Nestes termos, relembra-se o que foi disposto no Capítulo 2 deste estudo, quando se demonstrou que o plantio canavieiro tem um período de germinação e desenvolvimento muito mais rápido do que o eucalipto, uma vez que este último só é cortado, em média, após sete anos de seu plantio. No entanto, a depender da forma que o eucalipto é aproveitado pelo contribuinte, pode-se destacar que há também similaridade entre as duas plantações, como por exemplo o fato de serem realizadas mais de uma colheita, o que caracterizaria, com base na argumentação de alguns dos conselheiros do CARF, a depreciação.

Diante das análises das decisões, podemos afirmar que, em suma, o critério definidor da concessão ou não do benefício é a técnica contábil utilizada – depreciação ou exaustão e também o fato de que alguns dos conselheiros do Tribunal Administrativo ampliam a possibilidade de utilizar a depreciação para a lavoura canavieira, mas não às plantações de eucalipto.

No entanto, mesmo as decisões favoráveis em câmaras baixas foram, posteriormente, reformadas em sede de recurso à Câmara Superior de Recursos Fiscais ("CSRF"). Neste contexto, para ilustrar o cenário contencioso administrativo atual, demonstra-se o seguinte quadro de informações, baseado no ponto de vista dos argumentos dos contribuintes:

Quadro 2 – Análise da jurisprudência do CARF

PROCESSOS	OBJETO	CARF	CSRF (Recurso)	TESE FIXADA
10850.001767/2005-11	**Lavoura canavieira**	Desfavorável - Maioria de votos	Desfavorável - Voto de qualidade	A lavoura canavieira submete-se à exaustão. Interpretação literal da Medida Provisória para abranger apenas a depreciação.
5 processos: 13116.002967/2007-55 10120.723532/2013-39 15956.720092/2012-78 15956.000497/2010-24 15956.720233/2013-33	**Lavoura canavieira**	**Favorável - Maioria de votos**	Desfavorável - Voto de qualidade	A lavoura canavieira submete-se à exaustão. Interpretação literal da Medida Provisória para abranger apenas a depreciação.
10680.020361/2007-07	**Eucalipto**	Desfavorável - Unânime	Desfavorável - Unânime	Interpretação literal da Medida Provisória para abranger apenas a depreciação.
10680.016015/2008-05	**Eucalipto**	Desfavorável - Unânime	Aguardando Julgamento	Interpretação literal da Medida Provisória para abranger apenas a depreciação.

Fonte: elaborado pelo autor

Como demonstrado acima, a CSRF tem uma forte inclinação a considerar que todo e qualquer corte de ativo biológico deve ser considerado como exaustão e, consequentemente, não faz jus ao benefício da depreciação integral/acelerada de que trata o artigo 6º da Medida Provisória nº 2.159-70/01.

Com base na análise do quadro informativo acima é possível extrair algumas conclusões. A primeira delas é o fato de que a CSRF se demonstra menos receptiva aos argumentos dos contribuintes do que as câmaras baixas. Quando o tema discutido leva em consideração as plantações de eucalipto a restrição é ainda maior, não havendo sequer um processo julgado favoravelmente aos contribuintes. Dos seis processos encontrados relativos à lavoura canavieira, cinco foram julgados favoravelmente na primeira instância do Tribunal e todas eles foram revertidos na CSRF pelo voto de qualidade.

A jurisprudência tratada acima já parece estar sedimentada no CARF. A forma de decisão do Tribunal não é de todo uma surpresa, levando em conta o fato de que o Tribunal considera, em seus julgados, muito mais os quesitos presentes na legislação do que os elementos argumentativos "externos", tais quais natureza das despesas, considerações contábeis, finalidade dos elementos de depreciação e exaustão, entre outros.

Conclusões

Com base no exposto ao longo deste artigo, a discussão relacionada à aplicabilidade do benefício da depreciação integral presente no art. 6º da Medida Provisória nº 2.159-70/01 não é de fácil solução. A análise do tema deve levar em conta diversos elementos técnicos, sejam eles contábeis, tributários ou jurídicos em geral.

Quando estudadas as considerações do Capítulo 2 foi possível notar que os conceitos vinculados à contabilidade determinam que a maioria dos bens registrados dentro da classificação "Ativo Imobilizado" devem ter a sua desvalorização ocorrida ao longo do tempo demonstrada. Os métodos para tal representação são três, a depender da natureza do ativo, nos termos do art. 183 da Lei nº 6.404/76, quais sejam: depreciação, exaustão e amortização.

De acordo com este artigo, os ativos florestais se vinculam diretamente ao método da exaustão. É importante, no entanto, destacar que Pronunciamento Técnico CPC 29 que trata especificamente dos ativos biológicos há somente a utilização do termo "depreciação" para tais bens, sendo ignorado o conceito de "exaustão".

Os encargos de depreciação, exaustão e amortização são representados contabilmente com um lançamento de redução do ativo (crédito) e, em contrapartida, um débito no resultado (despesa contábil). Dessa forma, é possível a afirmação de que tais registram impactam a apuração do resultado do exercício das empresas.

No Capítulo 3 foi possível adentrar nas considerações jurídico-tributárias relativas, especialmente, ao IRPJ. O foco do Capítulo foi na ocorrência do fato gerador do referido tributo, determinando que sua incidência se dá sobre o acréscimo patrimonial registado pelas empresas. Ainda, com a delimitação do estudo ao regime do Lucro Real, foi demonstrado o impacto que regras de depreciação integral/acelerada têm na apuração do IRPJ.

Dessa forma, o Lucro Real é o resultado de uma metodologia de cálculo que parte do Resultado Líquido do Período – apurado mediante regras contábeis e realização da DRE – podendo ser prejuízo contábil ou lucro líquido. A partir de então, devem ser realizadas uma série de ajustes neste valor para que se calcule efetivamente o Lucro Real, tais ajustes são as adições e exclusões determinadas pela legislação fiscal. Ficou consignado, pelo estudo realizado no Capítulo 2, que as despesas de depreciação, exaustão e amortização impactam diretamente o resultado líquido do período, reduzindo-o. Neste sentido e, considerando as regras de apuração do Lucro Real, é possível afirmar que, em um cenário "natural" não há que se fazer qualquer ajuste na base de cálculo do IRPJ relativo a tais despesas, uma vez que elas já estão reduzindo a base de cálculo do tributo.

No entanto, analisando as regras de depreciação integral/acelerada, regras que apresentam o mesmo sentido do art. 6º da MP nº 2.159-70/01, vê-se a necessidade de alterar a base de cálculo do IRPJ para refletir o referido benefício fiscal. Neste sentido, a depreciação integral/acelerada se efetiva quando realizada uma exclusão no cálculo do Lucro Real no período de apuração referente à aquisição do bem, resultando em uma base de cálculo reduzida para aquele contribuinte que utilizou a regra.

A utilização do benefício, por outro lado, não representa uma isenção ou um perdão tributário concedido pelo Poder Público, no sentido de que, nos períodos de apuração subsequente, o contribuinte que se apropriou integralmente das quotas de depreciação de determinado bem deverá ajustar as bases do IRPJ para considerar, por competência, os registros contábeis de depreciação realizados no ano de apuração. Dessa forma, a partir do período de apuração em que o contribuinte utilizou antecipadamente o total do valor a ser depreciado do bem, deverá começar a proceder adições à base de cálculo do IRPJ, resultando em um aumento do Lucro Real o que, por consequência lógica, aumenta o tributo a pagar.

Essa conclusão temporária é imperiosa para a análise realizada no Capítulo 4 deste artigo. Nesta oportunidade, avaliou-se a forma de interpretação mais adequada da regra constante no art. 6º da MP nº 2.159-70/01. Com base em algumas decisões do CARF que foram analisadas, pode-se concluir que alguns dos julgadores suscitaram a necessidade de o benefício constante nesta regra tributária deveria ser interpretado com base no art. 111 do CTN, ou seja, literalmente. Ocorre que, conforme comentado anteriormente, as regras de depreciação integral/acelerada não representam, de qualquer maneira, uma suspensão ou exclusão do crédito tributário, nem mesmo uma outorga de isenção, uma vez que o ganho do contribuinte se apresenta somente no efeito caixa, ou seja, temporariamente.

Afastando-se a aplicação da interpretação literal, propôs-se analisar a questão com base na avaliação sistemática das normas presentes no ordenamento jurídico-tributário. Essa análise se iniciou no Capítulo 5 conjuntamente com o estudo da extrafiscalidade que o legislador por vezes opta em realizar quando da elaboração de normas tributárias. Neste sentido, foi destacado que, por conta da natureza da atividade rural no Brasil, por vezes as normas tributárias encorajam parte da sociedade a empreender neste ramo, o que não foi diferente com a regra contida no art. 6º da MP nº 2.159-70/01. Neste esteio, percebe-se a infelicidade do legislador ao dispor no texto somente o termo "depreciação", deixando de fora diversos ramos de atividade rural que poderiam ser incentivados com interesse constitucional, inclusive.

A inexatidão técnica do legislador aparece quando, no texto da norma, ele se refere à impossibilidade de depreciar integralmente, para fins fiscais, a terra nua. Neste ponto, se destacou que, em regra, os terrenos nunca são depreciáveis, ou seja, a exceção realizada foi inócua.

O Capítulo 6, último das análises técnicas, traz comparativos da jurisprudência do CARF sobre o tema. Em apertada síntese, pode-se afirmar que o Tribunal Administrativo considera que são discussões diversas aquelas concernentes à lavoura canavieira e às florestas de eucalipto. Foi possível encontrar alguns precedentes que aceitavam a aplicação da técnica de depreciação à lavoura canavieira, o que não ocorreu, em nenhuma das hipóteses analisadas, à floresta de eucalipto. Em que pese haver jurisprudência favorável aos contribuintes, todas essas decisões foram revertidas na CSRF, prevalecendo, na maioria delas por voto de qualidade, a argumentação do fisco.

Diante de todas essas análises e de todo o estudo realizado para a realização do presente artigo foi possível notar a existência de argumentos fortes em ambos os lados da disputa em relação à extensão ou não das considerações do art. 6º da MP nº 2.159-70/01 aos ativos biológicos. Neste sentido, é inegável que o referido dispositivo se refere textualmente tão somente à depreciação, o que corrobora o entendimento da RFB sobre o tema.

Por outro lado, ao considerar a técnica contábil do legislador, bem como o fato de que a depreciação integral não é um dos elementos tratados pelo art. 111 do CTN, o que leva à aplicação de uma interpretação sistemática da norma, há a possibilidade de se estender as considerações do artigo analisado aos casos de exaustão. É nesse sentido que posiciono a minha análise final, principalmente pelo fato e a Constituição Federal consagrar a importância na fomentação da atividade rural. Com base nisso, entendo que o legislador buscou de fato compreender o maior número de atividades possíveis relacionadas ao ruralismo, pecando, no entanto, pela falta de técnica.

Ao consagrar o pressuposto constitucional de apoio às atividades rurais, inclusive por meios fiscais, não é lógico que se exclua do benefício alguns dos bens que representam mais dispêndios aos produtores rurais, quais sejam, suas plantações. Dessa forma, entendo que os preceitos do artigo analisado deveriam ser aplicados também a todos as culturas mantidas e que sofram exaustão, especialmente cana-de-açúcar e eucalipto.

Referências

ANDRADE FILHO, Edmar Oliveira. **Imposto de renda das empresas**.12. ed, São Paulo: Atlas, 2016. p. 25, 75 e 76

CALCINI, Fábio Pallaretti. **IRPJ e CSSL: depreciação acelerada incentivada da lavoura canavieira**. 10 fev. 2017. Disponível em: <https://www.conjur.com.br/2017- fev-10/direito-agronegocio-irpj-cssl-depreciacao--acelerada-incentivada-lavoura- canavieira>. Acesso em: 17 ago. 2018.

CARVALHO, Paulo de Barros. **Curso de Direito Tributário**. 27. ed, São Paulo: Saraiva, 2016. p. 237.

FRIEDI, Reis. **Ciência do Direito, norma, interpretação, hermenêutica jurídica**. 9. ed, Barueri, São Paulo: Manole, 2015. p. 164 e 166.

HALAH, Lucas Issa. **Tributação da Renda no Agronegócio**. 1. ed, São Paulo: Quartier Latin, 2018. p. 99.

MACHADO, Hugo de Brito (Coord.). **Interpretação e aplicação da Lei Tributária**. São Paulo: Dialética, 2010. p. 91.

MAXIMILIANO, Carlos. Hermenêutica e aplicação do direito.21. ed, Rio de Janeiro: Forense, 2017. P. 14

NOGUEIRA, Ruy Barbosa. **Curso de Direito Tributário**. Saraiva, 1995. p. 91.

OLIVEIRA, Ricardo Mariz de. **Fundamentos do Imposto de Renda**. São Paulo: Quartier Latin, 2008. p. 48.

SABBAG, Eduardo. **Manual de Direito Tributário**. 9. ed, São Paulo: Saraiva, 2017.

SCHOUERI, Luís Eduardo. **Direito Tributário**. 7. ed, São Paulo: Saraiva, 2017. p. 716.

CPC 00 <Disponível em: http://static.cpc.aatb.com.br/Documentos/147_CPC00_R1.pdf> Item 4.4. Acesso em: 22/05/2019 às 14h25min.

CPC 29 <Disponível em: http://static.cpc.aatb.com.br/Documentos/324_CPC_29_rev%2013.pdf> Item 5. Acesso em: 22/05/2019 às 16h46min.

CPC 27 <Disponível em: http://static.cpc.aatb.com.br/Documentos/316_CPC_27_rev%2013.pdf> Item 50. Acesso em: 22/05/2019 às 15h22min.

EMBRAPA <https://www.embrapa.br/florestas/transferencia-de-tecnologia/eucalipto/perguntas-e-respostas> Acesso em 22/05/2019 às 11h15min.

Legislação e jurisprudência

BRASIL. Supremo Tribunal Federal. Depreciação Conceito Constitucional de Renda. Relator: Ministro Carlos Velloso. Brasília, 11 de fev. 1993. Disponível em http://portal.stf.jus.br/. Acesso em 06 jun. 2019.

BRASIL. Conselho Administrativo de Recursos Fiscais. Depreciação Integral aplicada a florestas. Fazenda Nacional e Arcelormittal Bioenergia LTDA. Relator: Conselheiro Rafael Vidal de Araújo. Brasília, 3 de fev. 2016. Disponível em http://idg.carf.fazenda.gov.br/home. Acesso em 11 jun. 2019.

BRASIL. Conselho Administrativo de Recursos Fiscais. Depreciação Integral aplicada a florestas. Fazenda Nacional e Nova Era Silicon S.A.. Relator: Conselheiro Guilherme Adolfo dos Santos Mendes. Brasília, 6 de jul. 2011. Disponível em http://idg.carf.fazenda.gov.br/home. Acesso em 11 jun. 2019.

BRASIL. Conselho Administrativo de Recursos Fiscais. Depreciação Integral aplicada a lavoura canavieira. Fazenda Nacional e Jalles Machado S.A..

Relator: Conselheira Viviane Vidal Wagner. Brasília, 21 de jan. 2014. Disponível em http://idg.carf.fazenda.gov.br/home. Acesso em 11 jun. 2019.

BRASIL. Código Tributário Nacional, de 25 de outubro de 1966. **Palácio do Planalto Presidência da República**, Brasília Disponível em: http://www.planalto.gov.br/ccivil_03/leis/l5172.htm Acesso em: 11 jun. 2019.

BRASIL. Constituição Federal, de 05 de outubro de 1988. **Palácio do Planalto Presidência da República**, Brasília Disponível em: http://www.planalto.gov.br/ccivil_03/constituicao/constituicao.htm. Acesso em: 11 jun. 2019.

BRASIL. Lei nº 6.404, de 15 de dezembro de 1976. **Palácio do Planalto Presidência da República**, Brasília Disponível em: http://www.planalto.gov.br/ccivil_03/leis/l6404consol.htm. Acesso em: 11 jun. 2019.

TRIBUTAÇÃO DOS RENDIMENTOS AUFERIDOS NO EXTERIOR EM SOCIEDADES, FUNDOS DE INVESTIMENTO E *TRUSTS* POR RESIDENTES FISCAIS NO BRASIL

Samara Azevedo Fagundes

Introdução

É cada vez maior o número de brasileiros que buscam alternativas de investimentos e estruturas de planejamento fora do país com a intenção de diversificar seus investimentos e acessar mercados menos voláteis, mas que ao mesmo tempo possibilitem a preservação e crescimento do seu patrimônio.

Para acompanhar esses novos movimentos, assim como as mudanças proporcionadas pela globalização, desenvolvimento tecnológico, estreitamento das relações comerciais e a facilidade e velocidade alcançada pelos meios de comunicação atuais, o direito não pode mais se apresentar, unicamente, como meio de distribuição da justiça. Faz-se necessário, que o direito se apresente com dinamismo e versatilidade, condizente com a sociedade contemporânea, para que possa exercer sua atividade regulatória e de fiscalização, de acordo com as novas relações sociais, comerciais e econômicas que estão surgindo[1]. É com esse intuito que desenvolvemos o presente trabalho.

[1] Chalhub, Melhim Namem, (2001, apud Arnoldo Wald, O direito do Desenvolvimento, in Jurídica, vol. 33, nº 103, p. 669 e seg., out-dez, 1968).

O objeto deste trabalho é análise da tributação da renda auferida por meio de estruturas de investimento e planejamento patrimonial localizadas no exterior, como sociedades e fundos de investimento offshore e, especialmente, do *trust*, que é um instituto da *common law* amplamente utilizado nas jurisdições desse sistema e que mesmo sem ter previsão em nosso ordenamento jurídico é utilizado por muitos residentes fiscais no Brasil, por meio de instituições brasileiras que trabalham com a gestão de grandes riquezas, como bancos e escritórios advocatícios especializados, e que já possuem a expertise para estruturação deste produto no exterior.

O *trust* possui utilização quase infinita nas mais variadas relações jurídicas (direito das obrigações, direito das sucessões e família, direito comercial, no campo societário, de mercado de capitais e no tributário) e, portanto, é considerado como um instrumento de alta maleabilidade e versatilidade, sobretudo no campo da administração patrimonial, acompanhando a atual demanda social por esses tipos de produto serviços.

Tendo em vista as diferenças entre a natureza jurídica dos fundos de investimentos no Brasil e no exterior, e, especialmente, a inexistência do instituto do *trust* em nosso ordenamento jurídico torna-se essencial um estudo aprofundado para entender a natureza dessas estruturas e a tributação aplicável na constituição, manutenção e extinção dessas estruturas.

O estudo das sociedades *offshores*, apesar de ser menos complexo e controverso, se torna importante uma vez que, mesmo sendo a estrutura mais simples (com menos possibilidades) e econômica, é muito rica como fonte de comparação com as demais, tendo em vista sua ampla utilização como forma de investimento do exterior para fins de diferimento tributário, por residentes fiscais no Brasil.

A tributação da renda nessas estruturas será o foco deste trabalho, juntamente com a análise conceitual de cada uma das estruturas e de suas especificidades, com o objetivo de detalhar a natureza dos fatos geradores e, consequentemente, o imposto devido em cada caso.

1. Imposto sobre a renda

Conforme disposto no art. 153 da Constituição Federal ("CF"), compete à União instituir impostos sobre a renda e os proventos de qualquer natureza. O imposto de renda é um imposto que possui nítida função fiscal, como meio hábil a promover uma adequada redistribuição de renda (pois apresenta alíquotas variáveis conforme a renda dos contribuintes, de forma que os de menor renda não sejam alcançados pela tributação).

O art. 43 do Código Tributário Nacional ("CTN") define que o imposto de renda tem como fato gerador a aquisição da disponibilidade econômica ou jurídica (i) de renda, assim entendido o produto do capital, do trabalho ou da combinação de ambos; e (ii) de proventos de qualquer natureza, assim entendidos os acréscimos patrimoniais não compreendidos no inciso anterior. Kiyoshi Harada[2] nos ensina a distinção entre a disponibilidade econômica e jurídica da renda:

> A disponibilidade econômica consiste no acréscimo patrimonial decorrente de uma situação de fato, ocorrendo no instante em que se verifiquem as circunstancias materiais necessárias a que produza esse efeito (art. 116, I, do CTN), ao passo que a disponibilidade jurídica consiste no direito de usar, por qualquer forma, da renda e dos proventos definitivamente constituídos nos termos do direito aplicável (art. 116, II, do CTN).

Dessa forma, temos que a renda pode ser compreendida como o produto recebido pela pessoa física ou jurídica como

[2] Harada, Kioshi, Direito financeiro e tributário, 16ª ed, p. 407

resultado do seu trabalho ou do seu capital e que em decorrência do acréscimo patrimonial por ela gerado há a incidência do imposto.

A base de cálculo do imposto de renda está disposta no artigo 44 do CTN e é definida como "o montante, real, arbitrado ou presumido, da renda ou dos proventos tributáveis".

O art. 121 do CTN determina que o sujeito passivo da obrigação principal é a pessoa obrigada ao pagamento do tributo ou da penalidade pecuniária. Quando a pessoa que realiza o fato gerador é o sujeito passivo, essa pessoa é denominada como contribuinte.[3]

No artigo 45 do CTN está claramente definido quem é o contribuinte, ou seja, aquele que adquire a disponibilidade da renda e ou dos proventos:

> Art. 45. Contribuinte do imposto é o titular da disponibilidade a que se refere o artigo 43, sem prejuízo de atribuir a lei essa condição ao possuidor, a qualquer título, dos bens produtores de renda ou dos proventos tributáveis. Parágrafo único. A lei pode atribuir à fonte pagadora da renda ou dos proventos tributáveis a condição de responsável pelo imposto cuja retenção e recolhimento lhe caibam (art. 45 do CTN).

Tendo em vista o disposto no parágrafo único do art. 45 do CTN, fica claro que o contribuinte do imposto de renda é a pessoa, física ou jurídica, titular da renda ou provento de qualquer natureza, mas que a lei também pode atribuir, em alguns casos, à fonte pagadora da renda a responsabilidade pela retenção e recolhimento do imposto de renda, como por exemplo, no caso de um empregado que é o contribuinte (titular da renda), mas

[3] Yong, Lúcia Helena Briski. Guia Prático do Imposto de Renda – Pessoa Física., p. 15

cabe ao empregador, como responsável, a retenção do imposto na fonte.

A Lei 4.506/64 determina que são contribuintes do imposto de renda as pessoas físicas, domiciliadas ou residentes no Brasil que tiverem renda líquida anual superior a vinte e quatro vezes o salário-mínimo fiscal, apurada de acordo com a lei, sem distinção de nacionalidade, sexo, idade, estado ou profissão.

Tendo em vista o disposto na Lei 4.506/64 fica claro que para podermos determinar as rendas tributáveis e não tributáveis das pessoas físicas no Brasil devemos entender dois conceitos tributários que vinculam os indivíduos como contribuintes do imposto de renda: o domicílio e a residência fiscal.

O domicílio fiscal da pessoa física é onde o indivíduo possui a sua residência habitual, ou seja, o lugar em que se presume que a pessoa habita de forma permanente e onde pratica seus atos e negócios jurídicos. O Art. 127. do CTN determina que na falta de eleição, pelo contribuinte ou responsável, de domicílio tributário, considera-se como tal para as pessoas físicas a sua residência habitual, ou, sendo esta incerta ou desconhecida, o centro habitual de sua atividade.

A Instrução Normativa da Receita Federal nº 208/2002, que dispõe, entre outras questões, sobre a tributação, pelo imposto de renda, dos rendimentos recebidos de fontes situadas no exterior e dos ganhos de capital apurados na alienação de bens e direitos situados no exterior por pessoa física residente no Brasil determina em seu art. 2º os indivíduos que devem ser considerados como residente pessoa física no Brasil:

> Art. 2º Considera-se residente no Brasil, a pessoa física: I – que resida no Brasil em caráter permanente; II – que se ausente para prestar serviços como assalariada a autarquias ou repartições do Governo brasileiro situadas no exterior; III – que ingresse no Brasil: a) com visto permanente, na data da chegada; b) com visto

> temporário: 1. para trabalhar com vínculo empregatício ou atuar como médico bolsista no âmbito do Programa Mais Médicos de que trata a Medida Provisória nº 621, de 8 de julho de 2013, na data da chegada; 2. na data em que complete 184 dias, consecutivos ou não, de permanência no Brasil, dentro de um período de até doze meses; 3. na data da obtenção de visto permanente ou de vínculo empregatício, se ocorrida antes de completar 184 dias, consecutivos ou não, de permanência no Brasil, dentro de um período de até doze meses; IV – brasileira que adquiriu a condição de não-residente no Brasil e retorne ao País com ânimo definitivo, na data da chegada; V – que se ausente do Brasil em caráter temporário ou se retire em caráter permanente do território nacional sem apresentar a Comunicação de Saída Definitiva do País, de que trata o art. 11-A, durante os primeiros 12 (doze) meses consecutivos de ausência. Parágrafo único. Para fins do disposto no inciso III, " b" , item 2, do caput, caso, dentro de um período de doze meses, a pessoa física não complete 184 dias, consecutivos ou não, de permanência no Brasil, novo período de até doze meses será contado da data do ingresso seguinte àquele em que se iniciou a contagem anterior (IN 208/2002, art.2º).

Como podemos notar, são diversas as hipóteses previstas na regulamentação para definição da residência fiscal de um indivíduo no Brasil. Não obstante, tendo em vista o escopo do presente trabalho, não vamos nos prolongar nos detalhes dos conceitos acima apresentados. Para as considerações que serão a seguir desenvolvidas, o importante é termos clareza de que a incidência do imposto de renda decorre do acréscimo patrimonial, em razão da disponibilidade de renda (seja do capital ou do trabalho) e que todos as pessoas físicas, domiciliadas ou residentes no Brasil, que tiverem renda líquida anual superior a vinte e quatro vezes o salário-mínimo fiscal, são consideradas como contribuintes de acordo com a nossa regulamentação.

1.1. Rendimentos recebidos de fontes situadas no exterior

De acordo com o artigo 1º da Instrução Normativa da Receita Federal nº 208/2002, os rendimentos recebidos de fontes situadas no exterior, os ganhos de capital apurados na alienação de bens e direitos situados no exterior por pessoa física residente no Brasil, estão sujeitos à tributação pelo imposto de renda.

De modo geral, as jurisdições adotam o mesmo sistema que o Brasil para tributação da renda: tributam a renda no país em que é auferida, ou seja, no país em que o residente é contribuinte. No entanto, considerando as disposições legislativas de cada jurisdição e as atividades e investimentos que uma pessoa pode ter em diferentes países, é possível que um mesmo indivíduo seja considerado como residente fiscal em mais de um país e, consequentemente, que tenha que tributar seus rendimentos em diferentes localidades.

Com o intuito de evitar que ocorra dupla tributação sobre a renda e o capital, o Brasil firmou diversos Tratados Internacionais.

A Convenção de Viena no art. 2º, I, alínea "a" conceitua tratado como "um acordo internacional concluído por escrito entre Estados e regido pelo Direito Internacional, quer conste de um instrumento único, quer de dois ou mais instrumentos conexos, qualquer que seja sua denominação específica".

Os tratados para evitar dupla tributação normalmente dispõem sobre as rendas e impostos abrangidos nos dois países contratantes, os conceitos de residência fiscal e os métodos para evitar a dupla tributação. De acordo com Secretaria da Receita Federal do Brasil, atualmente, o Brasil possui acordo com 34 países, de forma que podemos presumir que, ao menos com essas jurisdições, não haverá a dupla tributação dos rendimentos auferidos por um indivíduo que possa ser considerado de forma simultânea residente fiscal no Brasil e em algum desses outros países (o que, em princípio, poderia sujeitá-lo à tributação dos seus rendimentos em ambas jurisdições).

Dessa forma, seguindo o entendimento acima, nos países com os quais o Brasil não possui acordo internacional, para evitar a bitributação sobre a renda, o contribuinte deverá recolher tanto o imposto de renda de acordo com as leis vigentes no país fonte da renda, quanto no Brasil. Já nos países com os quais o Brasil possui um acordo para evitar a dupla tributação, desde que haja previsão para a compensação, ou reciprocidade de tratamento, o valor pago em uma jurisdição poderá ser considerado como redução do imposto na outra jurisdição, de forma que o contribuinte não terá que recolher o imposto de renda sobre os mesmos rendimentos duas vezes. Nesse sentido, dispõe o caput e o parágrafo 1º do artigo 16 da Instrução Normativa da Receita Federal nº 208/2002:

> Art. 16. Os demais rendimentos recebidos de fontes situadas no exterior por residente no Brasil, transferidos ou não para o País, estão sujeitos à tributação sob a forma de recolhimento mensal obrigatório (carnê-leão), no mês do recebimento, e na Declaração de Ajuste Anual. § 1º O imposto de renda pago em país com o qual o Brasil tenha firmado acordo, tratado ou convenção internacional prevendo a compensação, ou naquele em que haja reciprocidade de tratamento, pode ser considerado como redução do imposto devido no Brasil, desde que não seja compensado ou restituído no exterior (IN 208/2002, art. 16, § 1º).

2. Benefícios de investir no exterior por meio de estruturas societárias

Dispõe o parágrafo 4º do artigo 25 da Lei 9.250/95 que:

> os depósitos mantidos em instituições financeiras no exterior devem ser relacionados na declaração de bens, a partir do ano-calendário de 1999, pelo valor do saldo desses depósitos em moeda estrangeira convertido em reais pela cotação cambial de

compra em 31 de dezembro, sendo isento o acréscimo patrimonial decorrente da variação cambial.

De acordo com o dispositivo acima, o indivíduo que possua recursos depositados em instituições financeiras no exterior, sem que esses valores estejam investidos, precisa apenas declarar esses valores para a receita e o acréscimo patrimonial decorrente da variação cambial não deverá ser tributado.

Diferentemente do depósito, quando os recursos detidos no exterior estão aplicados e são auferidos rendimentos desses investimentos, nos ensina José Henrique Longo que esses rendimentos são considerados como ganho de capital nos termos do art. 24 da Medida Provisória 2.158-35/2001[4]:

> O rendimento financeiro auferido em moeda estrangeira é considerado como ganho de capital, nos termos do art. 24 da MP 2.158-35. Independentemente do tipo de aplicação (se de risco ou não), a regra é sempre a mesma: no momento de resgate, deve ser apurada a diferença em reais entre o valor da liquidação ou resgate da aplicação financeira e o custo de aquisição.

José Henrique Lungo pontua ainda a segregação que deve ser aplicada a cada operação de resgate com base na Instrução Normativa da Secretaria da Receita Federal 118/00[5] e defende que há ofensa ao princípio especial da universalidade porque não permite a conjugação do ganho individual com as demais operações e fatos relacionados à mesma pessoa física:

[4] KIGNEL, Luiz; PHEBO, Márcia Setti; LONGO, José Henrique. Planejamento Sucessório: Aspectos Familiares, Societários e Tributários. 1. ed. São Paulo: Noeses, 2014.

[5] KIGNEL, Luiz; PHEBO, Márcia Setti; LONGO, José Henrique. Planejamento Sucessório: Aspectos Familiares, Societários e Tributários. 1. ed. São Paulo: Noeses, 2014.

Para não deixar dúvidas quanto à segregação aplicada a cada operação de resgate, a Instrução Normativa da Secretaria da Receita Federal 118/00 dispões que: (a) o imposto é apurado em cada operação, (b) e que deve ser recolhido até o último dia do mês seguinte. O rendimento financeiro no exterior não pode ser compensado com eventual perda verificada em outras operações da mesma pessoa, nem pode ser levado para apuração da base de cálculo com deduções permitidas pela legislação (educação, saúde, etc.). Portanto, há ofensa do princípio especial da universalidade exatamente porque não se permite a conjugação desse ganho individual com as demais operações e fatos relacionados à mesma pessoa física.

Outro aspecto que merece atenção no entendimento do José Henrique Lungo é o entendimento da Secretaria da Receita Federal manifestado pelo Ato Declaratório Interpretativo 8, de 2003:

> Art. 1º O crédito de rendimentos relativos a aplicação financeira, inclusive depósito remunerado, realizada em moeda estrangeira por pessoa física residente no Brasil, implica a apuração de ganho de capital tributável, desde que o valor creditado seja passível de saque pelo beneficiário.

Nesse sentido, as aplicações que remunerem periodicamente o seu titular com juros, que em princípio se submeteria à tributação na apuração mensal conforme a tabela progressiva, passam a ser considerados como ganho de capital.

Considera-se ganho de capital a diferença positiva entre o valor de alienação de bens ou direitos e o respectivo custo de aquisição, ou seja, que sempre que uma pessoa apura lucro na venda/resgate de um determinado bem ou direito, a diferença positiva (lucro) entre o valor da venda e o valor da compra do bem ou direito deve ser tributada.

O art. 21 da Lei n. 8.981/95, alterada pela Lei n. 13.259/16, determina que o ganho de capital percebido por pessoa física em decorrência da alienação de bens e direitos de qualquer natureza sujeita-se à incidência do imposto sobre a renda, com as seguintes alíquotas progressivas de 15% (até 5 milhões), 17,5% (até 10 milhões), 20% (até 30 milhões) e 22,5% (acima de 30 milhões) sobre o valor excedido, considerando o valor de compra e o valor de venda.

Tendo em vista o disposto acima, fica evidente a complexidade para apuração do imposto devido em decorrência de rendimentos auferidos no exterior em aplicações financeiras detidas por pessoas físicas residentes fiscais no Brasil, pois esse imposto deve ser pago até o último dia útil do mês subsequente ao da percepção dos ganhos.

Em decorrência da complexidade de apuração do ganho de capital, assim como do fato de que o rendimento é tributado mensalmente é que as estruturas societárias se destacam como alternativas para manutenção dos investimentos e bens no exterior, em detrimento das aplicações realizadas diretamente pelas pessoas físicas. Como veremos a seguir, os indivíduos que investem por meio de estruturas se beneficiam do diferimento tributário, já que os rendimentos das aplicações de titularidades dessas estruturas somente serão tributados pela pessoa física quando houver efetivamente a disponibilidade desses ativos para os indivíduos.

3. Sociedades *Offshore*

As sociedades offshore podem ser conceituadas como sociedades que exercem a sua atividade em local distinto da sua constituição, sede. O uso de sociedades offshore por investidores é muito comum não somente entre os investidores brasileiros, mas de modo geral por investidores ao redor do mundo.

As razões para utilização das estruturas sociedades offshore são diversas, mas de modo geral estão relacionadas a três principais benefícios: (i) isenção tributária dos na jurisdição em que está constituída; (ii) possibilidade de diferimento tributário dos rendimentos auferidos por meio dos investimentos detidos por essas sociedades; (iii) legislação local favorável para preservação dos dados e informações financeiras dos titulares das cotas dessas sociedades.

As sociedades offshore ou *Private Investment Companies* ("PICs") são pessoas jurídicas constituídas no exterior com a finalidade de deter e aplicar as disponibilidades financeiras dos seus sócios. Dessa forma, a pessoa física ao invés de deter as suas aplicações financeiras diretamente, passa a deter cotas das sociedades e as sociedades passam a deter a titularidade das aplicações financeiras.[6]

As PICs estão submetidas às regras de tributação vigentes no país em que estão constituídas e por isso que é tão comum a constituição dessas estruturas em paraísos fiscais.

Nesse sentido, cabe destacar que não há nenhuma ilegalidade na manutenção de bens e investimentos no exterior por residentes fiscais no Brasil, inclusive em paraísos fiscais, desde que esses ativos sejam devidamente declarados para a Receita Federal e que os impostos devidos nas operações sejam recolhidos.

3.1. Paraísos Fiscais

Paraíso fiscal é um país ou território que possui tributação reduzida ou nula para as pessoas e empresas estrangeiras e uma regulamentação flexível e atraente que possibilita um baixo compartilhamento de informações com os países de origens, onde os impostos são geralmente muito maiores.

[6] KIGNEL, Luiz; PHEBO, Márcia Setti; LONGO, José Henrique. Planejamento Sucessório: Aspectos Familiares, Societários e Tributários. 1. ed. São Paulo: Noeses, 2014.

De acordo com a OCDE (Organização para a Cooperação e o Desenvolvimento Econômico), existem mais de 40 territórios no mundo que se encaixam na definição de paraíso fiscal. Já para a Receita Federal brasileira, são considerados como paraísos fiscais as jurisdições que tributam em menos de 20% da renda.

A Instrução Normativa da Receita Federal do Brasil nº 1037 de 2010 é o dispositivo legal que determina quais jurisdições devem ser considerados como países ou dependências que não tributam a renda ou que a tributam à alíquota inferior a 20% ou, ainda, cuja legislação interna não permite acesso a informações relativas à composição societária de pessoas jurídicas ou à sua titularidade e indica também quais jurisdições possuem regimes fiscais privilegiados.

3.2. Tributação

No Brasil, assim como em outras jurisdições, a pessoa física titular de ações de uma sociedade offshore não está obrigada a oferecer à tributação pelo imposto de renda pessoa física os rendimentos auferidos por aquela empresa enquanto não forem efetivamente disponibilizados a seu favor.

Dessa forma, explica José Henrique Longo[7] que são duas as hipóteses de rendimento no exterior envolvendo investimento em pessoas jurídicas: (i) distribuição de lucros; e (ii) ganho de capital na alienação do investimento:

> No caso de distribuição de lucros, esse rendimento inclui-se na apuração mensal da base de cálculo do IRPF com aplicação da tabela progressiva, após as deduções autorizadas. Com esse tratamento, o rendimento de distribuição de lucros dvindos do exterior não está eivado das inconstitucionalidades presentes na

[7] KIGNEL, Luiz; PHEBO, Márcia Setti; LONGO, José Henrique. Planejamento Sucessório: Aspectos Familiares, Societários e Tributários. 1. ed. São Paulo: Noeses, 2014.

apuração de ganho de capital e que forma acima mencionada. Tal valor é parte integrante da correta apuração da renda, com o mesmo tratamento das demais fontes de rendimento Portanto, o rendimento de distribuição de lucros do exterior provenientes de PIC, correspondente ao ganho financeiro das aplicações promovidas pela empresa no exterior, sofre a incidência do IRPF nos limites fixados pela Constituição Federal. A segunda hipótese citada é o ganho de capital na alienação do investimento na PIC, isto é, a pessoa física residente no Brasil vende as suas ações da PIC para terceiro e apura ganha capital. O tratamento fiscal dado pela legislação ordinária é o mesmo para ganho de capital de aplicação financeira no exterior: a apuração é independente dos demais elementos que compõem o efetivo acréscimo patrimonial da pessoa.

Tendo em vista as considerações acima, concluímos que para a pessoa física a constituição das sociedades offshore representa uma excelente forma de otimizar os seus investimentos no exterior, uma vez que, por meio de uma estrutura simples e relativamente barata, o indivíduo consegue diferir o imposto sobre os rendimentos de suas aplicações e simplificar o sistema de apuração.

4. Fundos de Investimento

Ricardo Santos Freitas nos ensina que, embora alguns autores mencionem registros de estruturas embrionárias de fundos de investimento na Grécia antiga e em Roma, os fundos de investimento tiveram como fonte de inspiração as sociedades e o *trust*, que após a sua utilização no período feudal para fins sucessórios e de proteção patrimonial, passou também a ser utilizado para operações de investimento (passando, inclusive a serem conhecidos como *investment trusts*).[8]

[8] FREITAS, Ricardo de Santos. Natureza Jurídica dos Fundos de Investimento. São Paulo: Quartier Latin, 2005.

Os fundos de investimento podem ser definidos como uma união de recursos destinados à aplicação em títulos e valores mobiliários.

No Brasil, os fundos de investimento são organizados sob a forma de condomínio, conforme definido pela Instrução da Comissão de Valores Mobiliários ("CVM") nº 555 de 2014, e a administração desses recursos deve ser feita por pessoas jurídicas autorizadas pela CVM para o exercício profissional de administração de carteira.

Diferentemente da estrutura de condomínio adota pelo ordenamento jurídico brasileiro, outras jurisdições, especialmente as jurisdições do sistema common law adotam com estrutura para os fundos de investimento as sociedades.

São diversos os tipos societários adotados pelas jurisdições como estruturas aptas para um fundo de investimento. Em Luxemburgo, por exemplo, os fundos podem ser constituídos por meio de sociedade anônimas, já nas Ilhas Cayman por meio de sociedades limitadas.

Um ponto interessante sobre as estruturas de fundos de investimento no exterior é que muitas vezes eles possuem a estrutura denominada "umbrela", por meio da qual existe uma única estrutura societária, mas diferentes subfundos atrelados, cujos riscos são segregados. Nesse tipo de estrutura a contratação dos prestadores de serviços é realizada em nome da sociedade e os custos são partilhados entre as diversos subfundos, no entanto, cada subfundo pode ter uma política de investimentos independente e não há contaminação entre os ativos de cada subfundo.

Como as estruturas de fundos de investimento no exterior são normalmente constituídas por meio de uma sociedade, a tributação da renda é muito semelhante ao modelo já apresentado. De forma que os rendimentos são tributados pela pessoa física residente fiscal no Brasil apenas quando há o resgate ou amortização das cotas dos fundos.

5. Trust

5.1. Origem

Durante a Idade Média, em substituição ao escravismo greco-romano, a estrutura econômica, social, política e cultural que predominou na Europa Ocidental foi o feudalismo.O sistema feudal tinha como característica jurídica a coexistência de mais de um direito real sobre um mesmo bem, de forma que o domínio sobre a propriedade da terra se desdobrava em direto e indireto, respectivamente, detido pelo senhor feudal e pelo vassalo. O senhor feudal era o proprietário da terra, mas o vassalo estava a ela diretamente ligado, ao deter seu domínio útil. [9]

A concessão de terras era denominada tenure e o vassalo tenant. O tenant ao receber os títulos sobre as terras tinha como finalidade possuí-las e, posteriormente, transmiti-las aos seus descendentes, porém, especialmente na Inglaterra, essa relação jurídica não era tão simples e várias limitações e condições eram estabelecidas ao direito do tenant, sobretudo quanto à possibilidade de transmissão dos seus direitos aos herdeiros.[10]

Temos, portanto, que as limitações impostas aos direitos dos tenats implicavam na impossibilidade de dispor da terra e na obrigação de seus herdeiros pagarem ao suserano uma renda pelo privilégio da sucessão.

Visando assegurar a sucessão de seus herdeiros, assim como a posse permanente das terras, ensina Melhim Namem Chalhub que, os tenants reagiram a esse sistema através do use:

> ato que consistia na transmissão da terra a terceiro, mas "para uso" (ad opus) de outro; por esse meio o terceiro passava a ostentar a posição de titular da terra, mas, na relação

[9] Chalhub, Melhim Namem, Trust: perspectivas do direito contemporâneo na transmissão da propriedade para administração de investimentos e garantia, p. 10.

[10] Chalhub, Melhim Namem, Trust: perspectivas do direito contemporâneo na transmissão da propriedade para administração de investimentos e garantia, p. 10.

com o transmitente, deveria administrá-la de acordo com os interesses deste último e com a obrigação de entregar a este o resultado econômico desta administração, assim atribuindo a titularidade da terra a um terceiro, que operava como que um depositário, o vassalo poderia superar os óbices do sistema feudal e equacionar sua sucessão[11]

Portanto, a função principal do use era contornar os ônus feudais impostos ao vassalo e à propriedade imobiliária, principal forma de riqueza a favor do suserano, sobretudo no caso da transmissão causa mortis, através da cessão do uso da propriedade a terceiros.[12]

O cessionário colocava-se na posição de titular das terras, sem que pudesse, todavia, deles livremente dispor, devendo usá-las conforme os interesses de quem lhes cedeu e por um tempo determinado, por exemplo, até que o herdeiro do proprietário original da terra atingisse a maioridade.

Durante o período feudal, o use consistia na cessão da propriedade por tempo e com poderes limitados, como instrumento garantidor da posse permanente das terras, assim como da vontade do tenant, através do cumprimento de sua sucessão, configurando, portanto, uma das formas mais primitivas de trust encontradas na História.

Estudiosos acreditam também que outra origem dos trusts remota à época quando os cavaleiros antes de partir para proteção dos peregrinos à Terra Santa entregavam seus bens a pessoas de confiança, para que estas administrassem e garantissem o sustento de suas famílias durante o período em que se encontravam ausentes.

[11] Chalhub, Melhim Namem, Trust: perspectivas do direito contemporâneo na transmissão da propriedade para administração de investimentos e garantia, p. 11.

[12] Fagundes, Samara Azevedo. Trust: Estudo do instituto e considerações à luz do ordenamento jurídico brasileiro. 2012.

Diante do acima disposto, temos que o surgimento do trust está diretamente ligado às necessidades do homem medieval relativas às guardas de bens, por questões de ordem sucessória ou simples preservação de sua propriedade e vontade.[13]

Sendo certo que, posteriormente, estas situações foram juridicamente tuteladas e introduzidas ao ordenamento jurídico Inglês.

5.2. Conceito

O trust é um instituto de origem inglesa que decorre do use, que tinha como finalidade a transferência da propriedade sem a incidência das condições impostas pelo senhor feudal.

Diz a melhor doutrina que, juridicamente é mais fácil caracterizar do que definir um trust, pois antes de ser teorizado, o instituto já era um instrumento presente nas realidades históricas e sociais.

Nesse sentido, Eduardo Salomão Neto entende que mais importante que estipular uma definição para trusts é entender que funcionam como instrumentos que "permitem a uma determinada pessoa ter gozo de um determinado bem sem figurar nominalmente como sua proprietária ou titular"[14]. Dessa utilidade básica é que derivam as inúmeras aplicações práticas do instituto, como por exemplo, no caso de proteção de incapazes, os quais podem se beneficiar de um patrimônio sem deter sua titularidade ou incorrer nos riscos de perda ou dissipação. Define ainda o autor que:

> Implica o "trust" a transferência de propriedade ou titularidade sobre um bem corpóreo, móvel ou imóvel, ou incorpóreo, como os direitos, a um terceiro denominado "trustee", a quem

[13] Fagundes, Samara Azevedo. Trust: Estudo do instituto e considerações à luz do ordenamento jurídico brasileiro. 2012.

[14] Salomão Neto, Eduardo, O trust e o direito brasileiro, p 19.

incumbe exercer os direitos adquiridos em benefício de pessoas designadas expressamente no instrumento criador do "trust", ou indicadas pela lei ou jurisprudência na falta de tal instrumento, chamadas de beneficários ou "cestui que trust.[15]

Melhim Namem Chalhub define:

> Com efeito, opera-se a constituição de um trust mediante entrega de certos bens a uma pessoa, para que deles faça uso conforme determinado encargo que lhe tenha sido cometido, repousando esse conceito na confiança depositada naquele que recebe os bens.
>
> Aquele que entrega os bens e, por consequência, institui o trust, é denominado settlor (instituidor); o settlor transmite, efetivamente, a propriedade sobre os bens. Aquele que recebe os bens, e assume a obrigação de administrá-los, denomina-se trustee (aquele em quem se confia). Aquele em favor de quem o trust é instituído denomina-se cestui qu trust (aquele que confia). [16]

F. W. Maitland fixa com clareza a idéia geral do trust, no entendimento de Chalhub, "centrada na concepção pela qual uma pessoa pode ser investida de direito de propriedade sobre determinado bem ou direito, mas para realização de objetivo especial, exercendo essa propriedade em confiança, em benefício de outra pessoa"[17].

George G. Borget, no livro Law of Trust define o instituto como "(...) a fiduciary relationship in which one person is the

[15] Salomão Neto, Eduardo, O trust e o direito brasileiro, p20.

[16] Chalhub, Melhim Namem, Trust: perspectivas do direito contemporâneo na transmissão da propriedade para administração de investimentos e garantia, p. 19.

[17] Chalhub, Melhim Namem, Trust: perspectivas do direito contemporâneo na transmissão da propriedade para administração de investimentos e garantia, p. 25.

holder of the title to property subject to an equitable obligation to keep or use the property for the benefit of another".[18]

Em outras palavras, o trust pode ser definido como um instituto que permite a um indivíduo (settlor), controlar a distribuição de seus bens durante a sua vida e após a sua morte, ao transferir a um terceiro (trustee) o seu direito e/ ou propriedade de determinado bem, para que este administre e realize um objetivo especial, em benefício do próprio settlor ou de um terceiro (beneficário), de acordo com as determinações específicas estipuladas em contrato, de forma que ocorra o exato cumprimento da vontade do settlor.[19]

Portanto, o trust decorre de um ato de vontade pautado em uma relação de confiança, no qual uma pessoa através de um termo de direito privado, transfere a titularidade de seus bens e/ou direitos para um terceiro administrar de acordo com as suas determinações, em benefício de outrem.

Nesse sentido, entende a doutrina que o trust é constituído por cinco elementos essenciais: três elementos de natureza subjetiva, que são os sujeitos que participam do trust (Settlor, Trustee e Beneficiário) e por dois elementos de natureza objetiva (Ato de Vontade e Objeto). Passemos, portanto, a análise de cada um deles.

5.3. Estrutura

5.3.1. Settlor

O settlor é o titular do bem ou direito a ser dado em trust, portanto, é aquele que irá fundar o trust, sendo essencial para tanto, que esteja em pleno gozo de sua capacidade de dispor.

Para que seja constituído o trust, faz-se necessária, a emissão de vontade do settlor, com as especificações de como deve

[18] George G. Borget: Law of Trusts

[19] Fagundes, Samara Azevedo. Trust: Estudo do instituto e considerações à luz do ordenamento jurídico brasileiro. 2012.

ser administrado o trust e em benefício de quem, assim como, a efetiva transmissão da titularidade do bem ou direito, entregues em confiança para o trustee.

O settlor pratica, portanto, dois atos no momento de constituição do trust: transmite ao trustee a titularidade do bem ou direito, definindo sua destinação, e estabelece as obrigações a serem cumpridas pelo trustee, em decorrência dessa transmissão. A partir desse momento, o settlor deixa de ter a titularidade sobre os bens, não podendo reclamá-los ou exercer qualquer pretensão sobre eles. [20]

Nesse momento, verifica-se ainda a separação entre o legal title, a titularidade legal (direitos e responsabilidades decorrentes do controle que um indivíduo exerce sobre um bem) e o equitable title, a titularidade equitativa do bem (benefícios relacionados à fruição dos bens), que passam a ser, respectivamente, do trustee e do beneficiário. (SANTOS, 2009)[21]

Devido à flexibilidade do instituto, admite-se que o settlor constitua a si próprio como trustee, obrigando-se a administrar os bens em favor de um terceiro e até mesmo que se declare como um beneficiário do trust. Porém, nesse último caso, entende a jurisprudência anglo-saxônica que os credores podem ter acesso aos bens do trust, pois, mesmo que em momento futuro, o settlor poderá fruir dos benefícios proporcionados por esses bens quando retomar a titularidade dos mesmos. (SANTOS, 2009).[22]

Pode ainda o settlor assumir funções que não o caracterizarão como trustee ou beneficiário, como reservar poderes de

[20] Fagundes, Samara Azevedo. Trust: Estudo do instituto e considerações à luz do ordenamento jurídico brasileiro. 2012.

[21] Santos, Raquel do Amaral de Oliveira. Tese de mestrado. Trust: Das origens à aceitação pelos países de direito romano-germânico, p 54.

[22] Santos, Raquel do Amaral de Oliveira. Tese de mestrado. Trust: Das origens à aceitação pelos países de direito romano-germânico, p 54 .

revogar, modificar e fiscalizar o trust e/ ou o trustee, mantendo--se nesses casos exclusivamente como settlor.

Como dito anteriormente, a declaração de vontade é essencial para a constituição do trust, pois através dela são determinadas todas as condições sob as quais os bens serão administrados, as obrigações do trustee, o prazo de duração do trust e os beneficiários. Faz-se, portanto, necessário, sob pena de nulidade, que o settlor tenha capacidade e legitimidade para emitir a sua declaração de vontade sobre a constituição do trust e transmissão dos bens ou direitos ao trustee, de forma a garantir que sua vontade seja atendida e seu patrimônio preservado.[23]

5.3.2. Trustee

O trustee é quem recebe a titularidade dos bens ou direitos objeto do trust e realiza a administração desses de acordo com a vontade do settlor. Nas palavras de Melhim Namem Chalhub:

> O trustee é a pessoa que recebe a titularidade dos bens ou direitos objeto do trust, com o encargo de administrá-los de acordo com o que tiver sido definido pelo settlor. Em razão da constituição do trust, o trustee é investido de um legal title ou um legal estate sobre os bens ou direitos em questão.[24]

O trustee pode ser uma pessoa física, uma entidade jurídica ou até uma instituição financeira, com ou sem experiência prévia nesse papel. O essencial é que sempre atue de acordo com as prerrogativas de sua função, de forma diligente, pois, como titular dos bens que lhe foram transferidos, o trustee deve admi-

[23] Fagundes, Samara Azevedo. Trust: Estudo do instituto e considerações à luz do ordenamento jurídico brasileiro. 2012.

[24] Chalhub, Melhim Namem, Trust: perspectivas do direito contemporâneo na transmissão da propriedade para administração de investimentos e garantia, p. 43.

nistrá-los em favor dos beneficiários, de forma leal e transparente, realizando investimentos produtivos.

Dentre os principais deveres do trustee, Raquel Amaral dos Santos elenca: (i) dever de administração dos bens em prol dos beneficiários; (ii) dever de realização de investimentos produtivos, maximizando os ganhos dos beneficiários, sempre com diligência;(iii) dever de identificação dos direitos e bens do trust, segregadamente dos bens do trustee; (iv) dever de prestação de contas e de informação; (v) dever de distribuição dos bens e rendimentos, nos termos determinados pelo ato constitutivo do trust; (vi) dever de diversificação dos Investimentos, de forma a mitigar riscos, mas sempre respeitando as disposições expressas do trust, assim como, o perfil de investimento do settlor e a finalidade do trust; (vii) dever de imparcialidade, salvo disposição em contrário, de forma a que deve agir igualmente em prol de todos os beneficiários; e (viii) dever de não delegação da administração dos bens a terceiros.[25]

Quanto aos dois últimos deveres, cabe efetuarmos algumas reservas, já que o trustee possui discricionariedade para administrar o trust da melhor forma possível, de forma sempre a garantir o fiel cumprimento da vontade do settlor.

Sendo assim, nem sempre um tratamento igualitário entre os beneficiários será compatível com a declaração de vontade do settlor e com a boa execução do trust, assim como, nem sempre uma administração direta dos bens pelo trustee será a melhor opção. De forma que, mesmo sendo o trustee o responsável pelo fiel cumprimento da vontade do settlor e por uma boa administração dos bens, caso entenda necessário ele pode sim terceirizar essa administração. Como exemplo, podemos citar um trustee que não tenha expertise na administração de

[25] Santos, Raquel do Amaral de Oliveira. Tese de mestrado. Trust: Das origens à aceitação pelos países de direito romano-germânico, p. 56 e 57.

ativos não financeiros, nesse caso, caso contrate alguém para realizar a administração desses bens, o trustee estará atuando de forma diligente, visando um melhor cumprimento de suas obrigações. Nesse caso, vale lembrar que, de qualquer forma, o trustee não estará isento de responsabilidade e tampouco terá uma diminuição dos seus deveres fiduciários.[26]

Os deveres descritos acima, se enquadram na relação obrigacional que existe entre o trustee e os beneficiários, de forma que caso o trust incorra em algum prejuízo, decorrente de uma gestão ineficiente pelo trustee, os beneficiários podem adotar medidas legais para responsabilizá-lo.

Quando o trustee deixa de cumprir alguns dos seus deveres, a doutrina define que ocorreu uma breach of trust, isto é, uma quebra da confiança depositada no trustee, o que pode levar à destituição do trustee e sua consequente responsabilização pelo dano patrimonial, na esfera civil, ou criminal, nos casos de ação fraudulenta destinada a apropriação indevida dos bens do trust.

Ademais, cabe ressaltar que o trustee não pode abdicar de suas funções ou rescindir o termo de constituição do trust como se estivesse prestando uma modalidade qualquer de serviço, exceto se o fizer durante a vida do settlor e desde que respeitando as condições e deveres estipulados no termo de constituição do trust, assim como, as previsões legais aplicáveis.

Como veremos mais adiante, por tratar-se uma relação de natureza fiduciária, após a morte do settlor, o trustee não pode abandonar seu cargo, ao menos que o faça de forma justificada, perante a Corte de Justiça na qual o trust está estabelecido, apresentando as razoes pelas quais não pode continuar executando suas funções com excelência e apontando uma alternativa para manutenção do trust (indicando um novo trustee,

[26] Fagundes, Samara Azevedo. Trust: Estudo do instituto e considerações à luz do ordenamento jurídico brasileiro. 2012.

que deve manifesta-se expressamente favorável em assumir seu novo posto) e desde que tal indicação e processo de substituição seja homologado pelas Cortes responsáveis.[27]

5.3.3. Beneficiários

O beneficiário é a pessoa a quem se destina o resultado econômico do bem colocado em trust (Chalhub, 2001).[28]. É quem possui o equitable title, ou seja, a titularidade do bem, sem o atributo da posse.

O settlor pode determinar que ao final do prazo do trust o beneficiário receba a res ou pode determinar que ocorram distribuições periódicas, de forma que o beneficiário vá recebendo os frutos da res, ao longo do tempo, antes do principal.

Ressalta Eduardo Salomão que, todos os trusts privados (private trusts) precisam ter beneficiários e que o mesmo já não ocorre com os trusts de propósito específico, como os trusts de caridade (charitable trusts).[29] No caso dos private trusts, os beneficiários devem ser indicados de maneira expressa no título constitutivo do trust.

Ensina, Melhim Namem Chalhub que:

> Dada a relação jurídica constituída no ato de constituição do trust, o beneficiário tem legitimidade para exigir o cumprimento de todas obrigações do trustee, assim como para exigir prestação de contas, exibição de documentos, realização de auditoria no patrimônio objeto do trust e outros atos concernentes aos deveres do trustee. Pode ainda o cestui que trust impugnar qualquer ato pelo qual o trustee tenha extrapolado os limites dos poderes

[27] Santos, Raquel do Amaral de Oliveira. Tese de mestrado. Trust: Das origens à aceitação pelos países de direito romano-germânico, p. .

[28] Chalhub, Melhim Namem, Trust: perspectivas do direito contemporâneo na transmissão da propriedade para administração de investimentos e garantia, p. 45.

[29] Salomão Neto, Eduardo, O trust e o direito brasileiro, p 30.

de administração que lhes são atribuídos pelo instrumento constitutivo do trust, assim como pode intentar ações tendo como causa de pedir eventuais atos marcados por improbidade, omissão ou inapidão do trustee, e, até, pode requerer a destituição e substituição do trustee.[30]

5.3.4. Ato de Vontade

A constituição de um trust para que seja válida, exige uma inequívoca declaração de vontade do settlor, de forma que este deve estar em plena capacidade para manifestar-se em tal sentido, não podendo essa vontade ser viciada por erro, dolo, coação ou por fraude a ordem jurídica, como explica Melhim Namem Chalhub.

O autor esclarece ainda que:

> Em regra, a mera declaração de vontade do settlor não é suficiente para a constituição de um trust; quanto ao trustee não se exige que dê seu consentimento para a constituição do trust, mas é imprescindível que tenha o expresso consentimento do trust.
>
> Relativamente ao beneficiário, é absolutamente dispensável sua aceitação quanto à criação do trust, que produzirá efeios independentemente do seu conhecimento.[31]

Temos, por tanto, que para a constituição de um trust faz-se necessário uma manifestação de vontade expressa do settlor, sendo prescindíveis as declarações do trustee e dos beneficiários, por isso, entende Raquel do Amaral de Oliveira Santos que “O fato de o trust ser constituído a partir de uma declaração unilateral de vontade afasta, a nosso ver, a sua natureza

[30] Chalhub, Melhim Namem, Trust: perspectivas do direito contemporâneo na transmissão da propriedade para administração de investimentos e garantia, p. 46.

[31] Chalhub, Melhim Namem, Trust: perspectivas do direito contemporâneo na transmissão da propriedade para administração de investimentos e garantia, p. 39.

contratual".[32] Ademais, alguns doutrinadores e, inclusive existem julgados nesse sentido, entendem que essa manifestação não precisa ser expressa na forma escrita.

Não obstante a inexigibilidade de uma declaração escrita do settlor e do consentimento do trustee para a constituição do trust, entendo que essas duas práticas são essências para garantir a perfeita execução da vontade do settlor, assim como, para firmar os exatos termos da administração e distribuição dos bens pelo trustee, além do fato de um instrumento escrito ser um meio de prova mais eficaz para responsabilização e/ou defesa do trustee, pelos atos por ele praticados no exercício de sua funções[33].

5.3.5. Objeto

Entende Melhim Namem Chalhub que:

> O trust deve ter como objeto, necessariamente, um bem ou direito com conteúdo econômico ou financeiro, suscetível de ser transferido e de ter autonomia em relação ao seu titular.
>
> O bem objeto do trust deve ser determinado, admitindo-se que seja determinável no momento da sua constituição. A determinação dá-se pela especificação do gênero, qualidade, quantidade e características individuais dos bens ou direitos objeto do trust, não tendo qualquer validade, por ausência do objeto, o ato de constituição que deixe de individualizá-los ou que deixe de indicar as bases de sua individualização, se determináveis.[34]

[32] Santos, Raquel do Amaral de Oliveira. Tese de mestrado. Trust: Das origens à aceitação pelos países de direito romano-germânico, p.60.

[33] Fagundes, Samara Azevedo. Trust: Estudo do instituto e considerações à luz do ordenamento jurídico brasileiro. 2012.

[34] Chalhub, Melhim Namem, Trust: perspectivas do direito contemporâneo na transmissão da propriedade para administração de investimentos e garantia, p. 41.

Temos, portanto, que o objeto do trust é a res, o bem ou direito que deixa de constituir o patrimônio do settlor, através da sua declaração de vontade e da transmissão desse objeto para o trustee, que apesar de tornar-se titular legal do bem, não incorpora o bem ao seu patrimônio e tampouco possui efetivamente sua propriedade, já que apenas passa a deter o bem para administrá-lo e, posteriormente, distribuí-lo, efetuando sua transmissão ao beneficiário, de acordo com as determinações do settlor.[35]

É importante ressaltar que os bens objeto do trust, embora administrados pelo trustee, não podem ser afetado por dívidas dele ou de nenhuma das partes que compõem a estrutura do trust, já que uma vez constituído o trust, e desde que não ocorra nenhuma revogação de seus termos, até que ocorra a distribuição do principal ao final, esse objeto não é de propriedade efetiva de ninguém.

5.4. Incidência tributária

O trust, apesar de não ser aceito no Brasil, é uma realidade que não pode ser ignorada, tendo em vista a quantidade crescente de brasileiros que buscam instituições financeiras e escritórios especializados para constituição dessa estrutura fora do Brasil.

As razões pelas quais esses indivíduos estruturam o trust são as mais variadas como vimos anteriormente, planejamento sucessório e tributário, investimentos de longa duração, caridade etc. Porém, independentemente da razão, cabe analisarmos os efeitos tributários decorrentes da estruturação do trust no exterior, por brasileiros, já que se trata de uma movimentação patrimonial e, muitas vezes, geração de novas riquezas, ou seja, de renda.[36]

[35] Fagundes, Samara Azevedo. Trust: Estudo do instituto e considerações à luz do ordenamento jurídico brasileiro. 2012.

[36] Santos, Raquel do Amaral de Oliveira. Tese de mestrado. Trust: Das origens à aceitação pelos países de direito romano-germânico, p.156

Para tanto, diante da diversidade de propósitos pelos quais o trust pode ser criado e, consequente, variedade dessas estruturas, vamos delimitar o escopo de nossa análise tributária nos principais tributos que incidem na transferência de direitos e bens causa mortis, partindo da modalidade mais comum trust instituida por residentes no Brasil: express private truts.

Portanto, como premissa, teremos a constituição de um trust privado testamentário, isto é, constituído através da estipulação de vontade do settlor, que entrega os bens ao trustee, para que este os administre até seu falecimento, data em que os bens serão transferidos aos beneficiários, sendo certo que, entre a constituição do trust e o falecimento do settlor, os beneficiários também podem receber os frutos do bem em trust.[37]

Por último, antes de efetivamente adentrarmos no estudo dos efeitos tributários no trust, cabe mais uma ressalva quanto a nossa análise, que será desenvolvida considerando os dois momentos de transferência de patrimônio em um trust: (i) entrega dos bens pelo settlor ao trustee e (ii) a posterior entrega dos bens ao beneficiário pelo trustee por ocasião do falecimento do settlor.[38]

Primeiramente, é necessário delimitarmos quais tributos podem incidir no trust, tendo em vista a subsunção do fato à norma durante as operações de constituição e, posteriormente, de término do trust. Nesse sentido, explica Roque Antonio Carrazza:

> O principio da legalidade impõe que o tributo só seja exigido quando se realiza no mundo fenomênico, o pressuposto de fato, a cuja ocorrência a lei veicula o nascimento da obrigação tribu-

[37] Fagundes, Samara Azevedo. Trust: Estudo do instituto e considerações à luz do ordenamento jurídico brasileiro. 2012.

[38] Santos, Raquel do Amaral de Oliveira. Tese de mestrado. Trust: Das origens à aceitação pelos países de direito romano-germânico, p.190

tária. Dito de outra maneira, o tributo só pode ser validamente exigido quando nasceu por vontade da lei. Se não se realiza o 'fato imponível tributário' (fato gerador in concreto), isto é, se, não se cumprirem integralmente os elementos do 'suposto do fato legal' (sempre minucioso, de modo a permitir que o contribuinte calcule antecipadamente a carga tributária que terá o dever se suportar), o lançamento e a arrecadação do tributo serão inválidos.[39]

Para tanto, faz-se necessário entendermos quais são os critérios aplicados para identificar a incidência tributária em determinado fato. Como ensina Paulo Barros de Carvalho:

> Temos de considerar assim a hipótese das normas tributárias. Ao conceituar o fato que dará ensejo ao nascimento da relação jurídica do tributo, o legislador também seleciona as propriedades que julgou importantes para caracterizá-lo. E, desse conceito, podemos extrair critérios de identificação que nos permitam reconhecê-lo toda vez que, efetivamente, aconteça. No enunciado hipotético vamos encontrar três critérios identificadores do fato: a) critério material; b) critério espacial; e c) critério temporal.[40]

Seguindo esse entendimento, cabe analisarmos como esses três critérios são aplicados para determinação de um fato jurídico tributário.

a) O critério material é a previsão de um comportamento em lei que, em determinado local e tempo, ensejará a incidência de um tributo, conforme ensina Paulo de Barros Carvalho: "Nele, há referência a um comportamento

[39] Roque Antonio Carraza, Curso de Direito Constitucional Tributário, p. 397 e 398

[40] Paulo Barros de carvalho, Curso de Direito Tributário, p. 256 e 257 (grifo nosso).

de pessoas, físicas ou jurídicas, condicionado por circunstâncias de espaço e de tempo (critérios espacial e temporal)."[41]

b) O critério espacial envolve o local em que o fato jurídico deve ocorrer; a circunstância do lugar como requisito para ocorrência de um evento. Nesse sentido, Paulo de Barros Carvalho define que:

   Há regras jurídicas que trazem expressos os locais em que o fato deve ocorrer, a fim de que irradie os efeitos que lhe são característicos. Outras, porém, nada mencionam, carregando implícitos os indícios que nos permitem saber onde nasceu o laço obrigacional. É opção do legislador.[42]

c) O critério temporal é o momento no qual o tributo passa a ser devido, isto é, momento em que surge a relação jurídica tributária, como explica o Professor Paulo de Barros Carvalho:

   Compreendemos o critério temporal da hipótese tributária como o grupo de indicações, contidas no suposto da regra, e que nos oferecem elementos para saber, com exatidão, em que preciso instante acontece o fato descrito, passando a existir o liame jurídico que amarra devedor e credor, em função de um objeto – o pagamento de certa prestação pecuniária.[43]

Além dos critérios levantados acima, cabe lembrarmos também do critério pessoal (sujeito ativo e passivo) e do critério quantitativo (base de cálculo e alíquota), que também são considerados para determinar a incidência tributária.. Quanto a estes dois últimos critérios, é importante definirmos quem é o sujeito passivo, aquele a quem se exige o pagamento do tributo, como define Paulo de Barros Carvalho:

[41] Paulo Barros de carvalho, Curso de Direito Tributário, p. 257.

[42] Paulo Barros de carvalho, Curso de Direito Tributário, p. 260.

[43] Paulo Barros de carvalho, Curso de Direito Tributário, p. 264 e 265.

> Sujeito passivo da relação jurídica tributária é a pessoa – sujeito de direitos – física ou jurídica, privada ou pública, de quem se exige o cumprimento da prestação: pecuniária, nos nexos obrigacionais; e insuscetível de avaliação patrimonial, nas relações que veiculam meros deveres instrumentais ou formais.[44]

Diante do acima exposto, concluímos que só pode ser tributado um fato jurídico que corresponda perfeitamente ao tipo previamente descrito em lei, portanto, cabe analisarmos se há subsunção dos atos que envolvem o trust à exata previsão do fato jurídico.[45]

Uma vez expostos os critérios que moldam a incidência de determinado tributo a um fato jurídico, considerando os impostos existentes no Sistema Tributário Nacional, entendemos, assim como, Raquel do Amaral de Oliveira Santos que, haveria discussão quanto a incidência de quatro tributos no trust (trust privado testamentário, como determinamos acima): Imposto sobre a Renda e Proventos de Qualquer Natureza (IR), instituído pela União Federal, Imposto sobre Operações de Crédito (IOF/Crédito), instituído pela União Federal, Imposto sobre a Transmissão e Doações (ITCMD), instituído pelos Estados, e Imposto sobre Transmissão Inter Vivos (ITBI – IV), instituído pelos Municípios.[46]

Passemos a análise de incidência desses quatro tributos no trust, tendo em vista todas as premissas levantadas anteriormente, assim como, os critérios apresentados, através da análise dos dois momentos transferência de patrimônio em um trust.

[44] Paulo Barros de carvalho, Curso de Direito Tributário, p. 304

[45] Fagundes, Samara Azevedo. Trust: Estudo do instituto e considerações à luz do ordenamento jurídico brasileiro. 2012.

[46] Santos, Raquel do Amaral de Oliveira. Tese de mestrado. Trust: Das origens à aceitação pelos países de direito romano-germânico, p.167.

5.4.1. Da incidência na entrega dos bens pelo settlor ao trustee

5.4.1.1. Do imposto sobre a renda

Define o artigo 43 do Código Tributário Nacional que:

> Art. 43. O imposto, de competência da União, sobre a renda e proventos de qualquer natureza tem como fato gerador a aquisição da disponibilidade econômica ou jurídica:
>
> I – de renda, assim entendido o produto do capital, do trabalho ou da combinação de ambos;
>
> II – de proventos de qualquer natureza, assim entendidos os acréscimos patrimoniais não compreendidos no inciso anterior.[47]

Logo, para definirmos se há incidência de IR sobre a transmissão dos bens do settlor para o trustee devemos analisar se existe acréscimo patrimonial por parte de algum sujeito.

O settlor, na medida em que deixa de ser proprietário dos bens, ao constituir o trust e efetuar a transferência de bens ao trustee, sofre um decréscimo patrimonial, de forma que não há que se falar na incidência de Imposto Renda.

Tampouco há que se falar em um acréscimo patrimonial ao trustee, já que este só possui a titularidade legal dos bens, que sequer podem constituir seu patrimônio.

Por último, quanto a situação do beneficiário, exceto nos casos em que o termo de constituição do trust estabelece a obrigatoriedade de distribuição dos rendimentos do trust fund durante a vida do settlor, o que configura claramente um acréscimo patrimonial para esses beneficiários, não cabe falarmos em na incidência de IR nesse momento, já que só haverá acréscimo de patrimônio em momento futuro, quando o beneficiário

[47] CTN – art. 43 – www.receita.fazenda.gov.br

adquirir a titularidade do bem, isto é, quando da morte do settlor.[48]

Não há que se falar, portanto, na incidência de Imposto de Renda nesse momento, como explica Raquel do Amaral de Oliveira Santos:

> Assim sendo, tendo em vista que inexiste um acréscimo patrimonial a qualquer sujeito, não se pode falar em incidência do imposto sobre a Renda. Nem trustee, nem beneficiário tem seu patrimônio aumentado, nesse momento, haja vista que os mesmos recebem, tão somente, uma titularidade parcial sobre os bens.[49]

5.4.1.2. Do IOF/Câmbio

Como estamos analisando trusts constituídos por brasileiros no exterior, é necessário lembrar que haverá saída e entrada de divisas no país, respectivamente, quando o settlor remete dinheiro para o trustee, e quando o trustee remente dinheiro para os beneficiários, sendo necessário, portanto, a realização de operações de câmbio.[50]

É a redação do artigo 63 do CTN:

> Art. 63. O imposto, de competência da União, sobre operações de crédito, câmbio e seguro, e sobre operações relativas a títulos e valores mobiliários tem como fato gerador: (...)
>
> II – quanto às operações de câmbio, a sua efetivação pela entrega de moeda nacional ou estrangeira, ou de documento que a represente, ou sua colocação à disposição do interessado em

[48] Fagundes, Samara Azevedo. Trust: Estudo do instituto e considerações à luz do ordenamento jurídico brasileiro. 2012.

[49] Santos, Raquel do Amaral de Oliveira. Tese de mestrado. Trust: Das origens à aceitação pelos países de direito romano-germânico, p. .

[50] Santos, Raquel do Amaral de Oliveira. Tese de mestrado. Trust: Das origens à aceitação pelos países de direito romano-germânico, p. .

> montante equivalente à moeda estrangeira ou nacional entregue ou posta à disposição por este;[51]

De forma que, sendo o trust fund constituído total ou parcialmente por dinheiro, haverá a necessidade de celebrar-se um contrato de câmbio, cuja liquidação constituirá o fato jurídico tributável pelo IOF/Câmbio.

5.4.1.3. Do ITBI – IV

Determina a Constituição Federal em seu artigo 156, II:

> Art. 156. Compete aos Municípios instituir impostos sobre:
>
> II – transmissão "inter vivos", a qualquer título, por ato oneroso, de bens imóveis, por natureza ou acessão física, e de direitos reais sobre imóveis, exceto os de garantia, bem como cessão de direitos a sua aquisição;[52]

Nesse sentido, determina, por exemplo, o município de São Paulo, através do Regulamento do Imposto sobre Transmissão "Inter Vivos", que:

> Art. 1º O Imposto sobre Transmissão "Inter Vivos", a qualquer título, por ato oneroso, de bens imóveis, por natureza ou acessão física, e de direitos reais sobre imóveis, exceto os de garan-tia, bem como cessão de direitos à sua aquisição – ITBI-IV tem como fato gerador:
>
> I – a transmissão "inter vivos", a qualquer título, por ato oneroso:
>
> a) de bens imóveis, por natureza ou acessão física;
>
> b) de direitos reais sobre bens imóveis, exceto os de garantia e as servidões;

[51] CTN – art. 63 – www.receita.fazenda.gov.br

[52] Constituição Federal – www.planalto.gov.br

> II – a cessão, por ato oneroso, de direitos relativos à aquisição de bens imóveis.
>
> Parágrafo único. O Imposto de que trata este regulamento refere-se a atos e contratos relativos a imóveis situados no território do Município de São Paulo.[53]

Entende Raquel do Amaral de Oliveira Santos, que embora no trust haja a transmissão de patrimônio, devemos descartar veemente a incidência de ITBI nesta etapa de constituição de um trust, já que:

i) nesse momento a propriedade do bem não está sendo transferida a nenhum sujeito específico, pois, ninguém poderá dele dispor, gozar e usufruir;
ii) o trust no Brasil não se enquadra no rol dos direitos reais, taxativamente enumerados no Código Civil;
iii) a transmissão não ocorre a título oneroso, haja vista que o trustee não está adquirindo o imóvel junto ao settlor, mas sim recebendo-o temporariamente para fins de administração.[54]

Seguindo o raciocínio acima, compartilhamos o entendimento de que não se aplica o ITBI – IV nesse momento de constituição do trust.

5.4.1.4. Do ITCMD

O imposto sobre transmissão causa mortis e doação de quaisquer bens e direitos é um dos impostos mais antigos na história da tributação. O fato gerador do ITCMD é a transmissão de

[53] Decreto nº 51.627 – www.prefeitura.sp.gov.br

[54] Santos, Raquel do Amaral de Oliveira. Tese de mestrado. Trust: Das origens à aceitação pelos países de direito romano-germânico, p 192 e 193 .

propriedade de quaisquer bens (imóveis ou móveis) e a transmissão (cessão) de direitos em decorrência de falecimento do seu titular ou de transmissão gratuita.

A transmissão é a passagem jurídica de propriedade ou de bens e direitos de uma pessoa para outra. Ocorre em caráter não oneroso, seja pela ocorrência da morte (transmissão causa mortis) ou por doação (ato de liberalidade).

Conforme disposto no artigo 155, I da Constituição Federal, compete aos Estados e ao Distrito Federal instituir impostos sobre transmissão causa mortis e doação, de quaisquer bens ou direitos;[55]

Nesse sentido, para analisarmos a incidência do ITCMD nas operações envolvendo a transmissão causa mortis ou a doação devemos sempre considerar as disposições de cada legislação estadual. Para o nosso estudo, vamos considerar as disposições da legislação estadual de São Paulo.

A Lei Nº 10.705/2000 é a lei do Estado de São Paulo que dispõe sobre a instituição do Imposto sobre Transmissão "Causa Mortis" e Doação de Quaisquer Bens ou Direitos – ITCMD. Dispõe o art. 2º da referida Lei:

> Artigo 2º – O imposto incide sobre a transmissão de qualquer bem ou direito havido:
>
> I – por sucessão legítima ou testamentária, inclusive a sucessão provisória; II – por doação. § 1º – Nas transmissões referidas neste artigo, ocorrem tantos fatos geradores distintos quantos forem os herdeiros, legatários ou donatários. § 2º – Compreende-se no inciso I deste artigo a transmissão de bem ou direito por qualquer título sucessório, inclusive o fideicomisso. Artigo 3º – Também sujeita-se ao imposto a transmissão de: I – qualquer título ou direito representativo do patrimônio ou capital de sociedade e companhia, tais

[55] Constituição Federal – www.planalto.gov.br

> como ação, quota, quinhão, participação civil ou comercial, nacional ou estrangeira, bem como, direito societário, debênture, dividendo e crédito de qualquer natureza; II – dinheiro, haver monetário em moeda nacional ou estrangeira e título que o represente, depósito bancário e crédito em conta corrente, depósito em caderneta de poupança e a prazo fixo, quota ou participação em fundo mútuo de ações, de renda fixa, de curto prazo, e qualquer outra aplicação financeira e de risco, seja qual for o prazo e a forma de garantia; III – bem incorpóreo em geral, inclusive título e crédito que o represente, qualquer direito ou ação que tenha de ser exercido e direitos autorais.[56]

Conforme disposto no art. 38 do CTN, a base de cálculo será o valor venal dos bens ou direitos transmitidos e da doação.

Como se percebe, em princípio, qualquer transmissão de bens e direitos, a título gratuito, será tributada pelo ITCMD, seja ela decorrente de ato inter vivos, seja por sucessão legítima ou testamentária, inclusive por doação.

Tendo em vista o momento de transmissão de patrimônio que estamos analisando, momento no qual o settlor entrega os bens para o trustee, para que este os administre em prol dos beneficiários, realizando, portanto, um ato inter vivos, no qual declara unilateralmente sua vontade, podemos afastar a incidência do ITCMD, já que não há qualquer transferência causa mortis e tampouco, constitui a transferência de patrimônio para administração do trustee, uma doação.[57]

[56] Lei 10705/2000 – ITCMD – www.fazenda.sp.gov.br

[57] Santos, Raquel do Amaral de Oliveira. Tese de mestrado. Trust: Das origens à aceitação pelos países de direito romano-germânico, p.193 e 194 .

5.4.2. Da incidência na entrega dos bens ao beneficiário pelo trustee

5.4.2.1. Do imposto sobre a renda

Já levantamos anteriormente que, o beneficiário ao receber os bens que estavam sob a administração do trustee, sem dúvida alguma, percebe um incremento em seu patrimônio, portanto, um fato jurídico tributável pelo Imposto sobre a Renda, conforme previsto no artigo 43 do CTN.

Vale ressaltar que, caso o trust fosse reconhecido pela legislação brasileira, e, por tanto, essa transferência fosse reconhecida como sendo de natureza sucessória, os bens que fossem transmitidos ao beneficiário pelo valor pelo qual constavam da declaração do de cujus, não incorreriam na incidência do imposto sobre a renda, conforme redação do art. 23 da Lei 9532/97, que prevê:[58]

> Art. 23. Na transferência de direito de propriedade por sucessão, nos casos de herança, legado ou por doação em adiantamento da legítima, os bens e direitos poderão ser avaliados a valor de mercado ou pelo valor constante da declaração de bens do de cujus ou do doador.
>
> § 1º Se a transferência for efetuada a valor de mercado, a diferença a maior entre esse e o valor pelo qual constavam da declaração de bens do de cujus ou do doador sujeitar-se-á à incidência de imposto de renda à alíquota de quinze por cento.[59]

5.4.2.2. Do IOF/Câmbio

Conforme mencionado anteriormente, em decorrência do curso forçado da moeda nacional, todos os valores em moeda estrangeira que ingressem no país deverão ser convertidos para reais,

[58] Fagundes, Samara Azevedo. Trust: Estudo do instituto e considerações à luz do ordenamento jurídico brasileiro. 2012

[59] Lei 9532/97 – www.planalto.gov.br

o que deve ocorrer por meio de um contrato de câmbio, assim sendo, haverá a incidência de IOF/Câmbio nesse caso também (SANTOS, 2009).[60]

5.4.2.3. Do ITBI – IV

Explica Raquel do Amaral de Oliviera que:

> Da mesma forma como ocorre na transmissão de bens entre settlor e trustee, entendemos que não há que se falar em incidência do ITBI-IV na transmissão entre trsutee e beneficiário, em especial considerando-se o fato de que não haverá qualquer espécie de cessão onerosa de bens.[61]

Com a morte do settlor, os bens são transferidos do trustee ao beneficiário, conforme estipulado no termo de constituição do trust, porém, não há que se falar na incidência de ITBI– IV, já que a transferência da propriedade decorre exclusivamente das obrigações fiduciárias do trustee e, portanto, não possui qualquer traço de onerosidade. A transmissão de bens do trustee para o beneficiário ocorre a título gratuito.

Portanto, apesar de haver a transferência de propriedade, esta é feito gratuitamente, o que impossibilita a incidência do referido tributo.

5.4.2.4. Do ITCMD

Apesar de estarmos abordando um caso de transmissão de propriedade causa mortis, não podemos afirmar que caberia a incidência do ITCMD tendo em vista que não há qualquer relação jurídica de natureza sucessória entre o trustee e o beneficiário

[60] Santos, Raquel do Amaral de Oliveira. Tese de mestrado. Trust: Das origens à aceitação pelos países de direito romano-germânico, p.201.

[61] Santos, Raquel do Amaral de Oliveira. Tese de mestrado. Trust: Das origens à aceitação pelos países de direito romano-germânico, p.201.

e tampouco, trata-se de uma transmissão de patrimônio decorrente de uma doação.

Nesse sentido, complementa Raquel do Amaral de Oliveira Santos que:

> Assim, não estando caracterizada a sucessão para fins de Imposto sobre a Renda, não faria sentido caracterizá-la para fins de ITCMD, afinal, não podemos ter dois pesos e duas medidas. Se o nosso entendimento é pela inexistência de sucessão no que tange ao Imposto sobre a Renda, o mesmo será mantido para todos os demais tributos.[62]

Diante o acima exposto, concluímos que tampouco há a incidência de ITCMD no momento de transferência da propriedade do trustee para o beneficiário, já que essa transmissão não decorre de uma relação de cunho sucessório entre trustee e beneficiário e nem de uma doação, até mesmo porque, o trustee não era sequer proprietário efetivo dos bens antes de transferi-los ao beneficiário, mas apenas detinha a titularidade legal dos mesmos para poder administrá-los.

Conclusões

O trabalho ora apresentado analisou os aspectos gerais do imposto de renda, especialmente no que diz respeito à tributação dos rendimentos auferidos no exterior, por residentes fiscais no Brasil que investem por meio de estruturas societárias como as sociedades offshore, os fundos de investimento e os trusts.

Inicialmente estudamos o imposto de renda e obtivemos clareza de que a incidência do imposto de renda decorre do acréscimo patrimonial, em razão da disponibilidade de renda

[62] Santos, Raquel do Amaral de Oliveira. Tese de mestrado. Trust: Das origens à aceitação pelos países de direito romano-germânico, p.202.

(seja do capital ou do trabalho) e que todos as pessoas físicas, domiciliadas ou residentes no Brasil, que tiverem renda líquida anual superior a vinte e quatro vezes o salário-mínimo fiscal.

Foram abordados os benefícios gerias da manutenção dos investimentos por meio dessas estruturas e para tanto, foram apresentadas as principais características de cada um desses institutos.

Como podemos notar, são diversas as hipóteses previstas na regulamentação para definição da residência fiscal de um indivíduo no Brasil. Não obstante, tendo em vista o escopo do presente trabalho, não vamos nos prolongar nos detalhes dos conceitos acima apresentados. Para as considerações que serão a seguir desenvolvidas, o importante é

O instituto do trust foi abordado desde suas origens até suas repercussões tributárias em nosso sistema, de forma que ficou evidente a relevância dessa estrutura como uma excelente ferramenta de planejamento sucessório e tributário, mas que, no entanto, devido às características peculiares de sua estrutura, torna-se de difícil inserção em nosso sistema jurídico.

Diante do acima exposto, nosso entendimento é de que a maior dificuldade para introdução do trust em nosso ordenamento reside no fato de que o direito brasileiro não aceita a concepção de dualidade do direito de propriedade, de forma que, não há como sustentar sob os bens do trust, conjuntamente, a titularidade legal da propriedade pelo trustee e a propriedade efetiva dos bens pelo beneficiário. Porém, essa mesma dificuldade esteve presente em outras jurisdições do sistema Civil Law e não obstante, mediante a realização das adaptações necessárias, esses países acolheram o instituto da Common Law em seus ordenamentos.

Por último, ao analisarmos a incidência tributária sobre o trust, ficou evidente que ao não inserirmos o trust em nosso ordenamento e sequer, reconhecê-lo como um instrumento sofisticado de investimento e planejamento utilizado por um número cada vez maior de brasileiros, suas etapas de estruturação e distribuição não podem ser constituídas como fatos jurídicos, o que impossibilita a incidência de grande parte dos tributos que seriam aplicáveis, de acordo com o nosso sistema tributário. Gerando ineficiência na cobrança de tributos pelo sistema e má tributação das operações dos contribuintes.

Concluímos, assim, diante das vantagens apresentadas pelo trust, que este instituto deveria ser mais amplamente utilizado como ferramenta de planejamento tributário e sucessório e que a utilização de quaisquer dessas estruturas no exterior permitem ao investidor brasileiro além da diversificação de seus investimentos e exposição ao mercado estrangeiro, também a possibilidade de diferimento da tributação incidente sobre a renda e uma melhor organização de seu patrimônio.

Referências

BOGERT, George Gleason; BOGERT, George Taylor. **Law of Trusts** – St. Paul, Minn: West Publishing CO, 1973.

CARRAZZA, Roque Antônio. **Curso de direito constitucional tributário**. 28. ed. São Paulo: Malheiros, 2012. 1152 p. (ISBN 9788539201167)

CARRAZZA, Roque Antônio. **Imposto sobre a renda** (perfil constitucional e temas específicos). 3. ed. São Paulo: Malheiros Editores, 2009. 575 p. (ISBN 9788574209630)

CARVALHO, Paulo de Barros. **Curso de direito tributário**. 22. ed. São Paulo: Saraiva, 2010. 681 p. (ISBN 9788502087682)

CHALHUB, Melhim Namem. **Negócio Fiduciário**. 2. ed. Rio de Janeiro: Renovar, 2000.

CHALHUB, Melhim Namem. **Trust**: perspectivas do direito contemporâneo na transmissão da propriedade para administração de investimentos e garantia. Rio de janeiro: Renovar, 2001.

FABRETTI, Láudio Camargo. **Código tributário nacional comentado**: com a LC nº 118/05. 7. ed. São Paulo: Atlas, 2007. 318 p. (ISBN 9788522445721)

FAGUNDES, Samara Azevedo. **Trust:** Estudo do instituto e considerações à luz do ordenamento jurídico brasileiro. 2012. 53f. Trabalho de Graduação Interdisciplinar – Faculdade de Direito da Universidade Presbiteriana Mackenzie, São Paulo, 2012.

FERNANDES, Regina Celi Pedrotti Vespero. **Imposto sobre transmissão causa mortis e doação – ITCMD**. 3. ed. São Paulo: Editora Revista dos Tribunais, 2013.

FERREIRA, Antonio Airton; VALERO, Luiz Martins; ONO, Juliana M.O. **Regulamento do Imposto de Renda 1999 anotado e comentado**. 13. ed. São Paulo: Fiscosoft, 2010. 1562 p. (ISBN 9788557365408)

FINKELSTEIN, Cláudio. O trust e o direito brasileiro. **Revista de Direito Bancário e do Mercado de Capitais**, v. 72, p. 109 -113, abr-jun. 2016.

FREITAS, Ricardo de Santos. **Natureza Jurídica dos Fundos de Investimento**. São Paulo: Quartier Latin, 2005.

FURLAN, Valéria C. P. **Apontamentos de direito tributário**. 3. ed. São Paulo: Malheiros, 2009. 551 p. (ISBN 9788574209227)

GUTIERREZ, Miguel Delgado. **Planejamento Tributário**: elisão e evasão fiscal. São Paulo: Quartier Latin, 2006.

KIGNEL, Luiz; PHEBO, Márcia Setti; LONGO, José Henrique. **Planejamento Sucessório**: Aspectos Familiares, Societários e Tributários. 1. ed. São Paulo: Noeses, 2014.

LENTZ, Guiherme Speroni. et al. Tributação sobre a renda auferida no exterior por residentes e não residentes no Brasil. **Revista Eletrônica de Contabilidade**. v. 6, n.1, jan. 2012.

MACHADO, Hugo de Brito. **Comentários ao código tributário nacional**: 1º volume (artigos 1º ao 95). 2. ed. São Paulo: Atlas, 2007. 846 p. (ISBN 9788522449774)

MARTINS FILHO, Ives Gandra da Silva; BARRETO, Aires F. (coord.). **Comentários ao código tributário nacional**. 7. ed. São Paulo: Saraiva, 2013. 771 p. (ISBN 9788502097773)

MOSQUERA, Roberto Quiroga (coord.). **O Direito Tributário e o mercado financeiro e de capitais**. São Paulo: Dialética, 2009.

PRADO, Roberta Nioac; PEIXOTO, Daniel Monteiro; SANTI, Eurico Marcos Diniz de (coord.). **Direito societário**: estratégias societárias, planejamento tributário e sucessório. São Paulo: Saraiva, 2010. 473 p. (ISBN 9788502078628)

SABBAG, Eduardo. **Manual de direito tributário**. 9. Ed. São Paulo: Saraiva, 2017.

SALOMÃO NETO, Eduardo. **O trust e o direito brasileiro**. São Paulo: LTR, 1996.

SANTOS, João Victor Guedes. **Teoria da tributação e tributação da renda nos mercados financeiro e de capitais**. 1. ed. São Paulo: Quartier Latin, 2013. 314 p. (ISBN 8576746565)

SANTOS, Raquel do Amaral de Oliveira. **Trust**: das origens à aceitação pelos países de direito romano-germânico. 2009. 220 f. Dissertação (Mestrado em Direito) – Faculdade de Direito, Pontifícia Universidade Católica de São Paulo, São Paulo, 2009.

TOMÉ, Maria João R. C. Vaz; CAMPOS, Diogo Leite de. **A propriedade fiduciária (Trust)** – Estudo para consagração no Direito Português. Coimbra: Edições Globo, 1999.

TORRES, Heleno Taveira (coord.). **Tributação nos Mercados Financeiros e de Capitais e na Previdência Privada**. São Paulo: Quartier Latin, 2005.

XAVIER, Alberto. A tributação da prestação internacional de serviços, em especial de serviços técnicos e de assistência técnica. **Revista Dialética de Direito Tributário**, v. 235, abr. 2015.

XAVIER, Alberto. **Direito Tributário Internacional do Brasil**. 8. ed. Rio de Janeiro: Forense, 2015.

YOUNG, Lúcia Helena Briski. **Guia prático do imposto de renda: pessoa física**. 9. ed. Juruá, 2010. 490 p. (ISBN 9788536219738)

Legislação

BRASIL. Medida Provisória nº 2.158-35, de 24 de agosto de 2001. Altera a legislação das Contribuições para a Seguridade Social – COFINS, para os Programas de Integração Social e de Formação do Patrimônio do Servidor Público – PIS/PASEP e do Imposto sobre a Renda, e dá outras providências. **Palácio do Planalto Presidência da República**, Brasília, DF, 24 ago. 2001. Disponível em: http://www.planalto.gov.br/. Acesso em: 12 jun. 2019.

BRASIL. Lei nº 9.250, de 26 de dezembro de 1995. Altera a legislação do imposto de renda das pessoas físicas e dá outras providências. **Palácio do Planalto Presidência da República**, Brasília, DF, 26 dez. 1995. Disponível em: http://www.planalto.gov.br/. Acesso em: 12 jun. 2019.

BRASIL. Lei nº 8.981, de 20 de janeiro de 1995. Altera a legislação tributária Federal e dá outras providências. **Palácio do Planalto Presidência da República**, Brasília, DF, 20 jan. 1995. Disponível em: http://www.planalto.gov.br/. Acesso em: 12 jun. 2019.

Jurisprudência

SÃO PAULO. Tribunal de Justiça de São Paulo. Manutenção do indeferimento de sobrepartilha de quantia em conta no exterior com cláusula "In Trust For". Agravo de Instrumento nº 21504823820148260000.

Agravante: Olga Cesar Gomes. Agravados: Fernanda Monteiro Fomes e Nelson Gomes. Relator: Desembargador Carlos Alberto de Salles. São Paulo, 30 set. 2014. Disponível em: http://www.tjsp.jus.br/. Acesso em 13 jun. 2019.

CONSEQUÊNCIAS JURÍDICAS DA NÃO REALIZAÇÃO DO FATO GERADOR PRESUMIDO DO ICMS-ST E DO DIREITO AO INDÉBITO TRIBUTÁRIO CORRESPONDENTE

Vanderlei de Souza Júnior

Introdução

A tensão existente entre a livre iniciativa e o poder de tributar remonta a tempos longínquos, e constituiu ao longo da história o motor de revoluções políticas, econômicas e sociais[1].

Se por um lado a tributação é fenômeno humano dos mais antigos, nas últimas décadas, verifica-se a crescente apropriação pelo Estado de novos instrumentos para garantir a eficácia de sua atividade de fiscalização e de arrecadação de tributos, inclusive, por meio do emprego de recursos tecnológicos, como a instituição da entrega de obrigações acessórias na forma eletrônica e o cruzamento de dados disponíveis sobre a atividade econômica dos contribuintes.

Embora não se trate exatamente de uma solução inovadora, considerando que já registra mais de vinte e cinco anos de exis-

[1] Schoueri, Luís Eduardo. **Tributação e Liberdade.** In: Princípios de Direito Financeiro e Tributário – Estudos em homenagem ao Prof. Ricardo Lobo Torres, Rio de Janeiro, Renovar, 2006, págs. 431 – 471.

tência, a substituição tributária progressiva, ou, substituição tributária "para frente" caracteriza-se como importante técnica legislativa de arrecadação.

Não é por outro motivo que a produção legislativa dos Estados membros do Brasil (e do Distrito Federal), ao versar sobre a tributação do consumo, reproduza a predileção crescente dos legisladores estaduais e distrital pela sistemática da substituição tributária do ICMS, motivada muitas vezes pelos ganhos de eficiência na fiscalização do tributo em questão, justificando tal escolha em suposta inibição da sonegação fiscal.

Ano após ano, o que se observou foi o crescente aumento do rol de produtos cuja circulação passou a se sujeitar à substituição tributária do ICMS, como forma de concentração da tributação nas etapas de produção, importação, ou mesmo de comércio atacadista, elos estes responsáveis pela antecipação do pagamento do imposto, partindo-se de presunção da ocorrência dos respectivos fatos geradores.

No entanto, a eficácia do método de tributação eleito não pode justificar abusos cometidos pela máquina estatal durante a tarefa de arrecadação de recursos para seu financiamento, ou ao estimular determinado comportamento do contribuinte, razão pela qual o Poder Constituinte fixou diretrizes com o intuito de garantir a liberdade.

Considerando todo o arcabouço jurídico-tributário constitucional, o que se busca é um justo equilíbrio entre a eficiência de determinada política fiscal, e o direito garantido a todo cidadão-contribuinte de não ter seu patrimônio afetado de maneira arbitrária pelo Estado-Fisco.

Neste contexto, surge a importância do aprofundamento da análise do instituto da substituição tributária enquanto instituto jurídico regrado por normas constitucionais e legais, definindo-se os limites que devem nortear a utilização de tal técnica de arrecadação do ICMS enquanto pautada em ficção jurídica, a fim de que sejam respeitados os princípios caros ao direito, o que inclui o direito do contribuinte de reaver valores que tenha pago a maior a título do tributo em questão, inclusive com o acréscimo da respectiva atualização monetária.

Nesse contexto, o trabalho desenvolvido buscou expor a mecânica sobre a qual se sustenta a substituição tributária do ICMS, e, na sequência, adentrar as consequências jurídicas decorrentes da não realização do fato gerador presumido, cujo imposto foi antecipado.

1. Substituição tributária enquanto técnica de arrecadação do ICMS

Com o advento da Emenda Constitucional nº 3, de 17 de março de 1993, houve a inclusão no texto constitucional do §7º ao artigo 150 da Constituição Federal de 1988, o qual apresenta a seguinte redação, *verbis*:

> Art. 150 – (*omissis*): (...)
> § 7º. A lei poderá atribuir a sujeito passivo de obrigação tributária a condição de responsável pelo pagamento de imposto ou contribuição, cujo fato gerador deva ocorrer posteriormente, assegurada a imediata e preferencial restituição da quantia paga, caso não se realize o fato gerador presumido.

Introduziu-se, assim, no sistema constitucional tributário brasileiro a denominada substituição tributária "para frente" do ICMS, cuja constitucionalidade, muito embora tenha sido inicialmente questionado pelos contribuintes, acabou por ser reconhecida no âmbito do Supremo Tribunal Federal.

O entendimento que prevaleceu no Supremo Tribunal Federal foi o de reconhecer a substituição tributária como uma presunção legítima da ocorrência futura do fato gerador do ICMS, e como "mera forma de recolhimento instituído como política tributária, que facilita o trabalho do Fisco e, também, do contribuinte[2]".

Em apertada síntese, a substituição tributária é a modificação do momento em que surge a obrigação tributária (critério temporal) e do sujeito passivo (critério pessoal) da relação jurídico-tributária, mantendo-se inalterados os demais elementos constitutivos da regra-matriz de incidência do ICMS.

Mantém-se, portanto, o núcleo do critério material da competência tributária prevista no artigo 155, inciso II, da Constituição Federal, que outorgou aos Estados-membros e ao Distrito Federal competência para criar impostos sobre "operações relativas à circulação de mercadorias e sobre prestações de serviços de transporte interestadual e intermunicipal e de comunicação, ainda que as operações e prestações se iniciem no exterior".

Em outras palavras, a partir do advento da Emenda Constitucional nº 3/1993, é possível a tributação antecipada pelo ICMS de fato que ainda não aconteceu (e que, portanto, ainda não existe, e poderá nunca vir a existir).

Muito embora possa, em tese, ser aplicável a qualquer tributo (veja que topologicamente tal previsão se encontra no artigo 150, da Constituição Federal, que trata dos limites do poder de tributar em geral), no que se refere especificamente ao ICMS,

[2] EMENTA: RECURSO EXTRAORDINÁRIO. ICMS. SUBSTITUIÇÃO TRIBUTÁRIA. DERIVADOS DE PETRÓLEO. CONSTITUICIONALIDAE. 1. O Plenário desta Corte, ao julgar o RE 213.396 (DJ de 01/12/2000), assentou a constitucionalidade do sistema de substituição tributária "para frente", mesmo antes da promulgação da EC nº 03/93. 2. Alegação de que a aplicação do sistema de substituição tributária no mês de março de 1989 ofenderia o princípio da irretroatividade. Procedência. Embora a instituição deste sistema não represente a criação de um novo tributo, há substancial alteração no sujeito passivo da obrigação tributária. 3. Recurso extraordinário conhecido e provido em parte. (STF, Recurso Extraordinário nº 266602, Relatora: Min. Ellen Gracie, Tribunal Pleno, julgado em 14/09/2006, DJ 02-02-2007 PP-00075 EMENT VOL-02262-06 PP-01248 LEXSTF v. 29, n. 339, 2007, p. 275-284).

a substituição tributária para frente foi disciplinada por meio de Convênios, até a edição da Lei Complementar nº 87, de 13 de setembro de 1996.

Com o objetivo de estabelecer as diretrizes básicas para instituição do ICMS pelos Estados membros e Distrito Federal, e no uso das atribuições que lhe foram conferidas pelo texto constitucional, a Lei Complementar nº 87/1996 determina o seguinte:

> Art. 6º – Lei estadual poderá atribuir a contribuinte do imposto ou a depositário a qualquer título a responsabilidade pelo seu pagamento, hipótese em que assumirá a condição de substituto tributário.
>
> (...)
>
> § 1º – A responsabilidade poderá ser atribuída em relação ao imposto incidente sobre uma ou mais operações ou prestações, sejam antecedentes, concomitantes ou subsequentes, inclusive ao valor decorrente da diferença entre a alíquota interna e interestadual nas operações e prestações que destinem bens e serviços a consumidor final localizado em outro Estado, que seja contribuinte do imposto.

Como não poderia ser diferente, o texto da Lei Complementar vai no mesmo sentido do texto constitucional, possibilitando que a lei estadual eleja determinado contribuinte como substituto, devendo este recolher o ICMS por substituição tributária, sobre um fato de ocorrência presumida e, por consequência, por um preço de venda também presumido.

Como já exposto, com o passar dos anos, o que se verificou foi um aumento exponencial de atos normativos dos Estados membros e do Distrito Federal, ampliando o rol de mercadorias abrangidas pela substituição tributária, com atribuição da responsabilidade do recolhimento do imposto aos importadores, fabricantes ou outros sujeitos passivos elencados pelo legislador.

Enquanto mera técnica de arrecadação, a substituição tributária do ICMS costuma ser justificada em razão dos potenciais ganhos de praticidade e efetividade na atuação dos órgãos da Administração Tributária dos Estados membros e do Distrito Federal, tendo como principais objetivos a simplificação da atividade fiscalizatória e a mitigação do risco de evasão fiscal do imposto.

A mencionada "praticidade" se funda exatamente pelo fato de que a substituição tributária "para frente" é pautada na presunção de que o fato imponível ocorrerá no futuro e que, portanto, é perfeitamente justificável a cobrança antecipada do tributo.

O fato é que a substituição tributária para frente é adotada no ICMS por razões de praticidade, a qual recomenda que se evite a complexidade na apuração e arrecadação do tributo.

Contudo, tal praticidade não pode violar direitos constitucionalmente assegurados, de maneira que deve ser garantido ao contribuinte a devolução do indébito tributário, quando o fato gerador presumido não ocorrer, o que, inclusive, encontra-se expressamente previsto no dispositivo constitucional acima transcrito (§ 7º, do artigo 150, da Constituição Federal), surgindo daí a obrigação do Fisco em devolver os valores que venham a ser pagos a maior.

2. Do dever de devolução do ICMS-ST pago a maior em razão da não ocorrência do fato gerador presumido

2.1. Situações de não realização do fato gerador presumido

O Código Tributário Nacional estabelece que fato gerador é a "situação definida em lei como necessária e suficiente" à ocorrência da obrigação principal[3]. Assim, fato gerador (ou fato

[3] **Código Tributário Nacional:** Art. 114. Fato gerador da obrigação principal é a situação definida em lei como necessária e suficiente à sua ocorrência.

imponível) refere-se ao fato que, ocorrendo conforme a hipótese de incidência definida em lei, enseja o surgimento da obrigação tributária, ou seja, da obrigação de recolhimento de determinado valor aos cofres públicos.

A Constituição Federal outorga à lei complementar competência para estabelecer normas gerais em matéria de legislação tributária, inclusive sobre os fatos geradores do ICMS, como é o caso da Lei Complementar nº 87/1996. À lei ordinária dos Estados membros cabe a instituição do imposto estadual, observado, portanto, os preceitos constitucionais e a Lei Complementar.

O artigo 2º da Lei Complementar nº 87/1996, pautado na Constituição Federal, elenca as hipóteses em que ocorrerá o fato gerador do ICMS, entre as quais, para os fins deste trabalho, podemos destacar seu inciso I, que trata da circulação de mercadorias:

> Art. 2º O imposto incide sobre:
>
> I – operações relativas à circulação de mercadorias, inclusive o fornecimento de alimentação e bebidas em bares, restaurantes e estabelecimentos similares;

Além disso, os artigos 6º e 7º da Lei Complementar nº 87/1996 incluem a possibilidade de o fato gerador do ICMS abranger a entrada de mercadorias no estabelecimento do contribuinte (e não somente sua saída), e da atribuição de responsabilidade a determinados contribuintes pelo pagamento do imposto devido nas operações subsequentes até o consumo final, na condição de "substitutos tributários":

> Art. 6º Lei estadual poderá atribuir a contribuinte do imposto ou a depositário a qualquer título a responsabilidade pelo seu pagamento, hipótese em que assumirá a condição de substituto tributário. (Redação dada pela Lcp 114, de 16.12.2002)

> § 1º A responsabilidade poderá ser atribuída em relação ao imposto incidente sobre uma ou mais operações ou prestações, sejam antecedentes, concomitantes ou subsequentes, inclusive ao valor decorrente da diferença entre alíquotas interna e interestadual nas operações e prestações que destinem bens e serviços a consumidor final localizado em outro Estado, que seja contribuinte do imposto.
>
> § 2ºA atribuição de responsabilidade dar-se-á em relação a mercadorias, bens ou serviços previstos em lei de cada Estado. (Redação dada pela Lcp 114, de 16.12.2002)
>
> Art. 7º Para efeito de exigência do imposto por substituição tributária, inclui-se, também, como fato gerador do imposto, a entrada de mercadoria ou bem no estabelecimento do adquirente ou em outro por ele indicado.

A partir de tal conjunto normativo, para que o ICMS pago por substituição tributária se torne efetivamente devido, é necessário que o fato gerador presumido se concretize efetivamente no futuro. Não ocorrendo tal fato, (frise-se, tal como presumido) o contribuinte substituto terá direito à restituição dos valores antecipados.

Surge daí a questão de como verificar se houve ou não a ocorrência do fato gerador presumido. Algumas questões devem ser levadas em consideração para a verificação da ocorrência do fato gerador presumido: (i) se a mercadoria chegou até o consumidor final; (ii) se o consumidor final estava localizado no território do mesmo Estado do contribuinte substituído; e (iii) se o preço praticado ao consumidor final foi o mesmo que aquele valor presumido para efeitos de pagamento do ICMS antecipado.

Como apontado no item (i) citado acima, o fato gerador presumido pressupõe que a mercadoria circule por todas as etapas da cadeia econômica até que seja adquirida pelo consumidor final.

Não é por outro motivo que no cálculo do imposto, na modalidade da substituição tributária, a base de cálculo irá considerar tanto o valor da operação praticada pelo contribuinte substituto, quanto porcentual de acréscimo baseado em Margem de Valor Agregado ("MVA") presumida. Ou seja, busca-se, por aproximação, estipular um valor de base de cálculo do ICMS-ST mais próximo possível do valor do preço praticado ao consumidor final.

Se por algum motivo, a mercadoria não alcança seu destinatário final, como exposto no item (i) retro, o fato gerador do ICMS-ST acaba por não se realizar, o que pode ocorrer, entre outras situações, na hipótese de quebra, perda ou furto/roubo de estoques.

Também se considera não realizado o fato gerador do ICMS-ST quando, após seu recolhimento, houver posterior saída interestadual da mercadoria, hipótese que se enquadra no item (ii) acima descrito.

Isso porque, a mecânica da substituição tributária pressupõe que a mercadoria irá alcançar contribuinte situado no mesmo Estado que exigiu o recolhimento antecipado do tributo, pois, caso ocorra posterior saída interestadual da mercadoria, o ICMS passará novamente a ser exigido no Estado de destino, seja nas futuras saídas internas ocorridas no outro Estado membro ou Distrito Federal, quando a mercadoria for remetida a contribuinte do imposto, seja na forma do diferencial de alíquota, quando remetida para não-contribuinte do ICMS, conforme nova disciplina instituída pela Emenda Constitucional nº 87/2015.

Por fim, também deve ser vislumbrada a possibilidade ocorrência parcial do fato gerador, conforme item (iii) acima, o que ocorre quando a operação a ser praticada for inferior ao valor de base de cálculo previamente calculado com base em presunção de agregação de valor.

Ora, por mais que os Estados membros busquem sempre a utilização de métodos para que o valor da base de cálculo presumida se aproxime do valor de venda ao consumidor final, os métodos disponíveis tratam-se de estimativas (por meio de pesquisa de mercado, por exemplo), as quais não necessariamente corresponderão à realidade da operação realizada com determinada mercadoria.

Se o conteúdo prescrito nos itens (i) e (ii) se encontram, em regra, previstos nas legislações estaduais ou são reconhecidos pelos Fiscos Estaduais como hipóteses de não ocorrência do fato gerador[4], a diferença de margem mencionada no item (iii) até recentemente não figurava nos atos normativos que disciplinam o ICMS, situação essa que gradativamente tem mudado com o julgamento pelo Supremo Tribunal Federal do Recurso Extraordinário nº 593.849/MG.

Independentemente da causa que ensejar a não ocorrência, ou ocorrência parcial do fato gerador, uma vez constatada tal situação, surge o direito do contribuinte a reaver o valor pago indevidamente a maior a título de ICMS-ST.

2.2. Direito à restituição do ICMS-ST

Da leitura do artigo 150, §7º, da Constituição Federal, com a redação dada pela Emenda Constitucional 3/1993, verifica-se

[4] Trecho da Resposta à Consulta nº 994/2008 da Secretaria da Fazendo do Estado de São Paulo:
(...) 5. No caso descrito na presente consulta, de mercadoria adquirida de fornecedor localizado em outro Estado, com ICMS retido antecipadamente por substituição tributária, e **posterior revenda para estabelecimento de contribuinte situado em outro Estado, informamos que, nos termos do inciso IV do artigo 269 do RICMS/2000, a Consulente tem direito ao ressarcimento integral do imposto retido**, ou seja, levando-se em conta o exemplo trazido no relato, a Consulente deve recuperar o valor total retido antecipadamente a favor deste Estado (R$ 7.365,00), pois os fatos geradores presumidos (saídas neste Estado) não se efetivaram.

que o Poder Constituinte autoriza tanto o legislador complementar quanto o legislador estadual ordinário a instituir substituição tributária "para a frente", e, frise-se, em sua parte final, assegura o direito à imediata e preferencial restituição dos valores pagos, caso o fato gerador presumido não tenha ocorrido, nos seguintes termos:

> Art. 150 – (*Omissis*)
> § 7º – A lei poderá atribuir a sujeito passivo de obrigação tributária a condição de responsável pelo pagamento do imposto ou contribuição, cujo fato gerador deve ocorrer posteriormente, assegurada a imediata e preferencial restituição da quantia paga, caso não se realize o fato gerador presumido.

Certamente que, por se tratar de um tributo apurado sobre fato gerador presumido, o preceito constitucional busca garantir como contrapartida aos contribuintes a imediata restituição dos valores antecipados, caso referido fato não se concretize.

Não foi outra a interpretação conferida ao referido dispositivo constitucional pelo Pleno do Supremo Tribunal Federal já no julgamento da Ação Direta de Inconstitucionalidade ("ADI") de nº 1851-4/AL, assentando o entendimento de que é cabível a restituição do ICMS-ST nas hipóteses em que fato gerador presumido não ocorrer[5].

[5] "Tributário. ICMS. Substituição Tributária. Cláusula Segunda do Convênio 13/97 e §§ 6º E 7º do Art. 498 do Dec. nº 35.245/91 (...), do Estado de Alagoas. Alegada ofensa ao § 7º do Art. 150 da CF (Redação da EC 3/93) e ao direito de petição e de acesso ao judiciário.
(...)
A EC nº 03/93, ao introduzir no art. 150 da CF/88 o § 7º, **aperfeiçoou o instituto, já previsto em nosso sistema jurídico-tributário, ao delinear a figura do fato gerador presumido e ao estabelecer a garantia de reembolso preferencial e imediato do tributo pago quando não verificado o mesmo fato a** (sic) **final.** A circunstância de ser presumido o fato gerador não constitui óbice

Por certo que, não ocorrendo o fato presumido – que deu causa ao recolhimento antecipado – deve ser garantida a restituição do montante pago, porquanto tornou-se indevido, conforme, inclusive, pondera o Professor Roque Antônio Carrazza[6]:

> Ocorre, porém, que, como o Fisco não tem dons divinatórios, tais valores são presumidos, com a adoção de critérios de verossimilhança e razoabilidade, levando-se em conta os preços médios praticados pelo mercado. Entretanto, caso a venda futura da mercadoria (ou a prestação futura do serviço de transporte transmunicipal ou de comunicação) deixar de ocorrer, ou ocorrer por valor inferior ao estipulado, o substituto faz jus à imediata e preferencial restituição, respectivamente, da quantia paga ou paga a maior.

Negar a devolução do imposto pago a maior acaba por se configurar em violação do postulado jurídico universal de que ninguém deve se beneficiar de enriquecimento sem causa, ainda que se trate do próprio Fisco, uma vez que o recebimento em questão não está pautado em obrigação contraída, ou qualquer outro fundamento jurídico.

à exigência antecipada do tributo, dado tratar-se de sistema instituído pela própria Constituição, encontrando-se regulamentado por lei complementar que, para definir-lhe a base de cálculo, se valeu de critério de estimativa que a aproxima o mais possível da realidade. A lei complementar, por igual, definiu o aspecto temporal do fato gerador presumido como sendo a saída da mercadoria do estabelecimento do contribuinte substituto, não deixando margem para cogitar-se de momento diverso, no futuro, na conformidade, aliás, do previsto no art. 114 do CTN, que tem o fato gerador da obrigação principal como a situação definida em lei como necessária e suficiente à sua ocorrência. **O fato gerador presumido, por isso mesmo, não é provisório, mas definitivo, não dando ensejo a restituição ou complementação do imposto pago, senão, no primeiro caso, na hipótese de sua não-realização final.** (...)" (g.n.).

[6] Carraza, Roque Antônio – Curso avançado de substituição tributária: modalidades e direitos do contribuinte / coordenação de Arthur M. Ferreira Neto e Rafael Nichele. – 1. Ed. – São Paulo: IOB, 2010. Pg.390.

A Lei Complementar nº 87/1996, em seu artigo 10, está em consonância com o texto constitucional, e reforça a garantia conferida ao contribuinte substituído o direito à restituição do valor do imposto pago por força da sistemática da substituição tributária, na hipótese de inocorrência do fato gerador, *verbis*:

> Art. 10. É assegurado ao contribuinte substituído o direito à restituição do valor do imposto pago por força da substituição tributária, correspondente ao fato gerador presumido que não se realizar.

Tal situação se repete nas legislações editadas pelos Estado membros. A legislação paulista, citada aqui como exemplo, do mesmo modo, assegura o direito à restituição do imposto pago antecipadamente, caso não se efetive o fato gerador presumido, como se observa do artigo 66-B, I, da Lei Estadual (SP) nº 6.374/1999:

> Artigo 66-B – Fica assegurada a restituição do imposto pago antecipadamente em razão da substituição tributária:
>
> I – caso não se efetive o fato gerador presumido na sujeição passiva;
>
> II – caso se comprove que na operação final com mercadoria ou serviço ficou configurada obrigação tributária de valor inferior à presumida.
>
> § 1º – O pedido de restituição, sem prejuízo de outras provas exigidas pelo fisco, será instruído com cópia da documentação fiscal da operação ou prestação realizada, que comprove o direito à restituição.
>
> § 2º – O Poder Executivo disporá sobre os pedidos de restituição que serão processados prioritariamente, quer quanto à sua instrução, quer quanto à sua apreciação, podendo, também, pre-

ver outras formas para devolução do valor, desde que adotadas para opção do contribuinte.

§ 3º – O disposto no inciso II do "caput" deste artigo aplica-se apenas na hipótese de a base de cálculo do imposto devido por substituição tributária ter sido fixada nos termos do "caput" do artigo 28.

Assim, se o contribuinte substituído não realizar o fato gerador anteriormente presumido para fins do cálculo e da exigência do ICMS-ST (qual seja, circulação de mercadoria para o consumidor final localizado no mesmo Estado), é a ele garantido o direito à restituição do valor deste imposto.

Logo, o que se antecipa (e o que se deve antecipar) é apenas o ICMS devido. Se o fato gerador presumido não se concretiza, o montante recolhido representa uma cobrança fiscal indevida, que deve ser restituída pelo Fisco ao contribuinte substituído, tendo em vista os princípios constitucionais da capacidade contributiva (artigo 145, §1º, da Constituição Federal) e do não confisco (artigo 150, inciso IV, da Constituição Federal).

O direito de repetição de indébito surge, portanto como forma de equalizar situações em que uma das partes tenha efetuado um pagamento indevido, não se compadecendo o ordenamento jurídico com o enriquecimento de uma parte em prejuízo da outra.

Quando aplicado no âmbito do direito público, também deve o Poder Público restituir o indébito, o que inclui o indébito tributário, até em função do princípio da moralidade, que informa e condiciona seu agir, nos termos do artigo 37, *caput*, da Constituição Federal.[7]

[7] **Constituição Federal:**
Art. 37. A administração pública direta e indireta de qualquer dos Poderes da União, dos Estados, do Distrito Federal e dos Municípios obedecerá aos princípios de legalidade, impessoalidade, moralidade, publicidade e eficiência e, também, ao seguinte: (...)

Mais especificamente quanto à repetição do indébito tributário, o Código Tributário Nacional dispõe no artigo 165, inciso I:

"Art. 165. O sujeito passivo tem direito, independentemente de prévio protesto, à restituição total ou parcial do tributo, seja qual for a modalidade do seu pagamento (...), nos seguintes casos:

"I – cobrança ou pagamento espontâneo de tributo indevido ou maior do que o devido em face da legislação tributária aplicada, ou da natureza ou circunstâncias materiais do fato gerador efetivamente ocorrido".

Portanto, os valores tributários recolhidos indevidamente, por meio de ICMS-ST, podem ser objeto de pedido de restituição.

2.3. Julgamento do RE nº 593.849/MG pelo Plenário do Supremo Tribunal Federal e impossibilidade de se considerar como definitivo o fato gerador presumido do ICMS-ST

Se por um lado o legislador estadual, em regra, tem reconhecido o direito de restituição do valor pago a maior a título de ICMS-ST quando da não ocorrência do fato gerador (nas hipóteses de saída posterior interestadual, perdas, quebras, por exemplo), não reconhecia até então a possibilidade de tal restituição ser solicitada quando presente a situação de venda ao consumidor final por valor inferior ao valor da operação previamente presumido.

Em um primeiro momento, o Plenário do Supremo Tribunal Federal analisou o tema à luz da interpretação do quanto disposto no artigo 150, §7º, da Constituição Federal, ao julgar a Ação Direta de Inconstitucionalidade ("ADI") de nº 1851-4/AL, ocasião em que assentou o entendimento de que as situações em que se verificar que a base de cálculo presumido foi maior do que o valor efetivamente praticado na venda ao consumidor final não gera o direito ao indébito tributário.

Ao se debruçar novamente sobre o tema da diferença de margem entre operação efetiva e valor presumido (ocorrência parcial do fato gerador), por ocasião do julgamento do Recurso Extraordinário nº 593.849/MG, com repercussão geral reconhecida, em sessão do dia 19 de outubro de 2016, o Plenário do Supremo Tribunal Federal, por maioria de votos, reconheceu também o direito de restituição da diferença do ICMS pago antecipadamente pelo contribuinte substituto tributário, quando a operação de saída posterior for realizada com valor inferior ao da base de cálculo presumida.

Eis o conteúdo da decisão, conforme certidão de julgamento do RE nº 593.849/MG, transcrita abaixo:

> Decisão: O Tribunal, apreciando o tema 201 da repercussão geral, por maioria e nos termos do voto do Relator, conheceu do recurso extraordinário a que se deu provimento, para reformar o acórdão recorrido e afirmar o direito da parte recorrente em lançar em sua escrita fiscal os créditos de ICMS pagos a maior, nos termos da legislação tributária do Estado de Minas Gerais e respeitado o lapso prescricional de 5 (cinco) anos previsto na Lei Complementar nº 118/05; na qualidade de prejudicial, declarou a inconstitucionalidade dos artigos 22, § 10, da Lei nº 6.763/1975, e 21 do Decreto 43.080/2002, ambos do Estado de Minas Gerais; fixou interpretação conforme à Constituição nas expressões "não se efetive o fato gerador presumido" no § 11 do art. 22 da Lei estadual e "fato gerador presumido que não se realizou" no artigo 22 do Regulamento do ICMS, para que essas sejam entendidas em consonância à tese objetiva deste tema de repercussão geral; e condenou a parte recorrida ao pagamento das despesas processuais, à luz da legislação processual regente ao tempo da interposição do recurso extraordinário, ficando a parte vencida desonerada do pagamento de honorários advocatícios, conforme o enunciado da Súmula 512 do STF e o art. 25 da Lei

> 12.016/2009, vencidos os Ministros Teori Zavascki, Dias Toffoli e Gilmar Mendes, que negavam provimento ao recurso extraordinário. Por unanimidade, o Tribunal fixou tese nos seguintes termos: "É devida a restituição da diferença do Imposto sobre Circulação de Mercadorias e Serviços – ICMS pago a mais no regime de substituição tributária para a frente se a base de cálculo efetiva da operação for inferior à presumida". Em seguida, o Tribunal modulou os efeitos do julgamento a fim de que o precedente que aqui se elabora deve orientar todos os litígios judiciais pendentes submetidos à sistemática da repercussão geral e os casos futuros oriundos de antecipação do pagamento de fato gerador presumido realizada após a fixação do presente entendimento, tendo em conta o necessário realinhamento das administrações fazendárias dos Estados membros e do sistema judicial como um todo decidido por essa Corte. Ausente, justificadamente, o Ministro Celso de Mello. Presidiu o julgamento a Ministra Cármen Lúcia. Plenário, 19.10.2016.

O cerne da discussão empreendida pelo Supremo Tribunal Federal no julgamento do RE nº 593.849/MG foi verificar se o sistema tributário nacional admitiria a definitividade do fato gerador presumido, com o objetivo de prestigiar o princípio da praticidade, ou se acolheria a tese dos contribuintes de que, caso haja a possibilidade de se apurar qual foi a operação real, não há legitimidade em se tributar por valor presumido.

Por maioria, a tese fixada no julgamento do RE nº 593.849/MG (Tema 201), restou com a seguinte redação (Tese 201):

> É devida a restituição da diferença do Imposto sobre Circulação de Mercadorias e Serviços – ICMS pago a mais no regime de substituição tributária para a frente se a base de cálculo efetiva da operação for inferior à presumida.

Entendemos ser correta a interpretação que prevaleceu, pois, caso contrário, a adoção da sistemática da substituição tributária implicaria na alteração dos critérios material e quantitativo do ICMS – os quais, frise-se, são determinantes para a própria definição jurídica do tributo – de maneira que a substituição tributária deixaria de se enquadrar como mera técnica arrecadatória, haja vista que estaria a instituir uma nova espécie tributária não prevista na Constituição Federal.

Em outros termos, o "ICMS-ST" nada mais é do que espécie do gênero "ICMS-Próprio", ambos com idêntica hipótese de incidência confirmada pela respectiva base de cálculo (medida dimensível da operação de circulação de mercadoria); não se tratando, portanto, de tributário diverso do ICMS, mas apenas de técnica de arrecadação passível de ser implementada pela Fiscalização para, única e exclusivamente, atender os interesses da Administração Pública.

A primeira conclusão que pode ser formulada é a de que a substituição tributária deve respeitar a neutralidade do ICMS, não podendo implicar em forma transversa de aumento da carga tributária, uma vez que tal medida somente poderia ser efetivada por meio da edição de lei específica que alterasse a alíquota ou base de cálculo do imposto.

Isso porque, a substituição tributária não é uma forma de aumento da carga tributária, mas, sim, uma modalidade de antecipação do imposto, com vistas a diminuir a evasão fiscal.

Como assentado no julgamento do julgamento do Recurso Extraordinário nº 593.849/MG, o princípio da praticidade tributária, que justifica a instituição da sistemática de substituição tributária, encontra-se, portanto, limitado pelo quadrante normativo-constitucional do ICMS e pelos demais princípios jurídico-tributários emanados da Carta Política, conforme o trecho a seguir da ementa do citado julgado:

> (...) O princípio da praticidade tributária não prepondera na hipótese de violação de direitos e garantias dos contribuintes, notadamente os princípios da igualdade, capacidade contributiva e vedação ao confisco, bem como a arquitetura da neutralidade fiscal.

Com efeito, o fato gerador presumido caracteriza-se como ficção jurídica, a qual pode ser considerada num primeiro momento, como a utilização de uma inverdade pelo legislador, que conscientemente alteraria a realidade natural ou jurídica. A criação de tal verdade artificial teria por objetivo possibilitar a aplicação de uma norma que de outro modo não poderia ser aplicada.

O problema da definição de ficção como '*mentira*' consiste na necessidade do estabelecimento de verdades naturais anteriores ao próprio direito, socorrendo-se em uma vertente jusnaturalista do pensamento jurídico. Não podemos nos esquecer de que o legislador também acaba por criar determinada realidade jurídica distinta da real, na qual o conceito de inverdade passaria a ser a existência de contradição lógica com as demais normas do sistema.

Nesse sentido, o ensinamento de Antonio Roque Carazza: "A ficção, conquanto possa restringir direitos não pode transformar um inocente num culpado ou uma pessoa alheia ao fato imponível num contribuinte."[8]

O pensamento moderno, conforme expõe Luís Eduardo Schoueri[9], pauta-se na ideia de ficção como remissão normativa, na qual há a equiparação da base da ficção e a hipótese ficta, ainda que sejam claramente diversas. Não se confunde,

[8] CARRAZZA, Roque Antonio. **Curso de Direito Constitucional Tributário.** 20ª Ed. São Paulo: Malheiros, 2004, p.429.

[9] SCHOEURI, Luís Eduardo. **Distribuição disfarçada de lucros**. São Paulo: Dialética, 1996.

portanto, com a analogia, que consiste na equiparação de duas situações diversas, mas que com fulcro no princípio da isonomia são consideradas como equivalentes.

A presunção, por sua vez, se apresenta de duas formas, podendo ser classificada como presunção relativa ou presunção absoluta. No caso da primeira, observamos uma inversão do ônus de provar, enquanto a segunda o próprio ordenamento acaba, a partir de fato conhecido, determinando-lhe a aplicação de consequência jurídica distinta.

A presunção absoluta não se confunde com a ficção jurídica. Enquanto a primeira consiste em normas especiais que se referem ao ônus de provar, normas processuais que não são aptas a gerar direitos e obrigações, a ficção se caracteriza como remissão legislativa, determinando que situações previstas na lei passem a ser aplicadas a uma nova hipótese de incidência.

Quanto à aplicação de tais figuras ao direito tributário, as presunções simples, sem base em lei, não poderão ser aplicadas, pois o ônus de comprovar a ocorrência do fato gerador será sempre do fisco, enquanto caberá ao contribuinte comprovar os fatos que determinam a suspensão ou redução da exigência tributária, bem como a aplicação do princípio da legalidade no direito tributário. Por outro lado, a presunção absoluta, por apresentar natureza de norma processual, não encontra óbice para que seja utilizada no processo tributário, desde que não haja a total supressão da ampla defesa[10], ainda que essa se restrinja à base fática que levará à presunção.

Quanto ao emprego da ficção legal, o direito tributário brasileiro não admite que seja estabelecida de forma ficta situação

10 "Conclui-se, pois, que a presunção absoluta tem, por limite geral, a garantia do exercício da plena defesa no processo administrativo". SCHOUERI, Luis Eduardo. Op. Cit. p. 126.

de fato que na verdade não ocorreu[11]. O legislador está autorizado a equiparar situações por meio de remissão legislativa, mas não poderá criar situações que nunca existiram, razão pela se justifica a posição do Supremo Tribunal Federal ao reconhecer que o caso do fato gerador presumido do ICMS-ST consiste em presunção relativa, passível de ser superada pelo contribuinte por meio de prova hábil da inocorrência do fato gerador (ou ocorrência parcial).

Além da abordagem da questão à luz dos limites da aplicação das presunções no âmbito do direito tributário, justifica-se a impossibilidade de perpetuidade do fato gerador presumido à luz da aplicação do princípio da proporcionalidade, em especial quando constatado o conflito de princípios (princípio da praticidade x princípio da capacidade contributiva).

A Constituição Federal de 1988 traz em seu bojo o ideal do Estado Social Democrático de Direito, em que se busca a manutenção da liberdade dos agentes econômicos (direitos individuais), ao mesmo tempo em que se procura a garantia de uma mínimo existencial que preserve a dignidade do cidadão (direitos sociais).

Nesse contexto, o poder de tributar se legitima como instrumento de consecução dos fins a que se propõe o Estado (função fiscal), ou ainda, no estímulo por meio de normas indutoras de determinadas condutas pelos agentes econômicos para que o interesse público seja atingido no âmbito da ordem econômica e social (função extrafiscal do tributo).

No entanto, com o advindo do século XXI, a tendência de redução do escopo estatal motivada por sua ineficiência no desempenho de determinadas atividades, faz com que se fixem maiores limites para a tributação, em especial a adequa-

[11] BIANCO, João Francisco. **Transparência Fiscal Internacional.** 2ª Ed. São Paulo: Dialética, 2007, p. 79.

ção entre meios e fins almejados, evitando-se o arbítrio do poder do Estado na restrição da liberdade do indivíduo. Nas palavras de Luís Eduardo Schoueri, "impõem que cada medida tributária seja sopesada, colocando-se, de um lado, as possíveis vantagens que se poderão obter e, de outro, os custos que se imporão à sociedade"[12].

A limitação do poder de tributar é consolidada pela supremacia da Constituição como fundamento de todo o ordenamento jurídico, a qual impõe por meio de suas regras e princípios a conformação de todas as demais normas hierarquicamente inferiores, seja quanto a sua substância, seja quanto a sua forma, sob pena de restarem eivadas de vício de inconstitucionalidade.

A noção de princípio jurídico constitucional está pautada em mandamento nuclear contido na Constituição que serve de critério de inteligência e compreensão das demais normas no sistema em que se encontram inseridas. O direito, entendido como um sistema de normas, demanda a criação de balizas, de diretrizes, guias, cumprindo os princípios constitucionais o papel de vetores para soluções interpretativas.

Tal entendimento encontra respaldo em Karl Larenz, que ao diferenciar regras de princípios o faz a partir de suas distintas estruturas. Define as regras como hipóteses de incidência em que há a previsão de consequência jurídica, baseadas na estrutura "se *a*, então *b*", enquanto os princípios indicariam a direção para que tal proposição normativa fosse encontrada[13].

Ronald Dworkin desloca a diferenciação para o modo de aplicação de cada uma das espécies normativas. Para o autor, as regras são aplicáveis ou não o são, em uma lógica de *tudo* ou

[12] SCHOUERI, Luís Eduardo. **Tributação e Liberdade.** In: Princípios de Direito Financeiro e Tributário – Estudos em homenagem ao Prof. Ricardo Lobo Torres, Rio de Janeiro, Renovar, 2006, p. 444.

[13] LARENZ, Karl. **Metodologia da Ciência do Direito**, 2ª ed., Lx. Fundação Calouste Gulbenkian, trad. de José Lamego, revisão de Ana de Freitas, 1989.

nada. Dessa forma, ocorrido o fato previsto na descrição normativa, ou a regra é válida e a consequência normativa deve ser aceita, ou ela não é válida. Por outro lado, os princípios seriam aplicados em diferentes intensidades, sem que a aplicação conjunta com outros fundamentos o tornasse inválido[14].

Partindo dessa ideia, Robert Alexy entende que os princípios devem ser diferenciados das regras predominantemente por dois motivos. O primeiro consiste na obrigação que instituem, pois as regras determinam obrigações absolutas, as quais não poderão ser contrapostas por outras, salvo por meio de exceção contida em outra regra, a fim de dirimir eventual antinomia, enquanto os princípios instituem obrigações que podem ser superadas em um processo de ponderação com outros princípios quando vislumbrada colisão entre ambos, momento em que prevalecerá um deles[15].

A partir de tal panorama sobre as principais concepções adotadas para o conceito de princípio, Humberto Ávila pondera que de certa forma há um esvaziamento da diferenciação entre regras e princípios a partir da constatação de que o caráter absoluto da consequência jurídica prevista na regra dependerá de processo de interpretação durante sua aplicação. Segundo o autor, "a consideração de circunstâncias concretas e individuais não diz respeito à estrutura das normas, mas à sua aplicação; tanto os princípios como as regras podem envolver a consideração a aspectos específicos, abstratamente considerados".

Desse modo, Humberto Ávila conclui seu raciocínio: "O importante é que tanto os princípios quanto as regras permitem a consideração de aspectos concretos e individuais. No caso dos princípios essa consideração de aspectos concretos e

[14] Dworkin, Ronald. **Levando os Direitos a Sério.** Trad. Nelson Boeira. 2. Ed. São Paulo: Martins Fontes, 2007.

[15] Ávila, Humberto. **Teoria dos Princípios**. 4ª Ed. São Paulo: Malheiros, 2004.

individuais é feita sem obstáculos institucionais, na medida, em que os princípios estabelecem um estado de coisas que deve ser promovido sem descrever, diretamente, qual o comportamento devido. O interessante é que o fim, independente da autoridade, funciona como razão substancial para adotar os comportamentos necessários a sua proposição. Adota-se um comportamento porque seus efeitos contribuem para promover o fim. Os princípios poderiam ser enquadrados na qualidade de normas que geram, para a argumentação, razões substanciais (*substantive reasons*) ou razões finalísticas (*goal reasons*)."[16]

A partir de tal fragmento, podemos concluir que a aplicação da regra dependerá também da aferição de determinadas circunstâncias relevantes no plano fático, em especial sua plausibilidade ao fim pretendido. Nesse contexto, o princípio da proporcionalidade surge como importante instrumento de ponderação das consequências jurídicas da aplicação das regras, e não apenas no caso em que verificamos a colisão entre princípios.

Toda a mecânica que envolve a interpretação e aplicação dos princípios depende de normas cujo enunciado se refere à estruturação do cumprimento de uma finalidade. A partir de uma série de elementos, busca-se racionalizar a descoberta do enunciado que rege a conduta, dando-lhe operacionalidade. Dentre tais normas, destaca-se a proporcionalidade.

Inicialmente, devemos buscar o conteúdo do que venha ser a proporcionalidade, bem como seu fundamento, passando à análise de sua estrutura a fim de evidenciar o procedimento racional de sua aplicação ao caso concreto, afastando-se sua vinculação à imagem de válvula de escape ao direito positivo em afronta à segurança jurídica.

Segundo Humberto Ávila, a proporcionalidade consiste em um princípio que irá orientar a aplicação de outros princípios

[16] Ávila, Humberto. Op. Cit. p. 66.

a partir da relação de causalidade entre um meio (lei editada) e um fim (objetivo perseguido pela lei) [17]. Assim, o postulado da proporcionalidade impõe que haja coerência lógica entre os meios empregados, sendo eles idôneos para que os fins pretendidos sejam alcançados. Ainda que essa primeira condição seja constatada, há clara vedação do excesso pelo poder estatal, caso haja a possibilidade dos resultados pretendidos serem alcançados por medidas menos gravosas.

Ressalta-se que não se trata de mera utilização do método de interpretação conhecido como interpretação finalística ou teleológica do direito, pois o fim pretendido pela lei não é interpretado isoladamente, mas sim em conjunto com os demais preceitos constitucionais que representam a defesa de direitos fundamentais. Há aqui o privilégio do chamado método sistemático por meio do qual uma norma é interpretada de acordo com as demais que compõem o universo jurídico em que esteja imersa.

Um primeiro óbice ao reconhecido do princípio da proporcionalidade na Constituição Federal de 1988 seria a inexistência de dispositivo expresso que determinasse sua observância. Porém, conforme ensinamento de Carlos Alberto Lúcio Bittencourt, o preceito constitucional não decorrerá somente da letra do texto, mas também do espírito que rege as normas constitucionais[18].

Nesse sentido é a lição de José Souto Maior Borges, para quem "os preceitos implícitos têm a mesma eficácia – ou seja, susceptibilidade à produção de efeitos jurídicos – dos preceitos expressos. Esses exemplos ilustram a consideração de que a) direito fundamentais e b) tributos mantêm entre si relações

[17] Ávila, Humberto. Op. Cit. p. 114.

[18] Lúcio Bittencourt, Carlos Alberto. **O controle jurisdicional da constitucionalidade das leis**. Rio de Janeiro: Forense, 1940.

sintáticas, no interior do sistema jurídico: a pretensão fiscal não deve assim exceder os limites da razoabilidade".[19]

A compreensão do princípio decorrerá da ordem constitucional como sistema, ainda que haja reflexos positivados nos artigos 1º, 5º, LIV, e 60, §4º, IV, e as orientações presentes no Preâmbulo do texto constitucional[20], que conjugados com os parâmetros fornecidos por Robert Alexy para avaliação do tema: a adequação, a necessidade e a proporcionalidade em sentido estrito.

Quanto à adequação, a medida estatal passará por exame a fim de se verificar se os meios elegidos são aptos a alcançar o fim pretendido. Nesse primeiro momento não é relevante se o meio escolhido é o melhor dentre os disponíveis, mas apenas se tal meio atingirá seu objetivo. A medida adotada poderá ser expressa pela edição de norma ou por meio de atos concretos.

No caso de medidas cujo desenvolvimento ocorra durante um período de tempo relativamente longo, não há como se aferir de imediato a adequação dos instrumentos utilizados, o que será possível apenas no futuro quando os resultados irão ser colhidos. Assim, a medida não poderá ser invalidada por mera falha de prognóstico, tendo em vista o subjetivismo existente na tomada de determinada decisão com base em determinada realidade momentânea[21]. No entanto, se o fracasso dos meios empregados é visível desde logo, não há que se manter válida a medida estatal.

Superado o primeiro estágio, seguimos ao subsequente juízo de necessidade da medida adotada, no qual se assegura ao indivíduo que seus direitos serão limitados da forma menos gravosa

[19] BORGES, José Souto Maior. **Relação entre Tributos e Direitos Fundamentais.** In Tributos e Direitos Fundamentais. OCTAVIO CAMPOS FISCHER (org.). São Paulo: Dialética, 2004, p. 217-226.

[20] HARET, Florence. **Teoria e Prática das Presunções no Direito Tributário.** São Paulo: Noeses, 2010.

[21] PONTES, Helenilson Cunha. **O Princípio da Proporcionalidade e o Direito Tributário.** São Paulo: Dialética, 2000, p. 67.

possível. Desse modo, se o legislador puder adotar meio menos gravoso para se alcançar o fim pretendido, deverá optar por ele.

Ainda que superados as fases anteriores de verificação da adequação e necessidade da medida analisada, é importante ressaltar que a limitação ao exercício de direitos fundamentais não deflui exclusivamente da ação estatal. Há direitos fundamentais que determinam a limitação de outros direitos ou mesmo os excluem, gerando a colisão entre eles. Nesse ponto, adentramos a chamada proporcionalidade em sentido estrito, momento em que se avalia de que forma as vantagens trazidas pela promoção do fim correspondem às desvantagens provocadas pela adoção do meio escolhido.

A mecânica descrita poderá ser empregada no exame do caso concreto discutido no presente trabalho, sendo necessário consignar algumas considerações quanto ao emprego de tal método proposto pela proporcionalidade.

Inicialmente há a necessidade de delimitação dos fins almejados pela norma, o qual não poderá ser consistir de um fim vago, uma vez que a partir de fins indeterminados se torna impossível avaliar os meios disponíveis para sua consecução. Assim, não se justifica adotar o valor presumido estipulado pela Autoridade Fiscal tão somente para garantir genericamente menor sonegação fiscal do ICMS.

Delimitado o fim pretendido, caberia à Administração Pública a sua promoção, escolhendo meio que o promova. A questão que se coloca é a determinação do grau de liberdade de escolha presente nessa tomada de decisão pelo aplicador do direito ou julgador, pois não poderá ser realizada de forma a desrespeitar a vontade do Poder Executivo e Poder Legislativo, o que decorre do próprio princípio da separação de poderes[22].

[22] Ao apreciar o problema do controle pelo Judiciário das decisões tomadas pelo Poder Executivo e Legislativo, Humberto Ávila sublinha ser tal controle

Assim, o juízo sobre a conveniência da adoção de uma dada medida estatal cabe à autoridade a quem a ordem jurídica reconhece a competência para agir.

Todavia, o grau de limitação aos bens constitucionalmente protegidos que esta medida impõe pode e deve ser examinado pelo Poder Judiciário, o qual não formulará um juízo acerca da conveniência administrativa ou legislativa de se tomar a medida, mas sobre a estrita necessidade da lesão ou limitação por ela gerada a bens jurídicos constitucionalmente tutelados, sobretudo quando existem outros meios igualmente aptos ao alcance do resultado desejado e que causam menor ou nenhuma lesão àqueles bens jurídicos[23].

A proporcionalidade como instrumento de controle dos atos do Poder Público apresenta traço característico de postulado estruturador da aplicação de outros princípios, fornecendo, para tanto, critérios racionais de análise de cada norma em relação ao meio que emprega e o fim que busca.

Porém, a aparente lógica racional que reveste a proporcionalidade não poderá ser imune a críticas, diante da possibilidade de tal método se transformar em instrumento catalisador da tomada de decisões arbitrárias. Daí a importância de que algumas ressalvas sejam feitas quanto à limitação de cada critério para avaliar a constitucionalidade de uma norma inserida no ordenamento jurídico brasileiro.

Ante todas essas considerações, nosso entendimento é o de que o Supremo Tribunal Federal apreciou a questão da definitividade do fato gerador presumido de maneira correta à luz do princípio da proporcionalidade, considerando que, embora a

menor nos casos em que há dúvida quanto aos efeitos futuros da lei, quando a solução do problema demandar juízo técnico, fora do alcance do magistrado, e quanto mais ampla for a competência outorgada pela lei na formulação do juízo de conveniência sobre a matéria. Ávila, Humberto. Op. Cit. p. 115.

23 Pontes, Helenilson Cunha. Op. cit, p. 69.

substituição tributária seja medida adequada para buscar maior efetividade na arrecadação, não se trata de medida menos onerosa, impondo ao contribuinte o recolhimento do ICMS-ST em valor superior àquele devido, em situação em que é possível dar a chance ao contribuinte de indicar o valor real da operação.

2.3.1. Do alcance da modulação de efeitos do acórdão proferido no julgamento do RE nº 593.849/MG

Conforme exposto anteriormente, por ocasião do julgamento do RE nº 593.849/MG, o Supremo Tribunal Federal fixou tese jurídica confirmando o direito dos contribuintes de reaverem os valores pagos a maior a título de ICMS-ST.

No entanto, expressamente obstou os efeitos retroativos da nova intepretação conferida ao artigo 150, §7º, da Constituição Federal, de maneira que tal decisão judicial passou a ter efeitos *erga omnes* e *ex nunc*, por constituir alteração de posição jurisprudencial anterior (firmada na ADI nº 1.851/AL).

O próprio Supremo Tribunal Federal definiu a data a ser considerada como termo inicial da modulação de efeitos de sua decisão, ou seja, a data a partir da qual poderiam os contribuintes pleitear seu direito de restituição do ICMS-ST pago a maior.

Isso porque, por ocasião do julgamento do próprio RE nº 593.849/MG, o que ocorreu em 19/10/2016, restou definido que os efeitos da decisão seriam aplicáveis a partir da fixação do novo entendimento fixado naquele momento, conforme se depreende do trecho da ata de julgamento obtida no site do Supremo Tribunal Federal[24], e a seguir reproduzida:

> (...) Por unanimidade, o Tribunal fixou tese nos seguintes termos: "É devida a restituição da diferença do Imposto sobre Circulação de Mercadorias e Serviços – ICMS pago a mais no regime

[24] http://portal.stf.jus.br/

de substituição tributária para a frente se a base de cálculo efetiva da operação for inferior à presumida". Em seguida, o Tribunal modulou os efeitos do julgamento a fim de que o precedente que aqui se elabora deve orientar todos os litígios judiciais pendentes submetidos à sistemática da repercussão geral e os casos futuros oriundos de antecipação do pagamento de fato gerador presumido realizada após a fixação do presente entendimento, tendo em conta o necessário realinhamento das administrações fazendárias dos Estados membros e do sistema judicial como um todo decidido por essa Corte. Ausente, justificadamente, o Ministro Celso de Mello. Presidiu o julgamento a Ministra Cármen Lúcia. Plenário, 19.10.2016. (...)

Tal questão ficou ainda mais clara por ocasião do julgamentos dos segundos Embargos de Declaração, opostos pelo Estado de Minas Gerais (parte daquele processo) exatamente para que houvesse um pronunciamento expresso do Supremo Tribunal Federal quanto ao termo inicial da modulação de efeitos decretada, quando expressamente se consignou que o termo inicial que deverá ser considerado é a publicação da ata de julgamento, o que ocorreu em 24/10/2016, conforme se depreende da ementa abaixo reproduzida do acórdão em questão:

SEGUNDOS EMBARGOS DE DECLARAÇÃO EM RECURSO EXTRAORDINÁRIO. DIREITO TRIBUTÁRIO. IMPOSTO SOBRE CIRCULAÇÃO DE MERCADORIAS E SERVIÇOS – ICMS. SUBSTITUIÇÃO TRIBUTÁRIA PROGRESSIVA. SÚMULA DE JULGAMENTO. ATA DE JULGAMENTO. PREMISSAS FÁTICAS. SUPORTE NORMATIVO. EFEITOS INFRINGENTES. IMPOSSIBILIDADE. CONTRADIÇÃO. OMISSÃO. NÃO CONFIGURADA. ESCLARECIMENTO. POSSIBILIDADE.

1. Nos termos do artigo 1.022 do Código de Processo Civil, os embargos de declaração não constituem meio hábil para reforma

do julgado, sendo cabíveis somente nos casos de obscuridade, contradição ou omissão da decisão impugnada, bem como para corrigir eventual erro material.

2. Os embargos declaratórios não se prestam à rediscussão do assentado em paradigma de repercussão geral, com pretensão de efeitos infringentes, mesmo que a título de reparar equívocos fáticos e normativos, os quais foram suscitados no curso do processo e devidamente enfrentados e valorados pela corrente majoritária do STF.

3. A despeito de veicular pretensões estranhas às hipóteses legais de cabimento de embargos de declaração, a jurisprudência do STF admite o acolhimento de embargos declaratórios tão somente para prestação de esclarecimento reputado necessário, sem quaisquer efeitos infringentes.

4. A tese de julgamento que consta em ata de julgamento publicada no Diário Oficial possui força de acórdão, até a publicação deste. Assim, o marco temporal de observância da orientação jurisprudencial para casos futuros ajuizados após o julgamento do paradigma deve ser considerado a partir da publicação da tese ou súmula da decisão em meio oficial. Arts. 1.035, §11, e 1.040 do CPC.

5. Não há omissão na súmula da decisão, por não abarcar os casos em que a base presumida é menor do que a base real, porquanto se trata de inovação processual posterior ao julgamento, não requerida ou aventada no curso do processo. De todo modo, a atividade da Administração Tributária é plenamente vinculada ao arcabouço legal, independentemente de autorização ou explicitação interpretativa do Poder Judiciário, nos termos do art. 3º do CTN.

6. Não há contradição na modulação de efeitos da decisão recorrida realizada, pois se trata de faculdade processual conferida ao STF, em caso de alteração da jurisprudência dominante, condicionada à presença de interesse social e em prol da

segurança jurídica. Não há, então, relação de causalidade entre a mudança de entendimento jurisprudencial e a adoção da técnica de superação prospectiva de precedente (prospective overruling). Art. 927, §3º, do CPC.

7. O comando dispositivo do acórdão detém densidade suficiente para a satisfação executiva da pretensão deduzida em juízo, sendo assim o montante e as parcelas devidas ultrapassam o âmbito de cognoscibilidade do recurso extraordinário e de conveniência da sistemática da repercussão geral. RE-QO 593.995, de relatoria do Ministro Joaquim Barbosa, Tribunal Pleno, DJe 17.06.2014.

8. Embargos declaratórios rejeitados.

Trata-se, portanto, da aplicação literal do quanto disposto no artigo 27, da Lei Federal nº 9.868/1999[25], em especial na segunda parte de tal dispositivo, considerando que no caso concreto o Supremo Tribunal Federal fixou expressamente o momento a partir do qual se daria a eficácia da decisão: a ata de publicação do resultado de julgamento.

Além do termo inicial da modulação de efeitos decretada, é importante destacar que alguns Estados membros, como é o caso dos Estados de São Paulo e Pernambuco[26], apresentava originalmente em sua legislação disposição expressa autorizando que os contribuintes paulistas pudessem reaver o ICMS-ST

[25] Art. 27. Ao declarar a inconstitucionalidade de lei ou ato normativo, e tendo em vista razões de segurança jurídica ou de excepcional interesse social, poderá o Supremo Tribunal Federal, por maioria de dois terços de seus membros, restringir os efeitos daquela declaração ou decidir que ela só tenha eficácia a partir de seu trânsito em julgado ou de outro momento que venha a ser fixado."

[26] No julgamento do RE nº 593.849/MG, o Supremo Tribunal Federal declarou constitucional a disposição contida no artigo 19, inciso II, da Lei (PE) nº 11.408/96, prevalecendo o direito do contribuinte de restituição do montante recolhido a maior quando da não realização do fato gerador tal como presumido (diferença de margem).

recolhido a maior, mesmo quando a operação final (efetiva) fosse em valor inferior à operação presumida (por exemplo, artigo 66-B, inciso II, da Lei Estadual nº 6.374/1989)[27], já prevendo, portanto, um direito que veio a ser posteriormente confirmado pelo Supremo Tribunal Federal ao julgar o RE nº 593.849/MG e a ADI nº 2.777/SP, julgados conjuntamente.

Tal detalhe não passou desapercebido dos Ministros do Supremo Tribunal Federal ao apreciar a questão de que a modulação dos efeitos de tal decisão não deveria se aplicar ao caso dos Estados de São Paulo[28] e Pernambuco, considerando que esses dois Estados membro já admitissem no passado o direito à restituição do ICMS-ST, como bem consignou o voto do Ministro Luís Roberto Barroso no trecho abaixo transcrito do paradigma (página 75 do acórdão):

[27] Autorização essa existente desde a edição da Lei nº 9.176, de 02/10/1995, que incluiu o artigo 66-B à redação da Lei nº 6.374, de 01/03/1989:
Artigo 66-B – Fica assegurada a restituição do imposto pago antecipadamente em razão da substituição tributária:
I – caso não se efetive o fato gerador presumido na sujeição passiva;
II – caso se comprove que na operação final com mercadoria ou serviço ficou configurada obrigação tributária de valor inferior a presumida.
§ 1º - O pedido de restituição, sem prejuízo de outras provas exigidas pelo fisco, será instruído com cópia da documentação Fiscal da operação ou prestação realizada, que comprove o direito a restituição.
§ 2º- O Poder Executivo disporá sobre os pedidos de restituição que serão processados prioritariamente, quer quanto a sua instrução, quer quanto à sua apreciação, podendo, também, prever outras formas para devolução do valor, desde que adotadas para opção de contribuinte.

[28] O Estado de São Paulo buscou limitar tal autorização, quando, em 2008, editou a Lei Estadual nº 13.291 para incluir o §3º, ao artigo 66-B, da redação da Lei Estadual (SP) nº 6.374/1989, limitando tal restituição para os produtos cujo preço final de venda, para fins de pagamento do ICMS-ST, sejam fixados pela Autoridade Tributária (pauta fiscal).

> Portanto, uma coisa que me traz alguma tranquilidade é que nós vamos estar mudando algo que já vem funcionado. (...) É claro que pode ser melhor, do ponto de vista fiscal, da outra forma; mas só para diminuir o peso de que nós estamos mudando jurisprudência, mas, no caso de São Paulo, por exemplo, já é do modo como o Ministro Fachin, eu, Ministra Rosa, Ministro Fux já estamos encaminhando. Desde 96.
>
> (...) Nós temos São Paulo e Pernambuco, que têm lei. Eu apenas quis dizer que nós não estaremos mudando algo que já é. Nós estaremos mantendo como é em relação a esses estados. Em relação aos estados que assim não praticam, nós estamos modulando (...)

Ou seja, o Estado de São Paulo e o Estado de Pernambuco constituíram exceções à regra da modulação de efeitos da decisão proferida pelo Supremo Tribunal Federal no âmbito do RE nº 593.849/MG, o que foi expressamente consignado ao longo daquele julgamento.

Além disso, ao formular o enunciado da modulação dos efeitos, o Supremo Tribunal Federal deixou claro que o novo entendimento não poderia alterar o resultado de processos cuja decisão já tivesse transitado em julgado, buscando resguardar a coisa julgada, bem como não poderia embasar pedidos de feitos pretéritos em novas ações a serem ajuizadas, resguardando-se a segurança jurídica e o direito adquirido de contribuintes que já tivessem ingressado com medida judicial na época do julgamento, porém, ainda pendentes de decisão final.

É o que expressa de forma clara o trecho abaixo transcrito do voto do Ministro Relator Edson Fachin ao tratar da modulação de efeitos no julgamento do RE nº 593.849/MG (página 98 do acórdão):

> Proponho que o precedente que aqui se elabora deva orientar todos os litígios judiciais pendentes submetidos à sistemática da

> repercussão geral e os casos futuros oriundos de antecipação do pagamento de fato gerador presumido, realizada após a fixação do presente entendimento, tendo em conta o necessário realinhamento das Administrações Fazendárias dos Estados-membros e do sistema judicial como um todo. Eu decidi por essa Suprema Corte.
>
> Ou seja, para evitar surpresas ou efeitos que não vão ao encontro do maior interesse público, que da Administração, quer mesmo dos contribuintes, eu estou, portanto, sugerindo isto: que é a dimensão de apanhar os casos que estão submetidos à sistemática da repercussão geral, e, com isso, obviamente, evitamos qualquer abertura de porta para eventuais ações rescisórias ou para pretensões que não tenham sido judicializadas, isto está fora da nossa decisão.

A conclusão de todo o exposto acima é a de que a modulação de efeitos declarada no paradigma que apreciou o tema no âmbito do Supremo Tribunal Federal deve respeitar ações ajuizadas anteriormente pelos contribuintes para resguardar seu direito e a coisa julgada, além de não se aplicar aos Estados membros que já apresentavam atos normativos autorizadores da restituição do indébito tributário de ICMS-ST com fundamento na diferença de margem.

3.4. Formas de Restituição do ICMS-ST

O artigo 150, §7º, da Constituição Federal, transcrito anteriormente, garante o direito aos contribuintes à imediata e preferencial restituição, mas não explicita qual o meio adequado para a realização de tal devolução dos valores indevidamente recolhidos a título de ICMS-ST quando da não ocorrência dos fatos geradores

Ante de ocorrer a devolução em si dos valores, muitos contribuintes se veem diante da necessidade de formular pleito para o reconhecimento pelo Estado membro da existência do indébito tributário em questão, o que pode ser efetuado na esfera administrativa, por meio da apresentação de pedido administrativo específico para tanto, na forma definida pela legislação estadual de cada Estado membro, quanto na esfera judicial, por meio do ajuizamento de ação de repetição de indébito, inclusive para períodos passados, desde que respeitado o prazo prescricional previsto e a modulação de efeitos decretada pelo Supremo Tribunal Federal ao julgar o RE nº 593.849/MG.

Do ponto de vista prático, se o indébito tributário é reconhecido e executado na esfera judicial, há clara desvantagem de tal alternativa em razão da demora na satisfação da pretensão do contribuinte, que, após suportar anos de tramitação da ação, até seu trânsito em julgado (no mínimo em segunda instância, diante do imprescindível reexame necessário pela segunda instância), estará sujeito à árdua via do regime dos precatórios (nos termos do artigo 100, da Constituição Federal).

Vale aqui a observação de que o gênero restituição do indébito tributário pode ser divido em espécies, no caso, a repetição e a compensação. A principal diferença entre tais espécies é a de que, na repetição o contribuinte busca o recebimento dos valores em pecúnia, enquanto na compensação há um encontro de contas entre contribuinte e Fisco, quando o Fisco e o contribuinte são credor e devedor um do outro.

A compensação é causa extintiva de obrigações tributárias, conforme se depreende da leitura do artigo 156, II, do Código Tributário Nacional[29], cuja previsão também é dada, de forma geral, pelo artigo 170, *caput*, do mesmo diploma:

[29] Art. 156. Extinguem o crédito tributário:
(...)
II – a compensação;

> Art. 170. A lei pode, nas condições e sob as garantias que estipular, ou cuja estipulação em cada caso atribuir à autoridade administrativa, autorizar a compensação de créditos tributários com créditos líquidos e certos, vencidos ou vincendos, do sujeito passivo contra a Fazenda Pública.

O dispositivo em questão trata da necessidade de existência de lei que autorize, genérica ou especificamente, a compensação, conferindo à Autoridade Administrativa a autorização legal necessária para que efetue a compensação tributária, ato esse que apresenta natureza vinculada, considerando a indisponibilidade do interesse público que reveste a matéria tributária.

Assim, cumpridos os requisitos legais pré-fixados pela legislação, a Autoridade Administrativa não poderá negar o direito de compensação pleiteado.

No que se refere especificamente ao ICMS-ST, a Lei Complementar nº 87/96, com vistas a garantir a agilidade da recuperação do imposto pago a maior, previu a possibilidade de que o respectivo montante seja creditado na escrita fiscal do contribuinte substituído, sempre que não houver deliberação por parte do Fisco Estadual acerca do pedido de restituição, no prazo de noventa dias contados da data da sua protocolização.

Ou seja, se o contribuinte substituído, que é aquele cujo imposto foi antecipado a maior nas etapas anteriores, apresentar pedido administrativo de restituição, e não obter resposta no prazo de noventa dias, a lei lhe confere a prerrogativa de lançamento dos valores a que faz jus diretamente em sua escrita fiscal, com a possibilidade de compensação de tal valor com débitos de ICMS do estabelecimento, conforme a mecânica própria da apuração de tal imposto. É o que se observa do artigo 10, §1º, da Lei Complementar nº 87/96:

> Art. 10. É assegurado ao contribuinte substituído o direito à restituição do valor do imposto pago por força da substituição tributária, correspondente ao fato gerador presumido que não se realizar.
>
> § 1º Formulado o pedido de restituição e não havendo deliberação no prazo de noventa dias, o contribuinte substituído poderá se creditar, em sua escrita fiscal, do valor objeto do pedido, devidamente atualizado segundo os mesmos critérios aplicáveis ao tributo.
>
> § 2º Na hipótese do parágrafo anterior, sobrevindo decisão contrária irrecorrível, o contribuinte substituído, no prazo de quinze dias da respectiva notificação, procederá ao estorno dos créditos lançados, também devidamente atualizados, com o pagamento dos acréscimos legais cabíveis" (g. n.).

No âmbito do Estado de São Paulo, por exemplo, o artigo 66-B, §2º, da Lei Estadual (SP) nº 6.374/89, ao tratar do direito à restituição na hipótese em que o fato gerador presumido não se realiza, possibilita que sejam previstas outras formas de restituição, a serem adotadas por opção do contribuinte, nos seguintes termos:

> Artigo 66-B- Fica assegurada a restituição do imposto pago antecipadamente em razão da substituição tributária:
>
> I – caso não se efetive o fato gerador presumido na sujeição passiva;
>
> II – caso se comprove que na operação final com mercadoria ou serviço ficou configurada obrigação tributária de valor inferior à presumida.
>
> § 1º – O pedido de restituição, sem prejuízo de outras provas exigidas pelo fisco, será instruído com cópia da documentação fiscal da operação ou prestação realizada, que comprove o direito à restituição.

> § 2º – O Poder Executivo disporá sobre os pedidos de restituição que serão processados prioritariamente, quer quanto à sua instrução, quer quanto à sua apreciação, podendo, também, prever outras formas para devolução do valor, desde que adotadas para opção do contribuinte." (g. n.).

Em nosso exemplo, cumprindo a delegação de competência fixada por tal dispositivo legal, o Poder Executivo Paulista, ao regulamentar a restituição do ICMS retido por substituição, estabeleceu, por meio do artigo 270, do Decreto Estadual (SP) nº 45.490/2000 ("RICMS/SP"), as seguintes formas de restituição:

> "Artigo 270. O ressarcimento de que trata o artigo anterior poderá ser efetuado, alternativamente, observada a disciplina estabelecida pela Secretaria da Fazenda, nas seguintes modalidades:
>
> I – Compensação Escritural: conjuntamente com a apuração relativa às operações submetidas ao regime comum de tributação, mediante lançamento no livro Registro de Apuração do ICMS;
>
> II – Nota Fiscal de Ressarcimento: quando a mercadoria tiver sido recebida diretamente do estabelecimento do sujeito passivo por substituição, mediante emissão de documento fiscal, que deverá ser previamente visado pela repartição fiscal, indicando como destinatário o referido estabelecimento e como valor da operação aquele a ser ressarcido;
>
> III – Pedido de Ressarcimento: mediante requerimento à Secretaria da Fazenda.
>
> § 1º O Pedido de Ressarcimento, no que concerne à sua instrução e apreciação, será processado prioritariamente pelas unidades competentes da Secretaria da Fazenda.
>
> § 2º O valor do imposto a ser ressarcido poderá ser utilizado para liquidação de débito fiscal do estabelecimento ou de outro do mesmo titular. (...)"

Desse modo, verifica-se que cabe ao contribuinte paulista, no exemplo explorado, optar por uma das formas previstas de restituição do ICMS retido, entre elas a compensação escritural, na linha do quanto previsto na Lei Complementar nº 87/96, de maneira que lhe permite compensar tais valores com cada operação tributável pelo ICMS.

Não deve prevalecer o entendimento de que o nome dado pelos Estados membros ao indébito tributário do ICMS-ST, ou a forma que institui para sua restituição (o Estado de São Paulo denomina o pedido de restituição do ICMS-ST como "ressarcimento"), possa alterar sua natureza jurídica.

Isso porque, independentemente da nomenclatura adotada pela legislação estadual (no caso do Estado de São Paulo, "ressarcimento"), fato é que o ICMS-ST antecipadamente recolhido pelo contribuinte substituto (ou mesmo pelo substituído quando da entrada da mercadoria) torna-se indevido quando da não ocorrência do fato gerador presumido, adquirindo, portanto, desde logo, **natureza de indébito tributário**.

É dizer, embora no momento do recolhimento antecipado do ICMS-ST, este tributo seja exigível – com base no fato gerador presumido – na medida em que este fato não se efetiva (nos modos e valores presumidos), o imposto anteriormente exigido deixa de ser devido, pelo que deve ser devolvido àquele que o suportou, seja ele o fornecedor das mercadorias, ou o próprio adquirente, quando da entrada em seu estabelecimento.

Não resta dúvida, portanto, de que a restituição do ICMS-ST, enquadra-se na hipótese descrita nos artigos 165, inciso I do Código Tributário Nacional:

> Art. 165. O sujeito passivo tem direito, independentemente de prévio protesto, à restituição total ou parcial do tributo, seja qual for a modalidade do seu pagamento, ressalvado o disposto no § 4º do artigo 162, nos seguintes casos:

> I – cobrança ou pagamento espontâneo de tributo indevido ou maior que o devido em face da legislação tributária aplicável, ou da natureza ou circunstâncias materiais do fato gerador efetivamente ocorrido; (...).

O fato de o Estado membro possibilitar que a restituição do ICMS retido por substituição seja realizada de outro modo, que não a restituição em espécie, viabilizada por meio do protocolo de processo administrativo, não altera a natureza jurídica do direito (de indébito tributário).

Em outras palavradas, ainda que a legislação estadual autorize o contribuinte a efetuar a apuração e o lançamento do indébito diretamente em sua escrita fiscal para ressarcimento do ICMS-ST indevidamente pago, nos moldes em que previstos na Lei Complementar nº 87/96, não há que se negar o seu conteúdo econômico reparador, como entende a doutrina[30]:

> Este entendimento equivocado leva a outra afirmação também destituída de qualquer fundamento: a de que o crédito do contribuinte é meramente escritural ou é moeda escritural. Como diz De Plácido e Silva em seu Vocabulário Jurídico (ed. Forense, Rio de Janeiro, 1963, vol. II, vb. Escrituração): 'Escrituração, derivado de escrever, quer significar o processo pelo qual se promove o registro sistemático e metódico de todos os fatos ocorridos em uma organização, a fim de que se fixem permanentemente, e possam, a qualquer momento, fornecer os dados que se tornam necessários para qualquer verificação a respeito deles'. Não há nada meramente escritural, uma vez que a escrituração registra fatos econômicos, portanto não se pode falar que em créditos meramente escriturais.

[30] "ICMS – aquisição de mercadorias ou certos serviços e o crédito contra o Estado", in **Direito Tributário Atual,** nº 15, Dialética, São Paulo, 1998, pp. 7-8.

Assim, ainda que a restituição seja feita mediante lançamento do ICMS em escrita fiscal, a natureza jurídica de indébito remanesce inalterada, Com efeito, o indébito aqui tratado não se confunde com os créditos do ICMS decorrentes do regime de não-cumulatividade, conforme leciona Paulo de Barros Carvalho[31]:

> O 'crédito de ICMS' decorre do princípio constitucional da não-cumulatividade. Não surge em virtude de recolhimento indevido a título de tributo. Pelo contrário: o ICMS era devido, pela regular incidência da regra-matriz desse imposto; porém, em razão do preceito constitucional da não-cumulatividade, incide a regra-matriz do direito ao crédito, fazendo nascer para o contribuinte o direito de aproveitar o 'crédito de ICMS', compensando-o com valores por ele devidos a título desse imposto estadual, na operação subsequente.
>
> Por outro lado o 'crédito de indébito tributário' nasce em razão do pagamento indevido a título de tributo. Surge com o recolhimento de quantias sem fundamento constitucional ou legal, ou sem que tenha sido praticado o fato jurídico tributário, ou quando este tenha ocorrido em valor menor que o tomado como referência para o tributo". (g.n.)

Os valores decorrentes do indébito tributário de ICMS-ST quando objeto de lançamento escritural não têm natureza de crédito escritural, derivado da não-cumulatividade. Têm, sim, natureza de indébito tributário, sendo irrelevante a forma pela qual sua restituição é materializada.

Até porque, o crédito escritural, decorre do decurso de um ciclo econômico em que são realizadas sucessiva operações relativas à circulação de mercadoria, aplicando-se método para a

[31] Derivação e positivação... (cit.), p. 151.

apuração do *quantum* tributário a ser efetivamente pago pelo contribuinte.

Além disso, a restituição materializada via crédito escritural resguarda tanto o direito dos contribuintes quanto do Estado membro, pois em relação as primeiras, verão seu direito de restituição realizada de forma mais célere enquanto que a segunda, não precisará desembolsar vultuoso montante dinheiro para quitar possíveis precatórios.

Portanto, é certo que o valor recuperado pelo contribuinte substituído, a título de ICMS-ST, nos casos de não realização do fato gerador presumido, consiste em verdadeira restituição de indébito tributário, cujo meio de lançamento se dá na escrituração fiscal, sendo que uma das importante consequências de tal constatação é o direito decorrente de atualização monetária dos valores a serem restituídos, conforme a seguir demonstrado.

2.5. Do direito à atualização monetária dos valores a serem restituídos a título de indébito tributário de ICMS-ST

Como visto, o artigo 150, §7º, da Constituição Federal, estabelece que, nas situações de não ocorrência do fato gerador presumido, o contribuinte terá direito a "imediata e preferencial" restituição. Isso significa que, não ocorrido o fato gerador presumido, o Estado deveria devolver os valores recolhidos, sem qualquer atraso. No entanto, não havendo a restituição imediata, prevista na legislação, deve ser assegurada a atualização correspondente dos valores a serem restituídos.

Não é por acaso que o artigo 167, do CTN, consigna o seguinte, *verbis*:

> Art. 167. A restituição total ou parcial do tributo dá lugar à restituição, na mesma proporção, dos juros de mora e das penalidades pecuniárias, salvo as referentes a infrações de caráter formal não prejudicadas pela causa da restituição. (...). (g.n.)

Nesse sentido, aliás, não se pode perder de vistas que o artigo 10, da LC nº 87/96, assegura que os valores a serem restituídos em razão da não realização do fato gerador presumido, sejam devidamente atualizados, pelos mesmos critérios aplicáveis ao tributo, no caso de não apreciação do pedido de restituição no prazo de 90 (noventa) dias, nos termos de seu parágrafo primeiro:

> § 1º Formulado o pedido de restituição e não havendo deliberação no prazo de noventa dias, o contribuinte substituído poderá se creditar, em sua escrita fiscal, do valor objeto do pedido, devidamente atualizado segundo os mesmos critérios aplicáveis ao tributo.

A despeito da expressa previsão do artigo 167, do CTN, e ao arrepio da Lei Complementar, é comum que as legislações estaduais, salvo algumas poucas exceções[32], não prevejam a atualização dos valores do ICMS-ST a serem restituídos.

No entanto, a atualização monetária no caso de repetição de indébito é medida necessária, pois, em apertada síntese, cumpre a função de manter o poder aquisitivo da moeda, impedindo-a de sofrer desvalorização em razão da inflação.

A recomposição dos valores de débito e crédito através dos índices de atualização impede o enriquecimento ilícito do Fisco e o empobrecimento sem causa do contribuinte, conforme observado, inclusive, pelo Ministro Carlos Ayres Britto[33]:

[32] O Estado do Rio Grande do Sul assegura a atualização no §3º do artigo 22, do Livro III, do seu Regulamento do ICMS (Decreto [RS] nº 37.699/97). No mesmo sentido, também ilustrativamente, é o que dispõe a legislação pernambucana, conforme artigo 20, do Decreto (PE) nº 19.582/96, reproduzindo a legislação complementar.

[33] Britto, Carlos Ayres – O regime constitucional da correção monetária, in Revista de Direito Administrativo, [s.l.], v. 203, p. 41-58, jan.-mar.

> De fato, a ocorrência da inflação é coisa que se faz sentir, ao menos no cotidiano brasileiro, pela desvalorização da moeda. E com tal desvalorização, os credores de prestações obrigacionais em dinheiro (são eles o alvo destes escritos) já não podem adquirir o que antes adquiriam. O valor nominal, o valor impresso na moeda já não corresponde ao originário valor real que ela possuía, e para a eliminação desse descompasso (defasagem) entre um valor nominal que se mantém inalterado e um valor real que se deprecia... é que tem específica prestimosidade a correção monetária.

Assim, a atualização monetária objetiva trazer a valor presente determinado crédito, a fim de evitar que este não mais represente o *quantum* devido à época da sua constituição, como já pacificou, inclusive, o Superior Tribunal de Justiça, ao editar a Súmula nº 162, que preceitua que "na repetição de indébito, a correção monetária incide a partir do pagamento indevido".

Tal como exaustivamente demonstrado, nos termos da Lei Complementar nº 87/96, o montante a ser restituído decorrente da não ocorreria de um fato gerador tal como presumido (modo e valor), já nasce um indébito!

Melhor explicando, a partir do momento em que o fato gerador presumido não ocorre, frise-se, em todos os casos em que o fato gerador presumido não se concretize empiricamente da forma como antecipadamente tributado, surge o direito à restituição do montante pago a maior, e, por consequência, o direito à correção monetária calculada a partir do pagamento indevido.

Caso o valor a serem restituído não sejam devidamente atualizados fica configurado autêntico enriquecimento ilícito desprovido de causa jurídica, uma vez que somente haverá a restituição plena, com a recomposição integral do patrimônio do contribuinte, se a restituição abranger a correção monetária, que não constitui um plus e nada acrescenta no patrimônio desfalcado face o recolhimento de valores que posteriormente se tornaram indevidos.

Por fim, outro ponto relevante é saber qual será o índice aplicável para tal atualização monetária, uma vez que tal índice expressará matematicamente o valor a ser recomposto.

Nosso entendimento, baseado no princípio constitucional da isonomia, é o de que a correção monetária do indébito de ICMS-ST, como de qualquer indébito tributário, deve ser calculada pelos mesmos índices de correção do débito tributário.

Tal entendimento encontra respaldo em tese jurídica fixada pelo Supremo Tribunal Federal, em regime repercussão geral, ao julgar o RE nº 870.947 (Tema 810), que define o critério para correção monetária e juros moratórios devidos nas condenações à Fazenda Pública, nos seguintes termos do voto condutor, proferido pelo Relator Min. Luiz Fux:

> Quanto à tese da repercussão geral, voto pela sua consolidação nos seguintes termos:
>
> 1. O art. 1º-F da Lei nº 9.494/97, com a redação dada pela Lei nº 11.960/09, na parte em que disciplina os juros moratórios aplicáveis a condenações da Fazenda Pública, é inconstitucional ao incidir sobre débitos oriundos de relação jurídico-tributária , aos quais devem ser aplicados os mesmos juros de mora pelos quais a Fazenda Pública remunera seu crédito tributário, em respeito ao princípio constitucional da isonomia (CRFB, art. 5º, caput); quanto às condenações oriundas de relação jurídica não-tributária, a fixação dos juros moratórios segundo o índice de remuneração da caderneta de poupança é constitucional, permanecendo hígido, nesta extensão, o disposto no art. 1º-F da Lei nº 9.494/97 com a redação dada pela Lei nº 11.960/09;
>
> 2. O art. 1º-F da Lei nº 9.494/97, com a redação dada pela Lei nº 11.960/09, na parte em que disciplina a atualização monetária das condenações impostas à Fazenda Pública segundo a remune-

> ração oficial da caderneta de poupança, revela-se inconstitucional ao impor restrição desproporcional ao direito de propriedade (CRFB, art. 5º, XXII), uma vez que não se qualifica como medida adequada a capturar a variação de preços da economia, sendo inidônea a promover os fins a que se destina.
>
> A fim de evitar qualquer lacuna sobre o tema e com o propósito de guardar coerência e uniformidade com o que decidido pelo Supremo Tribunal Federal ao julgar a questão de ordem nas ADIs nº 4.357 e 4.425, entendo que devam ser idênticos os critérios para a correção monetária de precatórios e de condenações judiciais da Fazenda Pública. Naquela oportunidade, a Corte assentou que, após 25.03.2015, todos os créditos inscritos em precatórios deverão ser corrigidos pelo Índice de Preços ao Consumidor Amplo Especial (IPCA-E). Nesse exato sentido, voto pela aplicação do aludido índice a todas as condenações judiciais impostas à Fazenda Pública, qualquer que seja o ente federativo de que se cuide. (grifamos)

O racional adotado é o de que o balizador do direito (e também do critério) de atualização deve ser a observância aos princípios da legalidade (previsto no artigo 5º, inciso II, da Constituição Federal) e da isonomia (previsto no artigo 5º, caput, da Constituição Federal), sob pena de enriquecimento ilícito da Administração Fazendária.

2.6. Impossibilidade da exigência do complemento do ICMS-ST quando da realização de operação em valor superior ao valor presumido

Se o sistema tributário nacional possibilita a restituição imediata dos valores pagos a título de ICMS-ST quando o fato gerador presumido não ocorrer, inclusive com a inclusão da respectiva atualização monetária, tal garantia não pode fundamentar a pretensão inversa, para viabilizar a cobrança de ICMS complementar quando o valor da operação for superior ao valor presumido utilizado no cálculo da antecipação, uma vez que tal exigência não se encontra prevista pela Constituição Federal.

Com efeito, a Constituição Federal não prevê a possibilidade de a Administração Pública, além de se valer da antecipação do imposto pautada em uma presunção, também cobrar ICMS complementar nas hipóteses em que o valor da operação for superior ao valor do fato gerador presumido. Frise-se: o Texto Constitucional traz literalmente somente a possibilidade de restituição de valores pelo contribuinte quando o valor antecipado for superior ao efetivamente devido, em virtude do valor da operação final.

Ademais, a Constituição Federal delegou às Leis Complementares a regulamentação das limitações constitucionais ao poder de tributar (encampada pelos artigos 150 a 152, da Constituição Federal), *verbis*:

> "Artigo 146. Cabe à lei complementar:
>
> I – dispor sobre conflitos de competência, em matéria tributária, entre a União, os Estados, o Distrito Federal e os Municípios;
>
> II – regular as limitações constitucionais ao poder de tributar;
>
> III – estabelecer normas gerais em matéria de legislação tributária, especialmente sobre:
>
> a) definição de tributos e de suas espécies, bem como, em relação aos impostos discriminados nesta Constituição, a dos respectivos fatos geradores, bases de cálculo e contribuintes;
>
> b) obrigação, lançamento, crédito, prescrição e decadência tributários; (...)". (g.n.)

Deste modo, para que um Estado membro introduza novas obrigações tributárias, tal possibilidade deve estar aventada na Constituição Federal ou, ao menos, em Lei Complementar (por força da delegação contida no artigo 146, Constituição

Federal), a fim de que tal cobrança não seja contaminada por inconstitucionalidades.

No caso do ICMS, as balizas para instituição e cobrança do ICMS foram dadas pela Lei Complementar nº 87/96, e, tampouco tal diploma legal trouxe dispositivo apto a autorizar a cobrança de ICMS complementar dos contribuintes-substituídos quando o valor antecipado for inferior ao valor calculado sobre a operação efetivamente realizada.

Veja, mesmo que aventada a possibilidade de o Estado membro editar ato normativo para tratar do assunto, parece-nos, de plano, que não o poderia fazer por falta de respaldo constitucional, tampouco o poderia fazer pela via do Decreto ou qualquer ato infralegal, considerando que a instituição de nova obrigação tributária de recolhimento de ICMS complementar deveria ser, no mínimo, amparada por ato legal, em observância do princípio da legalidade previsto nos seguintes dispositivos constitucionais, *in verbis*:

> Art. 5º Todos são iguais perante a lei, sem distinção de qualquer natureza, garantindo-se aos brasileiros e aos estrangeiros residentes no País a inviolabilidade do direito à vida, à liberdade, à igualdade, à segurança e à propriedade, nos termos seguintes: (...)
>
> II – ninguém será obrigado a fazer ou deixar de fazer alguma coisa senão em virtude de lei; (...)
>
> Art. 37. A administração pública direta e indireta de qualquer dos Poderes da União, dos Estados, do Distrito Federal e dos Municípios obedecerá aos princípios de legalidade, impessoalidade, moralidade, publicidade e eficiência e, também, ao seguinte: (...) (g.n.)

Como se vê, os princípios insculpidos nos artigos. 5º, II, e 37, da Constituição Federal, não deixam dúvidas acerca da obrigatoriedade da estrita observância, por parte da Administração

Pública, à lei, e por assim dizer, à chamada legalidade positiva. Nesse sentido, leciona Celso Antônio Bandeira de Melo[34]:

> O princípio da legalidade, no Brasil, significa que a Administração nada pode fazer senão o que a lei determina.
>
> (...)
>
> Donde, administrar é prover aos interesses públicos, assim caracterizados em lei, fazendo-o na conformidade dos meios e formas nela estabelecidos ou particularizados segundo suas disposições. Segue-se que a atividade administrativa consiste na produção de decisões e comportamentos que, na formação escalonada do Direito, agregam níveis maiores de concreção ao que já se contém abstratamente nas leis.

E, ao tratar dos anseios que envolvem o Princípio da Legalidade, o Ilustre Jurista afirma[35]:

> Nos termos do art. 5º, II, 'ninguém será obrigado a fazer ou deixar de fazer alguma coisa senão em virtude de lei'.
>
> Aí não se diz 'em virtude de' DECRETO, regulamento, resolução, portaria ou quejandos. Diz-se 'em virtude de lei'.
>
> Logo, a Administração não poderá proibir ou impor comportamento algum a terceiro, SALVO SE ESTIVER PREVIAMENTE EMBASADA EM DETERMINADA LEI QUE LHE FACULTE PROIBIR OU IMPOR ALGO A QUEM QUER QUE SEJA.
>
> Vale dizer, não lhe é possível expedir regulamento, instrução, resolução, portaria ou seja lá que ato for para coartar a liberdade dos administrados, salvo se em lei já existir delineada a contenção ou imposição que o ato administrativo venha a minudenciar.

[34] *in* "Curso de Direito Administrativo", 15ª Edição, Malheiros Editores, São Paulo, 2003, p.95.

[35] Op., p. 93-94

Mais do que isso, em se tratando de discussão que envolve matéria de índole tributária, o princípio da legalidade encontra fundamento constitucional, ainda mais específico, nos termos do artigo 150, I, da Constituição Federal, a saber:

> Art. 150. Sem prejuízo de outras garantias asseguradas ao contribuinte, é vedado à União, aos Estados, ao Distrito Federal e aos Municípios:
> I – exigir ou aumentar tributo sem lei que o estabeleça; (g.n.)

Pelo seu grau de importância, a garantia constitucional insculpida no referido artigo 150 ainda foi reproduzida no Código Tributário Nacional, sob os seguintes termos:

> Art. 9º É vedado à União, aos Estados, ao Distrito Federal e aos Municípios:
> I – instituir ou majorar tributos sem que a lei o estabeleça, ressalvado, quanto à majoração, o disposto nos artigos 21, 26 e 65;[36]"
> "Artigo 97. Somente a lei pode estabelecer:
> I – a instituição de tributos, ou a sua extinção;
> II – a majoração de tributos, ou sua redução, ressalvado o disposto nos artigos 21, 26, 39, 57 e 65; (...)[37]. (g.n.)

E, também pela Constituição do Estado de Pernambuco:

> Artigo 107. Sem prejuízo de outras garantias asseguradas ao contribuinte, é vedado ao Estado e aos Municípios:
> I – exigir ou aumentar tributo sem lei que o estabeleça; (...).

[36] Os artigos 21, 26 e 65 tratam, respectivamente, de Imposto de Importação, Exportação e sobre Operações de Crédito, Câmbio e Seguro, e sobre Operações Relativas a Títulos e Valores Mobiliários (IOF).

[37] O artigo 39, por sua vez, trata do limite a ser respeitado pelas alíquotas instituídas e o artigo 57 foi revogado pelo Decreto-Lei nº 406/68.

Acerca de tais disposições constitucionais e infraconstitucionais, que instituem o Princípio da Legalidade Tributária, são oportunas as lições de Roque Antonio Carrazza[38], referindo-se à lei como limitação ao exercício da competência tributária, *verbis*:

> De fato, em nosso ordenamento jurídico, os tributos só podem ser instituídos e arrecadados com base em lei.
>
> Este postulado vale não só para os impostos, como para as taxas e contribuições que, estabelecidas coercitivamente, também invadem a esfera patrimonial privada.
>
> No direito positivo pátrio o assunto foi levado às últimas consequências, já que uma interpretação sistemática do Texto Magno revela que só a lei ordinária (lei em sentido orgânico-formal) pode criar ou aumentar tributos.

Dito de outro modo só à lei -tomada na acepção técnico-específica de ato do Poder Legislativo, decretado em obediência aos trâmite e formalidade exigidos pela Constituição – é dado criar ou aumentar tributos.

Não há dúvidas, portanto, que em se tratando de instituição de cobrança de imposto (ICMS), não pode se escusar o Estado membro ou Distrito Federal de observar os ditames legais, dentre eles, a necessidade de que tal imposição tributária decorra de ato emanado do Poder Legislativo: Lei.

Pelo exposto, não há na Constituição Federal ou Lei Complementar previsão quanto à hipótese – distinta – em que o ICMS-ST é corretamente retido pelo fornecedor ou pelo adquirente, observadas a base de cálculo e alíquota previstas, porém, em virtude do valor praticado por ocasião da efetiva saída da mercadoria para o consumidor final, ou para outro Estado, deve ser realizada complementação do montante recolhido.

[38] CARRAZA, Roque Antônio. Curso de direito constitucional tributário. 22ª ed. São Paulo: Malheiros, 2006., pg 176

Além disso, em regra, as legislações estaduais consideram que o contribuinte substituto é o responsável por todas as obrigações relacionadas às operações internas subsequentes, realizadas pelo contribuinte substituído, então, significa dizer, em última análise que se algum complemento é devido, este apenas poderia ser exigido do substituto, e não do substituído.

Esta disposição legal, a propósito, alinha-se com o entendimento da 1ª Seção do Superior Tribunal de Justiça, em acórdão proferido em 2007, em sede de recurso repetitivo representativo da controvérsia, que, ao analisar a cobrança do complemento do ICMS-ST em virtude do frete pago pelo contribuinte substituído, afastou tal possibilidade com base no fato de que, na substituição tributária, o contribuinte substituído é retirado da relação jurídico tributária. Eis breve trecho do decidido:

> "(...) 3. Com efeito, o valor do frete deverá compor a base de cálculo do ICMS, recolhido sob o regime de substituição tributária, somente quando o substituto encontra-se vinculado ao contrato de transporte da mercadoria, uma vez que, nessa hipótese, a despesa efetivamente realizada poderá ser repassada ao substituído tributário (adquirente/destinatário). Ao revés, no caso em que o transporte é contratado pelo próprio adquirente (concessionária de veículos), inexiste controle, ingerência ou conhecimento prévio do valor do frete por parte do substituto, razão pela qual a aludida parcela não pode integrar a base de cálculo do imposto (Precedente da Primeira Turma: REsp 865.792/RS, Rel. Ministro Luiz Fux, julgado em 23.04.2009, DJe 27.05.2009)
>
> 4. O artigo 128, do CTN (cuja interpretação estrita se impõe), dispõe que, sem prejuízo do disposto no capítulo atinente à Responsabilidade Tributária, "a lei pode atribuir de modo expresso a responsabilidade pelo crédito tributário a terceira pessoa, vinculada ao fato gerador da respectiva obrigação , excluindo a res-

ponsabilidade do contribuinte ou atribuindo-a a este em caráter supletivo do cumprimento total ou parcial da referida obrigação".

(...)

7. Conseqüentemente, "o tributo é indevido pela concessionária nesse caso, não por que houve sua incidência na operação anterior, mas, antes, porquanto em sendo o regime da substituição tributária, técnica de arrecadação, e sendo uma das característica da técnica a consideração presumida da base de cálculo, nas hipóteses em que um dos dados que a integram não se realiza na operação promovida pelo substituído, deve o Fisco buscar a diferença junto ao substituto. Com efeito, cobrando o valor faltante do substituído, como faz o requerido, está considerando como sujeito passivo quem não figura na relação jurídico-tributária." (REsp 865.792/RS, Rel. Ministro Luiz Fux, julgado em 23.04.2009, DJe 27.05.2009).

8. É que a responsabilização da concessionária (substituída) pelo ICMS referente à não inclusão pelo substituto do valor do frete (que este último não realizara) na base de cálculo do imposto, à luz da Cláusula Terceira, § 3º, do Convênio ICMS 132/92, conspira contra a ratio essendi da sistemática da substituição tributária progressiva. Isto porque a exigência do valor "remanescente" do substituído contraria a sujeição passiva atribuída integralmente ao substituto (montadora), este, sim, integrante da relação jurídica tributária.(...)[39]

Sobre a impossibilidade de cobrar ICMS complementar do contribuinte sem a existência de previsão legal ou constitucional para tanto, é bastante elucidativa a lição trazida por Márcio Calvet Neto[40]:

[39] REsp nº 931.727/RS, Rel Min. Luiz Fux, julgado em 26.08.2009, DJe de 14.09.2009.

[40] NEVES, Márcio Calvet. Inconstitucionalidade da exigência do Complemento de ICMS Recolhido Antecipadamente por Substituição Tributária". Revista Dialética de Direito Tributário nº 63. São Paulo: Dialética 2000., p. 139.

> (...) Apesar do ICMS ser um imposto estadual, cabendo aos Estados-membros da Federação regulamentar a sua cobrança e legislar sobre a matéria, existem limites para a cobrança do imposto que estão disciplinados por normas hierárquicas superiores à legislação estadual.
>
> É fato que as leis e os decretos estaduais devem estar em consonância com a Lei Complementar 87/96 e, principalmente, com a Constituição Federal, que têm o condão de validar as normas inferiores e estabelecer seus limites.
>
> A instituição da exigência de complemento do ICMS recolhido por substituição tributária extrapola esses limites, pois a Constituição e a Lei Complementar não preveem tal possibilidade.
>
> (...) tanto a Constituição quanto a Lei Complementar tiveram como objetivo proteger apenas o contribuinte de eventual pagamento indevido. O legislador não autorizou os Estados a exigirem o complemento caso o fato presumido ocorresse por valor superior ao previsto. (...)
>
> A aparente lógica da exigência do complemento de ICMS não afasta a sua total inconstitucionalidade. (...) Em primeiro lugar é nítida a violação ao princípio constitucional da estrita legalidade.
>
> Este princípio, previsto no artigo 150, inciso I, da Constituição Federal, dispõe que nenhum tributo será exigido sem a edição de lei que o estabeleça; e a menção ao termo lei, se faz em seu conceito estrito, técnico. Ou seja, quando a Constituição pede lei, pede lei ordinária, não um mero Decreto Estadual.

Nesse sentido, ressalta-se jurisprudência de lavra do Supremo Tribunal Federal[41], erigida sob o regime de Repercussão Geral, que se aplica perfeitamente para solução do quanto discutido nestes autos, visto que, por ocasião do julgado, reconheceu-se

[41] RE 632.265, rel. min. Marco Aurélio, julgamento em 18-6-2015, Plenário, DJE de 5-10-2015, com repercussão geral.

que a mudança da maneira de cobrança do ICMS não pode ser perpetrada por Decreto:

> A CRIAÇÃO DE NOVA MANEIRA DE RECOLHIMENTO DO TRIBUTO, PARTINDO-SE DE ESTIMATIVA CONSIDERADO O MÊS ANTERIOR, DEVE OCORRER MEDIANTE LEI NO SENTIDO FORMAL E MATERIAL, DESCABENDO, PARA TAL FIM, A EDIÇÃO DE DECRETO, A REVELAR O EXTRAVASAMENTO DO PODER REGULAMENTADOR DO EXECUTIVO.

Assim, entendemos que a instituição da cobrança do complemento do ICMS retido ou antecipado na sistemática de substituição tributária progressiva, ainda que por meio de lei ordinária do ente federado incorreria em violação ao princípio da tipicidade tributária e, portanto, da legalidade, uma vez que os elementos necessários ao nascimento da obrigação tributária devem estar definidos em lei de modo taxativo, e precisam ter amparo constitucional, o que não ocorre, considerando que o preceito constitucional somente trata da restituição pelo contribuinte..

Nesse ponto, nosso entendimento é o de que a cobrança do complemento de ICMS-ST não pode se fundamentar pura e simplesmente no princípio constitucional da isonomia, que, em matéria tributária encontra-se prescrito no artigo 150, inciso II, da Constituição Federal:

> Artigo 150. Sem prejuízo de outras garantias asseguradas ao contribuinte, é vedado à União, aos Estados, ao Distrito Federal e aos Municípios:
>
> (...)
>
> II – instituir tratamento desigual entre contribuintes que se encontrem em situação equivalente, proibida qualquer distinção

em razão de ocupação profissional ou função por eles exercida, independentemente da denominação jurídica dos rendimentos, títulos ou direitos; (...)

Ou seja, de uma simples leitura destes dispositivos, já é possível verificar a impossibilidade de se alegar uma eventual isonomia entre contribuintes e a Administração Pública.

Não apenas porque os contribuintes não podem ser simplesmente equiparados à Administração Pública, mas também porque o próprio dispositivo constitucional que instituiu este princípio é explícito ao dispor que é vedado "instituir tratamento desigual entre contribuintes (...)", devendo ainda tais contribuintes estarem em situação equivalente (de modo que descabe a aplicação do princípio da isonomia quando os contribuintes que se busca comparar estão em situação de hipossuficiência um com relação ao outro, por exemplo).

Corroborando a necessidade desta interpretação (literal) do texto legal, cumpre trazer à baila os ensinamentos de Luciano Amaro[42]:

> "(...) a igualdade é uma garantia do indivíduo e não do Estado. Assim, se, diante de duas situações que merecem igual tratamento, a lei exigir tributo somente na primeira situação, não cabe à administração fiscal, com base no princípio comentado, tributar ambas as situações; compete ao indivíduo que se ligue à situação tributada contestar o gravame que lhe esteja sendo cobrado com desrespeito ao princípio constitucional. Não pode a analogia ser invocada pela administração para exigir o tributo na situação não prevista (CTN, art. 108, § 1º)

[42] Amaro, Luciano. Direito tributário brasileiro. 21. ed. São Paulo: Saraiva, 2016. p. 161.).

Ademais, o próprio Código Tributário Nacional, ainda que não preveja expressamente o princípio da isonomia, veda expressamente a cobrança de tributo por analogia em seu artigo 108, inciso I:

> Artigo 108. Na ausência de disposição expressa, a autoridade competente para aplicar a legislação tributária utilizará sucessivamente, na ordem indicada:
>
> I – a analogia;
>
> II – os princípios gerais de direito tributário;
>
> III – os princípios gerais de direito público;
>
> IV – a equidade.
>
> § 1º O emprego da analogia não poderá resultar na exigência de tributo não previsto em lei. (...). (g.n.)

Dessa forma, seja pelo fato de a Constituição Federal não prever a possibilidade de cobrança do complementar do ICMS-ST quando a operação efetiva ocorrer em valor superior à base de cálculo presumida do imposto, seja pelo fato de que tal raciocínio não poder ser amparado pela aplicação pura e simples do princípio da equidade, nossa conclusão é a de que somente com eventual alteração do texto constitucional estaria legitimada a exigência do complemento em questão, de maneira que tal exigência não poderá ser oposta pela Fazenda Estadual quando do reconhecimento do indébito tributário decorrente do ICMS recolhido antecipadamente na modalidade da substituição tributária.

Conclusões

A exposição realizada nos permite defender que, desde a edição da Emenda Constitucional nº 03/93, que introduziu o § 7º ao artigo 150 da Constituição Federal, o contribuinte substituído possui o direito a restituir o valor de ICMS recolhido a maior em todas as hipóteses em que o fato gerador não ocorrer, inclusive quando o valor presumido utilizado como base de cálculo do ICMS-ST for superior ao valor da operação de venda que vier a ser efetivamente realizada.

Somos da posição, portanto, que o Supremo Tribunal Federal, por ocasião do julgamento do RE nº 593.849/MG, tomou decisão acertada ao afastar a definitividade do fato gerador presumido quando for possível a aferição do real valor da operação final realizada, realizando de forma adequada a aplicação do princípio da proporcionalidade na ponderação dos princípios da praticidade da arrecadação tributária à luz dos demais princípios que norteiam as limitações constitucionais ao poder de tributar no sistema tributário nacional brasileiro.

Os valores que o contribuinte recolher a maior a título de ICMS-ST apresentam a natureza de indébito tributário, de maneira que sua natureza jurídica não pode ser transmutada em virtude da nomenclatura adotada pela legislação estadual para denominar tal fenômeno jurídico, tampouco poderá ser alterada tão somente pela via eleita para a restituição de tais valores for realizada, como é o caso da compensação escritural prevista na Lei Complementar nº 87/1996. Isso porque, há clara distinção entre o indébito tributário do ICMS-ST e o crédito escritural decorrente da sistemática da não-cumulatividade do imposto.

Uma vez reconhecida a natureza de indébito tributário dos valores pagos a maior, surge o direito do contribuinte à respectiva atualização monetária, caso o ente tributante não realize a sua imediata restituição, conforme é expresso o ditame constitucional.

Por fim, nossa conclusão é a de que os Estados membros não apresentam autorização constitucional para a cobrança de eventual complemento do ICMS-ST nas hipóteses em que o valor da operação de venda efetivamente realizada for superior ao valor da base presumida para fins de antecipação do imposto, considerando o princípio da legalidade estrita que norteia o direito tributário, e a impossibilidade de tal conclusão defluir da aplicação pura e simples, por parte da Fazenda Pública, do princípio da equidade.

Referências

AMARO, Luciano. Direito tributário brasileiro. 21. ed. São Paulo: Saraiva, 2016. p. 161.).

ATALIBA, Geraldo. **Hipótese de Incidência Tributária**. 6ª Ed. São Paulo: Malheiro, 2009.

ÁVILA, Humberto. **Teoria dos Princípios**. 4ª Ed. São Paulo: Malheiros, 2004.

BANDEIRA DE MELO, Celso Antônio. in **Curso de Direito Administrativo**, 15ª Edição, Malheiros Editores, São Paulo, 2003, p.95.

BIANCO, João Francisco. **Transparência Fiscal Internacional**. 2ª Ed. São Paulo: Dialética, 2007.

BORGES, José Souto Maior. **Relação entre Tributos e Direitos Fundamentais.** In Tributos e Direitos Fundamentais. OCTAVIO CAMPOS FISCHER (org.). São Paulo: Dialética, 2004, p. 217-226.

BRITTO, Carlos Ayres – **O regime constitucional da correção monetária**, in Revista de Direito Administrativo, [s.l.], v. 203, p. 41-58, jan.-mar.

CARRAZZA, Roque Antonio. **Curso de Direito Constitucional Tributário**. 20ª Ed. São Paulo: Malheiros, 2004.

CARRAZA, Roque Antônio – **Curso avançado de substituição tributária: modalidades e direitos do contribuinte** / coordenação de Arthur M. Ferreira Neto e Rafael Nichele. – 1. Ed. – São Paulo: IOB, 2010. pg.390.

CARRAZA, Roque Antônio "ICMS – aquisição de mercadorias ou certos serviços e o crédito contra o Estado", in Direito Tributário Atual, nº 15, Dialética, São Paulo, 1998, pp. 7-8.

CARVALHO, Paulo de Barros. **Curso de Direito Tributário**. 21ª Ed. São Paulo: Saraiva, 2009.

CARVALHO, Paulo de Barros. **Derivação e positivação. Volume 1**. 1ª Ed. São Paulo: Noeses, 2013

DWORKIN, Ronald. **Levando os Direitos a Sério**. Trad. Nelson Boeira. 2. Ed. São Paulo: Martins Fontes, 2007.

HARET, Florence. **Teoria e Prática das Presunções no Direito Tributário**. São Paulo: Noeses, 2010.

HUCK, Hermes Marcelo. **Evasão e Elisão**. São Paulo: Saraiva, 1996.

LARENZ, Karl. **Metodologia da Ciência do Direito.** 2ª Ed. Lx. Fundação Calouste Gulbenkian, trad. de José Lamego, revisão de Ana de Freitas, 1989.

LÚCIO BITTENCOURT, Carlos Alberto. **O controle jurisdicional da constitucionalidade das leis.** Rio de Janeiro: Forense, 1940.

MACHADO, Hugo de Brito. **Curso de Direito Tributário.** 31ª Ed. São Paulo: Malheiros, 2010.

NEVES, Márcio Calvet. **Inconstitucionalidade da exigência do Complemento de ICMS Recolhido Antecipadamente por Substituição Tributária".** Revista Dialética de Direito Tributário nº 63. São Paulo: Dialética 2000., p. 139

PONTES, Helenilson Cunha. **O Princípio da Proporcionalidade e o Direito Tributário.** São Paulo: Dialética, 2000.

SCHOEURI, Luís Eduardo. **Distribuição disfarçada de lucros.** São Paulo: Dialética, 1996

SCHOUERI, Luís Eduardo. **Tributação e Liberdade.** In: Princípios de Direito Financeiro e Tributário – Estudos em homenagem ao Prof. Ricardo Lobo Torres, Rio de Janeiro, Renovar, 2006, págs. 431 - 471.

TORRES, Ricardo Lobo. **Normas de Interpretação e Intergração do Direito Tributário.** Rio de Janeiro: Forense, 1991.

XAVIER, Alberto. **Direito Tributário Internacional do Brasil.** 7ª Ed. Rio de Janeiro: Forense, 2010.

SOBRE OS AUTORES

Amanda Krummenauer Pahim de Souza

Graduada em Direito pela Universidade Potiguar. LL.M em Direito Tributário pelo Insper. Curso de Extensão em Direito Tributário Internacional e do Comércio Exterior e em Processo Tributário Analítico pelo IBET, bem como em Tributação no Agronegócio pela GV e Crimes Tributários pelo Instituto de Estudos Brasileiros. Advogada no Viana e Azevedo Advogados.

Carolina Evangelista Silva Coimbra

Graduada em Direito pela Universidade Católica de Pernambuco. LL.M em Direito Tributário pelo Insper. Pós em Processo Tributário pela Universidade Federal de Pernambuco. Advogada no Mattos Filho Advogados.

Gabriella Fernanda Nunes Braga

Graduada em Direito pela Universidade Federal de Pernambuco. LL.M em Direito Tributário pelo Insper. Intercâmbio acadêmico em Direito Internacional pela Universidad de Salamanca. Assessora de Investimentos na XP.

Karla Alves de Carvalho

Graduada em Direito pelas Faculdades Metropolitanas Unidas. LL.M em Direito Tributário pelo Insper. Advogada na Prosegur.

Otávio Batista de Carvalho Júnior

Graduado em Direito pela Universidade Federal de Pernambuco. LL.M em Direito Tributário pelo Insper. Advogado na da Fonte Advogados

Paulo Antonio Balduino Filho

Graduado em Direito pela Universidade Presbiteriana Mackenzie. Graduado em Contabilidade pela FIPECAFI. LL.M em Direito Tributário pelo Insper. Pós-graduação em Economia e Gestão Empresarial pela Escola Brasileira de Direito. Advogado no Morata, Galafassi, Nakaharada e Serpa Advogados.

Pedro Cavalcanti Amarante

Graduado em Direito pela DeVry Educacional do Brasil. Graduado em Ciências Contábeis pela Universidade Federal de Pernambuco. LL.M em Direito Tributário pelo Insper. Pós-graduação em Direito Tributário pelo IBET. MBA em Contabilidade, Compliance e Direito Tributário pelo BSSP Centro Educacional. Advogado no Amarante Advogados.

Renato Sguerri Fernandes

Graduado em Direito pela Universidade Presbiteriana Mackenzie. LL.M em Direito Tributário pelo Insper. Advogado na Cielo.

Samara Azevedo Fagundes

Graduada em Direito pela Universidade Presbiteriana Mackenzie. LL.M em Direito Tributário pelo Insper. Advogada no Itau Unibanco.

Vanderlei de Souza Júnior

Graduado em Direito pela Universidade de São Paulo. Graduação em Ciências Contábeis pela FIPECAFI. Graduando em Análise de Sistemas de Computação pela Universidade Presbiteriana Mackenzie. LL.M em Direito Tributário pelo Insper. Curso de Extensão: Normas Internacionais de Contabilidade e Tributação pelo IBDT. Advogado no Neves & Battendieri Advogados.